CLARÍN Y SU OBRA

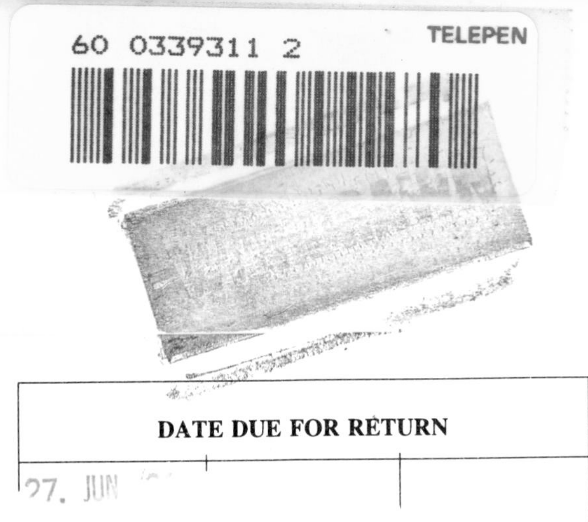
60 0339311 2
TELEPEN

CLARÍN Y SU OBRA

En el Centenario de *La Regenta*

(Barcelona, 1884-1885)

Actas del Simposio Internacional celebrado en Barcelona del 20 al 24 de Marzo de 1984

Edición de

ANTONIO VILANOVA

Director del Departamento de Literatura Española
Correspondiente de la Real Academia Española

DEPARTAMENTO DE LITERATURA ESPAÑOLA
FACULTAD DE FILOLOGÍA / UNIVERSIDAD DE BARCELONA
BARCELONA, 1985

P.P.U., Promociones Publicaciones Universitarias

I.S.B.N.: 84-7665-020-5
Depósito Legal: B.-15.645-1986

Imprime Limpergraf, S. A.
Calle del Río, 17, Nave 3. Ripollet (Barcelona)

ÍNDICE

INTRODUCCIÓN

Para conmemorar dignamente la aparición entre nosotros del primer volumen de *La Regenta,* de Leopoldo Alas, «Clarín», publicado por la Editorial Daniel Cortezo y Cía., dentro de su famosa «Biblioteca Arte y Letras», que dirigía el gran crítico José Yxart, e impreso en Barcelona en 1884, el Departamento de Literatura Española de la Facultad de Filología de la Universidad de Barcelona, organizó, del 20 al 24 de marzo de 1984, un *Simposio sobre «Clarín» y su obra,* constituido por un ciclo de catorce conferencias, a cargo de los más destacados especialistas españoles y extranjeros en el campo de los estudios clarinianos.

La inauguración tuvo lugar el martes 20 de marzo de 1984, en el curso de una sesión solemne, celebrada a las 12 del mediodía en el Paraninfo de la Universidad de Barcelona, bajo la presidencia del Magnífico y Excelentísimo señor Rector, doctor don Antonio María Badía Margarit, que pronunció el discurso de apertura y dio la más cordial bienvenida a los congresistas. A continuación, la conferencia inaugural corrió a cargo de don Emilio Alarcos Llorach, Catedrático de la Universidad de Oviedo y Académico de número de la Real Academia Española, con una lección magistral titulada, «Aspectos de la lengua de *Clarín*», que inició brillantemente la primera jornada del Simposio clariniano.

Tras una recepción ofrecida por las primeras autoridades académicas en los salones del Rectorado, las sesiones de trabajo se iniciaron el mismo día 20, a las 5 de la tarde, en el Aula Magna de la Facultad de Filología, con sendas conferencias de la profesora Harriet Turner, de Oberlin College, «Vetusta: espacio-fuerza en *La Regenta*», y del profesor Antonio Vilanova, de la Universidad de Barcelona, que en su versión definitiva lleva por título: «El adulterio de Anita Ozores como problema fisiológico y moral».

La lectura de las demás conferencias programadas tuvo lugar en días sucesivos, en sesiones de mañana y tarde, celebradas igualmente en el Aula Magna, con la intervención de los siguientes especialistas que, sin un solo fallo, disertaron puntualmente sobre los temas previamente anunciados y en las fechas y horas previstas, por el orden que se indica: el miércoles, 21 de marzo, a las 11 de la mañana, el profesor José María Martínez Cachero, de la Universidad de Oviedo, «Polémicas y ataques del *Clarín* crítico»; a las 12,30, el profesor Jean-François Botrel, Rector de la Universidad de Haute-Bretagne, «La creación y su función en la obra de *Clarín*». El mismo día, a las 5 de la tarde, el profesor Laureano Bonet, de la Universidad de Barcelona, «Temporalidad, memoria y ensueño en la obra de *Clarín*». A las 6,30, el profesor Frank Durand, de Brown University, «Dimensiones irónicas y estéticas en el estilo de *La Regenta*». El jueves, 22 de marzo, a las 11 de la mañana, el profesor Juan Oleza, de la Universidad de Valencia, «*La Regenta* y el mundo del joven *Clarín*». Y a las 12,30, el profesor Yvan Lissorgues, de la Universidad de Toulouse, «Ética y estética en *Su único hijo*». El viernes, 23 de marzo, a las 11 de la mañana, el profesor Sergio Beser, de la Universidad Autónima de Barcelona, «Espacio y objetos en *La Regenta*». Y a las 12,30, la profesora Carolyn Richmond, de la Universidad de Nueva York, «Conexiones temáticas y estilísticas del libro *Pipá* con *La Regenta*». El mismo día, a las 5 de la tarde, el profesor John Rutherford, de la Universidad de Oxford, «Fortunato y Frígilis en *La Regenta*». Y a las 6,30, el profesor Claudio Guillén, de la Universidad de Harvard, «Apuntes para un estudio de la diégesis en *La Regenta*».

El Simposio finalizó el sábado 24 de marzo de 1984, con una sesión solemne, celebrada en el Paraninfo de la Universidad de Barcelona, con asistencia de las primeras autoridades académicas, que dio comienzo a las 12 del mediodía, y en la que pronunció una brillante conferencia de clausura el profesor Gonzalo Sobejano, de la Universidad de Pennsylvania, titulada «Prosa y poesía en *La Regenta*», que cerró con broche de oro la conmemoración barcelonesa del Centenario de la gran novela de Clarín.

El presente volumen de *Actas*, contiene la edición completa, con el texto íntegro y en su versión definitiva, de las catorce conferencias que acabo de mencionar, cuya calidad excepcional y extraordinario interés no me corresponde a mí valorar y elogiar como en justicia merecen, sino agradecer públicamente a sus autores, por cuanto constituyen una inestimable aportación al campo de los estudios clarinianos, que justifica más que sobradamente su publicación.

En cuanto al capítulo de gracias, debo agradecer ante todo el alto patrocinio del Magnífico y Excelentísimo señor Rector de la Universidad de Barcelona, mi viejo amigo y colega el doctor don Antonio María Badía y Margarit, que propició en todo momento la celebración del Simposio, al que favoreció y alentó con sus palabras y con su presencia en el acto inaugural. Y, al propio tiempo, expresar mi más profundo reconocimiento y mi más sincera gratitud al

Decano de la Facultad de Filología, mi querido amigo Gabriel Oliver Coll, por el respaldo incondicional y el apoyo entusiasta que prestó a mis planes desde el comienzo, en la seguridad de que sin su inestimable ayuda y generosa colaboración, el *Simposio sobre Clarín y su obra* jamás hubiese llegado a feliz término ni hubiera sido posible la publicación de las presentes *Actas*.

Debo agradecer, asimismo, la exquisita generosidad y gentileza con que el Honorable señor Max Cahner, entonces Consejero de Cultura de la Generalitat de Cataluña, quiso contribuir al éxito del Simposio ofreciendo a los congresistas españoles y extranjeros, a las autoridades académicas y a los representantes de las principales instituciones culturales barcelonesas, un banquete de despedida en el Salón Torres García del Palacio de la Generalitat que, a continuación del acto de clausura, vino a cerrar brillantemente la conmemoración del primer centenario de *La Regenta*. Y dar, igualmente las más expresivas gracias, a mi antiguo alumno don Raimundo Martínez Fraile, Teniente de Alcalde de Relaciones Ciudadanas de nuestra Corporación Municipal, y a mi buena amiga, la gran novelista María Aurelia Capmany, Regidora-Consejera de Cultura del Ayuntamiento de Barcelona, la cortesía con que recibieron a nuestros invitados en el Salón de Ciento, les hicieron los honores de la Casa de la Ciudad, y la amabilidad con que les agasajaron después con una cena y les colmaron de toda clase de atenciones. Sin duda, con su cordial acogida y generosa hospitalidad, los representantes de la Generalitat de Cataluña y del Ayuntamiento de Barcelona, contribuyeron decisivamente a que los ilustres participantes en el Simposio clariniano, procedentes de los más diversos países, se llevasen a sus lugares de origen un recuerdo muy grato de nuestra ciudad.

No quisiera cerrar este capítulo de gracias, sin mencionar con todos los honores y en un lugar muy destacado, la ayuda generosa y desinteresada que, durante la organización del Simposio, me prestó en todo momento mi querido amigo y colega el eminente clarinista profesor Gonzalo Sobejano, gracias a cuyos buenos oficios, orientaciones y consejos, me fue posible contar, pese a nuestros escasos medios, con la entusiasta colaboración de algunos de los mejores especialistas extranjeros del momento. En esta labor, me prestó también una valiosa ayuda mi buen amigo y colega el profesor Laureano Bonet, que compartió conmigo, desde el primer momento, el interés y el entusiasmo por la convocatoria de un Simposio clariniano, que hicieron posible que nuestra iniciativa llegase a feliz término. Finalmente, quisiera expresar mi más profundo reconocimiento a mi estimado discípulo, colega y amigo, el profesor Ramón Pla y Arxé, que contribuyó decisivamente con sus gestiones y desvelos a la solemnidad y brillantez del acto de clausura celebrado en el Palacio de la Generalitat. Y también al profesor José Luis Vidal Pérez, gracias al cual fue posible obsequiar a los congresistas clarinianos con una cena en los salones del Círculo del Liceo. Por último, quisiera hacer constar, de manera muy especial, la deuda de gratitud que tengo contraída con mis dos más directos y eficaces colaboradores, los profesores Adolfo Sotelo Vázquez y Marisa Sotelo de Andreu, por su apoyo constante e inestimable cooperación y ayuda.

ANTONIO VILANOVA

ASPECTOS DE LA LENGUA DE «CLARÍN»
(Un pasaje de *La Regenta*)

EMILIO ALARCOS-LLORACH
Universidad de Oviedo

En 1952, con motivo del centenario del nacimiento de Leopoldo Alas, pronuncié en Oviedo una conferencia sobre «Clarín y la lengua», que refundí mucho más tarde e incluí en mi *Cajón de sastre asturiano*. Mi texto terminaba exponiendo en esquema «las aspiraciones que según él debía cumplir la obra literaria». Las deducíamos por contraste: «Los valores que apreciaba Alas serían precisamente los que echaba de menos, o los opuestos a los rasgos que criticaba, en las producciones de sus coetáneos». Alas, fiel al realismo, pensaba que la lengua debía ser reflejo del habla real, no como transcripción mecánicamente objetiva, sino «copia artística de la realidad, es decir, copia hecha con reflexión, no pedazos inconexos, sino de relaciones que abarcan una finalidad, sin la cual no serían bellas». Pretendía Alas que la lengua literaria se guiase por el modelo de las manifestaciones lingüísticas reales, pero eliminando lo redundante, el excipiente no significativo que las envuelve por necesidad, y elaborando lo natural hasta dejarlo en lo esencial y pertinente, en lo expresivo. Elaboración que no implica amaneramiento ni afectación, defectos que Alas censura en algunos contemporáneos y cuya ausencia le permite alabar en otros. Por ejemplo, mientras elogiaba el estilo de Ortega y Munilla, porque «no degenera jamás en amanerado ni extravagante», criticaba en cambio a la Pardo Bazán por «aquel rebuscado modo de decir, disculpable coquetería de una mujer que se encontró, aún muy joven, sabiendo más diccionario y más clásicos que la mayor parte de los doctos y ya maduros académicos». También exigía Clarín la sencillez sintáctica, pero huía sistemáticamente del «desaliño convertido en dogma» que censuraba en Campoamor. Rechazaba, pues, los dos extremos: el fácil descuido y la oquedad enfática, especialmente la afición arcaizante que afeaba la prosa de Pereda. El ideal de Alas se situaría en un equilibrio mesurado y prudente entre los excesos de los coetáneos: ni la puntual cotidianeidad que nota a veces en Galdós (no obstante, el escritor más afín a sus propósitos), ni la antañona proclividad de Pereda, ni el refinado atildamiento, lejano de lo natural y espontáneo, que con frecuencia exhibe Valera, ni la elocuencia gárrula y vacua de tantos otros. La lengua de Clarín se ajusta, al menos en sus escritos más importantes, a ese ideal que propugnaba, de modo que los resultados conseguidos presentan una modernidad, o actualidad, no sometida a las modas de su tiempo (según se ha señalado muchas veces). El mismo Galdós sugería esto cuando en el prólogo a la edición de 1901 de *La Regenta*, exclamaba: «¡qué feliz aleación de las bromas y las veras, fundidas en el crisol de una lengua que no tiene semejante en la expresión equívoca ni en la gravedad socarrona!».

La lengua de Alas ha sido ya estudiada con cierto pormenor, en lo que respecta a su función artística, o, si se quiere, en sus valores estilísticos. Recordemos, por ejemplo, los libros de Gramberg (*Fondo y forma del humorismo de Leopoldo Alas «Clarín»*, 1958), y de Laura Núñez de Villavicencio (*La creatividad en el estilo de Leopoldo Alas «Clarín»*, 1974), y resaltemos, entre muchos artículos, el de Gonzalo Sobejano, «La inadaptada» (1973), análisis muy inteligente y completo sobre un capítulo de *La Regenta*, pero cuyas conclusiones alcanzan a toda la novela. El estudio realizado en esos trabajos atiende ante todo a caracterizar la lengua literaria del autor, y muchas veces trata de penetrar, a través de la materia lingüística, hasta el fondo insondable de las intenciones y preocupaciones del hombre Alas. La lengua literaria de un escritor es evidentemente la forma de expresión con que se manifiesta la forma de contenido de las sustancias que pretende comunicar. Todo autor posee un universo variadamente complejo de pensamientos, sensaciones, emociones, imaginaciones: materia más o menos caótica que él configura en personal forma de contenido y que resulta sólo accesible cuando adquiere la corporeidad que le presta la forma de expresión en que se cuaja la lengua que utiliza.

El análisis de la obra literaria se preocupa con frecuencia sólo en poner ante los ojos ese universo interno del escritor; con ello, se convierte en una especie de diagnóstico psíquico del hombre, y así, en el caso que aquí nos concierne, se ha dicho que Clarín era esto o lo otro, que actuaba con este o aquel complejo. Pero, sin duda, no es esa materia lo que constituye la obra literaria. Otras veces, el análisis pone de relieve lo que queda configurado en el contenido gracias a la correspondiente formulación lingüística, puesto que expresión y contenido son solidarios. Este es el verdadero análisis literario: considerar la obra como un signo, cuyo significado es la particular ordenación del universo comunicado, y cuyo significante consiste en la especial selección y reunión de los signos lingüísticos. Insistimos aquí en la interpretación que del signo literario dan los glosemáticos: se trata de un signo cuyo significante es a su vez un signo lingüístico. El autor, por tanto, al manejar la lengua mostrenca, para hacer patentes los contenidos que intenta transmitir, tiene que reordenarla, reajustarla a sus propias necesidades, siempre, claro es, respetando su esencia y escogiendo en ella aquellas unidades y aquellas combinaciones de unidades más idóneas para reflejar los contenidos del caso. La lengua literaria, pues, más que una especie lingüística diferente de la lengua oral de todos los días, es un uso particular —el uso literario— del inventario general de una lengua dada. El uso literario consiste en construir, seleccionando y reuniendo unidades del sistema, una expresión que se adapte a los contenidos que el autor quiere comunicar. Y por ello difieren los usos aliterarios de unas épocas y otras, de unos escritores y otros, sin que, no obstante, tengamos lenguas diferentes. Dice muy bien Lapesa, refiriéndose a los escritores realistas del siglo XIX: «Si se quería hacer de la novela auténtico reflejo de la vida, era necesario aguzar las posibilidades descriptivas de la lengua, acostumbrarla al análisis psicológico, y caldear el diálogo con la expresión palpitante del habla diaria. Para esto no valían ni el tono oratorio ni la trivialidad de la gacetilla periodística» (*Historia de la lengua española*, 8.ª edición, p. 440). Obsérvese que el maestro dice «aguzar, acostumbrar» la lengua, no modificarla, esto es, reavivar ciertas posibilidades en ella implícitas y que los períodos precedentes habían descuidado —atentos, es cierto, a sus propios objetivos. Cuando es otra la materia de contenido que configura el autor, éste, forzosamente, ha de escoger como faz significante de sus signos literarios los elementos que en el seno de la lengua aparecen como más adecuados para el logro de la comunicación precisa. La selección del léxico, la organización sintáctica y la misma composición y enlace de las partes del texto, e incluso la preferencia de unas secuencias fónicas sobre otras, están condicionadas por ese intento de íntima solidaridad entre la expresión y el contenido. Lo han visto con claridad los estudiosos que hemos mencionado, atentos a la función que en la semiótica literaria desempeña la lengua.

Por ello, carecería de sentido, en esta ocasión, hacer un repaso de conjunto de los procediientos de lengua que Alas utiliza para transmitir sus vivencias. Preferimos atenernos a un texto concreto y bien delimitado para analizar en él los aspectos relevantes del uso lingüístico con intención literaria. Hace muchos años hicimos un análisis de *La Regenta* destinado a poner de relieve cómo las estructuras textuales de la novela se correspondían con la organización y jerarquización de sus contenidos. Proseguimos entonces el desmenuzamiento de cada una de sus secciones y de sus capítulos;

pero, absorbidos por otros menesteres más urgentes, todo aquello quedó en borrador casi telegráfico. La efemérides propicia del centenario regentino nos induce a exhumar y desarrollar un fragmento de aquellos viejos apuntes. Se trata de un pasaje del capítulo XXIX de *La Regenta* (las páginas 868-873 de la edición de Sobejano).

Junto con el XXX, este capítulo constituye la fase final de la novela. La materia narrada se desenvuelve en los últimos días del año tercero del relato. Aunque la esperada e inevitable confluencia entre la Regenta y Mesía se sugiere al concluir el capítulo anterior con dos escuetas exclamaciones (—*¡Ana!* —*¡Jesús!*), es sólo ahora cuando el autor da detalles de sus relaciones y nos cuenta el definitivo desenlace. El capítulo XXIX presenta la estructura tripartita tan del gusto de Alas. Abarca tres días (el 25, el 26 y el 27 de diciembre) y en cada uno de ellos se desarrolla una «escena» diferente. El día de Navidad engloba varias situaciones: la comida en el caserón de los Ozores entre Quintanar, Ana y Mesía; las confidencias que al amante hace el marido —preocupado por la actitud de Petra—; las explicaciones entre Mesía y Ana (que dan pie para referir —en el recuerdo de ambos— todo lo sucedido desde el decisivo día del veranillo de San Martín), y la comunicación de su despido que Álvaro hace a la doncella (pp. 848-864). Unos y otros, intentando engañar a los demás, se engañan a sí mismos; sólo Quintanar es engañado por todos, y sólo Petra engaña a todos. El día siguiente, con su visita tempranera, nos anuncia la venganza urdida por el Magistral y la doncella, sin especificar los detalles (pp. 864-868). El tercer día comienza con el despertar de don Víctor y se prosigue con el descubrimiento del adulterio y las ulteriores meditaciones del marido burlado junto a Frígilis (pp. 868-884). Sólo vamos a considerar el principio de este tercer momento: adelantado el despertador por Petra, don Víctor tiene ocasión de observar el descenso de María desde el balcón de Ana; sorprendido e indeciso Quintanar, deja escapar al amante. ¿Cómo cuenta Alas esta situación?

Hay primero una introducción:

> (1) Al día siguiente, 27 de diciembre, don Víctor y Frígilis debían tomar el tren de Roca Tajada a las ocho cincuenta para estar en las Marismas de Palomares a las nueve y media próximamente. Algo tarde era para comenzar la persecución de los patos y alcaravanes, pero no había de establecer la empresa un tren especial para los cazadores. Así que se madrugaba menos que otros años. Quintanar preparaba su reloj despertador de suerte que le llamase con un estrépito horrísono a las ocho en punto. En un decir Jesús se vestía, se lavaba, salía al Parque donde solía esperar dos o tres minutos a Frígilis, si no le encontraba ya allí, y en esto y en el viaje a la estación se empleaba el tiempo necesario para llegar algunos minutos antes de la salida del tren mixto.

Con precisión objetiva (casi horaria: nótense las expresiones *ocho cincuenta, nueve y media, ocho en punto, dos o tres minutos*) se expone una situación habitual en el pasado del relato. De ahí, el uso constante del imperfecto *(debían, era, había, madrugaba, preparaba, se vestía, se lavaba, salía, solía, encontraba, se empleaba)*. Hay una intromisión de comentario por parte del narrador, a no ser que, olvidadas las comillas, aquí se inserte la opinión de los agonistas en estilo indirecto libre: *Algo tarde era... Así que se madrugaba...* El empleo del *se* impersonal (muy frecuente en Alas) hace más probable la segunda interpretación (de lo contrario, el autor hubiera escrito «así que madrugaban»). La exposición es demorada y detallista ,pero sobria, y la estructura sintáctica sin complicaciones.

A continuación ya se narran hechos:

> (2) De un sueño dulce y profundo, poco frecuente en él, despertó Quintanar aquella mañana con más susto que solía, aturdido por el estridente repique de aquel estertor metálico, rápido y descompasado. Venció con gran trabajo la pereza, bostezó muchas veces, y al decidirse a saltar del lecho, no lo hizo sin que el cuerpo encogido protestara del madrugón importuno. El sueño y la pereza le decían que parecía más temprano que otros días, que el despertador mentía como un deslenguado, que no debía de ser ni con mucho la hora que la esfera rezaba. No hizo caso de tales sofismas el cazador, y sin dejar de abrir la boca y estirar los brazos se dirigió al lavabo y de buenas a primeras zambulló la cabeza en agua fría. Así contestaba don Víctor a las sugestiones de la mísera carne que pretendía volverse a las ociosas plumas.

El perfecto simple va señalando los actos sucesivos y puntuales del agonista: *despertó, venció, bostezó, hizo, se dirigió, zambulló.* Los procesos simultáneos y no terminativos se manifiestan, claro es, con el imperfecto *(solía, decían, parecía, mentía, debía, rezaba, contestaba, pretendía)*. En las escasas construcciones subordinadas (como en 1) la unidad verbal empleada corresponde a la perspectiva del pasado (allí *de suerte que le llamase*, aquí *sin que protestara*). E, incidentalmente, apuntemos que la equivalencia de los significantes en *-ra* y *-se* es lo normal en Clarín, si bien, más por contagio del habla asturiana que por arcaismo enfático, aparecen con alguna frecuencia formas en *-ra* (siempre en estructuras con relativo) con valor de anterioridad (por ejemplo: «aquella mujer le interesaba más de veras de lo que él *creyera*», p. 423; [el columpio] «por la fuerza misma que lo *levantara*, bajó majestuosamente», p. 428). La estructura sintáctica sigue reflejando la morosidad del relato. Se observa la marcada tendencia de Alas a las construcciones bimembres y trimembres (*dulce y profundo, con más susto — aturdido, venció — bostezó — hizo, metálico — rápido — descompasado, que parecía — que mentía — que no debía, hizo — se diri-*

gió — zambulló) y al paralelismo (venció *con gran esfuerzo* — bostezó *muchas veces* — no lo hizo... *sin que protestara*), muestra todo de los procedimientos reiterativos aducidos por Laura Villavicencio. El último enunciado, expresado por el narrador, incluye dos rasgos impuestos desde la perspectiva del personaje: los clichés *la mísera carne* y *las ociosas plumas*, aunque no vayan en cursiva, pertenecen sin duda al acervo del habla mimética de Quintanar («hablaba como el periódico o el libro que acababa de leer», cap. XVIII, p. 543). Es recurso habitual de la ironía de Clarín al caracterizar a sus criaturas. Retengamos, de este párrafo, varios vocablos cuyas connotaciones comienzan a sugerir aquí ciertos contenidos esenciales en el fragmento. Por una parte, *sueño* y *pereza*; por otra, *susto, aturdido, estertor, descompasado, importuno*, que aluden a vivencias negativas. Finalmente, tengamos en cuenta el contraste de *dulce y profundo* con *estridente* y *descompasado.*

La reflexión de Quintanar sobre el hecho central del párrafo precedente (la oposición entre la hora que señala el reloj y la impresión física de que es más temprano) conduce a las consideraciones siguientes:

> (3) Cuando ya tenía *las ideas más despejadas*, reconoció imparcialmente que la pereza aquella mañana no se quejaba de vicio. «Debía de ser en efecto bastante más temprano de lo que decía el reloj. Sin embargo, él estaba seguro de que el despertador no adelantaba y de que por su propia mano le había dado cuerda y puéstole en la hora la mañana anterior. Y con todo, debía de ser más temprano de lo que allí decía; no podían ser las ocho, ni siquiera las siete, se lo decía el sueño que volvía, a pesar de las abluciones, y con más autoridad se lo decía la escasa luz del día.» «El orto del sol hoy debe de ser a las siete y veinte, minuto arriba o abajo; pues bien, el sol no ha salido todavía, es indudable; cierto que la niebla espesísima y las nubes cenicientas y pesadas que cubren el cielo hacen la mañana muy oscura, pero no importa, el sol no ha salido todavía, es demasiada oscuridad ésta, no deben de ser ni siquiera las siete.» No podía consultar el reloj de bolsillo, porque el día anterior al darle cuerda le había encontrado roto el muelle real.

No hay más que un acto puntual: *reconoció* (acompañado del telón de fondo en imperfecto: *ya tenía, no se quejaba*). Siguen los entrecomillados con que de costumbre señala Alas lo que en estilo indirecto libre asigna al discurso interno del agonista. Situada en la perspectiva del pasado, la exposición se basa sobre verbos en imperfecto (*debía de ser, estaba, podían, decía...*; con la oportuna forma compuesta para la anterioridad: *había dado cuerda*). Aquí se observa uno de los rasgos hoy en desuso que pueden encontrarse en Clarín: el empleo de referentes enclíticos con un participio: «le había dado cuerda y *puéstole* en la hora», frase donde, además, se aprecia el parcial leísmo de Alas (si no es achacable a los sucesivos impresores y editores de su obra). En este punto (y en el del laísmo, también presente en otros textos suyos: véase la nota 8 de Sobejano en la p. 449 de su edición), no es posible decidirse tajantemente, aunque está claro que Alas pretendía atenerse a la norma: recuérdese que muchas de las erratas del tomo I de *La Regenta*, consignadas al final del II, consisten en confusiones de este tipo. El primer pasaje en estilo indirecto libre presenta una construcción sintáctica reiterativa, y hasta machacona en el léxico y en su fonética (nótense las rimas: *debía, decía, había, debía, decía, podían, decía, volvía, decía, día*), lo cual connota perfectamente el torpe discurrir del soñoliento Quintanar. Inmediatamente sigue otro segmento, también entrecomillado, y por tanto atribuido al monólogo de don Víctor, que, sin embargo, aparece con perspectiva de presente *(debe, ha salido, es, cubren, hacen, importa, ha salido, es, deben)*. Predominan de nuevo la yuxtaposición y la insistencia de esquemas sintagmáticos y de léxico. Pero ¿por qué ahora el presente y ya no el imperfecto?, ¿por qué *debe de ser* y no *debía de ser, ha salido* y no *había salido*, etc.? Se produce indudablemente una actualización, un paso del tiempo narrado al tiempo vivido o comentado, que diría Weinrich. Pero no puede descartarse que aquí tengamos un pasaje en estilo directo, la consignación de palabras dichas y no de pensamientos sin formular. Son como constataciones objetivas del personaje y no puras impresiones como en el segmento anterior (el léxico parece confirmarlo: palabras casi técnicas como *orto del sol*, precisiones horarias como en la introducción: *siete y veinte*). No se formula la pregunta implícita ¿qué hora es? El narrador, ya por su cuenta, cierra el párrafo: «No podía consultar el reloj de bolsillo...». Volvemos a encontrar los motivos que se han mentado antes: *sueño* y *pereza*, y de nuevo una serie de términos con connotaciones negativas: *niebla espesísima, nubes cenicientas y pesadas, muy oscura, demasiada oscuridad.*

Consecuencia de estas consideraciones del personaje, el fragmento siguiente girará sobre su actuación:

(4) «Lo mejor será llamar.»

Salió a los pasillos en zapatillas.

—¡Petra! ¡Petra! —dijo, queriendo dar voces sin hacer ruido.

«Petra, Petra... ¡Qué diablos!, cómo ha de contestar si ya no está en casa... la pícara costumbre, el hombre es un animal de costumbres.»

Suspiró don Víctor. Se alegraba en el alma de verse libre de aquel testigo y semivíctima de sus flaquezas; pero, así y todo, al recordar ahora que en vano gritaba «¡Petra!», sentía una extraña y poética melancolía. «¡Cosas del corazón humano!».

—¡Servanda! ¡Servanda! ¡Alselmo! ¡Anselmo!

Nadie respondía.

La actividad de Quintanar se reduce a los tres hechos expresados con perfecto: *salió, dijo, suspiró.* La vana decisión inicial («Lo mejor será llamar») se diluye en el durativo *Nadie respondía,* en imperfecto, que concluye el pasaje. Se entreveran, igual que antes, las palabras dichas para sí, como apartes escénicos, del personaje, expuestas en perspectiva de presente («Lo mejor *será*», «*ha* de contestar... no *está... es*»), y además, gráficamente diferenciadas, las palabras explícitas que profiere *(—¡Petra!, ¡Servanda!, ¡Anselmo!),* puras apelaciones inútiles. Aunque no se indica, la secuencia explicativa del suspirar de don Víctor parece en estilo indirecto libre: lo apoyan los imperfectos *(se alegraba, gritaba, sentía)* y la perspectiva del hablante (y no la del narrador) en el modo de enfocar las referencias designadas («testigo y semivíctima de sus *flaquezas*» juzgaba Quintanar a Petra, y su recuerdo en cambio tenía para él «extraña y poética *melancolía*»). Ello se hace explícito en la conclusiva exclamación interna «¡Cosas del corazón humano!». Este breve pasaje, de estructura sintáctica simplicísima, parece indicar con su actividad —aunque tan leve—, una pausa en el discurrir interno de Quintanar sobre el proceso que está viviendo. Así, quedan aquí en suspenso la duda, los motivos del sueño y la pereza y las connotaciones negativas, relegadas al final sugiriendo la soledad absoluta de don Víctor: *Nadie respondía.* No dejemos de reseñar las alusiones a la expresión trivial del personaje: *¡Qué diablos!, la pícara costumbre, el hombre es un animal de costumbres, Cosas del corazón humano.*

Otra vez en el párrafo que sigue surgen las dubitaciones sobre el problema planteado de la hora:

> (5) —No hay duda, es muy temprano. No es hora de levantarse los criados siquiera. ¿Pero entonces? ¿Quién me ha adelantado el reloj...? ¡Dos relojes echados a perder en dos días...! Cuando entra la desgracia en una casa...
>
> Don Víctor volvió a dudar. ¿No podían haberse dormido los criados? ¿No podía aquella escasez de luz originarse de la densidad de las nubes? ¿Por qué desconfiar del reloj si nadie había podido tocar en él? ¿Y quién iba a tener interés en adelantarle? ¿Quién iba a permitirse semejante broma? Quintanar pasó a la convicción contraria; se le antojó que bien podían ser las ocho, se vistió deprisa, cogió el frasco del anís, bebió un trago según acostumbraba cuando salía de caza aquel enemigo mortal del chocolate, y echándose al hombro el saco de las provisiones, repleto de ricos fiambres, bajó a la huerta por la escalera del corredor, pisando de puntillas, como siempre, por no turbar el silencio de la casa. «Pero a los criados ya los compondría él a la vuelta. ¡Perezosos! Ahora no había tiempo para nada... Frígilis debía de estar ya en el Parque esperándole impaciente...
>
> —Pues señor, si en efecto son las ocho no he visto día más os-

curo en mi vida. Y sin embargo, la niebla no es muy densa... no... ni el cielo está muy cargado... No lo entiendo.

El párrafo se abre y se cierra con palabras directas de Quintanar, en las que expresa los dos extremos de su incertidumbre. Su experimento de llamar en vano a los criados le ha llevado a la creencia de que es muy temprano. En consecuencia, se le ocurre otra cuestión: *¿Quién me ha adelantado el reloj?* Ante lo absurdo de tal suposición, don Víctor *volvió* a dudar. Y así *pasó* a la convicción contraria: era la hora. Los perfectos señalan los nuevos hitos de su actividad rutinaria *(se vistió, cogió, bebió, bajó)*, acompañados con detalles precisos que demoran el ritmo de lo narrado en ampliación progresiva. Dentro de una sintaxis simple, se ensancha el ámbito de lo adyacente: se vistió *deprisa*, cogió *el frasco del anís*, bebió *un trago según acostumbraba cuando salía...*, y *echándose...* bajó *a la huerta por la escalera... pisando... como siempre... por no turbar...* El estilo indirecto libre —con sus propias formas verbales— sirve para justificar la vuelta a la duda ,intensificada con el movimiento interrogativo: *¿No podían...?, ¿no podía...?, si nadie había podido, ¿quién iba?*) y el aplazamiento de la reprimenda a los criados dormidos *(ya los compondría, no había, debía)*. Pero persiste al final la incertidumbre: *si son las ocho... No lo entiendo.* Resuena aquí de nuevo el motivo del *sueño* y la *pereza (No es hora de levantarse los criados siquiera, ¿No podían haberse dormido?, ¡Perezosos!)* y reaparecen las connotaciones de tipo negativo que se veían antes: *escasez de luz, densidad de nubes* y sobre todo las secuencias premonitorias *cuando entra la desgracia en una casa...* y *no he visto día más ocuro en mi vida.* Aquí parece desgramaticalizarse la locución *en mi vida*, es decir «nunca», y anunciar que en efecto este será el *día más oscuro* en la vida de Quintanar, porque hay *desgracias* peores que la de haberse descompuesto dos relojes. Indiquemos, por fin, la buscada variación de referentes para evocar al personaje designado: *don Víctor, Quintanar, el cazador* (en 2), es ahora *aquel enemigo mortal del chocolate.*

Nuevos datos imprecisos impulsan a Quintanar a reconsiderar la cuestión en el párrafo contiguo:

(6) Llegó Quintanar al cenador que era el lugar de la cita... ¡Cosa más rara! Frígilis no estaba allí. ¿Andaría por el Parque...? Se echó la escopeta al hombro, y salió de la glorieta.

En aquel momento el reloj de la catedral, como si bostezara, dio tres campanadas.

Don Víctor se detuvo pensativo, apoyó la culata de su escopeta en la arena húmeda del sendero y exclamó:

—¡Me lo han adelantado! ¿Pero quién? ¿Son las ocho menos cuarto o las siete menos cuarto? ¡Esta oscuridad...!

Sin saber por qué sintió una angustia extraña, «también él tenía nervios por lo visto». Sin comprender la causa, le preocupaba y le molestaba mucho aquella incertidumbre. «¿Qué incertidumbre?» Estaba antes obcecado; aquella luz no podía ser la de las ocho, eran las siete menos cuarto, aquello era el crepúsculo matutino, ahora estaba seguro... Pero entonces ¿quién le había adelantado el despertador más de una hora? ¿Quién y para qué? Y sobre todo, ¿por qué este accidente sin importancia le llegaba tan adentro? ¿qué presentía? ¿por qué creía que iba a ponerse malo...?»

La ausencia de Frígilis y las campanadas de la catedral le hacen ver la evidencia a don Víctor: no son las ocho, le han adelantado el reloj. Y entonces se encara, preocupado, con otra incógnita. Sobriamente se enumeran los jalones de la actividad de Quintanar (*llegó, se echó, salió*, y luego *se detuvo, apoyó, exclamó*), en cuyo medio, también en perfecto, sentencia el reloj *(dio tres campanadas)*, y concluye aquélla con sensación involuntaria *(sintió una angustia)*. Insertados en el conciso relato, resaltan dos secuencias en monólogo interno, una al principio y otra al final (ambas con imperfectos), y en el centro, como eje, en expresión directa (y en perspectiva de presente), la exclamación y la nueva incertidumbre de don Víctor. Aunque no lleve comillas, el segmento «¡Cosa más rara! Frígilis no estaba allí. ¿Andaría por el Parque...?», no puede ser más que reflejo del discurrir íntimo del personaje. En el período final, junto a la composición yuxtapuesta, se incrementa el movimiento interrogativo, que connota la creciente inquietud del agonista. Se pueden señalar dos grupos de enunciados opuestos entre sí por la locución adversativa *Pero entonces*; el primero, caracterizado por sucesivas constataciones que van mostrando el rechazo de la incertidumbre para terminar en la seguridad *(¿Qué incertidumbre? Estaba antes obcecado... aquello era el crepúsculo... ahora estaba seguro)*; el segundo, completamente interrogativo, va desgranando con ritmo acelerado las incógnitas y apuntando a lo esencial de la escena: se relega el *¿quién?*, se inquiere el *¿para qué?* y se termina escrutando el misterioso *¿por qué?*, el porqué de la angustia ya anunciada. Todos los términos de connotación negativa notados en los párrafos anteriores, resuenan ahora en la exclamación del pensativo Quintanar: *¡Esta oscuridad...!* Y sus agoreras premoniciones se concentran en una angustia extraña (que le molesta y le preocupa): *¿por qué este accidente sin importancia le llegaba tan adentro?, ¿qué presentía?, ¿por qué creía que iba a ponerse malo?*». El aturdimiento del violento despertar, la niebla espesísima, las nubes cenicientas, la desgracia exterior de los relojes, el día más oscuro que había visto (motivos de los párrafos anteriores), ahora se condensan en *¡Esta oscuridad!* y se interiorizan en el ánimo de Quintanar, en su angustia, en su presentimiento. También perdura el motivo del *sueño* en «el reloj de la catedral, como si *bostezara...*». Y, por último, notemos, al margen, el contraste entre el etimológico «me *lo* han adelantado» de este pasaje con el «adelantar*le*» del párrafo anterior: no hay seguridad de que la tuviese en este aspecto Clarín.

Tras este pasaje en que hábilmente Alas ha ido preparando el desenlace, el descubrimiento de lo que ya se imaginaba el lector, pero no Quintanar, sigue el objetivo relato de los hechos que producirán el verdadero despertar del agonista (no al día por el estrépito del reloj, sino a la realidad psíquica cruel). Alas lo expone con alejamiento imparcial de observador, el mismo con que parece Quintanar contemplar los acontecimientos:

> (7) Había echado a andar otra vez; iba en dirección a la casa, que se veía entre las ramas deshojadas de los árboles, apiñados por aquella parte. Oyó un ruido que le pareció el de un balcón que abrían con cautela; dio dos pasos más entre los troncos que le impedían saber qué era aquello, y al fin vio que cerraban un balcón de su casa y que un hombre que parecía muy largo se descolgaba, sujeto a las barras y buscando con los pies la reja de una ventana del piso bajo para apoyarse en ella y después saltar sobre un montón de tierra.
>
> «El balcón era el de Anita.»
>
> El hombre se embozó en una capa de vueltas de grana y esquivando la arena de los senderos, saltando de uno a otro cuadro de flores, y corriendo después sobre el césped a brincos, llegó a la muralla, a la esquina que daba a la calleja de Traslacerca; de un salto se puso sobre una pipa medio podrida que estaba allá arrinconada, y haciendo escala de unos restos de palos de espaldar clavados entre la piedra, llegó, gracias a unas piernas muy largas, a verse a caballo sobre el muro.

El narrador se desconecta del momento anterior en que «Don Víctor se detuvo pensativo» y, pasando a otra escena, la introduce con imperfectos *(Había echado a andar, iba en dirección)*. En ese fluir, se insertan los instantes que marcan, en perfecto, la actividad de Quintanar: *oyó un ruido, dio dos pasos, vio*. El relato se hace lento, pormenorizado, como con técnica de suspensión. Podía el autor, sin menoscabo de la información factual, haber escrito: «Oyó que cerraban un balcón; era el de Anita; de él se descolgaba un hombre, etc.». Pero Alas no está comunicando sólo hechos, sino su repercusión sobre los agonistas de la novela. Por ello, procede despacio, desvelando paulatinamente lo que sucede. Así, aunque la sintaxis no es compleja, abundan los términos adyacentes de tipo diverso en torno a los núcleos de las oraciones y se amplían también los grupos sintagmáticos menores. Nótense las construcciones con relativo *(la casa, que se veía; un ruido que le pareció; un balcón que abrían; un hombre que parecía; los troncos que le impedían)*, las estructuras nominalizadas con *que (vio que cerraban, que un hombre)* y las fórmulas con participios, gerundios o infinitivos *(los árboles, apiñados; saber qué era aquello; sujeto a las barras; buscando la reja; para apoyarse y saltar)*. La misma técnica morosa de iluminación sucesiva se observa en el tránsito de los impersonales sin designación de agente *(abrían, cerraban)* hasta su mención concreta *(un hombre... se descolgaba)*. Todo ello refleja la atención con que asistiría a los hechos el ignorante y atónito Quintanar. Su intensa contemplación le lleva a constatar en su fuero interno con toda imparcialidad: «El balcón era el de Anita». Y a continuación, el enfoque narrativo (como una cámara) se desplaza a ese hombre, todavía no identificado (y que, con razonable presunción, sabemos quién es, aunque no Quintanar), e ilumina en primer plano los detalles. Otra vez, el minucioso despliegue, con perfectos, de sus acciones: *se embozó, llegó, se puso, llegó*; y otra vez, idénticos procedimientos moratorios y amplificadores, con términos adyacentes, relativos con imperfecto, gerundios, etc., que hemos visto en el primer segmento del párrafo *(en una capa..., esquivando, saltando, corriendo, esquina que daba, de un salto, sobre una pipa, que estaba, haciendo, palos... clavados, gracias a, a verse)*. Nótese, además, cómo, en casi todo el fragmento que consideramos, la visión del narrador sigue un curso lineal, sin saltos ni soluciones de continuidad: cada detalle viene detrás de otro y se expresan con el mismo orden real. Quedan así en escena los dos personajes: don Víctor, escrutando entre los árboles; el otro «a caballo sobre el muro», tranquilo y descuidado. Sólo un dato reiterado insinúa una pista para su identificación, rasgo que, aunque en boca del narrador, pertenece a la observación personal del ex-Regente: «un hombre que parecía *muy largo*», «gracias a unas piernas *muy largas*».

Estos datos anuncian la identificación que don Víctor, aparentemente frío en su papel casi de investigador, lleva a cabo en el párrafo siguiente, donde el foco vuelve a situarse sobre Quintanar con repliegue rememorativo de anterioridad *(le había seguido de lejos, había levantado el gatillo, no había apuntado al fugitivo)*:

> (8) Don Víctor le había seguido de lejos, entre los árboles; había levantado el gatillo de la escopeta sin pensar en ello, por instinto, como en la caza, pero no había apuntado al fugitivo. «Antes quería conocerle.» No se contentaba con adivinarle.
>
> A pesar de la escasa luz del crepúsculo, cuando aquel hombre estuvo a caballo en la tapia, el dueño del Parque ya no pudo dudar.
>
> «¡Es Álvaro!», pensó don Víctor, y se echó el arma a la cara.

La vaga sospecha insinuada antes *(un hombre que parecía muy largo; unas piernas muy largas*: Mesía era muy alto) y ahora apuntada *(no se contentaba con adivinarle)*, conduce al total reconocimiento. Tras los antecedentes (en que se inserta la apreciación interna de Quintanar), éste, aunque actúa un poco por rutina, no deja de saber lo que pretende; e irrumpen los perfectos puntuales *(estuvo, no pudo, pensó, se echó)*. Persisten la misma técnica de exposición sosegada, pareja suspensión y las variaciones designativas *(aquel hombre = el fugitivo; don Víctor = el dueño del Parque)*.

Continúa después otra escena:

> (9) Mesía estaba quieto, mirando hacia la calleja, inclinado el rostro, atento sólo a buscar las piedras y resquicios que le servían de estribos en aquel descendimiento.
>
> «¡Es Álvaro!», pensó otra vez don Víctor, que tenía la cabeza de su amigo al extremo del cañón de la escopeta.
>
> «Él estaba entre árboles; aunque el otro mirase hacia el Parque no le vería. Podía esperar, podía reflexionar, tiempo había, era tiro seguro; cuando el otro se moviera para descolgarse... entonces.»
>
> «Pero tardaba años, tardaba siglos. Así no se podía vivir, con aquel cañón que pesaba quintales, mundos de plomo, y aquel frío que comía el cuerpo y el alma, no se podía vivir... Mejor suerte hubiera sido estar al otro extremo del cañón, allí sobre la tapia... Sí, sí; él hubiera cambiado de sitio. Y eso que el otro iba a morir.»
>
> «Era Álvaro, ¡y no iba a durar un minuto! ¿Caería en el Parque o a la calleja...?».

La lentitud narrativa se estanca en compacto estatismo, como si el tiempo se detuviese (y lo acusa Quintanar en su interior: *tardaba años, tardaba siglos*). El seguro sosiego de Mesía y la indecisión no confesada y durable de don Víctor imprimen al pasaje esos rasgos de inmovilidad previa a la inminencia: no hay actividad propiamente, sólo el *pensó* fugaz de Quintanar reiterando su sorpresa. La estructura sintáctica sigue con la misma tónica, dentro de su sencilla claridad. Al principio, en la descripción de Mesía, un solo núcleo: *estaba*; todo lo demás es un atributo triple *(quieto, mirando, atento)* amplificado con adyacentes, que cuando son complejos, se determinan linealmente por contigüidad *(atento a buscar; buscar las piedras y resquicios; piedras y resquicios que le servían; servían de estribos)*. Con la transcripción de la actividad mental de don Víctor reaparecen los imperfectos. El primer conjunto de enunciados expone una especie de composición de lugar y de modo de operar: solapadamente, la pasividad (que predominará) se interfiere *(podía esperar)* con el crédulo propósito de acción de Quintanar *(cuando el otro se moviera... entonces)*. Y como en otros casos, esta serie de la fluencia discursiva se contrapone adversativamente *(Pero)* con el segundo conjunto: «podía esperar, podía reflexionar, tiempo había» frente a «tardaba años, siglos, así no se podía vivir». La confusa vacilación entre actuar o no, la incapacidad de decidir tajantemente, la lucha sorda entre graves principios que acatar y profundo pacifismo resignado, se plasman figuradamente en esos *mundos de plo-*

mo, en ese *frío que comía el cuerpo y el alma*, en la acezante sucesión reiterativa de oraciones, y llevan al personaje a preferir imaginativamente (para evitar su pesada responsabilidad) la situación del otro «y eso que iba a morir». Hay también aquí contraposición al final: «Era Álvaro, ¡y no iba a durar un minuto!», es decir, era Álvaro («su amigo» como dice más arriba el narrador), pero no iba a durar un minuto. La cándida ingenuidad de Quintanar, que imagina ya en cumplimiento su alto deber de matar, le hace todavía interrogarse con frío cálculo «¿Caería en el Parque o a la calleja...?»

Después de esta escena estática, en que la acción queda detenida con los agonistas frente a frente (como el Vizcaíno y don Quijote al final de I, 9), viene el desenlace:

> (10) No cayó; descendió sin prisa del lado de Traslacerca, tranquilo, acostumbrado a tal escalo, conocido ya de las piedras del muro. Don Víctor le vio desaparecer sin dejar la puntería y sin osar mover el dedo que apoyaba en el gatillo; ya estaba Mesía en la calleja y su amigo seguía apuntando al cielo.
>
> —¡Miserable!, ¡debí matarle! —gritó don Víctor cuando ya no era tiempo; y como si le remordiera la conciencia, corrió a la puerta del Parque, la abrió, salió a la calleja y corrió hacia la esquina de la tapia por donde había saltado su enemigo. No se veía a nadie. Quintanar se acercó a la pared y vio en sus piedras y resquicios *la escalera de su deshonra.*

Contrastan al principio la actividad sosegada de Mesía (que cumple puntualmente sus pasos) y la quietud pasiva de don Víctor *(le vio desaparecer; ya estaba Mesía en la calleja y su amigo seguía apuntando al cielo)*. Contrasta también, con cierta dolorosa ironía, la vana creencia de Quintanar al final del párrafo previo (*¿Caería...?*) con la realidad de los hechos *(No cayó)*. Sigue por ahora el ritmo lento, sugerido por el léxico *(sin prisa, acostumbrado, tranquilo, conocido ya)* y la acumulación de adyacentes junto al núcleo puntual *descendió*; persiste el estatismo de Quintanar, apoyado en análogos recursos léxicos y sintácticos *(sin dejar* y *sin osar, seguía, apuntando)*. El conflicto interno de don Víctor se ha resuelto por la senda prevista: la inhibición. Pero inmediatamente, con la típica irresolución del personaje, y cuando ya toda acción está excluida, se le despiertan las ansias de actuar, arrepentido de su inmóvil impotencia. Los grandes propósitos le obligan a gritar *(gritó)* y se introducen directamente sus lamentos exclamativos *(¡Miserable! ¡debí matarle!)* Y vemos cómo al emplear la forma de pasado *debí* (y no la de perspectiva de participación *he debido*), se insinúa el alejamiento del nuevo estado de ánimo respecto a la pasividad anterior. Impulsado por tal remordimiento, ahora actúa Quintanar aceleradamente, y ello queda sugerido por la serie de perfectos casi inmediatos (en contraste con el sosiego de Mesía al comienzo): *corrió* a la puerta..., *la abrió, salió* a la calleja y *corrió...* Apuntada por el narrador («ya no era tiempo»), nueva perplejidad invade a don Víctor: *No se veía a nadie.* Y nueva inspección de los lugares: *se acercó a la pared* y *vio... la escalera de su deshonra.* La cursiva de esta expresión indica el modo tópico con que considera Quintanar su situación. Finalmente, contrasta la apreciación *su enemigo* asignada aquí a Álvaro, con la de *su amigo* que aparecía en el párrafo anterior; aunque ambas en boca del narrador, señalan (a través de la expresión neutra *el otro* que allí utiliza Quintanar) el cambio de ánimo del personaje.

Ahora, en el fragmento siguiente, todo en monólogo interno salvo un breve inciso, se reconocen los lugares y se reconstruye —por así decirlo— la historia de esa *deshonra*:

> (11) «Sí, ahora lo veía perfectamente; ahora no veía más que eso; ¡y cuántas veces había pasado por allí sin sospechar que por aquella tapia se subía a la alcoba de la Regenta!» Volvió al Parque; reconoció la pared por aquel lado. «La pipa medio podrida arrimada al muro, como al descuido, los palos del espaldar roto formaban otra escala; aquélla la veía todos los días veinte veces y hasta ahora no había reparado [en] lo que era: ¡una escala! Aquello le parecía símbolo de su vida: bien claras estaban en ella las señales de su deshonra, los pasos de la traición; aquella amistad fingida, aquel sufrirle comedias y confidencias, aquel malquistarle con el señor Magistral... todo aquello era otra escala y él no la había visto nunca, y ahora no veía otra cosa.»
>
> «¿Y Ana? ¡Ana! Aquélla estaba allí, en casa, en el lecho; la tenía en sus manos, podía matarla, debía matarla. Ya que al otro le había perdonado la vida... por horas, nada más que por horas, ¿por qué no empezaba por ella? Sí, sí, ya iba, ya iba; estaba resuelto, era claro, había que matar, ¿quién lo dudaba?, pero antes... antes quería meditar, necesitaba calcular... sí, las consecuencias del delito... porque al fin era delito... Ellos eran unos infames, habían engañado al esposo, al amigo... pero él iba a ser un asesino, digno de disculpa, todo lo que se quiera, pero asesino.»

Las diferentes ediciones de *La Regenta* no concuerdan al discriminar la prosa en estilo indirecto libre y la narración propia. La primera edición engloba el inciso narrativo dentro de todo el monólogo (olvida las comillas después de *la Regenta*! y antes de *La pipa*). Otros editores marcan la frontera del monólogo después de *La Regenta!* pero omiten señalarla delante de *La pipa* y eliminan las comillas al final de *otra cosa.* En el monólogo de Quintanar hay tres partes. La primera, inspección ocular del exterior, está separada de la segunda, reconocimiento del interior, por la doble secuencia narrativa *(Volvió al Parque - reconoció la pared)* y, sin transición, la tercera expone las deducciones del personaje. La estructura semántica de las dos primeras es paralela: se constata la evidencia y se lamenta la previa ceguera. Ello se manifiesta con ritmo sintáctico reiterativo, por una parte, y por otra exclamativo: «ahora lo veía perfectamente», «ahora no veía más que eso» y «¡cuántas veces había pasado por allí sin sospechar...!» son frases que se correspon-con «aquélla la veía veinte veces todos los días y hasta ahora no había reparado en lo que era». (Incidentalmente, todas las ediciones rezan «reparado lo que era», en contra del régimen habitual de *reparar en*). De la escala física se traslada Quintanar en la tercera parte a la escala moral. La pared, el espaldar, el tonel, las piedras y resquicios por donde «se subía a la alcoba de la Regenta» eran «símbolo de su vida». Así como no había reparado en ellos, no había sospechado su función, tampoco se había dado cuenta de que la «amistad fingida» de Mesía, su paciencia al «sufrirle comedias y confidencias», su interés en «malquistarle con el señor Magistral» eran también peldaños de «otra escala»: tampoco «la había visto nunca» y «ahora no se veía otra cosa». El segmento final del párrafo expone cómo se encara don Víctor con la evidencia de su deshonra. Por primera vez, desde el penoso descubrimiento, recuerda al sujeto causante: *¿Y Ana?* La exclamación que sigue *(¡Ana!)* implica el mar de confusiones de Quintanar: ¿qué debe hacer? El conflicto interno, ya planteado antes, entre la razón y el sentimiento, entre los imperativos éticos y los deberes del honor mundanal, se dibuja ahora en indecisa alternancia sinusoide, paralela a la producida antes cuando apuntaba y no disparaba sobre el blanco incauto y despreocupado de la cabeza de Mesía. En breves secuencias yuxtapuestas, reiterativas, con ritmo léxico binario y ternario, se desgranan los sentimientos y propósitos de don Víctor, enredados, apoyados y destruidos, con rápida y embrollada dialéctica, mediante subterfugios de pasividad y ráfagas de indignación. ¿Mataba a Ana o no? Estaba decidido, pero había que meditar. Y del sustrato jurídico del magistrado va surgiendo solapadamente la suprema razón inhibitoria, concorde con su fondo moral: «digno de disculpa..., pero asesino». Hechos, posibilidades, obligaciones; fugaces propósitos de acción; acallamiento de objeciones; pero por sobre todo, la razón *(quería meditar, necesitaba calcular).*

Llegamos al final del pasaje con el párrafo siguiente:

> (12) Se sentó en un banco de piedra. Pero se levantó en seguida: el frío del asiento le había llegado a los huesos; y sentía una extraña pereza su cuerpo, un egoísmo material que le pareció a don Víctor indigno de él y de las circunstancias. Tenía mucho frío y mucho sueño; sin querer, pensaba en esto con claridad, mientras las ideas que se referían a su desgracia, a su deshonra, a su vergüenza, se mostraban reacias, huían, se confundían y se negaban a ordenarse en forma de raciocinio.
>
> Entró en el cenador y se sentó en una mecedora. Desde allí se veía el balcón de donde había saltado don Álvaro.
>
> El reloj de la catedral dio las siete.

Inerte, aturdido, perplejo ante el dilema de su doble perspectiva (matar, pero es delito), el pobre ex-Regente actúa medio inconsciente en cuatro actos sucesivos: *se sentó* en un banco, *se levantó, entró* en el cenador y *se sentó* (allí, en el lugar de la cita con Fígilis, ya mentado en *6*) y en leve conato de elaboración mental *(le pareció indigno).* Se cierra el párrafo con otro hecho puntual (también con perfecto) y ya ajeno a don Víctor: «El reloj de la catedral *dio* las siete». Los motivos de esos actos, el simultáneo discurrir del personaje y el escenario en torno, se explican o describen con los habituales imperfectos y sus correspondientes formas de anterioridad *(le había llegado, sentía, tenía, pensaba, referían, mostraban, huían, confundían, negaban, se veía, había saltado).* Queda hundido, con su irresoluta estupefacción, don Víctor; ya ni siquiera es él quien ve; el narrador dice «desde allí *se veía* el balcón de donde había saltado don Álvaro». Y suena el reloj. Aquí concluye el primer movimiento de la pasión de don Víctor. Lo que sigue en el capítulo son variaciones (no menos necesarias en la estructura del relato, pero que aquí no nos interesan): nuevas dudas, primero en soledad y luego en compañía de Frígilis, hasta su confesión con éste que cierra el capítulo *(Soy muy desgraciado; escucha...)* En este párrafo vuelven a resonar los leit-motiven del *sueño* y la *pereza,* que venían asomando desde el párrafo segundo, y reaparece con nuevas connotaciones el *frío* que irrumpe en el noveno (cuando estaba encañonando Quintanar a Mesía). Allí, era «aquel *frío* que comía el cuerpo y el alma», con el cual «no se podía vivir». Ahora, el material «*frío* del asiento le había llegado a los huesos». Y al mismo tiempo, se funde con el sueño: «Tenía mucho frío y mucho sueño». Del «sueño dulce y profundo» de las «ociosas plumas» (párrafo 2), figurada representación de la ignorancia feliz de Quintanar instalado en la muelle confianza de su amistad con Mesía, se ha pasado al áspero sueño de la hiriente realidad helada. Don Víctor está derrotado: la *extraña pereza* (tan *extraña* como la *angustia* del párrafo 6 con sus presentimientos, tan *extraña* como la *poética melancolía* ingenua que en el 4 experimenta al pensar en Petra), la extraña pereza de su cuerpo, producto del sueño y del frío, se transforma aquí en un *egoísmo material* (el que siempre ha dominado a Quintanar) y —teórica reacción de los grandes principios morales— lo reconoce indigno. La penosa introspección a que se somete don Víctor es sólo lúcida en lo que respecta a su estado físico *(pensaba en esto con claridad)*; en cuanto a su situación moral y mundana —las circunstancias— no podía considerarla «en forma de raciocinio». La pereza, el sueño, el frío, el egoísmo, en fin, se imponían. Lo otro, la *desgracia* anunciada en 5, la *deshonra* descubierta en 10, ahora coronadas *in crescendo* con la *vergüenza,* quedan sumidas en caótico marasmo. Frente al ritmo léxico binario de las sensaciones *(extraña pereza - egoísmo material; frío - sueño)* que se perciben con claridad, las *ideas* se manifiestan con acumulaciones ternarias («que se referían a *su desgracia - a su deshonra - a su vergüenza*») y cuádruples (se *mostraban reacias - huían - se confundían - se negaban* a ordenarse). Se sentó don Víctor. Todo se aquieta de momento. Y el reloj dio las siete.

Observemos que desde que sale Quintanar del cenador en busca de Frígilis (en el párrafo 6), cuando el reloj, «como si bostezara, dio tres campanadas», hasta este momento de las siete, sólo ha pasado un cuarto de hora. Quince minutos que a Quintanar le resultan años, que le llevan de su incertidumbre ante la oscuridad del cielo, a través de la pausada vivencia de su deshonra, hasta la irresoluta oscuridad interna con que se deja caer en la mecedora del cenador.

Gran habilidad de la lengua de Clarín esta densidad temporal psicológica en tan escasa secuencia de tiempo real, conseguida con procedimientos simples, pero sutiles. Selección de un léxico adecuado —y dosificado a lo largo de todo el pasaje— para realzar las sustancias de contenido pertinentes, y reunión sintagmática y contextual de las unidades empleadas en busca de la concorde manifestación del ritmo de los hechos, las sensaciones y los pensamientos.

VETUSTA: ESPACIO-FUERZA EN «LA REGENTA»

HARRIET TURNER
Oberlin College

Me siento honrada de poder presentar esta conferencia ilustrada sobre Vetusta. En primer lugar, desearía expresar mi agradecimiento al profesor Antonio Vilanova, organizador de este Simposio sobre «Clarín» y su obra. También quisiera reconocer la generosa ayuda de los profesores Alarcos y Martínez-Cachero por sus atinadas orientaciones sobre la ciudad de Oviedo, y sobre todo, la de Gonzalo Sobejano, cuya obra crítica ha servido de mucha inspiración y cuya espléndida edición de *La Regenta* ha sido el punto de partida para esta presentación.

¿Cómo llegó a escribir Clarín *La Regenta*? La novela, como sabemos, fue organizada «en sus adentros»,[1] saliendo ya vivípara, asombrosamente madura. Comenta Adolfo Posada, íntimo amigo y colega: «¡Qué facilidad la suya! Es preciso ver sus manuscritos: apenas un tachón, ni una rectificación apenas. Escribía, escribía concentrado, abstraído, poniendo el alma entera en la pluma, metido por el papel, *viendo* sus personajes, moviéndose o analizando con la fuerza de su espíritu penetrante y trayendo a juego toda la reserva de su cultura».[2]

Toda esa reserva suma más de mil páginas de lectura —una lectura densamente simbólica, realista y regional que presenta problemas al lector extranjero que desconoce España, la vida de provincia y el siglo pasado. Si el autor puso «el alma entera en la pluma», si, en efecto, *se sumergió* en el papel, «*viendo* sus personajes»,

1. Manuel Fernández Avello, «*La Regenta*, 1884-1984. Cien años», *La Nueva España*, 20 de febrero de 1983, p. 29.

2. Adolfo Posada: «Escritos inéditos de Clarín», *La Lectura*, VI (1906), p. 214. Citado por Albert Brent, Leopoldo Alas and «*La Regenta*»: *A Study in Nineteenth Century Prose Fiction* (Columbia, Missouri: University o Missouri Studies, 1951), p. 28.

conviene plegarnos a esa sensibilidad suya, a esa capacidad de *visualizar* vidas ajenas, de acortar distancias para *meternos* por los ojos aquel mundo imaginado. Éste es, pues, el propósito de esta presentación ilustrada de Vetusta, entorno novelesco y ficticio de *La Regenta*: aproximar, aprojimar, traer a juego toda esa reserva cultural amontonada en sus páginas.

Por otra parte, una «re-lectura» visual, ejecutada desde fuera, desde lo alto, desde nuestro «catalejo», se pliega perfectamente, aunque de modo paradójico, a la sensibilidad de los personajes. Ana y don Fermín, Víctor y toda Vetusta no viven la vida tanto como la *ven*, a través de sucesivas visiones o «cuadros disolventes» (I, 174).[3] Apelando, sobre todo, a lo visual, inventan la vida como literatura, complaciéndose en un soñar embriagado de novelas y dramas de capa y espada, poemas y periódicos, delicados himnos y cartas perfumadas, recados y esquilas y notas y libretos de ópera.

Alimentados así por lo visual, leyendo obras literarias, como lo hace Ana, «con el alma agarrada a las letras» (I, 203), los personajes apuntan su pensar en dos direcciones: hacia atrás, remontándose al pasado, o hacia adelante, proyectándose al futuro. Su forma de existencia es lo que Ortega ha llamado «el futurismo concreto de cada cual»: «se les va la vida todo en vano por el arco de la esperanza».[4] Pasado y futuro: son ilusiones ópticas. Configuran inconmensurables lejanías a la vez que por su mismo marco visual llegan a coincidir en el reflejo desdoblado del espejo. Pasado y futuro: son una misma cosa reflejada, o como advierte con amargura el Magistral al principio de la novela: «"Así son las perspectivas de la esperanza... lo que vemos delante es un espejo que refleja el cuadro soñador que se queda atrás, en el lejano día del sueño"» (I, 106).

La *mirada* —convertida en dardo, flecha, bala— es retrospectiva, ascendente y *proyectil;* protagoniza la acción en *La Regenta* y llega, incluso, a destejer la palabra hablada.[5] El diálogo queda *perforado*, en puntos suspensivos, por el discurso elíptico de las hermanas Ozores o por la voz sofocada de Visitación, mientras *pinta*, con entusiasmo de artista ,todas las turgencias de Ana. Lo hablado *desaparece* por los guiños de Glocester, *se esconde* tras el telón carnoso

3. Leopoldo Alas, «Clarín»: *La Regenta*, I, II, edición, introducción y notas por Gonzalo Sobejano (Madrid: Castalia, 1981). Todas las citas de la novela proceden de esta edición.

4. José Ortega y Gasset: «La pampa...promesas», *Obras completas*, tomo II (*El Espectador*, 1916-1934), (Madrid: Revista de Occidente, 1950), p. 639-640.

5. Véase el opúsculo de John Rutherford, *Leopoldo Alas, «La Regenta»* (Critical Guides to Spanish Texts, London: Grant and Cutler, 1974,) que señala la «crítica del lenguaje» que ofrece la novela en sus planos medulares (pp. 20-21), también sus observaciones sobre el sistema de «proyecciones» llevadas a cabo por los personajes, sin que se dieran clara cuenta de ello (pp. 34-39).

de los párpados del Magistral o *se quiebra* por el contagio al vocablo-cliché. El predominio de lo visual sobre lo verbal en *La Regenta*: he aquí esa especial tensión o incertidumbre lingüística que podemos llamar reflexiva: la lengua se sirve de instrumentos y estructuras para testimoniar su propia insuficiencia. Al desplegarse por la narración, las palabras aparentan ignorancia de sí, de aquello que bien se sabe y bien se conoce y que atrae, sobre todo, la atención del lector.[6] La creación verbal se levanta como tema; pero la palabra, al doblarse sobre sí misma y verse reflejada, *quebrada,* en el espejo de lo visual, borra para siempre el mundo sustancial al que alude. La mirada *capta* y *pierde* su objeto a un tiempo en *La Regenta.*

Una «re-lectura» visual y retrospectiva puede radiografiar ese vaivén, este juego reflexivo entre *ver, leer y vivir* que opera dentro y fuera de la novela y que propone, a fin de cuentas, una paradójica salvación por la forma. No se encuentra esa forma *dentro* de la historia, cuyos elementos, como veremos, sólo demuestran que las «buenas formas» no salvan sino que pierden —como ese figurín de sastre que es don Álvaro o el brillante «solideo» que oscurece la vista de don Fermín. Pero por la forma configurada de esa fábula y por la captación consciente de ella que la lectura promueve en nuestra sensibilidad, esa «perdición» formal se convierte en potencia salvadora.

Nuestra «re-lectura» visual se remite, entonces, al carácter casi geométrico de la novela que destaca la función del lector-*vidente* como parte constitutiva de su configuración semántica. Como ha señalado Alarcos, *La Regenta* se divide en dos partes, de igual extensión: una que llama la presentativa —capítulos I al XV— y otra propiamente activa —capítulos XVI al XXX. Los quince primeros comprenden un período de tres días: el 2, 3 y 4 de un octubre alrededor de 1877. Los quince finales van desde noviembre hasta el octubre de tres años después.[7] De este modo la estructura de la novela traza la figura del círculo, eje de la trama y emblema de un vivir traicionado: la perfección, la promesa de un futuro, de un escape y de una plenitud vital, son ilusorias. Todo vuelve al principio; todo se repite y se desenvuelve sobre unidades de tres —tres días, tres años, tres personajes principales, tres ambientes: catedral, casa y casino.

Un modo descriptivo, espacial y estático envuelve y retarda la acción de la parte presentativa, mientras en la activa la acción se

6. Sigo aquí las observaciones de Manuel Alvar sobre el proceso autocontemplativo del lenguaje místico de algunos poemas de San Juan de la Cruz, en *Lengua como libertad* (Madrid: Ediciones Cultura Hispánica, 1982), p. 22.

7. Emilio Alarcos Llorach: «Notas a *La Regenta*», *Archivum,* II (1952), 141-160. Recogido en *Ensayos y estudios literarios* (Madrid: Júcar, 1976), p. 102.

precipita al final. Sobresale la escena, el medio ambiente que Alarcos denomina el *coro*, con su corega don Àlvaro, el señuelo visible de esa Vetusta material que va cerniéndose sobre la Regenta y sobre su confesor y enamorado, don Fermín. «Este coro es tan importante», dice Alarcos, «que cabe preguntarse: ¿se escribió *La Regenta* para contarnos lo que hizo en Vetusta esta dama, o bien lo que hizo Vetusta en torno a doña Ana?» [8] Vetusta no es, pues, fondo o paisaje inerte sino personaje colectivo, verdadero espacio-fuerza. Por lo tanto, hay que plantarnos con raíces en esa escena que abre, configura y cierra la historia.

«Vetusta, la muy noble y leal ciudad» (I, 93) escribe Clarín en la primera página-portada o «puerta» a la novela que nos lleva a conocer esta urbe, representación ficticia de Oviedo. Lo heroico, lo alto, nobleza blasonada... frente a una ciudad que duerme la siesta: la primera oración señala un heroísmo *ausente*, marcando así el primer desliz, la primera caída desde lo alto a lo bajo; en efecto, la yuxtaposición irónica y *reflexiva* de lo *heroico* con la *siesta* representa un disolver lingüístico, una absorción de solideces a líquidos; destaca, por su propio vaivén *intestino*, ese dormir y digerir de una colectividad que yace, pasiva y soñolienta, una tarde de octubre.

Reina un silencio espeso, negativo y replegado sobre sí por el valor fónico y aliterativo de las frases descriptivas. Leemos que «en las calles no había más ruido que el rumor estridente de los remolinos de polvo, trapos, pajas y papeles» (I, 93) —palabras que precisan lo que hay para poner de relieve lo que no hay, y que van plegándose por la repetición de sonidos que corroe y desgasta su significado. Este estilo aliterativo deja entrever silbantes silencios, espacios desmenuzados que se remiten a esas rayas trazadas por el *rasgarse* de los *jirones* de nubes, corriéndose hacia el norte.

Espacios rayados, fisuras y brechas: son intimaciones del vacío de Vetusta. Su aire, entumecido y viejo, está impregnado de sobras, de lo usado, sobado y raído. Las sobras invaden escaleras, rincones, portales y balcones; incluso, dice Clarín, «había pluma que llegaba al tercer piso y arenilla que se incrustaba para días o para años, en la vidriera de un escaparate, agarrada a un plomo» (I, 993).

La inversión —proceso ubicuo en Vetusta— se manifiesta en ese *movimiento parado, incrustado* de la arenilla, en ese *tiempo* que *no pasa*, en esa *heroica* ciudad que *digiere*, en ese *silencio* que es *rumor* o en *mariposas* que no son sino *migajas* de basura; esa inversión inicial quedará marcada en adelante por mil motivos —la postura doblada del Magistral y los pliegues de su ropa ,el rumor silbante del manteo, incluso por la misma torre de la catedral que va, dice Clarín, «doblándose en pliegues de luz y sombra» (I, 94).

Desde la primera página vemos que Vetusta es, sobre todo, un

8. Alarcos: «Notas a *La Regenta*», pp. 103-104.

mundo doblado y replegado. Sus múltiples aperturas, elevadas en forma de balcones y ventanas —promesas de luz y de libertad ascendente— se tornan abajo para angostarse en agujeros y pozos, *perforaciones* que configuran el diseño decisivo: el círculo concéntrico de la cloaca digestiva o el caracol o espiral, ilusión óptica por la que todo *subir* se torna *bajar* y vice-versa. Es Vetusta «país de vice-versas»,[9] pues los extremos se tocan, los contrarios se identifican y Ana se verá cogida por ese balcón desdoblado en el agujero negro del adulterio. Todo se invierte y se contamina de pringue y humedad para diluirse en la común rodera.

Esta subyacente ambigüedad de Vetusta, tan alevosa y reductiva, sale a flote en sus fachadas, como ésta, negra y amarilla, lamida por lluvias y nieves o la fachada más antigua de la ciudad que *chorrea* blanco y negro, luz y sombra yuxtapuestas. Salvo escasos días de sol, la niebla predomina en Vetusta, un gris frío —recordamos que los ojos de don Álvaro son grises, un gris amarillento, de chispas oscuras que se deslizan siempre hacia lo negro, como esta fachada de San Isidro el Real o las columnas de la catedral, ennegrecidas por el hollín que *come* la piedra. Vetusta devora y es devorada: se muerde la cola para trazar, subrepticio y disolvente, un círculo, repetido y convergente, que desembocará en la nada y en la negrura de la muerte.

Lo negro invade y domina paulatinamente, negro el manto de curas y canónigos, negra esa «cadena» que es la sotana de don Fermín, negras las sombras que van comiéndose el sol, negras las arañas de mugre, negras las piedras de los portales, negro todo por los rigores de la lluvia que en la húmeda Vetusta no deja nada claro mucho tiempo ni consiente blancura duradera. Mirando las calles sombrías, anegadas en lodo y podredumbre, Ana medita a solas sobre «la fatalidad de la estupidez», sobre cómo, en Vetusta, todo venía mezclado y manchado. Piensa la infeliz mujer: «¡Qué triste era ver ideas grandes, tal vez ciertas, y frases, en su original sublimes, allí manoseadas, pisoteadas y por milagros de la necedad convertidas en material liviana, en lodo de vulgaridad y manchadas por las inmundicias de los tontos...! "Aquello era también un símbolo del mundo; ¡las cosas grandes, las ideas puras y bellas, andaban confundidas con la prosa y la falsedad y la maldad, y no había modo de separarlas!"» (II, 12).

Emblema «heroico» de esta mezcla corrosiva es la estatua de Alfonso el Casto, a la entrada de la catedral, uno de los primeros reyes —o «regentes» de Asturias. Manchas de mugre corren por su cuerpo blanco y casto, a la vez que Vetusta, aglomerada en mancha

9. Declaración de Víctor Cadalso, otro seductor-sadista, en *Miau,* por B. Pérez Galdós, edición, estudio preliminar y bibliografía por Ricardo Gullón (San Juan, Puerto Rico: Universidad de Puerto Rico, 1957), p. 447.

colectiva, se dedica a empañar la castidad de Ana. Don Álvaro, el gallo rubio, seductor de oficio, y las supuestas amigas —la golosa Visitación, la metálica Obdulia, la cínica y relajada marquesa— caras y corazones monstruosos, de piedra gris— todas quieren precipitar a la Regenta al agujero negro donde tantas otras cayeron. Conviene nivelar a todas; nadie debe sobresalir de la niebla.[10] Sobre todo, hay que restregar aquel armiño en el lodo, enmarañarlo en raíces gruesas como garras.

Ese laberinto vetustense se manifiesta a través de un subterráneo sistema de ataduras —verjas y ligas, rejas y rejillas *atravesadas*. También es trampa el agua, poderoso motivo que integra todos los aspectos de la novela. Quemándose por dentro, los labios secos, la frente pálida y con ese cuerpo que se retuerce en fiebres, Ana busca agua clara, fuente de fe, manantial de amores exaltados. Pero en Vetusta esa agua se remonta sobre sí misma, filtrándose bajo la tierra para salir luego contaminada en formas groseras —la saliva de solteronas lascivas, la baba verde de la envidia, de bocas hambrientas, o las lluvias negras de invierno, cayendo sin cesar. Como lo heroico, la fuente se ha replegado en pozo, en aguas estancadas, en mares de hielo, en charcos de lodo. Presenta el motivo del agua su alevosa bisemia por toda la historia y así, por su surtidor doble, aprieta y agarra por todos lados. En forma de fuente promete vida nueva, fe acendrada, mientras acecha, estancada, formando charcos que cobijan al sapo.

El sapo, motivo de lo anfibio y reptil, labios viscosos, mueca irónica que parece burlarse de las ilusiones de Ana —precisa cómo Vetusta, arrollada y en cuclillas como espacio-fuerza, se acecha para besar, comer, digerir y escupir a la Regenta, desechándola al final como sobra mascada e inútil.

«¡Cómetela!» —le azuza al oído de Álvaro su compincre Visitación, mientras *desde lo alto* de un *balcón* ven pasar a Anita (I, 336). Y Ana acaba siendo escupida por esa boca inmensa; al final vuela, insegura, hacia la catedral, mariposa hecha migaja de basura que el viento sopla, ese viento sur que se pliega a la ráfaga de polvos y pajas y papeles a la que se alude al comienzo de la novela. El círculo se cierra sobre ella en el beso —apretado signo digestivo— que en la catedral y *desde lo alto* le da Celedonio, acólito afeminado, «sirena de cuartel» (I, 101), reflejo esperpéntico de don Fermín. El beso representa, dice Clarín, «la perversión de la perversión de su lascivia» (II, 537), y por esa forma tan *replegada* se cifra la vorágine de Vetusta, con todos sus poderes de succión; brota del fondo del charco, pues es el «vientre viscoso y frío del sapo», última y decisiva imagen de la novela (II, 537).

La figura de Celedonio, sinuosa «puerta» de entrada y clausura,

10. Alarcos: «Notas a *La Regenta*», p. 110.

nos remite al Magistral, confesor de Ana y su enamorado. Rige el mundo de Vetusta desde la catedral, cuya torre se levanta sobre la ciudad pequeña y negruzca. Siempre visible desde las calles negras y torcidas, la torre es todo espíritu, «poema romántico de piedra, delicado himno, de dulces líneas de belleza muda y perenne [...]. La vista no se fatigaba contemplando horas y horas aquel índice de piedra que señalaba el cielo» (I, 93-94).

La torre simboliza ese soñar y sed de alturas que siente don Fermín, pues se demora Clarín en hacer explícita la comparación entre torre y hombre. La torre es varonil, mole masculina que apunta con vigor hacia arriba. Sube como «fuerte castillo»; la vemos por fuera como «haz de músculos y nervios, la piedra enroscándose en la piedra, trepada a la altura» (I, 94). Es toda fuerza y empuje, piedra exaltada, roca que es vida, setenta metros de altura en cuyos ángulos aparecen pináculos que *brotan* unos de otros, suavizando la dureza de las esquinas, dando a la torre originalidad y suma elegancia. Remata en un chapitel afiligranado, transparente, roca que es aire, luz, movimiento, *acróbata* y contrapunto celestial a la piedra carcomida y muerta de la ciudad, ese lejano «montón de gusanos negros» (II, 339).

El Magistral quisiera ser torre. También él es fuerte castillo, roca, montaña, siempre apuntándose hacia arriba. Explica Clarín que era «montañés y por instinto buscaba las cumbres de los montes y los campanarios de las iglesias [...]. Cuanto más subía, más ansiaba subir; [...]. Llegar a lo más alto era un triunfo voluptuoso para De Pas. Ver muchas leguas de tierra [...] contemplar a sus pies los pueblos como si fueran juguetes, [...] mirar las nubes desde arriba, eran intensos placeres de su espíritu altanero [...]. Entonces sí que en sus mejillas había fuego y en sus ojos dardos» (I, 104).

Predomina en la descripción la nota sexual —el placer de subir es *voluptuoso*, hay *fuego* en las mejillas, *dardos* en los ojos. El Magistral, como Ana, se quema, se abrasa; el rojo que brota en las mejillas corresponde al ansia de amor, de palabras que, dice Clarín, «parecen imanes que atraen el hierro de la sangre» (I, 102). Su estado de ánimo, siempre en tensión dolorosa, encuentra expresión en el lenguaje de las flores —rojos geranios que se yerguen escondidos, pegados al muro enclaustrado, sofocados por la sombra y ansiando *alturas* de torre; o las rosas, rojas y turgentes, cabezas de sangre coagulada, fuego cuajado, rosas que están ansiando *caer* y beber de la fuente. Son imágenes cinéticas; expresan un movimiento dolorosamente *parado, incrustado* que corresponde al Magistral, tan ascendente en deseo, con tanta sed, y tan enclaustrado por el confesionario, donde se agita, dice Clarín, «como criminal metido en el cepo» (II, 103). Andando por el Espolón, en el Campo de San Francisco, mientras lee una carta de Ana, el Magistral arranca un botón de rosa, siente el contacto fresco del rocío, siente ansias de morder, muerde la rosa, dice Clarín, «con una voluptuosidad refinada de que él no se daba cuenta» (II, 198).

El Magistral, personaje doble, se refleja en la dualidad misma de la torre. *Desnuda,* la torre brinda una grandeza espiritual; *vestida,* es decir, iluminada por orden del cabildo con faroles de papel y vasos de colores, «perdía», nos advierte Clarín «la inefable elegancia de su perfil y tomaba los contornos de una enorme botella de champaña» (I, 94). La transmutación se efectúa por el ojo, es decir, por ese espejo cóncavo de un clero corrompido, hambriento de «herencias», de «bocados apetecibles», complaciéndose en apetitos que tornan el agua en champaña y la hostia en una diminuta torre de pasteles. También el Magistral registra esa misma doblez: *desnudo,* frente al espejo, se ve como hombre íntegro y varonil; *vestido,* como la torre, de luces y colores —«tornasoles de pluma de faisán» o «cola de pavo real» (I, 118)— sale ya reflejo grotesco de sí mismo, enorme botella de champaña.

Aquella tarde de octubre, época en que renacían los prados, soleados y calurosos, reverberando con retoños verdes, sube el Magistral a la torre. Pasa por la angosta puerta, monta escalones de piedra, gastados por el roce de tanto uso, tanto subir ansioso e insaciable. Llega arriba, sale a la balaustrada, saca de la sotana un tubo y lo estira, apuntándolo hacia la Plaza Nueva, hacia el jardín de la Regenta. Después pasea lentamente su mirada por la ciudad, «escudriñando sus rincones, levantando con la imaginación los techos, aplicando su espíritu a aquella inspección minuciosa» (I, 105). Apetito, sed de gloria, deseo sexual: con su «cañón chico» (I, 103), el Magistral penetra e invade a Vetusta, *viéndola,* sintiéndola como «pasión y presa», experimentando «gula» en presencia de la «heroica» ciudad (I, 105).

Contemplemos a Vetusta por el catalejo del Magistral. Primero se enfoca sobre la Encimada, hoy día Cimadevilla, la parte alta de la ciudad, primitivo recinto a la sombra de la catedral. La Encimada es el barrio noble y pobre de Vetusta, ya que los herederos de casas solariegas —los Ozores, los Vegallana— han ido *comiendo* el terreno de los míseros plebeyos, cuyas casuchas se enchufan, se saltan unas sobre otras, *acorraladas,* dice Clarín, «por los codazos del egoísmo noble» (I, 113).

El Magistral ama la Encimada; vuelve amorosamente la mirada sobre ella, su «imperio natural» de calles sombrías y tortuosas, pegadas a la anciana muralla, de plazas como ésta, hoy conocida como la Corrada del Obispo, pero bautizada en la novel como «La Corralada». Aquí vemos cómo transformó Clarín un *lugar,* una trayectoria —a saber, la plaza por donde corren los canónigos a la catedral— en *espacio novelesco,* en imagen negativa, pues no se corre en una corralada sino que se queda parado, *acorralado,* como el ganado en el *corral.* Por extensión, los curas del cabildo no son sino *corraleros*, personas que administran *corrales* donde secan y amontonan el estiércol. Un ajuste en el nombre de una plaza abre una pequeña fisura en el texto y otra vez *vislumbramos* ese mecanismo digestivo que opera, latente e implacable, por todas las formas y fachadas de Vetusta.

Al noroeste está la Colonia, la Vetusta novísima, galerías de cristal, alardes de piedra, lujo vocinglero donde habitan indianos ricos como don Frutos Redondo, procedente de Cuba y antiguo pretendiente de Ana. El Magistral no ve allí más que riqueza, pues para él la Colonia es «un Perú en miniatura, del cual pretende ser el Pizarro espiritual» (I, 115).

Al sur se extiende el Campo de Sol, sarcasmo de nombre para el barrio obrero de negras y humeantes chimeneas. Allí se despliegan las tiendas de los mercados en la calle del Comercio y la Plaza de Pan donde venden especias, vasijas de barro, vivas y frescas flores, única nota vital en medio de tanta miseria. En aquel barrio negro, todo carbonizado, había, nos advierte Clarín, «flores delicadas, verdadero pudor, ilusiones puras, ensueños amorosos que vivían allí sin conciencia de las miasmas de la miseria» (I, 352). En cambio, en las casas nobles, de fachadas ornadas y alambicadas, de escaleras azules, techos altos, salones soleados y espaciosos, donde suena, lánguida, la nota del arpa o del piano —por esos salones de lujo y confort, de disolventes ensueños azules, reina la verdadera miseria y se abren los apetitos más primitivos y groseros. El personaje noble —caballero romántico o lechuguino no es sino *lechón*, parásito en biberón o pechera blanca, ese «*plastón*» reluciente de don Álvaro que conquista y *aplasta* y que tanto envidiaba el torpe Ronzal.

El motivo del apetito teje todo un *texto* interior de imágenes comestibles —dedos como chorizos, dormitorio que es despensa, amores que son platos de segunda mano. Meditando sobre el puro a medio consumir de don Víctor, cigarro hecho amasijo repugnante por el charco de café frío, Ana ve una clara señal de la impotencia de ese marido, «incapaz de fumar un puro entero y de querer por entero a una mujer» (II, 10). En cambio, notamos que don Álvaro chupa habanos sin cesar en la conquista de la Regenta.

Todo ese texto interior de cosas chupadas, tragadas y gozadas se amasa y se amontona, pero sólo para angostarse más y más, apuntándose, afilado y agujereado, ya en muerte. Porque detrás de esos amontonados chorizos y jamones, golosinas y grasas, comidas y cenas para señoritos satisfechos, no hay sino vómito y sangre, plasmados en escena por la naturaleza muerta en la cocina del marqués o por el pollo pelado que en mano triunfante de Obdulia «palpitaba con las ansias de la muerte» (I, 300), cayéndole del pico gotas de sangre. El soberbio salmón yace sangrando sobre la blanca mesa de pino; el marqués vomita sardinas.

Apetito, gula, volver y devolver, subir y caer —si don Fermín, desde la torre, devora la ciudad levítica, ésta acaba devorándole a él y así su ambicioso subir será su caer, su amor, odio de asesino y su vista clara e inteligente, sólo ceguera de pasiones frustradas. Se yuxtaponen y se invierten *subida y descenso,* pues elevado por la torre, el Magistral no muestra sino la bajeza de su ser; pero al bajar por el caracol de piedra y entrar de nuevo en el ámbito clerical, el Magistral se eleva, tornándose torre —héroe, modelo clásico, contrapunto a la bajeza de ese mundo de sapos y enanos. Habitante ejemplar del charco es don Custodio, «el enemigo doméstico del Provisor». Sale de su escondite, dice Clarín, «como perdiz levantada por los perros» (I, 119).

Los tres ambientes de Vetusta ponen en función inversiones espaciales y morales. La sacristía, lugar sagrado donde se prepara la hostia, es profanada diariamente por la lasciva y sabrosa plática de un clero corrompido —deanes, arciprestes, beneficiados y arcedianos— que cambian la conducta como cambian los vestidos. La ropa doblada, presunción exterior, es en la catedral como en el casino, signo de posturas dobladas, traicioneras.

La Vetusta secular y noble se monta también sobre paralelismos y parodias. Dos pinturas de Leonardo Alenza, sátiras del suicidio, manifiestan ese romanticismo tardío y decadente que caracteriza la casa aristocrática de los marqueses de Vegallana. Allí la lectura misma se adelanta al primer plano como tema, a la vez que presenta el único modo de descifrar ese tema. La marquesa lee folletines franceses, sublimándose cómodamente, como esa dama de los ojos en blanco, quien lee —¡qué duda cabe!— una novela francesa, peste de la época, como había dicho ya Galdós. El marquesino Paco se inspira en lecturas como la *Historia de la prostitución* y hasta el cocinero Pedro, displicente y altivo imitador de señoritos, se alimenta de cucuruchos de papel impreso, espetando ideas premasticadas.

Por fin llegamos a la casa, último reducto de la Regenta. Muebles y colores desempeñan funciones equívocas, como ese famoso salón amarillo, que ostenta silenciosas sedas, invitando a las seducciones. Su espejo proyecta un reflejo *doble,* emblema bisémico de discretas traiciones. Esta *Arcadia,* llamada así por don Álvaro que la ve con ojos acariciadores como «el teatro de sus mejores triunfos» (I, 312), será el escenario de la caída de Ana. Dando el suave gemido de un animal montaraz, herido de muerte, Ana sucumbe, ya cazada, dispuesta a vegetar en el adulterio; se queda sin palabra, des-realizada, hecha sólo *ojos asustados,* fantasma cogida en la jaula artificial de su amante, jaula mil veces más angosta que aquélla de su marido, siempre más enamorado de sus tordos y tórtolas que de su mujer. Ahora es Ana prisionera para siempre de ese museo de trampas que es Vetusta, muerte, sólo muerte y nada más que muerte, una muerte *amasada* y *amontonada,* espacio-fuerza que llena todos los rincones, *perfora* todos los muros y *taladra* ese texto, desmoronado ya en andamiaje de agujeros.

Pero al mismo tiempo, esa palabra, tan perdida por los ojos, tan *tragada* por esas cavidades negras, hace que la novela misma, por su arte de contar, se eleve, brindándonos un lenguaje de aperturas, ascendente y lleno de luz; en efecto, la novela logra crear un espacio *fuera* de sí misma; transforma al lector en lector-*vidente*, lector-cómplice, despertando ya la conciencia y avivando el mensaje ético-cristiano de *La Regenta*,[11] que, al fin y al cabo, es como su querida torre —maravilla y gloria, más vigente aún hoy día, después de cien años.

11. Gonzalo Sobejano: «Leopoldo Alas, la novela naturalista y la imaginación moral de *La Regenta*», Introducción biográfica y crítica a Leopoldo Alas, «Clarín», *La Regenta*, I, p. 57.

EL ADULTERIO DE ANITA OZORES COMO PROBLEMA FISIOLOGICO Y MORAL

ANTONIO VILANOVA
Universidad de Barcelona

I

Cualquier intento desapasionado y objetivo de desentrañar la intención y sentido con que fue concebida *La Regenta* de Clarín, habrá de reconocer forzosamente que el propósito inicial en que se inspira no es otro que el de mostrar, a la luz de los principios teóricos de la escuela naturalista, las causas determinantes del adulterio de una mujer fundamentalmente buena y honesta, virtuosa y devota, a la que sus conciudadanos consideran la perfecta casada.

En ese sentido, aunque Leopoldo Alas parece haber concebido la patética historia de la seducción y la caída de Anita Ozores como una versión naturalista del viejo conflicto romántico entre la pasión y el deber en el seno de un matrimonio sin amor, es lo cierto que el desarrollo argumental de la novela gira en torno a la frustración sexual y amorosa de la protagonista; al progreso incontenible de su pasión culpable, que intenta reprimir en vano con el auxilio de la religión, y a su irremediable caída en el adulterio, al que se ve arrastrada por el influjo combinado de sus propios sentimientos y deseos y por la envidiosa complicidad del medio social en que se mueve.

Partiendo de la concepción típicamente naturalista de la doble raíz fisiológica y moral del ser humano, y de la estrecha conexión e interdependencia entre lo físico y lo psíquico, que constituye una de las preocupaciones constantes y obsesivas del pensamiento de Clarín, es evidente que éste ha planeado y escrito el gran retablo novelesco de *La Regenta* con el deliberado propósito de denunciar el drama humano y moral de una «hermosa mujer, desocupada, en la flor de la edad y sin amar» (I, XIII, 494), como la describe, de manera gráfica y precisa, el galán que pretende seducirla. Una mujer de veintisiete años, condenada a una forzosa y perpetua castidad dentro del matrimonio por falta de relaciones íntimas con su esposo, del que no ha estado nunca enamorada pero al que no quiere ser infiel, y, por lo mismo, desgarrada por un conflicto insoluble entre la represión de sus instintos naturales y el cumplimiento de sus deberes morales, que afecta gravemente la estabilidad emocional de su temperamento sensible, nervioso y enfermizo.[1]

De acuerdo con este planteamiento, y poniendo en práctica en la estructura y composición de la novela, los principios básicos del método experimental, cuyo principal objetivo es averiguar «como obraría un carácter supuesto en determinadas circunstancias»,[2] la imaginación creadora de Clarín, que según confesó en una carta a su gran amigo José Quevedo, durante la composición de *La Regenta* procuró ser escrupulosamente fiel a la lógica interna de sus personajes, «buscando leyes probables de la vida interior y raíces de la vida exterior verosímiles»,[3] se propuso un objetivo muy concreto: Averiguar en qué condiciones físicas y psíquicas, sentimentales y afectivas; en que circunstancias ambientales y familiares, y bajo qué influencias del medio sociológico y moral, una mujer de veintisiete años, joven y hermosa, casada por conveniencia, sin ilusión y sin amor con un hombre mucho mayor que ella; sexualmente frustrada en su matrimonio desde su noche de bodas y defraudada en sus ansias de maternidad por la impotencia de su esposo, puede mantener intacta su virtud en contra de sus propios sentimientos y deseos, reprimiendo los impulsos de su temperamento apasionado y sensual y la satisfacción de sus instintos naturales más legítimos. Todo ello en nombre de unos principios éticos, basados en la voluntad del bien obrar y en la conciencia del deber, sólo por obediencia a los mandatos de la religión, que le recomiendan la resignación y el sacrificio al margen de la naturaleza y de la vida, y por respeto a las obligaciones que le impone el vínculo legal de matrimonio y a las convenciones sociales, que todo el mundo acata pero nadie cumple, en el mundo corrompido e hipócrita que le rodea.

Ahora bien, aunque para dar una respuesta coherente y válida al problema que en *La Regenta* se plantea, es preciso tener en cuenta todos los factores que en ella intervienen y que influyen de algún modo en el destino de la protagonista, a efectos metodológicos tal

1. Todas las citas de la novela remiten a la siguiente edición: Leopoldo Alas, «Clarín», *La Regenta.* Edición, introducción y notas de Gonzalo Sobejano. «Clásicos Castalia», Editorial Castalia, Madrid, 1981 (2 vols.).

2. Vid. Sergio Beser, *Leopoldo Alas: Teoría y crítica de la novela española.* Editorial Laia, Barcelona, 1972. (*Del naturalismo,* V, p. 131).

3. Francisco García Sarriá, *Clarín o la herejía amorosa.* «Biblioteca Románica Hispánica», Editorial Gredos, Madrid, 1975. (Vid. *Apéndice. Cartas de Clarín a José Quevedo,* X, Oviedo, 21 de mayo, 1885, p. 275).

vez sería conveniente y útil dejar momentáneamente a un lado toda pretensión de totalidad y concentrar nuestra atención en uno sólo de los dos elementos contrapuestos que constituyen el conflicto central de la novela y que ha sido hasta ahora injustamente soslayado. Me refiero, como es lógico, al influjo decisivo de la frustración sexual, sentimental y afectiva que condiciona y determina el adulterio de Anita Ozores; a la vehemente pasión sensual y amorosa que experimenta por don Álvaro Mesía, y el deseo irreprimible de gozar de los deleites del sexo y de la carne que, al enamorarse, se ha apoderado gradualmente de ella.

Se trata de un cúmulo de sentimientos y deseos absolutamente naturales y espontáneos en una mujer enamorada, que intentan reprimir en vano sus escrúpulos morales y su estricta conciencia del deber, pero que responden claramente a los impulsos de su temperamento sensual y apasionado y a la necesidad de satisfacer las imperiosas exigencias de sus instintos naturales más legítimos, cuya atención tiene pleno derecho a reclamar toda mujer sana y normal en el seno del matrimonio. Satisfacción de los sentidos que la Regenta no ha logrado alcanzar hasta entonces en su intimidad conyugal con don Víctor, pero que precisamente por su condición de imperfecta casada, honesta, virtuosa e insatisfecha, anhela, espera y desea con mayor intensidad, si cabe, que las demás mujeres, como un derecho de la naturaleza y de la vida que le ha sido negado injustamente y que despierta en ella la más ansiosa expectación. Especialmente a partir de su matrimonio, que ha terminado definitivamente con su aberrante postura de inhibición y repulsión moral por todo lo referente a la relación amorosa entre los sexos y a la búsqueda del placer físico derivado del trato íntimo entre hombres y mujeres (I, IV, 199-200), que como reacción a la infame calumnia de que fue objeto su inocencia infantil, la llevó durante toda su adolescencia a contemplar como algo pecaminoso y culpable la realidad del amor carnal.

En efecto, al separarla sistemáticamente del trato íntimo de los hombres, a los que se ha acostumbrado a rehuir por una mezcla de temor y de orgullo que la ha vuelto fría, desabrida y huraña para todo lo que sea amor ,su educación puritana y represiva acabará por desembocar, años más tarde, en una verdadera aberración de la naturaleza y del espíritu. En su fase inicial, correspondiente a su etapa adolescente, esta aberración del espíritu (I, XIV, 200), se reduce en una renuncia precoz y anticipada de los goces del amor carnal, del que Ana, en su inocencia, quisiera prescindir sin conocerlo, y cuya existencia hasta entonces ha pretendido ignorar. En una segunda etapa, correspondiente a su nuevo estado de mujer casada e íntimamente defraudada en sus sentimientos y deseos, el viejo trauma infantil del pecado no cometido, no sólo la llevará a desconfiar de su propia naturaleza, sino al quimérico empeño de disociar el amor y la sexualidad y prescindir por completo de ésta en su relación con el hombre a quien ama.

A este respecto, el bueno de don Víctor Quintanar, que años más tarde no tendrá el menor reparo en confesar, precisamente a don Álvaro Mesía, que al faltarle a menudo el valor y aún el deseo, se ha quedado siempre a media miel en sus ocasionales escarceos amorosos (II, XXVIII, 441), al procurarle al temperamento apasionado y sensible de Ana un goce fallido e incompleto, que no ha hecho más que excitar sus sentidos en vano, ha despertado al propio tiempo su sensualidad. Una sensualidad expectante y ávida, de mujer inexperta y casta «por vigor del temperamento» (I, V, 231), según nos aclara la voz omnisciente del propio Clarín, que había permanecido hasta entonces como dormida o aletargada en el mundo subconsciente de la imaginación y de los sueños, y cuyos fogosos apetitos y deseos, si bien carentes del menor rastro de ilusión sentimental y de auténtica pasión por un hombre del que no ha estado nunca enamorada, descubre muy pronto que su marido es incapaz de satisfacer.

II

Junto a este aspecto clave de la frustración sexual y afectiva de Anita Ozores, que la llevará a caer irremisiblemente en el pecado del adulterio, está el hecho no menos importante y decisivo de que, desde el principio de la novela, la figura romántica, apasionada y soñadora de la protagonista aparece secretamente enamorada de don Álvaro Mesía. En este sentido creo que la abyecta catadura moral del Don Juan de Vetusta, la despreciable vileza y cobardía de que da muestras al huir a Madrid, después de matar al pobre don Víctor de un tiro en la vejiga y de abandonar a su suerte a una mujer a la que ha seducido con premeditación y alevosía, por mera vanidad y orgullo, sin estar siquiera enamorado de ella, nos ha impedido contemplar el reverso de la medalla y ha ocultado a los ojos de todos la importancia decisiva que ha tenido para su víctima el amor que ese tenorio despreciable ha sido capaz de despertar en el solitario corazón de la Regenta.

Es evidente, en efecto, como afirma en el prólogo a su magistral edición de la novela mi querido amigo y colega Gonzalo Sobejano, que «en *La Regenta* el escritor no sólo quiso mostrar el conflicto entre el temperamento y la conciencia moral en múltiples matices, sino también revelar la superioridad última de la conciencia» (I, 43). En este sentido, para valorar el verdadero alcance de esta afirmación, tal vez sea útil ver por qué razones y en qué circunstancias, anulada su voluntad por la pasión sensual que la domina, e incapaz de resistir a la tentación por la fuerza del sentimiento y el deseo, la virtud de Anita Ozores acaba fatalmente por sucumbir. Pues si es cierto, como ha señalado certeramente el propio Gonzalo Sobejano, que «Clarín entendía que la fuerza del temperamento no excluía la lucha de éste y la conciencia moral» (I, 42), la magnitud y duración de esa lucha, de la que es expresión muy clara la desesperada resistencia de la protagonista, no sólo pone de relieve su rectitud de conciencia e insobornable exigencia ética, sino la fuerza incontenible del sentimiento amoroso y del deseo carnal que se han apoderado de ella.

Si existe, en efecto, además de la frustración sexual de la protagonista, estrechamente relacionada con sus ataques de nervios y periódicos accesos de histerismo, un hecho capaz de explicar, de modo convincente y verosímil, la caída de una mujer genuinamente honesta y virtuosa como Anita Ozores en el pecado del adulterio, sin duda hay que buscarlo en la irresistible atracción física que ejerce sobre ella la apostura y gallardía de don Álvaro Mesía. Apuesto galán de quien está perdidamente enamorada a pesar suyo, y hacia el cual la arrastra un ansia irreprimible de placer sensual, que ella confunde con una gran pasión, pero que no es más que una sublimación sentimental de sus instintos eróticos frustrados.

Sólo la acción combinada, de la represión sexual, motivada por la impotencia de su esposo; el vacío sentimental y afectivo producido por sus ansias de maternidad frustradas, y la irresistible atracción física que siente por don Álvaro Mesía, a quien su cuerpo quiere y desea y por quien anhela ser amada, pueden explicar la violencia insospechada que cobran dentro de ella los reprimidos impulsos del sexo y de la carne, que hasta entonces ningún hombre, y mucho menos su marido viejo y caduco, había sido capaz de despertar. Sólo el nacimiento de una pasión sensual que es incapaz de reprimir, en el alma de una mujer inocente e inexperta, que no ha conocido jamás la embriaguez de los sentidos, y que se enamora románticamente de su seductor, con ansiosa e ilusionada expectación, explica la progresiva parálisis de la voluntad y de la conciencia moral, que acabará anulando por completo toda la capacidad de resistencia de su espíritu hipersensible, apasionado y soñador, dominado por una desesperada necesidad de amar.

En ese sentido, creo que no se ha prestado suficiente atención al lento y gradual desarrollo de la pasión sensual de Anita Ozores por don Álvaro Mesía, que el genio analítico e introspectivo de Clarín ha descrito en sus gradaciones más sutiles, con la más minuciosa y retardada morosidad, a lo largo del paciente y prolongado proceso de seducción de que es objeto durante tres años, por parte del Don Juan de Vetusta. En realidad, los tres aspectos fundamentales del drama humano y moral que se plantea en la novela, y las íntimas causas y motivaciones del comportamiento de los personajes centrales que, condicionados por las circunstancias, determinan el desarrollo de la acción principal, están estrechamente relacionados con la pasión sensual de Anita Ozores por don Álvaro Mesía.

En primer lugar, la obstinada y tenaz resistencia que la Regenta opone al insidioso y persistente asedio a su virtud de que es objeto por parte de Don Álvaro, empeñado en conquistar sus favores, asedio que en un principio ella intenta rechazar, pero que muy pronto, arrastrada por la pasión y el deseo y convencida de que podrá resistir sin rendirse, aunque sea tácitamente, acabará por alentar, tolerar y aceptar. En segundo lugar, su larga y desesperada lucha contra la tentación del amor culpable que Mesía representa, al que, a pesar de sus buenos propósitos de fidelidad, desearía entregarse con todas sus fuerzas; tentación en la cual su conciencia moral le impide caer y a la que su anhelo de ser amada no quiere renunciar. Finalmente, la inevitable caída en el adulterio de una mujer fundamentalmente buena, la cual, después de recurrir inútilmente al auxilio de la religión, acaba por sucumbir a su necesidad de amar y al ansia de placer que su frágil naturaleza se cree con derecho a reclamar y en la que se unen los anhelos del corazón y los deseos de la carne.

En efecto, en un primer momento, en su absoluto desconocimiento de la pasión amorosa, cuya fuerza no conoce ni ha experimentado jamás, Anita Ozores, que aunque no quiera confesárselo a sí misma, está secretamente enamorada de Álvaro Mesía, cree que es posible reprimir la atracción y el deseo creciente que siente por él y mantenerlo en los límites de un sentimiento ideal y platónico, reducido, por decirlo con palabras del propio Clarín, «al placer secreto y a la voluptuosidad espiritual de la tentación» (I, XIII, 493). En su ingenuo empeño de engañarse a sí misma y de ignorar la pasión que la domina, la Regenta llega incluso a pretender que el paciente asedio y la adoración muda de que la hace objeto don Álvaro desde hace más de dos años, no afecta para nada a sus sentimientos más íntimos, aunque halaga su vanidad femenina y su orgullo de mujer virtuosa, respetada por todos, a la que no se ha atrevido a galantear ni a decir siquiera una sola palabra de amor el más reputado Don Juan de Vetusta.

Muy pronto descubrimos, sin embargo, que a pesar de su pretendida indiferencia y de sus alardes de severidad fría y distante, la Regenta, no sólo ha estado «pensando sin saber cómo» en don Alvaro Mesía (I, II, 167), no sólo ha evocado su apuesta figura «sin saber cómo y sin querer» (I, II, 173), sino que, además de soñar despierta con el apuesto galán, está segura de que la adora:

> Los más atrevidos tenorios, famosos por sus temeridades, bajaban ante ella los ojos, y su hermosura se adoraba en silencio. Tal vez muchos la amaban, pero nadie se lo decía... Aquel mismo don Álvaro, que tenía fama de atreverse a todo y conseguirlo todo, la quería, la adoraba, sin duda alguna, estaba segura; más de dos

años hacía que ella lo había conocido; pero él no había hablado más que con los ojos, donde Ana fingía no adivinar una pasión que era un crimen (I, III, 182-183).

Es más, por las reflexiones del propio don Álvaro ante un gesto de inconsciente coquetería de Ana, quien le reprocha que no se fija en ella (I, IX, 362), descubrimos con asombro que ésta ha correspondido más de una vez con miradas de complicidad y de íntima complacencia a las amorosas insinuaciones que don Álvaro le ha dirigido con los ojos y que éste no acierta a comprender que pretenda haber olvidado:

> ¿Qué pretendía aquella señora? ¿Provocar una conversación para aludir a lo que había entre ellos, que en rigor no era nada que mereciese comentarios? ¡Que no se fijaba en ella! ¿Era coquetería vulgar o algo más alambicado que él no se explicaba? ¿Quería dar por nulo todo lo que ambos sabían, las citas, sin citarse, en tal iglesia, en el teatro, en el poseo? ¿Quería negar valor a las miradas fijas, intensas, que a veces le otorgaba como un favor celestial que no debe prodigarse? (I, IX, 362-363).

La cosa ha llegado hasta el punto que, en un encuentro posterior con don Álvaro en el palacio de los Marqueses de Vegallana, Ana tiene que hacer un verdadero esfuerzo para disimular su temor y azoramiento, para no comprometerse a los ojos de los demás:

> Lo primero que vio Ana fue a don Álvaro. Tuvo miedo de ponerse encarnada, de que le temblase la voz al contestar al cortés saludo de Mesía. [...] Ana tomó la resolución repentina de dominarse, de tratar a don Álvaro como a todos, sin reservas sospechosas, pensando que en rigor nada había, ni podía, ni debía haber entre los dos. [...] La Regenta necesitó recordar, para mantenerse fría y serena, que nada serio había habido entre ella y aquel hombre; que las miradas que podían haberle envalentonado no eran compromisos de los que echa en cara ningún hombre de mundo. [...] Cuando don Álvaro callaba, ella volvía a sus miedos; se le figuraba que él también volvía a pensar en lo que mediaba entre ambos, en la aparición diabólica de la noche anterior, en el paseo por las calles, y en tantas citas implícitas, buscadas, indagadas, solicitadas sin saber cómo por él; cobarde, criminalmente consentidas por ella (I, XIII, 488-489).

Además de estas miradas comprometedoras, unas veces rápidas, tímidas y miedosas, otras insinuantes, alentadoras y llenas de secretas promesas, Anita Ozores, aunque cree haberse portado con la más absoluta naturalidad, en más de una ocasión ha dado claras muestras de la profunda emoción que le produce la presencia de don Álvaro, que no han pasado del todo inadvertidas a los ojos de los demás. Como le dice confidencialmente Visita la del Banco a su antiguo amante don Álvaro Mesía, al que intenta convencer de que la Regenta está enamorada de él:

> Mira, si le hablan de ti palidece o se pone como un tomate, enmudece y después cambia de conversación en cuanto puede hablar. En el teatro, en el momento en que tú vuelves la cara, te clava los ojos, y cuando el público está más atento a la escena y ella cree que nadie la observa, te clava los gemelos (I, VIII, 333).

Aun admitiendo que en las palabras de Visita la del Banco, como es habitual en ella, haya un punto de exageración, es evidente que en este caso responden a un hecho cierto atestiguado por la propia Anita Ozores al reconocer la turbación que le producen sus encuentros con don Álvaro, por miedo a delatar los sentimientos que le inspira. Por otra parte, la certeza de que esa turbación no obedece a una mera reacción de cortedad o timidez, debida a la inexperiencia de Ana, sino a un sentimiento más íntimo y profundo, lo demuestra el dolor que experimenta al pensar que se ha hecho ilusiones totalmente gratuitas e infundadas y que, en contra de lo que le habían hecho imaginar sus secretos deseos, es muy posible que don Álvaro no esté enamorado de ella:

> Ana lo olvidó todo de repente para pensar en el dolor que sintió al oír aquellas palabras. «¿Si habré yo visto visiones? ¿Si jamás este hombre me habrá mirado con amor; si aquel verle en todas partes sería casualidad; si sus ojos estarían distraídos al fijarse en mí? Aquellas tristezas, aquellos arranques mal disimulados de impaciencia, de despecho, que yo observaba con el rabillo del ojo —¡ay!, ¡sí, esto era lo cierto, con el rabillo!—, ¿serían ilusiones mías, nada más que ilusiones? ¡Pero si no podía ser!» Y sentía sudores y escalofríos al imaginarlo (I, IX, 363).

III

El primero que se atreve a insinuar que a la Regenta le gusta don Álvaro Mesía, es el Marquesito de Vegallana, quien lo comenta confidencialmente con el propio interesado, el cual, con sus cuarenta años bien cumplidos, no sólo es su más íntimo amigo, sino su mentor y su ídolo en el campo de las aventuras amorosas, y, por su distinción, elegancia y señorío, el supremo ejemplo y modelo que se ha propuesto imitar. Al comentar el jefe del partido liberal dinástico, que se finge sinceramente enamorado y preso de una gran pasión romántica por la bellísima Anita Ozores, que ni siquiera está seguro de que ella sepa que le gusta, la respuesta de Paco Vegallana no puede ser más tajante e inequívoca: «Estoy seguro yo... Y más: estoy seguro de que le gustas tú». (VII, 291).

Por su parte, Visita la del Banco, que sustenta la misma tesis, aunque es amiga de Ana desde su llegada a Vetusta, no es muy de fiar, pues, como advierte sagazmente don Álvaro, su antiguo amante, en realidad no tiene otro objetivo que «precipitar a la Regenta en el agujero negro donde había caído ella y tantas otras». I, VIII, 328):

> Admiraba a su amiguita, elogiaba su hermosura y su virtud; pero la hermosura la molestaba como a todas, y la virtud la volvía loca. Quería ver aquel armiño en el lodo. La aburría tanta alabanza. Todo Vetusta diciendo: «¡La Regenta, la Regenta es inexpugnable!». Al cabo llegaba a cansar aquella canción eterna (I, VIII, 328-329).

En tales circunstancias, no es de extrañar que, por envidia y por despecho, y por deseo sobre todo de rebajar a Ana a su nivel moral, Visita la del Banco, que necesita algún desahogo que la consuele de su mediocre pasar y de su lucha cotidiana con la prosa de la vida,haya puesto todo su empeño en «procurar que Ana fuese, al fin y al cabo, como todas». (I, VIII, 329):

> La del Banco, desde que había descubierto algún interés por don Álvaro en su amiga y en Mesía deseos de vencer aquella virtud, no pensaba más que en precipitar lo que en su concepto era necesario. No creía a nadie capaz de resistir a su antiguo novio (I, VIII, 329).

De ahí que, en cuanto ha descubierto en su antiguo amante el deseo de conquistar a la Regenta, se haya propuesto contribuir con todas sus fuerzas al feliz éxito de dicha empresa, describiendo con perversa y refinada morosidad, hasta en sus más íntimos detalles y en su aspectos más incitantes y tentadores, la secreta belleza de Ana Ozores en toda su desnudez, para espolear de este modo la sensualidad de don Álvaro, a quien asegura, además, con muy fundadas razones, que su amiga está enamorada de él.

Aunque, como ya hemos dicho, hay que poner siempre en cuarentena las palabras de Visita la del Banco, por su natural tendencia a exagerar y distorsionar los hechos, en este caso nos informa de un detalle decisivo, de capital importancia para la comprensión de las crisis nerviosas que aquejan periódicamente al temperamento hipersensible, apasionado y enfermizo de Anita Ozores, sometido a una represión malsana y antinatural de sus instintos, que desemboca con frecuencia en verdaderos ataques histéricos. Me refiero a la relación directa que establece entre esos ataques de histerismo y la evidente frustración sexual de la Regenta, la cual, en su condición de amiga íntima que la acompaña a todas partes, sin duda intuye o adivina, aunque Ana, siempre muy reservada, jamás se haya franqueado con ella en ese terreno, ni le haya dicho una sola palabra de su inclinación por don Álvaro:

> «Ella no tiene más intimidades que las de dentro de su cabeza —comenta Visitación—. Tiene ese defectillo; es muy cavilosa y todo se lo guarda. Por ella no sabré nunca nada» (I, VIII, 333).

Y en otro pasaje, añade el propio Clarín:

> «No era expansiva; su amabilidad invariable no animaba, contenía. Visita aseguraba que aquel corazoncito no tenía puerta. Ella no había encontrado la llave, por lo menos» (I, XIII, 488).

Esta relación, referida claramente a la impotencia senil de don Víctor, a la que Visita alude sin ambages, con su característica crudeza, se plantea en términos inequívocos al final del relato que le hace a don Álvaro de los ataques histéricos de Ana. Ocasión que aprovecha para describirle a éste, con morbosa complacencia y refinada sensualidad, las convulsiones y desfallecimientos de ésta en el transcurso de la crisis, como si se tratase de los gozosos estremecimientos del éxtasis erótico:

> ¡Si la pudieras ver en su cuarto, sobre todo cuando le da un ataque de esos que la hacen retorcerse... ¡Cómo salta sobre la cama! Parece otra... —¿Te acuerdas de aquella danza de las Bacantes? Pues eso parece, sólo que mucho mejor; una bacante como serían las de verdad, si las hubo allá, en esos países que dicen. Eso parece cuando se retuerce. ¡Cómo se ríe cuando está en el ataque! Tiene los ojos llenos de lágrimas, y en la boca unos pliegues tentadores, y dentro de la remonísima garganta suenan unos ruidos, unos ayes, unas quejas subterráneas; parece que allá dentro se lamenta el amor siempre callado y en prisiones, ¡qué sé yo! ¡Suspira de un modo, da unos abrazos a las almohadas! ¡Y se encoge con una pereza! Cualquiera diría que en los ataques tiene pesadillas, y que rabia de celos o se muere de amor... Ese estúpido de don Víctor con sus pájaros y sus comedias, y su Frígilis, el de los gallos en injerto, no es un hombre. Todo esto es una injusticia; el mundo no debía ser así. Y no es así. Sois los hombres los que habéis inventado toda esa farsa. —Calló un poco, perdido el hilo de su discurso, y añadió: —Yo me entiendo (I, VIII, 330-331).

A este propósito, y aunque sólo sea a guisa de inciso, vale la pena de recordar que, en dos pasajes de *La Regenta*, el propio Clarín ha subrayado la importancia de los ataques de nervios y de las crisis de histerismo que aquejan a Anita Ozores, la cual, según afirma cínicamente su seductor, don Álvaro Mesía, «es una mujer rara... histérica». (LL, XVIII, 98). Y que la propia protagonista, cuando empieza a recuperar la salud después de la grave y larga enfermedad que le ha ocasionado la trágica muerte, en un duelo con su amante, de su desdichado esposo don Víctor Quintanar, se pregunta si su deseo de reanudar su amistad espiritual con el Magistral, será «voz de lo alto o capricho del histerismo, de aquella maldita enfermedad que a veces era lo más íntimo de su deseo y de su pensamiento, ella misma.» (II, XXX, 533-534).

El hecho recuerda la importancia del carácter histérico y enfermizo que Charles Baudelaire atribuye, genialmente, a la figura novelesca, romántica y soñadora de Madame Bovary, en su famoso artículo sobre la novela de Flaubert, publicado inicialmente en las páginas de *L'Artiste*, el 18 de octubre de 1857, e incluido posteriormente en su libro *L'Art Romantique*, cuya edición póstuma apareció en París en 1869:

> —¿Cuál es el terreno propio de la zafiedad, el medio más estúpido, el más fecundo en absurdos, el más abundante en imbéciles intolerantes?
> —La provincia.
> —¿Quiénes son sus representantes más insoportables?
> —Las gentes insignificantes que se afanan en funciones mínimas cuyo ejercicio desmiente las ideas que profesan.
> —¿Cuál es el elemento más gastado, más prostituido, el organillo más desvencijado?
> —La adúltera.
> —No necesito —se dijo el poeta—, que mi heroína sea una heroína. Con que sea suficientemente bonita, que sea nerviosa, que tenga ambición, una aspiración irrefrenable hacia un mundo más elevado, ya será interesante (p. 185).

Y añade, evocando la educación conventual, en un colegio de monjas, de la joven Emma Bovary, presa de deliquios místicos y embriagueces devotas:

> Las monjas han notado en la joven una sorprendente aptitud para la vida, para aprovechar la vida, para adivinar sus goces. [...] Sin embargo, la joven se embriagaba con deleite con el color de las vidrieras, con los tintes orientales que las altas ventanas de piedra labrada proyectaban sobre su devocionario de colegiala; saciaba sus ansias con la música solemne de vísperas y, por una paradoja cuyo mérito hay que atribuir por completo a los nervios, sustituía en su alma el Dios verdadero por el Dios de su fantasía, el Dios del porvenir y del azar, un Dios de estampa piadosa, con espuelas y mostacho. He ahí al poeta histérico. ¡La histeria! ¿Por qué no habría de ser este misterio fisiológico el fondo y el fundamento de una obra literaria, este misterio que aún no ha resuelto la Academia de Medicina y que, mientras se manifiesta en las mujeres por la sensación de una bola ascendente y asfixiante (hablo sólo del sín-

toma más importante), se traduce en los hombres nerviosos en todas las impotencias y en la predisposición a todos los excesos?[4]

La propuesta baudeleriana de convertir el misterio fisiológico de la histeria en tema central de una obra literaria, posee una trascendencia decisiva por cuanto posteriormente fue puesta en práctica por los Goncourt y por Zola en la caracterización de sus personajes novelescos, y, al propio tiempo, fue tenida muy en cuenta por toda la crítica española del momento que intentó analizar con exigencia y rigor la intención y sentido de *La Regenta.* Así, por ejemplo, el institucionista Jerónimo Vida, discípulo, al igual que Leopoldo Alas, de don Francisco Giner de los Ríos, y futuro Catedrático de Derecho Penal de la Universidad de Granada, publica en el *Boletín de la Institución Libre de Enseñanza* correspondiente al mes de septiembre de 1885, una excelente crítica de la novela de Clarín, cuyo tema central define de este modo:

> A mi entender, la idea madre de la novela, si es que las novelas tienen ideas madres, puede reducirse a estos términos: se trata de un caso de histerismo; por lo menos, Anita Ozores es como el centro hacia el cual convergen todos los episodios y el personaje al cual se subordinan todos los de la novela, y Anita Ozores es pura y sencillamente una histérica. A lo que se me alcanza de estos achaques fisiológicos y psicológicos, el carácter de la Regenta está bastante bien estudiado y perfectamente entendida y explicada en él la íntima relación que existe entre lo físico y lo psíquico, sin que se hayan tampoco descuidado los efectos de la herencia y de la educación; aquellos espasmos de Anita, seguidos de crisis que ponen en peligro su vida, y de exaltaciones y falsos arrobos místicos, reemplazados a su vez por expansiones que pudiéramos llamar *naturalistas*, palpitan en vida y realidad y son modelos de observación y hasta de adivinación, pues no es difícil imaginar, por mucha actividad y diligencia que supongamos al Sr. Alas, que le habrán faltado no pocos *documentos humanos* para su trabajo.[5]

4. Para dar el texto en español, cito por la única traducción que tengo a mano: Charles Baudelaire, *El arte romántico*. Edición completa. Traducción y notas: Carlos Wert. Colección «La Fontana Mayor», Ediciones Felmar, Madrid, 1977. (IV, XXV, *Madame Bovary*, de Gustave Flaubert, 3, pp. 185-187).

5. En Sergio Beser, Ed., *Clarín y «La Regenta»*. Colección «Letras e Ideas», Editorial Ariel, Barcelona, 1982. (*Apéndice*, p. 298). En su magistral edición de *La Regenta,* Gonzalo Sobejano señaló ya, certeramente, ,que «la dolencia de Ana, aquel histerismo «que a veces era lo más íntimo de su deseo y de su pensamiento» (XXX) era «una neurosis descrita por el autor según lo observado y según lo estudiado en libros de neurólogos a quienes menciona en varias ocasiones». (*Introducción*, p. 49). El tema ha sido admirablemente estudiado, con gran riqueza de datos, por mi querida amiga Noël Maureen Valis en su espléndido libro, *The Decadent Vision in Leopoldo Alas. A Study of «La Regenta» and «Su único hijo»*. (Louisiana State Universitaty Press, Baton

Por su parte, el periodista y político regeneracionista valenciano Luis Morote, autor del famoso libro *La moral de la derrota* (Madrid, 1900), el 16 de octubre de 1885, publica en el diario *La Opinión* de Palma de Mallorca, una interesantísima crítica de la novela de Leopoldo Alas, incluida, como la anterior, por Sergio Beser en el Apéndice de su obra *Clarín y «La Regenta»*, en la que se insiste nuevamente en el desequilibrio nervioso y en los ataques histéricos de la heroína de Clarín:

> En Ana de Ozores se formó, de resultas del trato con los libros, del despego general que sintió a su alrededor, una naturaleza *subjetiva,* si vale la palabra, un temperamento nervioso elevado a la quintaesencia, un carácter que se replegaba y pensaba por dentro. Allí, en aquella alma desequilibrada, había siempre rescoldo y bastó una chispa para que se encendiera el fuego y amenazasen las llamas a todo su cuerpo y a su casa y hasta el pueblo entero. ¡Qué manera de soñar la primera vez que lee las *Confesiones,* de San Agustín, y cómo hay allí el antecedente de los futuros ataques histéricos! [...] El Magistral arranca a la Regenta el alma pagana de su padre y la somete a la lectura del Kempis, que la vuelve medio loca con ataques histérico-epilépticos y verdaderas catalepsias. En su furor místico, en su histerismo religioso, la Regenta hace una promesa devota y la cumple: va a pie y descalza con una cruz a cuestas en la procesión de Viernes Santo por todas las calles de Vetusta. [...] La locura histérica llegó a su período álgido con el paso del Viernes Santo; después la razón recobró su señorío, y la salud, que es un elemento moral por sí mismo, debió ser un obstáculo insuperable al adulterio. Las ciudades como Vetusta son mansiones naturales de las faltas de los clérigos; la enfermedad histérica agente poderoso y casi invencible de las faltas genésicas. La mujer que vence enferma, vence con más razón sana, así sean las seducciones imposibles de dominar. ¿Para qué pintar un medio ambiente cual el de Vetusta, para qué pintar una figura tan fuerte y tan hermosa cual el Magistral, si luego un cualquiera, un vicioso de profesión, había de rendir a la beldad? (pp. 305-308).

En cuanto al crítico valenciano Felipe Benicio Navarro, bibliotecario del Ateneo de Madrid y traductor al castellano de *La Papallona* de Narcís Oller,[6] escribió un extenso y penetrante estudio sobre *La Regenta,* publicado en francés en la *Revue Britanique* de París

---

Rouge and London, 1981), que no conocía al redactar la presente conferencia. (Vid. II, *La Regenta,* pp. 93-97).

6. Narciso Oller, *La Mariposa.* Novelas traducidas del catalán por Felipe B. Navarro. Precedidas de un estudio del mismo y una carta-prólogo por E. Zola. Biblioteca «Arte y Letras», Daniel Cortezo y C.ª, Barcelona, 1886. Sobre Felipe Benicio Navarro, vid. Walter T. Pattison, *El naturalismo español. Historia externa de un movimiento literario.* «Biblioteca Románica Hispánica», Editorial Gredos, Madrid, 1965.

(Tomo V, 1886), que ha exhumado en su Tesis de Licenciatura nuestra alumna María José Tintoré, que es hoy, sin duda, la más joven clarinista de España. Pues bien, en el mencionado artículo, en el que curiosamente el agudo crítico valenciano se esfuerza en defender a Clarín de los supuestos reproches de espiritualismo de que pueda ser objeto, señala certeramente que, de acuerdo con los métodos naturalistas, *La Regenta,* «no sólo somete el análisis psicológico a los procedimientos del examen fisiológico propugnado por Zola, sino que su principal protagonista la convierte en un estudio de misticismo histérico».[7]

A este respecto, junto a la denuncia antes mencionada de la radical injusticia que supone el juramento de guardar eterna fidelidad a un marido viejo y caduco, incapaz de cumplir sus deberes conyugales —ataque que solapadamente pone en entredicho el carácter indisoluble del matrimonio basado en una nulidad de hecho—, Visita la del Banco insinúa claramente que los ataques de nervios que padece Anita desde la pubertad, y que después de una breve interrupción se han recrudecido a partir de su matrimonio, se deben no sólo a la impotencia de don Víctor, sino además a que se ha enamorado de don Álvaro Mesía:

> —Ella no está como un guante, pero por dentro andará la procesión. Menudean los ataques de nervios. Ya sabes que cuando se casó cesaron, que después volvieron, pero nunca con la frecuencia de ahora. Su humor es desigual. Exagera la severidad con que juzga a las demás, la aburre todo. ¡Pasa unas encerronas! (I, VIII, 333).

Y después de comentar que es incapaz de reprimir sus sentimientos en presencia de los demás y que, cuando le hablan de él, se delata sin querer a los ojos de todos, pues palidece o se sonroja visiblemente sólo al oír su nombre, subraya que sus imprevisibles cambios de humor, en los que se alternan el hastío y el desabrimiento con la dulzura y la melancolía, provienen, sin lugar a dudas, del amor que se ha apoderado de ella. Visita, que además de golosa insaciable y urraca ladrona, es la mayor cotilla de la ciudad, está perfectamente enterada de que la Regenta, por su sensibilidad exacerbada y enfermiza, es especialmente propensa desde su adolescencia a crisis nerviosas de ese tipo que, al llegar a la edad crítica, coincidiendo con un período de exaltada devoción religiosa, desembocaron en una grave enfermedad que la tuvo a las puertas de la muerte. Y al aludir a que Ana «tiene otra vez sus proyectos de misticismo» (I, VIII, 333), los atribuye, con penetrante intuición y

7. M.ª José Tintoré, *La crítica a «La Regenta» en la prensa del Siglo XIX.* Tesis de Licenciatura, leída en el mes de febrero de 1984, en el Departamento de Literatura Española, Facultad de Filología, de la Universidad de Barcelona. (Vid. *Parte Segunda. Apéndice Documental,* p. 59).

lucidez, a la misma fuente que origina sus ataques de nervios:

> —Ana, cuando chica, allá en Loreto, tuvo ya, según yo averigüé, arranques así... como de loca... y vio visiones... en fin, desarreglos. Ahora vuelve; pero es por otra causa —señaló el corazón—. Está enamorada, Alvarico, no te quepa duda (I, VIII, 333).

En el fondo, aunque con una intención bien distinta, los hechos a que alude Visita, relatados previamente por la voz omnisciente del narrador, aparecen confirmados posteriormente, con toda su autoridad, por el viejo Arcipreste Don Cayetano Ripamilán, hasta entonces confesor de la Regenta, el cual, según comenta muerto de envidia el beneficiado Don Custodio, en el momento en que se inicia la acción de la novela acaba de ceder al Magistral Don Fermín de Pas, «la más apetecible de sus joyas penitenciarias, como lo era, sin duda, la digna y virtuosa y hermosísima esposa de don Victor Quintanar.» I, II, 15). En opinión del galante y dieciochesco Arcipreste, poeta anacreóntico y epigramático, cuya castidad casi secular no le ha impedido profesar durante toda su vida un culto anafrodítico y desinteresado por el sexo femenino, el cual siente, además, un especial afecto por su hija de confesión, a la que considera «una gran mujer» y «un ángel de bondad», se trata de una personalidad muy distinta de las demás penitentes de Vetusta, aquejada, en su vida conyugal e íntima, por un cúmulo de anhelos insatisfechos y de problemas de conciencia que la hacen profundamente desgraciada. Y aunque el viejo Arcipreste no se siente ya con fuerzas bastantes para disipar los exagerados escrúpulos morales de su hija de confesión, aparentemente injustificados por una vida ejemplar y una conducta irreprochable, es lo cierto que, a pesar de su tono despreocupado y festivo, intuye sagazmente la verdadera causa de la infelicidad conyugal de Anita Ozores. Mujer frustrada como esposa y como madre, cuyas necesidades sexuales y afectivas, desatendidas por don Víctor, éste es absolutamente incapaz de advertir y comprender:

> —Don Fermín —le había dicho—, usted es el único que podrá entenderse con esta hija mía querida, que a mí iba a volverme loco si continuaba contándome sus aprensiones morales. Soy viejo ya para esos trotes. No la entiendo siquiera. Le pregunto si se acusa de alguna falta y dice que eso no. ¿Pues entonces? Y, sin embargo, dale que dale. En fin, yo no sirvo para estas cosas. A usted se la entrego. Ella, en cuanto le indiqué la conveniencia de confesar con usted aceptó, comprendiendo que yo no daba más de mí. No doy, no. Yo entiendo la religión y la moral a mi manera; una manera muy sencilla... Me parece que la piedad no es un rompecabezas... En suma, Anita (ya sabe usted que ha escrito versos) es un poco romántica. Eso no quita que sea una santa, pero quiere traer a la

religión el romanticismo, y yo, ¡guarda, Pablo!, no me encuentro con fuerzas para librarla de ese peligro. A usted le será fácil (I, XI, 397-398).

Tras lo cual añade, con su habitual llaneza y desenfado pero con una penetración sorprendente, el siguiente diagnóstico sobre el carácter y el perfil moral de Anita Ozores. Diagnóstico que no sólo pone de relieve las diferencias que la separan de su marido en cuanto a temperamento, gustos y aficiones —sin contar el problema de la edad, que no menciona—, sino que subraya, al propio tiempo, cómo ella ha ido perdiendo gradualmente su conformidad y resignación ante una situación de cuya gravedad don Víctor no parece plenamente consciente, y hasta qué punto todo esto la hace profundamente desgraciada sin que nadie lo sospeche:

—Ella ha visto visiones... pseudomísticas... allá en Loreto... al llegar la edad... cosa de la sangre... al ser mujercita, cuando tuvo aquella fiebre y fuimos a buscarla su tía doña Anuncia y yo. Después pasó aquello y se hizo literata... En fin, usted verá. No es una señora como estas de por aquí. Tiene mucho tesón; parece una malva, pero otra le queda; quiero decir, que se somete a todo, pero por dentro siempre protesta. Ella misma se me ha acusado de esto, que conocía que era orgullo. Aprensiones. No es orgullo; pero resulta de estas cosas que es desgraciada, aunque nadie lo sospeche. En fin, usted verá. Don Víctor es como Dios le hizo. No entiende de estos perfiles; hace lo que yo. Y como no hemos de buscarle un amante para que se desahogue con él —aquí volvió a reír don Cayetano— lo mejor será que ustedes se entiendan (I, XI, 398).

Que el buen Arcipreste ha puesto el dedo en la llaga, y que ese amante que la Regenta necesitaría para poder desahogarse con él, no es otro, en los secretos deseos de ésta, que don Álvaro Mesía, está muy claro a partir de las reflexiones íntimas del capítulo III, en el cual Anita Ozores, que se ha recogido temprano, se encuentra a solas en su dormitorio para hacer examen de conciencia y prepararse para la confesión general que ha de hacer al día siguiente con su nuevo director espiritual. En efecto, después de pasar revista a los años de su niñez solitaria, durante los cuales no llegó a conocer a su madre, muerta al nacer ella, y de sublevarse una vez más ante la injusticia y la calumnia de que fue objeto su inocencia infantil, carente de ternura y de amor maternal, Ana descubre de pronto que, por un fenómeno totalmente inconsciente, en vez de recapitular sus pecados pasados, ha estado pensando sin darse cuenta en quien va a ser para ella ocasión inmediata y causa próxima de su caída y tentación contra la que tendrá que luchar con todas sus y hojas, pensando, sin saber cómo, en don Álvaro Mesía, presidente fuerzas antes de sucumbir: «Había estado, mientras pasaba hojas del Casino de Vetusta y jefe del partido liberal dinástico». (I, III, 167).

IV

Esta aparición inesperada e involuntaria de don Álvaro Mesía en los pensamientos íntimos de la Regenta, se mezcla significativamente en el ánimo de Anita Ozores con la indignación y la cólera que ha suscitado dentro de ella el recuerdo de la infame calumnia con que su institutriz hispanoinglesa quiso mancillar su pureza e inocencia infantiles. Y, al propio tiempo, aparece estrechamente relacionada con el sentimiento de protesta y rebeldía que experimenta ante el vacío y la monotonía de una vida sin objeto, exacerbado por la amarga decepción que ha constituido para ella el error irreparable de su matrimonio sin amor con un hombre mucho mayor que ella, que no ha sido capaz de darle un hijo. Matrimonio que, a cambio de una posición desahogada, que le ha permitido recuperar el lugar que le corresponde, dentro de su propia clase, en la buena sociedad de Vetusta, y del general respeto y consideración de que goza en la ciudad entera por su conducta irreprochable, la ha condenado a una vida de total sacrificio y renunciación, al privarla de los goces y satisfacciones que en justicia le corresponden, sin obtener siquiera como compensación el íntimo consuelo de la maternidad que tanto anhela.

> Aquellos recuerdos de la niñez huyeron, pero la cólera que despertaron, a pesar de ser tan lejana, no se desvaneció con ellos.
>
> «¡Qué vida tan estúpida!», pensó Ana, pasando a reflexiones de otro género.
>
> Aumentaba su mal humor con la conciencia de que estaba pasando un cuarto de hora de rebelión. Creía vivir sacrificada a deberes que se había impuesto; estos deberes algunas veces se los representaba como poética misión que explicaba el por qué de la vida. Entonces pensaba:
>
> «La monotonía, la insulsez de esta existencia es aparente; mis días están ocupados por grandes cosas; este sacrificio, esta lucha es más grande que cualquier aventura del mundo.»
>
> En otros momentos, como arora, tascaba el freno la pasión sojuzgada; protestaba el egoísmo, la llamaba loca, romántica, necia y decía:
>
> —¡Qué vida tan estúpida!
>
> Esta conciencia de la rebelión la desesperaba; quería aplacarla y se irritaba. Sentía cardos en el alma. En tales horas no quería a nadie, no compadecía a nadie (I, III, 172-173).

Esta clara conciencia de la frustración y el fracaso de una vida sin objeto, condenada a una total privación del amor y del placer nos presenta la personalidad de Anita Ozores, firme en sus propósitos pero vacilante e indecisa en los sentimientos que la aquejan, íntimamente desgarrada por la ardua lucha entre el sacrificio a los deberes que le impone su matrimonio con don Víctor y la tentación de abandonarse a los impulsos del deseo reprimido e inconsciente que le inspira su secreta pasión por don Álvaro Mesía. A este respecto es preciso subrayar, que la segunda aparición de este personaje en la mente exaltada y febril de la Regenta, coincide significativamente con el espíritu de rebelión y de protesta que ha suscitado en su alma apasionada y en su carne insatisfecha el recuerdo de sus desdichas conyugales. Y también con el frustrado anhelo de tener un hijo, que siente en lo más profundo de sus entrañas, y que Ana piensa, sin duda inconscientemente, que don Álvaro le podría dar, aunque se trata de una posibilidad que no se ha atrevido siquiera a formularse:

> Y sin saber cómo, sin querer, se le apareció el Teatro Real de Madrid y vio a don Álvaro Mesía, el presidente del Casino, ni más ni menos, envuelto en una capa de embozos grana. [...] La respiración de la Regenta era fuerte, frecuente; su nariz palpitaba ensanchándose, sus ojos tenían fulgores de fiebre y estaban clavados en la pared, mirando la sombra sinuosa de su cuerpo ceñido por la manta de colores.
>
> Quiso pensar en aquello, en Lindoro, en el Barbero, para suavizar la aspereza de espíritu que la mortificaba.
>
> —¡Si yo tuviera un hijo!... ahora... aquí... besándole... cantándole...
>
> Huyó la vaga imagen del rorro, y otra vez se presentó el esbelto don Álvaro, pero de gabán blanco entallado, saludándola como saludaba el rey Amadeo.
>
> Mesía, al saludar, humillaba los ojos, cargados de amor, ante los de ella, imperiosos, imponentes.
>
> Sintió flojedad en el espíritu. La sequedad y tirantez que la mortificaban fueron convirtiéndose en tristeza y desconsuelo... Ya no era mala, ya sentía como ella quería sentir; y la idea de su sacrificio se le apareció de nuevo; pero grande ahora, sublime, como una corriente de ternura capaz de anegar el mundo. La imagen de don Álvaro también fue desvaneciéndose, cual un cuadro disolvente; ya no se veía más que el gabán blanco y detrás, como una filtración de luz, iban destacándose una bata escocesa a cuadros, un gorro verde de terciopelo y oro, con borla, un bigote y una perilla blancos, unas cejas grises muy espesas... y al fin, sobre un fondo negro, brilló entera la respetable y familiar figura de su don Víctor Quintanar con un nimbo de luz en torno. Aquél era el sujeto del sacrificio, como diría don Cayetano. Ana Ozores depositó un casto beso en la frente del caballero.
>
> Y sintió vehementes deseos de verle, de besarle en realidad como al cuadro disolvente (I, III, 173-174).

En esta escena clave, en la que se contienen, esbozados o en germen, algunos de los temas fundamentales de la novela, es claramente perceptible, por una parte, la irremediable fascinación que ejerce la figura de don Álvaro Mesía en la imaginación y en los sentidos de Anita Ozores, íntimamente convencida, y por lo mismo, profundamente halagada en su vanidad femenina, de que el apuesto galán está perdidamente enamorado de ella, con una adoración sumisa y callada que no se atreve a dirigirle una sola palabra de amor, pero cuyos deseos culpables todavía se siente capaz de mantener a raya con una sola mirada. Por otra, que la Regenta no ha renunciado todavía definitivamente a su ilusión de tener un hijo que, sin duda, don Álvaro le podría dar, si ello no implicase el crimen indigno de engañar al pobre don Víctor, vileza que a Ana ni siquiera se le ha ocurrido y a la que está convencida de que voluntariamente no se prestará jamás.

Finalmente, que los ataques de nervios que sufre la protagonista, cada vez con mayor frecuencia, no proceden tanto de una enfermedad congénita de su temperamento hipersensible y neurótico, o de una propensión innata al histerismo de su sistema nervioso, como de los perniciosos efectos de la represión sexual, que ha alterado su equilibrio emocional y psíquico y ha sometido a una tensión malsana su naturaleza delicada y enfermizo. Buena prueba de ello es el amago de crisis nerviosa que experimenta Ana al final de la escena citada, en la cual la estrecha relación entre los síntomas del ataque y la aparición en su conciencia de la imagen de Don Álvaro; entre su frustrado deseo de maternidad y el vehemente anhelo que se apodera de ella de besar y tener entre sus brazos a don Víctor, el único hombre que tiene el derecho y el deber de satisfacer sus ansias amorosas y de darle el hijo que tanto anhela, aparece planteada por Clarín de modo muy patente:

> Mala hora, sin duda, era aquella. Pero la casualidad vino a favorecer el anhelo de la casta esposa. Se tomó el pulso, se miró las manos; no veía bien los dedos, el pulso latía con violencia; en los párpados le estallaban estrellitas, como chispas de fuegos artificiales. Sí, sí, estaba mala, iba a darle el ataque; había que llamar. [...] Era el ataque, aunque no estaba segura de que viniese con todo el aparato nervioso de costumbre; pero los síntomas los de siempre: no veía, le estallaban chispas de brasero en los párpados y en el cerebro, se le enfriaban las manos, y de pesadas no le parecían suyas (I, III, 174-175).

La escena, con la inmediata aparición de su doncella Petra, casi desnuda, y del bueno de don Víctor, con la bata escocesa, el gorro verde y una palmatoria en la mano, ante todo está destinada a mostrar la exacerbada hiperestesia de Ana, la inestabilidad emocional y el desequilibrio nervioso que la represión simultánea de sus sentimientos y de sus instintos ha producido en su temperamento apasionado y sensual, al que aquejan, cada vez con mayor frecuencia, verdaderos accesos de histerismo. Al propio tiempo, pretende poner de relieve la estólida incomprensión y la obtusa ceguera de don Víctor ante los ataques de nervios que acometen a su esposa, cuya verdadera causa en apariencia desconoce y se esfuerza deliberadamente en ignorar. Y para que el lector sepa a qué atenerse respecto a la intimidad del matrimonio que, desde hace algunos años, y significativamente a instancias de la esposa, duerme en habitaciones separadas, situadas en los dos extremos más alejados del viejo caserón de los Ozores, el autor nos da una muestra extraordinariamente reveladora de la situación. Véase, en la siguiente escena, la actitud no sólo egoísta, sino también tímida y acobardada, con que el digno magistrado renuncia prudentemente a los legítimos goces que había de procurarle el cumplimiento de sus deberes conyugales en brazos de su esposa, a cuyos apasionados deseos no se atreve a responder, pensando en el madrugón que le espera al día siguiente para ir de caza y desconfiando también, sin duda, de sus propias fuerzas:

> Don Víctor se tranquilizó. Estaba acostumbrado al ataque de su querida esposa; padecía la infeliz, pero no era nada.
>
> —No pienses en ello, que ya sabes que es lo mejor.
>
> —Sí, tienes razón; acércate, háblame, siéntate aquí.
>
> Don Víctor se sentó sobre la cama y depositó un beso paternal en la frente de su señora esposa. Ella le apretó la cabeza contra su pecho y derramó algunas lágrimas. Notadas que fueron las cuales por don Víctor exclamó éste:
>
> —¿Ves?, ya lloras; buena señal. La tormenta de nervios se deshace en agua; está conjurado el ataque, verás como no sigue.
>
> En efecto, Ana comenzó a sentirse mejor. Hablaron. Ella manifestó una ternura que él le agradeció en lo que valía. Volvió Petra con la tila.
>
> [...] Con la tila y el azahar Anita acabó de serenarse. Respiró con fuerza; sintió un bienestar que le llenó el alma de optimismo. [...] Anita no dejó a Víctor tan pronto como él quisiera. Estaba muy habladora su querida mujercita. Le recordó mil episodios de la vida conyugal, siempre tranquila y armoniosa.
>
> —¿No quisieras tener un hijo, Víctor? —preguntó la esposa apoyando la cabeza en el pecho del marido.
>
> —¡Con mil amores! —contestó el ex-Regente, buscando en su corazón la fibra del amor paternal. No la encontró; y para figurarse algo parecido, pensó en su reclamo de perdiz, escogidísimo regalo de Frígilis.
>
> «Si mi mujer supiera que sólo puedo disponer de dos horas y media de descanso, me dejaría volver a la cama.»
>
> Pero la pobrecita lo ignoraba todo, debía ignorarlo. Más de media hora tardó la Regenta en cansarse de aquella locuacidad ner-

> viosa. ¡Qué de proyectos!, ¡qué de horizontes de color de rosa! Y siempre, siempre juntos Víctor y ella.
>
> —¿Verdad?
>
> —Sí, hijita mía, sí; pero debes descansar; te exaltas hablando...
>
> —Tienes razón; siento una fatiga dulce... Voy a dormir.
>
> Él se inclinó para besarle la frente, pero ella, echándole los brazos al cuello y hacia atrás la cabeza, recibió en los labios el beso. Don Víctor se puso un poco encarnado; sintió hervirle la sangre. Pero no se atrevió. Además, antes de tres horas debía estar camino del Montico con la escopeta al hombro. Si se quedaba con su mujer, adiós cacería... Y Frígilis era inexorable en esta materia. Todo lo perdonaba menos faltar o llegar tarde a un madrugón por el estilo.
>
> «Sálvense los principios», pensó el cazador.
>
> —¡Buenas noches, tórtola mía!
>
> Y se acordó de las que tenía en la pajarera.
>
> Y después de depositar otro beso, por propia iniciativa, en la frente de Ana, salió de la alcoba con la palmatoria en la diestra mano... (I, III, 175-177).

Como puede verse, se trata de presentar mediante el diálogo y la acción, en una escena que pone ante nuestros ojos la evidencia irrefutable de los hechos, la situación insostenible a que ha llegado el matrimonio de Anita Ozores con el antiguo Regente de la Audiencia de Vetusta. Matrimonio basado en la total ausencia de relaciones íntimas entre los dos esposos, que les ha llevado de común acuerdo a vivir prácticamente separados, dentro de la misma casa, en perfecta paz y armonía pero en una absoluta castidad, completamente al margen del sexo y de la carne. Escena que, por otra parte, a través de las ansias de amor y de ternura de que da muestras la desdichada Anita Ozores y del deseo mal reprimido con que procura recibir en los labios el beso de despedida de su esposo, pretende mostrar al propio tiempo las circunstancias especialmente propicias en que se encuentra para caer en brazos de don Álvaro Mesía. Sobre todo si se tiene en cuenta que, frente a esta situación de frustración sexual y vacío afectivo, el Don Juan de Vetusta hace más de dos años que ha puesto cerco a su virtud y se ha propuesto conquistarla y seducirla simulando una gran pasión, con la envidiosa y malévola complicidad de sus más íntimas amigas y de los miembros más destacados del círculo social que la rodea.

Buena prueba de esa infame complicidad, es la espontánea colaboración que las amistades que frecuenta y con las que más estrechamente se relaciona en los salones del palacio de Vegallana, prestan voluntariamente a los planes de seducción de don Álvaro Mesía, empeñado en demostrar que la Regenta no es una fortaleza inexpugnable, sino una mujer de carne y hueso como las demás, a la que también es posible conquistar aunque haya sido hasta entonces una auténtica virtud. Y el carácter poco menos que público, dentro del ámbito forzosamente restringido del círculo social en que se mueve, de la partida empeñada por el tenorio oficial de la ciudad, sin otro objeto que satisfacer su orgullo y acreditar que sigue siendo un conquistador irresistible.

V

Dentro de la presión asfixiante de lo que Clarín llamaba «el mundo moral social», conjurado unánimemente contra ella, y que constituye, junto a su frustración sexual y afectiva, un caldo de cultivo especialmente apto para provocar su caída en el adulterio, adquiere singular importancia la patética obsesión de la Regenta por tener un hijo que pueda consolarla de la inutilidad y el vacío de su vida sin placer y sin amor. Un hijo que es ya un secreto a voces que su marido viejo y caduco no es capaz de darle y que, además, dada su falta de relaciones conyugales con don Víctor, inexistentes desde hace varios años, a pesar de haber intentado reanudarlas varias veces venciendo los impedimentos del pudor y el orgullo, tampoco puede arriesgarse a tener con otro hombre. Posibilidad que a la Regenta no se le ha ocurrido siquiera plantearse, por lo menos conscientemente, pero que Visita la del Banco insinúa con toda crudeza en un diálogo confidencial con don Álvaro Mesía, a quien incita por todos los medios a conquistar la inexpugnable virtud de Anita Ozores, incluso, si hace falta, dándole el hijo que tanto anhela y que, a fin de cuentas, podría tener con cualquiera:

> —Creo que la pobre siente mucho no tener un hijo —comenta don Álvaro Mesía.
> Visita encogió los hombros, y después de pasar algo amargo que tenía en la garganta, dijo con voz ronca y rápida:
> —Que lo tenga.
> Mesía disimuló la repugnancia que le produjo aquella frase (I, VIII, 330).

A partir de ese punto, es evidente que la situación previa que sirve de punto de partida al desarrollo de la acción novelesca, se encuentra en el drama conyugal e íntimo de una mujer defraudada que, después de ocho años de matrimonio, soporta pacientemente y en silencio, con una resignada conformidad que no excluye periódicos ataques de sus nervios desquiciados y frecuentes accesos de protesta y rebeldía, la impotencia de su esposo, que no ha llegado nunca a satisfacerla sexualmente y que, al decir de la propia Ana, es «incapaz de fumar un puro entero y de querer por entero a una mujer» (II, XVI, 10). Secreto de alcoba triste y vergonzoso, estrechamente relacionado con los más crudos aspectos fisiológicos de la intimidad conyugal, que Anita Ozores no puede ni quiere revelar a nadie, ni siquiera a su confesor, y que por un sentimiento instintivo de pudor, dignidad y orgullo, procura disimular a los ojos de los demás desde el mismo día de su boda, pero que no puede ocultarse a sí misma en un momento de desolación y de amargura:

> Pero no importaba; ella se moría de hastío. Tenía veintisiete años, la juventud huía; veintisiete años de mujer eran la puerta de la vejez a que ya estaba llamando... y no había gozado una sola vez de esas delicias del amor de que hablan todos, que son el asunto de comedias, novelas y hasta de la historia. El amor es lo único que vale la pena de vivir, había ella oído y leído muchas veces. Pero ¿qué amor? ¿Dónde estaba ese amor? Ella no lo conocía. Y recordaba entre avergonzada y furiosa que su luna de miel había sido una excitación inútil, una alarma de los sentidos, un sarcasmo en el fondo; sí, sí, ¿para qué ocultárselo a sí misma si a voces se lo estaba diciendo el recuerdo? [...] Recordaba que las delicias materiales, irremediables, la avergonzaban y se reían de ella al mismo tiempo que la aturdían: el gozar sin querer junto a aquel hombre le sonaba como la frase del miércoles de ceniza, *quia pulvis es!*, eres polvo, eres materia... pero al mismo tiempo se aclaraba el sentido de todo aquello que había leído en sus mitologías, de lo que había oído a criados y pastores murmurar con malicia... ¡Lo que aquello era y lo que podía haber sido...! Y en aquel presidio de castidad no le quedaba ni el consuelo de ser tenida por mártir y heroína. [...] Y ni siquiera la compadecían. Nada de hijos. Don Víctor no era pesado, eso es verdad. Se había cansado pronto de hacer el galán y paulatinamente había pasado al papel de barba que le sentaba mejor. ¡Oh, y lo que es como un padre se había hecho querer, eso sí; no podía ella acostarse sin un beso de su marido en la frente. Pero llegaba la primavera, y ella misma, ella le buscaba los besos en la boca. Le remordía la conciencia de no quererle como marido, de no desear sus caricias, y además tenía miedo a los sentidos excitados en vano. De todo aquello resultaba una gran injusticia, no sabía de quién, un dolor irremediable que ni siquiera tenía el atractivo de los dolores poéticos; era un dolor vergonzoso, como las enfermedades que ella había visto en Madrid anunciadas en faroles verdes y encarnados. ¿Cómo había de confesar aquello, sobre todo así, como lo pensaba? Y otra cosa no era confesarlo (I, X, 375-377).

Se trata, como puede verse, de un verdadero arrebato de desesperación y rebeldía ante la situación de impotencia física y moral en que la ha colocado el fracaso de su matrimonio, no sólo por la frustración que representa tener que renunciar para siempre a los goces del amor, que no ha conocido jamás, sino por el desencanto que supone verse obligada a abandonar en plena juventud todos sus ensueños e ilusiones, que para ella han finalizado antes de empezar:

> Y ahora estaba casada. Era un crimen, pero un crimen verdadero, pensar en otros hombres. Don Víctor era la muralla de la China de sus ensueños. Toda fantástica aparición que rebasara aquellos cinco pies y varias pulgadas de hombre que tenía al lado, era un delito. Todo había concluido... sin haber empezado (I, V, 248).

Pese a sus buenos propósitos de gratitud y fidelidad a «aquel noble esposo a quien debe la dignidad y la independencia de su vida», y que bien merece «la abnegación constante» con que ella le ha sacrificado inútilmente su juventud (I, III, 182), Anna se siente a menudo incapaz de sofocar el sentimiento de protesta y rebeldía que se apodera de ella ante los deberes que le imponen los lazos del matrimonio y ante la obligación de reprimir los deseos de la carne, que la atenazan a pesar suyo con todo el ímpetu de la pasión refrenada. Agudiza ese sentimiento de rebelión y de protesta, el ansia puramente física de conocer el placer del amor que es, por lo visto, una necesidad universal que ella también siente, pero que no ha gustado jamás. En el paseo con Petra, su doncella, por las afueras de la ciudad, vuelven a casa por el bulevar, por donde discurre al salir del trabajo la masa obrera de Vetusta, ante la cual, y a la vista de las numerosas parejas de novios que pasan junto a ella, la Regenta piensa obsesivamente en el placer del amor, del que ella carece:

> Pensó en sí misma, en su vida consagrada al sacrificio, a una prohibición absoluta del placer, y se tuvo esa lástima profunda del egoísmo excitado ante las propias desdichas. «Yo soy más pobre que todas éstas. Mi criada tiene a su molinero que le dice al oído palabras que le encienden el rostro; aquí oigo carcajadas del placer que causan emociones para mí desconocidas...» (I, IX, 352).

Esta prohibición absoluta del placer, junto con la idea de la juventud que huye y que le arrebatará para siempre la posibilidad de ser amada, es una de las causas fundamentales de la rebelión de Anita Ozores contra la gran injusticia de su vida:

> Sentía en las entrañas gritos de protesta, que le parecía que reclamaban con suprema elocuencia, inspirados por la justicia, derechos de la carne, derechos de la hermosura. [...] Ana, casi delirante, veía su destino en aquellas apariencias nocturnas del cielo, y la luna era ella, y la nube la vejez, la vejez terrible, sin esperanza de ser amada (I, X, 377).

El reconocimiento claro de que esos gritos de protesta que brotan de sus entrañas, que estas emociones desconocidas que suscitan dentro de ella los deseos de su carne insatisfecha, no son meros anhelos sensuales vagos e inconcretos, sino una tentación de los sentidos personificada en un sujeto humano y real, cuyos rasgos corresponden a la apuesta figura de Don Álvaro Mesía, aparece significativamente en las reflexiones de Ana después de su confesión general con el Magistral, a quien ha ocultado deliberadamente su amorosa inclinación que, engañándose a sí misma, considera definitivamente vencida:

> Al recordar esto sintió la Regenta escrúpulos. Le había dado la absolución y ella no había dicho nada de su inclinación a don Álvaro. «Sí, inclinación. Ahora que consideraba vencido aquel impulso pecaminoso, quería mirarlo de frente. Era inclinación. Nada de disfrazar las faltas. Había hablado, sin precisar nada, de malos pensamientos, pero le parecía indecoroso e injusto para con ella misma, hasta grosero, personificar aquellas tentaciones, decir que se trataba de un solo hombre de tales prendas y señalar los peligros que había. Pero ¿debía haberlo hecho? Tal vez. Sin embargo, ¿no hubiera sido poner en berlina a don Víctor sin por qué ni para qué, puesto que ella le era fiel de hecho y de voluntad y se lo sería eternamente?» (I, IX, 346).

Muy pronto, sin embargo, se da cuenta del dolor que le produce la mera sospecha de que don Álvaro no esté enamorado de ella y que las miradas apasionadas que le dirige dondequiera que se encuentran, no hayan sido más que ilusiones suyas que ha creado de la nada el espejismo del deseo. Dada la tristeza y la desolación que experimenta ante la sola idea de haber visto visiones imaginando una pasión que nunca ha existido, no puede menos de confesarse a sí misma que, aunque no traicionará jamás la fidelidad que le debe a don Víctor, se siente totalmente incapaz de renunciar a la tentación que representa para ella la muda adoración de don Álvaro Mesía, única forma del placer del amor que le está permitido gozar sin faltar a sus deberes de esposa:

> Nunca, nunca accedería ella a satisfacer las ansias que aquellas miradas le revelaban con muda elocuencia: sería virtuosa siempre, consumaría el sacrificio, su don Víctor y nada más, es decir, nada; pero la nada era su dote de amor. ¡Mas renunciar a la tentación misma! Esto era demasiado. La tentación era suya, su único placer. ¡Bastante hacía con no dejarse vencer, pero quería dejarse tentar!
>
> La idea de que Mesía nada esperaba de ella, ni nada solicitaba, le parecía un agujero negro abierto en su corazón que se iba llenando de vacío: «¡No, no; la tentación era suya, su placer el único! ¿Qué haría si no luchaba? Y más, más todavía, pensaba sin poder remediarlo, ella no debía, no podía querer; pero ser querida ¿por qué no? ¡Oh, de qué manera tan terrible acababa aquel día que había tenido tan feliz, aquel día en que se presentaba un compañero del alma, el Magistral, el confesor que le decía que era tan

fácil la virtud! Sí, era fácil, bien lo sabía ella, pero si le quitaban la tentación no tendría mérito, sería prosa pura, una cosa vetustente, lo que ella más aborrecía...» (I, IX, 363-364).

A partir de este punto, la concepción de la propia vida como una lucha contra la tentación, a la que hay que resistir a toda costa y que, a pesar del sacrificio que supone no caer en ella, constituye para Ana su único placer, va a socavar por su misma base los principios morales en que se funda la conducta de la Regenta, convencida de que existe una directa concatenación de causa a efecto entre el propósito y la acción, y de que una recta intención, respaldada por una voluntad firme y sin desmayo, es causa suficiente para el bien obrar. Es evidente, en efecto, que según los criterios morales absolutos de la ética kantiana —con los que a menudo ironizaba el amable escepticismo de don Juan Valera, con gran indignación del joven Leopoldo Alas—, la virtuosa heroína de *La Regenta,* al negarse a renunciar al placer de la tentación, no obra con la exclusiva intención de hacer el bien. Sino que, por el contrario, lleva a cabo el esfuerzo de voluntad y el sacrificio, aparentemente desinteresado, de reprimir sus más íntimos deseos sin entregarse al hombre a quien ama, con el propósito manifiestamente egoísta de satisfacer su concupiscencia espiritual —que en opinión de Clarín es «la más refinadamente sensual de todas», *Solos,* 317—, y evitar con ello el peligro de caer en el pecado del amor carnal.[8]

VI

El íntimo deseo de eludir la responsabilidad que recae sobre ella por el hecho de buscar deliberadamente el peligro de la tentación, en vez de huir de él, y de complacerse en el riesgo que supone afrontarlo y luchar contra él, no sólo por un exceso de confianza en sus propias fuerzas, sino por un desesperado anhelo de sentirse viva, acabará distorsionando inconscientemente el sentido moral de Ana Ozores , quien arrastrada por los sofismas de la pasión que la domina, se convertirá a pesar suyo en una pecadora de pensamiento, de vida casta y ensueños lascivos.

Ese intento de disociar el cuerpo y el espíritu, que es uno de los rasgos distintivos de la personalidad de la Regenta, que se niega durante mucho tiempo a asumir con todas sus consecuencias la doble condición carnal y espiritual de su propia naturaleza; esa sumisión formalista y externa a una fidelidad puramente física, en contraste

8. Leopoldo Alas, *Solos de Clarín.* Con un prólogo de D. José Echegaray. Cuarta edición. Librería de Fernando Fe, Madrid, 1891. (*El Comendador Mendoza* de Valera, p. 317).

con el deseo íntimo y profundo con que ha rendido su voluntad a una pasión ilícita y culpable, no sólo procede de la insobornable integridad y rectitud de Anita Ozores. Es fruto también del relativismo moral al que Ana se ha aferrado con todas sus fuerzas para tranquilizar su conciencia, en un intento de justificar con ingenuos sofismas y argumentos capciosos, la irresistible atracción que siente por don Álvaro Mesía, su inconfesable anhelo de ser querida y deseada por él, junto al propósito de recordarse a sí misma la fidelidad y el respeto que debe a don Víctor, a pesar del creciente desamor que le inspira desde que se ha enamorado de otro hombre.

En este sentido, la desdichada heroína, en uno de sus momentos amargos de desesperación y de melancolía, se ve a sí misma como «aquella loca, aquella mujer sin madre, sin hijos, sin amor, que había jurado fidelidad eterna a un hombre que prefería un buen macho de perdiz a todas las caricias conyugales» (I, X, 371). Otras veces, como en la escena nocturna en la que su brazo se ve apresado por una trampa para coger zorros inventada por Don Víctor y su amigo Frígilis, avergonzada y furiosa, dominada por la ira, se formula a sí misma con la mayor crudeza las razones profundas de aquel desamor:

> Ana bajó a la huerta, olvidada ya de la carta que quería escribir. Le dolía el brazo. Le dolía con el escozor moral de las bofetadas que deshonran. Le parecía una vergüenza y una degradación ridícula todo aquello. Estaba furiosa: «¡Su don Víctor! ¡Aquel idiota! Sí, idiota; en aquel momento no se volvía atrás. ¡Qué diría Petra para sus adentros! ¿Qué marido era aquel que cazaba con trampas a su esposa?» [...] «Si pensaría Quintanar que una mujer es de hierro y puede resistir, sin caer en la tentación, manías de un marido que inventa máquinas absurdas para magullar los brazos de su esposa. Su marido era botánico, ornitólogo, floricultor, arboricultor, cazador, crítico de comedias, cómico, jurisconsulto; todo menos un marido. Quería más a Frígilis que a su mujer. [...] Y hacía tres años que ella vivía entre aquel par de sonámbulos, sin más relaciones íntimas» (I, X, 374-375).

Y aunque Ana no tarda en arrepentirse de su exagerado ataque de cólera, que como ella misma reconoce ha sido injusto y pueril, es lo cierto que los sentimientos que ha despertado dentro de ella aquel ridículo incidente, reflejan exactamente la verdadera opinión que le merece la figura bondadosa y paternal de don Víctor, al que no puede querer como marido, pues ni siquiera ha sido capaz de hacerla madre, ni le inspira el menor deseo como hombre, aunque a veces reclamen sus caricias sus sentidos excitados en vano. Esposo que en realidad no lo es, con el que comparte una vida carente de verdadera intimidad conyugal, sin haber llegado a ser una misma carne; que ha defraudado a la vez sus ansias de maternidad y sus deseos de goce, por su incapacidad de responder adecuadamente a las expectativas amorosas de su pareja, y al que no puede menos de reprochar su frustración como mujer y el fracaso de su matrimonio. Sólo una profunda fe religiosa y la ingenua creencia en un Dios providente que dispone todos los actos de su vida, le ha permitido soportar hasta entonces una existencia de sacrificio y de renunciación, inútil, vacía y sin objeto, y resistir la tentación cada vez más fuerte de romper para siempre con los deberes y obligaciones de una mujer casada:

> Tal vez era esto lo más profundo en la fe religiosa de Ana; creía en una atención directa, ostensible y singular de Dios a los actos de su vida, a su destino, a sus dolores y placeres; sin esta creencia no hubiera sabido resistir las contrariedades de una existencia triste, sosa, descaminada, inútil. Aquellos ocho años vividos al lado de un hombre que ella creía vulgar, bueno de la manera más molesta del mundo, maniático, insustancial; aquellos ocho años de juventud sin amor, sin fuego de pasión alguna, sin más atractivo que tentaciones efímeras, rechazadas al aparecer, creía ella que no hubiera podido sufrirlos a no pensar que Dios se los había mandado para probar el temple de su alma y tener en qué fundar la predilección con que la miraba. [...] La vanidad de la Regenta necesitaba esta convicción para no dejarse llevar de otros instintos, de otras voces que, arrancándola de sus abstracciones, le presentaban imágenes plásticas de objetos del mundo amables, llenas de vida y calor (II, XVI, 35-36).

Como la propia Ana le ha dado a entender claramente a su director espiritual en secreto de confesión, esas ansias de amor y de vida que cada vez la acometen con mayor fuerza, se deben fundamentalmente a que su vida conyugal, vacía y sin objeto, no basta a satisfacer sus necesidades sexuales y afectivas:

> Había hablado la Regenta de ansiedades invencibles, del anhelo de volar más allá de las estrechas paredes de su caserón, de sentir más, con más fuerza, de vivir para algo más que para vegetar como otras; había hablado también de un amor universal, que no era ridículo por más que se burlasen de él los que no lo comprendían... había llegado a decir que sería hipócrita si aseguraba que bastaba para colmar los anhelos que sentía el cariño suave, frío, prosaico, distraído de Quintanar, entregado a sus comedias, a sus colecciones, a su amigo Frígilis y a su escopeta... (II, XVII, 70).

Y al propio tiempo, como ella misma reconoce en lo más íntimo y secreto de su conciencia de mujer frustrada e insatisfecha, ese malestar creciente por una vida sin hijos, sin pasión y sin amor, se agudiza por la sorda irritación que le produce la idea de estar casada con don Víctor, a quien quiere y respeta como a un padre, pero al que en el fondo desprecia como hombre al no poderle amar y desear como marido:

> Su don Víctor, a quien en principio ella estimaba, respetaba y hasta quería todo lo que era menester, a su juicio, le iba pareciendo más insustancial cada día; y cada vez que se le ponía delante echaba a rodar los proyectos de vida piadosa que Ana poco a poco iba acumulando en su cerebro, dispuesta a ser, en cuanto mejorase el tiempo, una beata en el sentido en que el Magistral lo había solicitado. Mientras pensaba en el marido abstracto, todo iba bien; sabía ella que su deber era amarle, cuidarle, obedecerle; pero se presentaba el señor Quintanar con el lazo de la corbata de seda negra torcido, junto a una oreja; vivaracho, inquieto, lleno de pensamientos insignificantes, ocupado en cualquier cosa baladí, tomando con todo el calor natural lo más mezquino y digno de olvido, y ella, sin poder remediarlo, y con más fuerza por causa del disimulo, sentía un rencor sordo, irracional, pero invencible por el momento, y culpaba al universo entero del absurdo de estar unida para siempre con semejante hombre (II, XVIII, 95-96).

De igual modo que ha aceptado hasta entonces, con paciencia y resignación, una vida de castidad y sacrificio, que la ha obligado a renunciar a los goces del amor y de la maternidad que tenía derecho a esperar en el seno del matrimonio, la Regenta también acoge como manifestación expresa de una voluntad superior el movimiento de protesta y rebeldía que ha provocado dentro de ella la presencia al pie de su balcón de don Álvaro Mesía. Se trata de una escena de importancia decisiva en la lenta y gradual evolución psicológica y sentimental de la Regenta, en la cual la protagonista, apasionadamente enamorada del Don Juan de Vetusta, siente desfallecer de pronto todos sus principios morales ante las ansias crecientes de vida y libertad y el deseo irreprimible de amor y de placer que ha despertado en sus sentidos sublevados y en su alma insatisfecha, la aparición del apuesto galán, jinete en un soberbio caballo blanco:

> Ahora, al sentir revolución repentina en las entrañas en presencia de un gallardo jinete, que venía a turbar con las corvetas de su caballo el silencio triste de un día de marasmo, la Regenta no vaciló en creer lo que le decían voces interiores de independencia, amor, alegría, voluptuosidad pura, bella, digna de las almas grandes. Sus horas de rebelión nunca habían sido tan seguidas. Desde aquella tarde ningún momento había dejado de pensar lo mismo; que era absurdo que la vida pasase como una muerte, que el amor era un derecho de la juventud, que Vetusta era un lodazal de vulgaridades, que su marido era una especie de tutor muy respetable, a quien ella sólo debía la honra del cuerpo, no el fondo de su espíritu que era una especie de subsuelo, que él no sospechaba siquiera que existiese; de aquello que don Víctor llamaba

los nervios, asesorado por el doctor don Robustiano Somoza, y que era el fondo de su ser, lo más suyo, lo que ella era, en suma, de aquello no tenía que darle cuenta. «Amaré, lo amaré todo, lloraré de amor, soñaré como quiera y con quien quiera; no pecará mi cuerpo, pero el alma la tendré anegada en el placer de sentir esas cosas prohibidas por quien no es capaz de comprenderlas.» Estos pensamientos, que sentía Ana volar por su cerebro como un torbellino, sin poder contenerlos, como si fuesen voces de otro que retumbaban allí, la llenaban de un terror que la encantaba. Si algo en ella temía el engaño, veía el sofisma debajo de aquella gárrula turba de ideas sublevadas, que reclamaban supuestos derechos, Ana procuraba ahogarlo, y como engañándose a sí misma, la voluntad tomaba la resolución cobarde, egoísta, de «dejarse ir» (II, XVI, 36-37).

Esas voces interiores de independencia, alegría y voluptuosidad, que ha desencadenado en el ánimo de la Regenta la presencia de don Álvaro a caballo al pie de su balcón, son fruto del sentimiento reprimido de protesta y rebeldía que ha suscitado dentro de ella la falta de hijos, la soledad y vacío de su hogar, su ansia de ternura sin objeto, la ausencia de intimidad conyugal, y la privación absoluta del placer de los sentidos que su temperamento apasionado necesita. Y al propio tiempo, responden al secreto desdén que le inspira, a pesar de la gratitud y estimación que le profesa y del afecto paternal que siente por ella, la figura digna y bondadosa, pero estrafalaria, maniática y trasnochada de don Víctor, celoso custodio del concepto calderoniano del honor en el seno del matrimonio, pero incapaz de cumplir con sus deberes conyugales y de satisfacer los deseos de su esposa. Como piensa la propia Ana de sí misma una tarde de noviembre, a solas en el comedor de su casa, en un famoso pasaje del capítulo XVI, analizado magistralmente por Gonzalo Sobejano, con su habitual finura, penetración y saber crítico:

> Aquel año la tristeza había aparecido a la hora de siempre. Estaba Ana sola en el comedor. Sobre la mesa quedaban la cafetera de estaño, la taza y la copa en que había tomado café y anís don Víctor, que ya estaba en el Casino jugando al ajedrez. Sobre el platillo de la taza yacía medio puro apagado, cuya ceniza formaba repugnante amasijo impregnado del café frío derramado. Todo esto miraba la Regenta con pena, como si fuesen ruinas de un mundo. La insignificancia de aquellos objetos que contemplaba le partía el alma; se le figuraba que eran símbolos del universo, que era así, ceniza, frialdad, un cigarro abandonado a la mitad por el hastío del fumador. Además, pensaba en el marido incapaz de fumar un puro entero y de querer por entero a una mujer. Ella era también como aquel cigarro, una cosa que no había servido para uno y que ya no podía servir para otro (II, XVI, 10).

Las causas determinantes de este humillante sentimiento de frustración e inutilidad como mujer que experimenta la Regenta ante su vida estéril y baldía, aparecen ejemplificadas y puestas en acción en el episodio crucial de la Nochebuena, inmediatamente anterior a la asistencia de Ana al baile del Casino, el lunes de Carnaval. En él, la protagonista, que acaba de asistir en la catedral a la Misa del Gallo, sola en su tocador frente al espejo, al pensar en el Niño Jesús en su cuna y recordar que, como dice Frígilis (I, VIII, 330), ella se parece mucho a la Virgen de la Silla, de Rafael, pero sin el Niño, siente despertar nuevamente dentro de ella sus instintos maternales y acude, una vez más, en busca de su esposo, el único hombre que tiene derecho a sus caricias, a satisfacer las ansias indefinibles que la aquejan, y a procurarle los legítimos goces de la maternidad que tanto anhela.

VII

El episodio a que me refiero, posee una especial importancia por cuanto viene a confirmar que, a pesar de no quererle como marido y de no desear sus caricias (I, X, 377), la falta de relaciones íntimas entre los dos esposos se debe fundamentalmente a la falta de decisión y de iniciativa del marido, pues como ya hemos visto en uno de los primeros capítulos de la obra (I, III, 177), las raras veces que suelen estar juntos en su alcoba, es Ana la que le echa los brazos al cuello y le busca los besos en la boca (I, X, 377). Y aunque por miedo a los sentidos excitados en vano, suele eludir deliberadamente sus encuentros amorosos con don Víctor, por lo que duermen en habitaciones separadas, es ella, una vez más, la que va en su busca, a pesar de estar enamorada de don Álvaro, impulsada por el inútil y quimérico empeño de tener un hijo que venga a llenar el vacío de su vida y le impida caer en la tentación del adulterio:

> «¡El Niño Jesús! ¡Qué dulce emoción despertaba aquella imagen! ¿Pero por qué había servido el evocarla para dar tormento al cerebro? La necesidad del amor maternal se despertaba en aquella hora de vigilia con una vaguedad tierna, anhelante.»
>
> Ana se vio en su tocador en una soledad que la asustaba y daba frío... ¡Un hijo, un hijo hubiera puesto fin a tanta angustia, en todas aquellas luchas de su espíritu ocioso, que buscaba fuera del centro natural de la vida, fuera del hogar, pábulo para el afán de amor, objeto para la sed de sacrificios...!
>
> Sin saber lo que hacía, Ana salió de sus habitaciones, atravesó el estrado, a oscuras, como solía, dejó atrás un pasillo, el comedor, la galería... y sin ruido, llegó a la puerta de la alcoba de Quintanar. No estaba bien cerrada aquella puerta y por un intersticio vio Ana claridad. No dormía su marido. Se oía un rum rum de palabras.

«¿Con quién habla ese hombre?» Acercó la Regenta el rostro a la raya de luz y vio a don Víctor sentado en su lecho; de medio cuerpo abajo le cubría la ropa de la cama, y la parte del torso que quedaba fuera abrigábala una chaqueta de franela roja. [...] A falta de gorro de algodón o de hilo, se había cubierto con el que usaba de día, aquel gorro verde con larga borla de oro. Ana vio y oyó que en aquel traje grotesco Quintanar leía en voz alta, a la luz de un candelabro elástico clavado en la pared.

Pero hacía más que leer, declamaba; y, con cierto miedo de que su marido se hubiera vuelto loco, pudo ver la Regenta que don Víctor, entusiasmado, levantaba un brazo cuya mano oprimía temblorosa el puño de una espada muy larga, de soberbios gavilanes retorcidos. Y don Víctor leía con énfasis y esgrimía el acero brillante, como si estuviera armando caballero al espíritu familiar de las comedias de capa y espada. [...]

Como la Regenta no estaba en antecedentes, sintió el alma en los pies al considerar que aquel hombre con gorro y chaqueta de franela que repartía mandobles desde la cama a la una de la noche, era su marido, la única persona de este mundo que tenía derecho a las caricias de ella, a su amor, a procurarla aquellas delicias que ella suponía en la maternidad, que tanto echaba de menos ahora, con motivo del portal de Belén y otros recuerdos análogos.

Iba la Regenta al cuarto de su marido con ánimo de conversar, si estaba despierto, de hablarle de la misa del gallo, sentada a su lado, sobre el lecho. Quería la infeliz desechar las ideas que la volvían loca, aquellas emociones contradictorias de la piedad exaltada y de la carne rebelde y desabrida; quería palabras dulces, intimidad cordial, el calor de la familia... algo más, aunque la avergonzaba vagamente el quererlo, quería... no sabía qué... a que tenía derecho... y encontraba a su marido declamando de medio cuerpo arriba, como muñeco de resortes que salta en una caja de sorpresa... La ola de la indignación subió al rostro de la Regenta y lo cubrió de llamas rojas. Dio un paso atrás Anita, decidiendo no entrar en el teatro de su marido... pero su falda meneó algo en el suelo, porque don Víctor gritó asustado:

—¿Quién anda ahí?

No respondió Ana.

—¿Quién anda ahí? —repitió exaltado don Víctor, que se había asustado un poco a sí mismo con aquellos versos fanfarrones. Y algo más tranquilo, dijo a poco—: ¡Petra! ¡Petra! ¿Eres tú, Petra?

Una sospecha cruzó por la imaginación de Ana; unos celos grotescos, tal los reputó, se le aparecieron casi como una forma de la tentación que la perseguía.

«¿Si aquel hombre sería amante de su criada?»

Y Ana se retiró de puntillas, avergonzada de muchas cosas, de sus sospechas, de su vago deseo que ya se le antojaba ridículo, de su marido, de sí misma...

«¡Oh, qué ridículo viaje por salas y pasillos, a oscuras, a las dos de la madrugada, en busca de un imposible, de una frotesca farsa... de un absurdo cómico... pero tan amargo para ella...!» (II, XXIII, 283-285).

Estamos ante un hito decisivo en la lenta y progresiva evolución psicológica y moral de Anita Ozores, a través de la cual la prodigiosa maestría narrativa de Clarín explica, con despaciosa y retardada morosidad, el largo proceso de frustraciones y desengaños que ha alimentado su secreta pasión por don Álvaro Mesía y que la arrastran inexorablemente hacia el pecado del adulterio. Dentro de esta evolución, la escena que acabamos de transcribir contiene, tal vez, la pintura más acabada de la situación conyugal en que se encuentra antes de sucumbir, y la justificación más clara de las causas que han socavado su desesperada resistencia y que acabarán precipitando su caída. En este sentido, es evidente que, entre dichas causas, Clarín concede una especial importancia al determinismo fisiológico de la frustración sexual de Anita Ozores, en la que tiene un influjo decisivo la impotencia de su esposo, cuyos escarceos amorosos con su criada Petra, le han brindado a Clarín la oportunidad de aclarar de una vez por todas en qué consiste su incapacidad de satisfacer a las mujeres que se le entregan y pretenden concederle sus favores.

En efecto, en el capítulo XXVIII, al relatar cómo don Víctor ha encontrado en el monte una de las ligas de Petra, que ésta había perdido en su aventura con el Magistral, y que el ex-Regente ha reconocido, no tanto por haber sido antes de su mujer como por sus devaneos amorosos con la hermosa doncella, el narrador nos revela claramente que si el digno magistrado todavía es capaz de sentir deseos lascivos, ha sido siempre incapaz de consumarlos:

> Lo cierto era que don Víctor, al cabo, había cedido hasta cierto punto a las insinuaciones de Petra. Pero acordándose de lo que debía a su esposa, de lo que se debía a sí mismo, de lo que debía a sus años, y de otra porción de deudas, y sobre todo, por fatalidad de su destino, que nunca le había permitido llevar a término natural cierta clase de empresas, era lo cierto que había retrocedido en *aquel camino de perdición* desde el día en que una tentativa de seducción se le frustró, por fingido pudor de la criada. «No había, en suma, llegado a ser dueño de los encantos de su doncella...» (II, XXVIII, 414).

Unos días más tarde, la misma noche en que don Álvaro le ha hecho a la Regenta una apasionada declaración de amor, que la ha sumido en una dicha inefable, don Víctor confiesa al futuro amante de su mujer, en el que siempre encuentra a un oyente cordial y atento:

> —Mire usted —decía el viejo—, yo no sé cómo soy, pero sin creerme un Tenorio, siempre he sido afortunado en mis tentativas

> amorosas; pocas veces las mujeres con quien me he atrevido a ser audaz, han tomado a mal mis demasías... pero debo decirlo todo: no sé por qué tibieza o encogimiento de carácter, por frialdad de la sangre o por lo que sea, la mayor parte de mis aventuras se han quedado a medio camino... No tengo el don de la constancia. [...] Mis pasiones son fuegos fatuos; he tenido más de diez mujeres medio rendidas... y muy pocas, tal vez ninguna, puedo decir que haya sido mía, lo que se llama mía... (II, XXVIII, 429).

Y por si esto fuera poco, apenas unas horas antes de que Ana se entregue a don Álvaro Mesía en la oscuridad del palacio de Vegallana, el bueno de don Víctor Quintanar, ebrio de confidencias, espolea sin querer el deseo ardiente y brutal del hombre que, aprovechándose de su frustración y su abandono, va a gozar muy pronto de los favores de su mujer, al confesarle, con ingenua candidez e irresponsable inconsciencia, sus fiascos amorosos:

> Y en tanto el ex-Regente, a quien aquellas sombras del salón y aquella discreta luz del farol de enfrente y del cuarto de luna parecían muy a propósito para confesar sus picardías eróticas, continuaba el relato, para decir de cuando en cuando, a manera de estribillo:
>
> —¡Pero qué fatalidad! ¿Cree usted que por fin la hice mía? ¡Pues no señor! Pásmese usted... Lo de siempre, me faltó la constancia, la decisión, el entusiasmo... y me quedé a media miel, amigo mío. No sé qué es esto; siempre sucede lo mismo... en el momento crítico me falta el valor... y estoy por decir que el deseo...
>
> Una vez, al repetir esta canción don Víctor, a Mesía se le antojó atender; oyó lo de quedarse a media miel, lo de faltarle el valor... y con suprema resolución, casi con ira, pensó:
>
> «Este idiota me está avergonzando sin saberlo. Ya que él lo quiere, que sea... Esta noche se acaba esto... Y si puedo, aquí mismo...» (II, XXVIII, 441).

Es, pues, evidente que la impotencia de don Víctor, confesada por él mismo a su gran amigo don Álvaro Mesía, y a la que hay que achacar, sin duda alguna, la falta de hijos de su matrimonio y la frustración de las ansias de maternidad de Anita Ozores, es uno de los principales motivos, aunque no el único, de su caída en el adulterio. Y ello, no sólo porque afecta decisivamente a la estabilidad psíquica y emocional de la Regenta y agudiza los morbosos efectos de la represión sexual en que vive, de donde proceden los ataques de nervios que la aquejan y las crisis histéricas que la llevan al borde de la locura, sino porque ha aumentado gradualmente la falta de verdadero amor que la separa de su esposo, a quien, como hemos visto, considera más como un padre que como un marido:

> En rigor, don Víctor era un respetable estorbo. Pero ella le quería, estaba segura de ello, le quería con un cariño filial, mezclado de cierta confianza conyugal, que valía por lo menos tanto, a su modo, como una pasión de otro género (I, XIII, 509).

Aunque en los primeros tiempos de su matrimonio la avergonzaba gozar sin querer, junto a un hombre a quien no amaba y que había despertado su sensualidad sin ser capaz de satisfacerla, es evidente que el deseo de los sentidos que la atormenta cada vez más desde que se ha enamorado de don Álvaro, sería menos intenso y doloroso para ella si pudiese mitigar los ardores de la carne insatisfecha con los legítimos goces conyugales, aunque sólo le proporcionasen una satisfacción física, sin ilusión y sin amor. En este sentido no hay que olvidar que el cariño filial de Ana por don Víctor, carente de ardor y de pasión, aunque procura rehuir la intimidad amorosa de su esposo por miedo a una excitación inútil, en ningún caso la lleva a rechazarle ni mucho menos a eximirle del cumplimiento de sus deberes conyugales, que él ha sido el primero en abandonar y que, como hemos visto, en más de una ocasión, su mujer, impulsada por un deseo del que se avergüenza pero no es capaz de reprimir, le reclama inútilmente. Buena prueba de ello es la creciente insatisfacción y nerviosismo que le produce esta situación conyugal, basada en una separación de hecho al margen del sexo y de la carne, contra la que no puede menos de rebelarse su naturaleza sensual y apasionada que, a pesar de todos sus buenos propósitos, siente cada vez con mayor fuerza el deseo de los sentidos que ha despertado en ella su pasión por otro hombre:

> Ana vivía, de hecho, separada de su marido, *quo ad thorum*, por lo que toca al tálamo, no por reyerta ni causa alguna vergonzosa, sino por falta de iniciativa en el esposo y de amor en ella. Sí, esto lo confesó Ana; ella no amaba a su don Víctor como una mujer debe amar al hombre que escogió, o le escogieron, por compañero; otra cosa había: ella sentía más y más cada vez, gritos formidables de la naturaleza, que la arrastraban a no sabía qué abismos oscuros, donde no quería caer; sentía tristezas profundas, caprichosas; ternura sin objeto conocido; ansiedades inefables; sequedades del ánimo repentinas, agrias y espinosas, y todo ello la volvía loca, tenía miedo a no sabía qué, y buscaba el amparo de la religión para luchar con los peligros de aquel estado (II, XVI, 19).

El propio don Víctor, después de descubrir la infidelidad y el engaño de su mujer, aunque se siente herido por su traición e ingratitud, reconoce la responsabilidad que le incumbe en la caída de Ana, a quien, por culpa involuntaria de las deficiencias que le aquejan y del peso de los años que se ha abatido sobre él, no ha sido capaz de querer con pasión de amante, sino con un cariño tierno y paternal:

> No sentía celos, no sentía en aquel momento la vergüenza de la deshonra, no pensaba ya en el mundo, en el ridículo que sobre él caería; pensaba en la traición, sentía el engaño de aquella Ana a quien había dado su honor, su vida, todo. ¡Ay! Ahora veía que su cariño era más hondo de lo que él mismo creyera; queríala más ahora que nunca, pero claramente sentía que no era aquél amor de amante, amor de esposo enamorado, sino como de amigo tierno, y de padre..., sí, de padre dulce, indulgente y deseoso de cuidados y atenciones (II, XXIX, 474).

Y aunque en ningún momento se decide a admitir que su falta de iniciativa en el terreno sexual y amoroso, se debe a la inseguridad y falta de confianza en sí mismo que le da su incapacidad de satisfacer plenamente a una mujer —como le ha confesado a don Álvaro Mesía—, en su fuero interno reconoce lealmente que no tiene derecho a quejarse, dada su frialdad de viejo y la diferencia de edad que le separa de su esposa:

> «Anita me engaña, es una infame, sí... pero ¿y yo? ¿No la engaño yo a ella? ¿Con qué derecho uní mi frialdad de viejo distraído y soso a los ardores y a los sueños de su juventud romántica y extremosa? ¿Y por qué alegué derechos de mi edad para no servir como soldado del matrimonio y pretendí después batirme como contrabandista del adulterio? ¿Dejará de ser adulterio el del hombre también, digan lo que quieran las leyes?» (II, XXIX, 484).

VIII

El pobre don Víctor, quien para justificar ante sí mismo la infidelidad de su mujer, reconoce haber alegado los derechos de la edad «para no servir como soldado del matrimonio», en cambio exagera notoriamente sus culpas al decir que pretendió batirse «como contrabandista del adulterio». En realidad, con esas frases altisonantes y ampulosas, el digno magistrado se refiere a sus frustrados escarceos amorosos con su criada Petra, intuidos, como ya hemos visto, por la propia Ana la misma noche en que, impulsada por el deseo y el ansia de maternidad, se dirige a las habitaciones de su esposo en busca del amor y las caricias que anhela. La sórdida aventura, que don Víctor ha tenido la debilidad de contarle, con toda suerte de pormenores y detalles, a su gran amigo y confidente don Álvaro Mesía, no sólo terminará como siempre en un fracaso, que le impedirá gozar de los últimos favores que su criada está dispuesta a concederle, sino que mortifica vivamente y predispone contra él a la ambiciosa doncella de la Regenta, quien por interés y por despecho acabará ocasionando su ruina:

> Don Víctor, en el seno de la amistad, seguro de que Mesía había de ser un pozo, le refirió las persecuciones de que había sido víctima, las provocaciones lascivas de Petra, y confesó que, al fin, después de resistir mucho tiempo, años, como un José..., habíase cegado un momento... y había jugado el todo por el todo. Pero, nada, lo de siempre: bastó que la muchacha opusiera la resistencia que el fingido pudor exigía, para que él, seguro de vencer, enfriara, cejase en su descabellado propósito, contentándose con pequeños favores y con el conocimiento exacto de la hermosura que ya no había de poseer (II, XXVIII, 429).

En efecto, cuando don Álvaro Mesía, después de haber triunfado por fin de la virtud de la Regenta, que ha acabado por rendirse a su amor en cuerpo y alma, decide procurarse la complicidad de su criada Petra para trasladar al caserón de los Ozores «el nido del amor adúltero», y pasar todas las noches con Ana en su propia alcoba, la astuta doncella se presta muy gustosa a complacerle y se rinde muy pronto a sus deseos. No tanto por interés material —pues tiene su porvenir asegurado, entrando a servir en casa del Magistral—, como por el deseo de gozar secretamente de los amores del apuesto galán, que muy pronto se ve obligado a economizar sus fuerzas, que ya no le alcanzan para satisfacer a dos mujeres a la vez, y para vengarse al propio tiempo del «idiota de don Víctor»:

> No era Petra enemiga del vil metal, ni la ambición de mejorar de suerte y hasta de *esfera*, como ella sabía decir, era floja pasión en su alma, concupiscente de arriba abajo; pero en Mesía no buscaba ella esto; le quería por buen mozo, por burlarse a su modo del ama, a quien aborrecía «por hipócrita, por guapetona y por orgullosa»; le quería por vanidad, y en cuanto a servirle en lo que él deseaba, también a ella le convenía por satisfacer su pasión favorita, después de la lujuria acaso, por satisfacer sus venganzas. Vengábase protegiendo ahora los amores de Mesía y Ana, «del idiota de don Víctor», que se ponía a comprometer a las muchachas sin saber de la misa la media; vengábase de la misma Regenta que caía, caía, gracias a ella, en un agujero sin fondo, que estaba la hipocritona en poder de su criada, la cual el día que le conviniese podía descubrirlo todo (II, XXIX, 453).

La situación urdida por Clarín, digna de una verdadera novela por entregas, por lo folletinesco de la intriga se presta a toda clase de ambigüedades y equívocos, pues, por una parte, don Álvaro Mesía ni siquiera se atreve a proponerle a Ana que Petra haga de cómplice y encubridora de sus amores adúlteros:

> A don Álvaro se le ocurría que sin tener de su parte a una criada, a la doncella mejor, era todo, si no imposible, muy difícil; pero ni siquiera se atrevió a proponer a Anita su idea; la vio siempre desconfiada, mostrando antipatía mal oculta hacia Petra, y comprendió además que era muy nueva la Regenta en esta clase de aventuras, para llegar al cinismo de ampararse de domésticas, y menos sabiendo de ellas que eran solicitadas por su marido (II, XXIX, 452).

Por otra parte, el bueno de don Víctor, el cual naturalmente ignora que su mujer le engaña con don Álvaro, no tarda en darse cuenta de que Petra, la criada, se comporta dentro de la casa, especialmente con su ama, con una osadía e insolencia que su mala conciencia le lleva a achacar a un solapado intento de coacción y de chantaje, basado en la amenaza encubierta de revelarle a la esposa ofendida sus libidinosos, aunque fallidos, devaneos amorosos con la hermosa doncella. Véase lo que ingenuamente se le ocurre contarle a don Álvaro, que es ya el amante de su mujer:

> —Actualmente —dijo— todo me sonríe. Soy feliz en mi hogar, no entro ni salgo en la vida pública; ya no temo la invasión absorbente de la Iglesia, cuya influencia deletérea... pero esa Petra me parece que me quiere dar un disgusto.
>
> Movimiento de sobresalto en Mesía.
>
> —Explíquese usted. ¿Ha vuelto a las andadas?
>
> —He vuelto y no he vuelto... Quiero decir... ha habido escarceos... explicaciones... treguas... promesas de respetar... lo que esa grandísima tunanta no quiere que le respeten... en suma: ella está picada porque yo prefiero la tranquilidad de mi hogar, la pureza de mi lecho, de mi tálamo... como si dijéramos, a la satisfacción de efímeros placeres... ¿Me entiende usted? Finge que se alborota por defender su honor que, en resumidas cuentas, aquí nadie se atreve a amenazar seriamente, y lo que en rigor la irrita, es mi frialdad...
>
> —¿Pero qué hace? Vamos a ver... [...]
>
> —Comprometer la paz de esta casa; temo que quiere dominarnos prevaliéndose de mi situación falsa, falsísima... lo confieso. ¿No comprende usted que para Ana tendría que ser un golpe terrible cualquier revelación de esa... ramerilla hipócrita? [...] Petra sabe que yo quiero evitar a toda costa un disgusto a mi mujer, porque temo que cualquier crisis nerviosa lo echase todo a rodar y volviéramos a las andadas. Un desengaño, mi escasa fidelidad descubierta, de fijo la volvería a sus antiguas cavilaciones, a su desprecio del mundo, buscaría consuelo en la religión y ahí teníamos al señor Magistral otra vez... ¡Antes que eso cualquiera cosa! Es preciso evitar a toda costa que Ana sepa que yo, en momentos de ceguera intelectual y sensual, fue capaz de solicitar los favores de esa *scortum*, como las llama don Saturnino.
>
> —Pero ¿por qué ha de saber Ana eso? Si, después de todo, no hay nada que saber...

—Sí; lo que hay basta para clavarle un puñal a la pobrecita. La conozco yo... Y sobre todo, si Petra dice lo que hay, mi esposa pensará lo demás, lo que no hay.

—¿Pero Petra? Acabe usted. ¿Ha dicho algo? ¿Ha amenazado con decir...?

—Esa es la cuestión. Habla gordo, es insolente, trabaja poco, no admite riñas y aspira a ponerse en un pie de igualdad absurdo... [...] «Sufre que tu mujer oiga insolencias a la que quisiste hacer tu concubina... o se lo cuento todo.» Este es el lenguaje de la conducta de esa meretriz solapada (II, XXIX, 444-446).

El patético empeño del pobre don Víctor en ocultarle a su mujer sus frustrados escarceos eróticos con la hermosa Petra, que como siempre ha sido incapaz de llevar a feliz término, y cuyas insinuaciones, olvidando sus confidencias anteriores, pretende hacerle creer a don Álvaro que rechazó en aras de la pureza y la paz del hogar, contrasta con la reacción de desprecio y de asco que le produce a Ana descubrir que, como ella ya sospechaba, su marido, tan frío y apático en sus relaciones íntimas, es el amante de su doncella:

Mesía explicó a la Regenta el caso. La había enterado de todo y de mucho más. Las tentativas del mísero don Víctor eran para la Regenta, gracias a las calumnias de Álvaro, delitos consumados. [...] Ana se ruborizó. Todo aquello le repugnaba. «¡Aquel marido a quien ella había sacrificado lo mejor de la vida, no sólo era un maníaco, un hombre frío para ella, insustancial, sino que perseguía a las criadas de noche por los pasillos, las sorprendía en su cuarto, las veía las ligas...! ¡Qué asco! No eran celos, ¿cómo habían de ser celos? Era asco; y una especie de remordimiento retrospectivo por haber sacrificado a semejante hombre la vida. Sí, la vida, que era la juventud.»

«Álvaro —seguía pensando Ana— había hecho mal en revelarle aquellas miserias, en hacer traición a Quintanar, por indigno que éste fuera, y sobre todo en avergonzarla a ella con las aventuras ridículas y repugnantes del viejo.» Pero como tenía empeño en limpiar de toda culpa a su Mesía, a su señor, al hombre a quien se había entregado en cuerpo y alma *por toda la vida*, según ella, pronto le disculpaba, reflexionando que el pobre Álvaro hacía aquello por amor, por arrojar del pensamiento de su Ana todo escrúpulo, todo miramiento que pudiera atarla al viejo que había hecho de lo mejor de su vida un desierto de tristeza (II, XXIX, 447-448).

Este remordimiento retrospectivo por haber sacrificado su vida entera a semejante hombre, al que había guardado una absoluta fidelidad hasta enamorarse en cuerpo y alma de don Álvaro Mesía, es la culminación lógica de un proceso creciente de protesta y rebeldía que fermenta gradualmente en el espíritu sensual y apasionado de Anita Ozores ante la inutilidad y el vacío de una existencia sin objeto, caracterizada por una prohibición absoluta del amor y del placer. En tales circunstancias, y teniendo en cuenta que la Regenta no ha estado nunca enamorada de don Víctor Quintanar, al que quiere como un padre, pero que lo es todo para ella menos un marido, no tiene nada de extraño que, defraudada en sus sentimientos y deseos por su incapacidad de hacerla madre y satisfacerla como esposa, Ana acabe sucumbiendo a la pasión sensual y amorosa que le inspira don Álvaro Mesía. Pasión en la que se concentra toda la ilusión sentimental y la avidez erótica que ha acumulado a lo largo de ocho años de matrimonio, y que para resarcirse de su frustración como mujer y sustraerse al propio tiempo al tormento de la enfermedad nerviosa que la ha puesto al borde de la locura, la llevará, al margen de los imperativos del deber moral, a satisfacer los íntimos sentimientos del corazón y los reprimidos deseos de la carne en brazos del hombre a quien ama.

Ello demuestra claramente que, a pesar del castigo implacable que se abate sobre la desdichada heroína, el verdadero propósito de *La Regenta* de Clarín no sólo estriba en mostrar la irremediable caída en el adulterio de una mujer fundamentalmente buena y honesta, virtuosa y devota, frustrada en sus impulsos sexuales y en sus ansias de maternidad por la impotencia de su esposo. Sino que, la historia de Anita Ozores quiere poner de relieve, al propio tiempo, la imposibilidad de que una casada joven y hermosa, sin marido y sin hijos, sin amante y sin amor, como no posea una capacidad de sacrificio rayana en la santidad, pueda dar una sublimación religiosa a sus instintos eróticos frustrados y conservar un equilibrio físico y emocional que le permita mantener intacta su virtud y salvarse de la tentación del adulterio.

Según todos los indicios, y sin que con ello pretenda entonar una apología de la infidelidad conyugal ni hacer una justificación y defensa del adulterio, parece evidente que uno de los problemas que Leopoldo Alas pretende denunciar es la monstruosa injusticia que supone que una mujer de sensualidad sana y normal, unida en la flor de la edad a un hombre viejo y caduco que la trata como un padre, y cuya extraordinaria belleza es codiciada y deseada por todos, se vea condenada por la fe religiosa y la moral social a una total frustración sexual y afectiva, que pone en grave riesgo su salud física y mental y que habrá de llevarla a verdaderos ataques de histerismo y en algún caso al borde de la locura. En este sentido, existen fundadas razones para creer que Clarín, no sólo ha querido poner en evidencia la inutilidad y el fracaso de una moral convencional y de una religiosidad falsa e hipócrita que pretenden negar los legítimos derechos de la naturaleza y de la vida, sino que ha querido mostrar con la evidencia irrefutable de los hechos que la negación de las leyes naturales y de los instintos vitales en el seno del matrimonio desemboca fatalmente en el adulterio.

POLÉMICAS Y ATAQUES DEL «CLARÍN» CRÍTICO

José M.ª Martínez Cachero
Universidad de Oviedo

Fue Sáinz Rodríguez el que (en su discurso universitario ovetense de 1921) llamó la atención sobre el interés de las polémicas sostenidas por «Clarín», tanto por lo que pudieran revelarnos de su biografía, talante y relaciones literarias como por lo que instruyen respecto de usos y costumbres entonces habituales en nuestra república literaria; he aquí sus palabras:

> «Sus polémicas con Revilla, Balart, Navarro Ledesma, Manuel del Palacio, la Pardo Bazán, Bonafoux, «Fray Candil», Padre Blanco, Padre Muiños y con tantos otros, forman una inacabable cadena al través de su vida. La miserable condición humana que se complace en los insultos y dimes y diretes personales, ha dado una notoriedad inmensa a estos sucesos de la vida de *Clarín*. Haciendo un estudio minucioso de estas polémicas (...) podría trazarse un curioso capítulo de costumbres literarias en nuestro siglo XIX.» [1]

Acaso movido por tales palabras y consecuencia, asimismo, de mi ya larga dedicación al estudio de Leopoldo Alas ando ahora metido en la tarea de componer un libro acerca de la cuestión enunciada en el título de mi conferencia. Ofreceré, pues, algo así como un anticipo: breves e incompletas muestras, a un tiempo análogas y variadas ya que en ellas existen coincidencias y reiteraciones junto a elementos peculiares de cada uno de los casos presentados.

Debe hacerse primeramente un deslinde entre los dos términos críticos que aparecen en el título: *Polémicas, Ataques*. La Polémica, iniciada o recibida por «Clarín» (según los casos), supone la exis-

1. Pedro Sáinz Rodríguez, *La obra de Clarín* (Discurso leído en la solemne apertura del curso académico de 1921-1922), pp. 15-16. Madrid, 1921).

tencia de dos partes activas y claramente enfrentadas acerca de un asunto que tanto puede ser la obra de Alas como sus opiniones a propósito de la obra ajena. El Ataque supone solamente la existencia de una persona —la que ataca— y de una víctima propiciatoria que lo recibe en silencio, dado que no sale a la palestra —el periódico, el folleto, el libro inclusive— con ánimo defensivo-ofensivo; en este ámbito sucede que, unas veces, es «Clarín» quien ataca y, en otras ocasiones, el que permanece callado ante la arremetida.

Sin más preámbulo paso al examen de unos cuantos ejemplos de ataques y polémicas para cuya presentación seguiré un orden cronológico.

I. *La revelación de un poeta*

La lectura que hizo Emilio Ferrari de su poema *Pedro Abelardo* en el Ateneo de Madrid (noche del sábado 22 de marzo de 1884) constituyó la revelación de un poeta hasta entonces solamente conocido de unas pocas personas. El acto se convirtió en una apoteosis: «las bellas damas que ocupaban las tribunas [informa el anónimo redactor de *La Correspondencia de España*, n.º del 23-III] agitaban sus pañuelos; los socios que llenaban los escaños, puestos en pie, aclamaban al poeta; en todos, el entusiasmo llegó al delirio». El éxito continuó en la prensa de Madrid del día siguiente y días sucesivos; a favor de semejante propaganda la venta del folleto que contenía el texto del poema fue tal que agotó varias ediciones en sólo unos meses. En ese coro unánimemente alabancioso figuran, junto a los gacetilleros de turno, críticos como «Fernanflor», Luis Alfonso, Antonio Cortón o José Fernández Bremón; espontáneamente se incorporó al mismo Emilio Castelar que, en las muy leídas páginas del semanario *La Ilustración Española y Americana* (n.º del 15-VIII), elogia larga y exaltadamente poema y poeta. A alguno se le fue la mano en el entusiasmo, y por eso podemos leer en *El Globo* (23-III) cosas como que Ferrari «¡anoche fue ungido poeta!» y «de hoy más, Ferrari no es un poeta... es *El Poeta*», cosas que por lo desmedidas iban a sublevar a «Clarín».[2]

Cerrando el volumen de «crítica y sátira», *Sermón perdido* (1885) encontrará el lector casi cincuenta páginas de observaciones condenatorias para *Pedro Abelardo*. No es antipatía hacia su autor lo que mueve la pluma de Leopoldo Alas, quien desea, simplemente, oponerse a la voz común, equivocada y harto peligrosa por la confusión que, caso de recibirse como buena, puede engendrar:

2. Más pormenores acerca de la *revelación* de Ferrari en mi artículo «Biografía del poeta Emilio Ferrari» (*Archivum*, Universidad de Oviedo, IX, 1959, pp. 95-153).

Si fuéramos a juzgar por simpatías, yo tendría desde ahora por cosa excelente el poema del Sr. F. Este poeta joven [34 años], gallardo, amable, liberal, no sé si hasta republicano [...], ¿cómo no había de serme simpático a mí que, menos gallardo, soy todo eso que queda dicho, a saber: liberal, joven [32 años] y republicano? [...]. Pero vaya V. a elogiar un poema malo, no diré que como él solo, pero sí como otros muchos... No puede ser. Si se levantara el brazo para F. —y de buena gana— habría que levantarlo para Velarde, para Grilo, para Shaw, para Arnao [que fueron algunas de sus enemistades literarias obsesivas]. No puede ser, no puede ser. ¡Dónde íbamos a parar! [...] Conste, pues, antes de meternos en harina, que siento en el alma darle un disgusto al Sr. F., si es que le disgusta que a mí no me guste su *Perico Abelardo*.

Ya metido en harina el crítico «Clarín» sale al paso de la interpretación al «estilo de liberal de drama patriótico» que Ferrari ofrece del protagonista de su poema, tal vez más conocido por su apasionado amor a Eloísa y por las penosas vicisitudes del mismo que por sus elucubraciones filosófico-teológicas; no fue así *Pedro Abelardo* y, por tanto, nuestro autor ha falseado la verdad histórica, procedimiento más que reprobable. En semejante señalamiento coincidirá con el agustino Blanco García.[3]

Alas ataca después la estructura y la técnica del poema. Consta éste de tres cantos, y casi todo lo que pudiera llamarse asunto se da en el segundo de ellos, *El drama*; los otros dos —*Fugitivo*, el primero; *Tránsito*, el tercero y último— son pretexto para divagaciones no poco marginales y para descripciones paisajísticas. «Clarín» juzga error grande el haber dejado que sea el protagonista quien refiera, muy retrospectivamente, su caso sin que en ningún momento tome la palabra el poeta para servir de narrador:

Grave defecto de composición, Sr. F., acumular en diez y seis páginas todo el argumento de un poema que tiene por asunto nada menos que la historia borrascosa de Abelardo, y abandonar esto a una narración del mismo protagonista.

Tras semejantes impugnaciones de fondo, «Clarín» inicia la disección al pormenor del poema de Ferrari. Verso a verso, o en conjuntos de unos pocos versos, se realiza tal labor, que tiende a mostrar cómo la sintaxis canónica, la más elemental corrección expresiva han sido gruesa y ridículamente quebrantadas en numerosos casos; este procedimiento parcelatorio en unidades significativas

3. Para quien (*La literatura española en el siglo XIX*, tomo II, p. 352. Madrid, 1910, 3.ª edición): «se dibuja a medias [en el poema de Ferrari], mutilada en sus contornos y falseada en su representación fundamental por las simpatías revolucionarias del autor, la figura del tempestuoso dialéctico del siglo XI».

brevísimas no siempre resulta convincente, por cuanto lo que ha de valorarse es un total más extenso y no cada una de las piezas integrantes, consideradas, además, aisladamente. El desmenuzamiento «clariniano» es implacable: el ingenio, el humorismo, el mal humor del crítico contribuyen cruelmente; debo decir que en alguna ocasión se le va la lengua (o la pluma), llegándose así a una evidente falta de respeto personal, a una dureza carente de buena educación.

El artículo de «Clarín» se remata lamentando su autor lo extenso y «un poco fuerte» del varapalo, y recalcando la necesidad en que el crítico se ha visto, pues viene

> a combatir los excesos de la crítica, que ha dicho que el *Pedro Abelardo* ponía a su autor a la altura de Campoamor y de Núñez de Arce; a combatir a quien ha dicho que por lo que *respecta a la forma,* F. no tenía necesidad de maestros, pues ya cincelaba como un *Benvenuto Cellini.*

A partir de aquí comenzaría abiertamente la hostilidad entre crítico y criticado en cuya historia completa (que no es de mi incumbencia aquí) cabe registrar el curioso episodio de la intervención de un admirador de Ferrari: el cervantista gaditano Ramón León Máinez (véase apartado IV, *¿Qué pasa en Cádiz?*).

Andando el tiempo, once años justos después de semejante arremetida, Emilio Ferrari publicaba en *Los Lunes de El Imparcial* su epístola en tercetos *A un enemigo*, durísimo alegato dirigido (según alguno de los amigos más íntimos del poeta) contra el crítico que tan negativamente había comentado sus obras y a quien caracterizaría como

> «Catón de mojiganga y baratillo,
> Zoilo de lance, que disputa recio
> y escupe a lo matón por el colmillo,
>
> si dominando el asco y el desprecio,
> ráspase un poco en lo exterior, ¿qué se halla?
> un pedantón tras quien se oculta un necio,
> y un necio tras del cual hay un canalla.»

Ni necio, ni canalla, ni pedantón, ni ninguna de esas otras incriminaciones que nuestro poeta lanza contra el anónimo protagonista de su epístola convienen a Leopoldo Alas «Clarín» quien, como crítico, se equivocó a veces, no atinó suficientemente otras, se pasó de la raya en ocasiones dejándose llevar del malhumor y saliéndose de sus quicios normales junto a —lo que importa más— muchos y notorios aciertos y a una actitud sincera y valiente de vigilancia de las letras españolas coetáneas.

II. *Una novela premiada y discutida*

Antes de *Guerra sin cuartel* —1885—, Ceferino Suárez Bravo, su autor —ovetense, versificador y dramaturgo a lo romántico, uno de los redactores del famoso *Padre Cobos* y periodista en la corte de Estella, con el Pretendiente Carlos VII—, había cultivado muy esporádicamente la narración en prosa.[4] Aprovechando, ahora, los recuerdos de la pasada pero aún no lejana discordia civil española (segunda guerra carlista); combinando «un cuento que pudo suceder, con hechos que sucedieron» y retrotrayéndolos en el tiempo —la acción expresa de la novela se inicia a mediados del año 1834 y los acaecimientos núcleo de la misma tienen lugar durante la primera guerra carlista—, compuso Suárez Bravo, *Guerra sin cuartel* y con ella acudió a un certamen convocado por la Real Academia de la Lengua. La docta corporación le concedió el premio ofrecido —cinco mil pesetas— y fue por ello abundantemente censurada —(Pereda, en una carta a Menéndez Pelayo, diciembre 1885, hablaba de «[...] el valor que tuvo la Academia para atreverse a dar el premio a una novela tan rematadamente cursi, insípida y descolorida como la de Suárez Bravo»)—. *Guerra sin cuartel*, presentada inédita al concurso, se publicó enseguida y a favor del escándalo promovido, escándalo en el que a veces se interfirieron motivos extraliterarios, obtuvo gran difusión y muy lucida venta. Los periódicos carlistas o de matiz ideológico afín la elogiaron resueltamente; la prensa liberal hizo más bien lo contrario. No todos los tiros iban dirigidos contra la novela pues también los hubo contra la corporación que la había juzgado merecedora de galardón; «Clarín», verbigracia, escribía:

> «[...] la Academia no tiene perdón de Dios. Porque, aparte de que el libro no tiene pies ni cabeza, ni allí hay estilo, ni acción verosímil, interesante, ni siquiera seria, ni caracteres, ni diálogo humanamente posible, ni sentimiento, ni alegría, ni cosa que lo valga; aparte de esa... tampoco hay lo que menos puede dispensar la Academia de la lengua... un poco de gramática.»[5]

(Estamos ante otro caso de ataque «clariniano» que se extiende a lo largo de tres números de *Madrid Cómico* [octubre y noviembre de 1885] y se reitera en dos números de *La Ilustración Ibérica*

4. Para la vida y la obra de Ceferino Suárez Bravo consúltense mis artículos «Algunas noticias para la bio-bibliografía *de C.S.B.*» *Boletín del Instituto de Estudios Asturianos, Oviedo,* 1950, n.º 9, pp. 47-63) y «Más noticias para la bio-bibliografía de C.S.B.» (Idem, 1960, n.º 40, pp. 195-216).

5. *Nueva campaña (1885-1886)*, p. 185. (Madrid, 1887. El trabajo de Alas se titula como la novela objeto de comentario y ocupa las pp. 171-186).

[Barcelona, noviembre y diciembre], más una inserción en el diario madrileño *El Globo* [noviembre].)

Cotejemos dos pareceres críticos coetáneos acerca de la novela en cuestión: se trata de lo escrito sobre ella por el fraile agustino Francisco Blanco García y por Leopoldo Alas. El primero redacta su comentario desagradablemente impresionado por la lectura de otros en los que se hacía una «disección por ápices, junto con burla despiadada»; por eso sale él a la defensa de una causa que considera maltratada con injusticia. Un resumen del asunto de *Guerra sin cuartel* descubre la nutrida serie de sorprendentes casualidades que deben producirse para que la acción de la novela llegue al término que el novelista se ha propuesto; pero el agustino encuentra paliativo para semejante inverosimilitud, dice: «este largo proceso de incidentes, peripecias y *anagnorisis*, entrelazados como hilos de complicadísima urdimbre, supone, ya que no se quiera conceder otra cosa, una inventiva sagaz y fecunda en recursos, aunque semejante moneda se valúe hoy a precios muy bajos merced a la bancarrota de lo que me atrevo a llamar millonarios de la imaginación»; recuerda, además, que en los *Episodios Nacionales* de Galdós se ha hecho uso abundante de «coincidencias amañanadas» por el estilo sin que por eso se hayan producido condenaciones rotundas. Encuentra el crítico que en *Guerra sin cuartel* existen, abonando lo estimable de su calidad, «multitud de escenas que hablan a la sensibilidad menos impresionable en el persuasivo idioma de la pasión, aunque no siempre corresponda el modo de manejar el diálogo. Entre otros ejemplos, nos servirían el desafío de Luis en el primer capítulo, su visita a Mercedes, su fuga, y casi todo lo que hace y dice *el Rayo* desde que aparece en la narración, descartándose, por supuesto, lo mal preparado de algunos incidentes». Reconoce el P. Blanco que en esta novela pueden hallarse «imperfecciones de forma y de lenguaje» y concluye: «Entiendo yo, en resolución, que *Guerra sin cuartel* no alcanza los merecimientos necesarios para justificar el fallo de la Academia Española; pero como producto de una fantasía ardiente y fecunda, y de un ingenio vivo, perspicaz y discreto, atrae con magia embelesadora a todo lector, que se deja ir tras de sus primeras impresiones, no deteniéndose a razonarlas».[6]

El comentario del P. Blanco revela bastante a las claras algunos de los defectos de más monta que posee *Guerra sin cuartel*. En ellos insistirá «Clarín», dando pormenores, burlándose e irritándose al mismo tiempo, poniendo de relieve otros defectos también existentes.

Llaman su atención para mal las coincidencias amañanadas por el autor en el curso de la acción de su novela: «*Guerra sin cuartel* —escribe Alas— es como aquella capa que estaba llena de casua-

6. Blanco García: *ob. cit.*, pp. 551-555.

lidades. Todo es pura casualidad en este libro sin trascendencia ni asomo de malicia... La Providencia tiene que estar en todas partes para sacar de apuros al autor, merced a una serie de encuentros y coincidencias que parecen increíbles». Al final de la peripecia mueren (o han muerto antes) los *malos* y logran los *buenos* la felicidad ansiada: «Sólo quedan vivas las personas decentes; porque hasta una coqueta llamada Juanita Rosales, que tuvo un poco mareado al conde, muere prematuramente para purgar su coquetería. Solos y a sus anchas los *buenos*, se casan Mercedes y Luis, saltando *el abismo de sangre*, como ya esperaban todos, y el autor termina su cometido diciendo: «La condesa estaba en el quinto cielo. En cuanto a los novios... ¡figúrese el lector dónde estarían!» Unos y otros, *malos* y *buenos*, son carácteres de una pieza, monolíticos, sin fisuras ni matices: «el autor no tiene tiempo de andarse en análisis ni en psicología». Pero aún hay más: «¡Qué descripciones! ¡Qué estilo! ¡Qué diálogo! En todo eso se ve claramente que el Sr. Suárez Bravo no tiene ni las más rudimentarias facultades de artista. Yo creo que ni hasta gana de serlo hay en Ovidio. Eso me parece haber leído entre líneas en aquellos párrafos vulgares, amazacotados, llenos y rellenos de frases hechas, cursis y sobadísimas; de adjetivos gárrulos e incoloros, de sustantivos abstractos, de muletillas prosaicas y ridículas, de palabras determinativas que parecen puntales de una sintaxis que amenaza ruina»; «el Sr. Suárez tiene además otro recurso. Cuando no sabe cómo describir alguna cosa, suplica al lector que se la figure. Y dice: *renunciamos a pintar aquí*; o *no hay con qué escribir*; o *no necesita el lector que le digamos*; o *dejamos a la discreción del lector suponer*, etc., etc.; y de este modo el *poeta*, el *escritor*, sale o cree salir del paso». Finalmente, las incorrecciones gramaticales, muchas y nada leves las más de ellas: «Con el diccionario y la gramática de la Academia a la vista, y enfrente de la novela premiada, se puede demostrar a la docta Corporación que ella misma ignora las reglas que publica, a no ser que haya premiado a sabiendas una obra indigna de ser recomendada por quien aspira a conservar la pureza del idioma. O ignorancia crasa, o notoria injusticia. Escoja la Academia». Academia, novela y autor salen gravemente malparados de las advertencias de nuestro crítico, en las cuales tal vez pesen su conocida inquina a la docta corporación (entre cuyos miembros tenía, sin embargo, queridos y admirados amigos) y, también, su ninguna simpatía a Suárez Bravo («Ovidio el romo»,[7] como solía llamarlo), circunstancias éstas que

7. Alguna parte de la obra periodística de Suárez Bravo en el diario madrileño *El siglo futuro* (del que fue redactor desde 1877) iba firmada con el seudónimo de «Ovidio». Frente al *Nasón* del poeta latino, Alas adjudica a este otro Ovidio el calificativo de *Romo*, en clara y malintencionada alusión a la inteligencia de Suárez Bravo que estima muy corta (o roma).

pudieron llevarle a exacerbar el tono expresivo. Pero lo que más contó para su actitud crítica fue sin duda el premio académico, el relativo escándalo producido en su torno, el éxito alcanzado y su politización —muestra de ella podría ser el hecho de que los periódicos afectos al carlismo publicaron en folletón *Guerra sin cuartel*—; como última consecuencia, el posible engaño del público lector, algo contra lo que «Clarín» lucharía siempre ya que, como crítico *demócrata* que era, no puede olvidar que «hay muchos pobres de gusto y discernimiento que están expuestos a tomar lo mediano y lo malo por bueno».

III. *Los supuestos plagios de Leopoldo Alas*

No dudo en afirmar que una de las cuestiones más prestamente invocadas cuando se trata del narrador Leopoldo Alas es la de sus presuntos plagios, denunciados por Bonafoux, quien de este modo ha pasado a convertirse en pieza casi ineludible de la bibliografía «clariniana» y a quien se recuerda, más que por sus méritos como periodista de combate en Madrid y en París, por acusación tan ruidosamente formulada y sostenida.[8] Tales plagios son cuatro y sólo uno de ellos atañe a *La Regenta*.

Alonso Cortés piensa que el motivo (o uno de los motivos) del ataque de Bonafoux pudo ser el silencio guardado por Alas ante un libro suyo: «(...) publicó en 1885 *Mosquetazos de Aramis*. Leopoldo Alas, que antes había elogiado a Bonafoux, no hizo la menor mención de este libro».[9] Más recientemente, Gómez Tabanera [10] lanzó la hipótesis de que en el segundo de los «Folletos Literarios» de «Clarín», *Cánovas y su tiempo* (1887) radica el motivo de ese ataque ya que «Cánovas y los canovistas, indudablemente, leyeron el folleto de "Clarín" y hubo rugir y rechinar de dientes. Ahora bien; si el ataque de Leopoldo Alas había sido frontal, el contrataque tendría que venir de lado, de costado, para que no se buscasen relaciones entre una cosa y otra. Habría que pensar la forma de hacerlo. Desde luego, en el propio terreno del escritor, e hiriéndole en lo que quizá más le doliera: en su sinceridad creadora y en su dignidad artística. Y en ello pondrían su mayor empeño, desde ahora en adelante, no sólo un sector del "mundo oficial", sino también los

8. A falta de estudio bien documentado y serio acerca de tan curiosa personaje humano y literario puede verse el libro de J. F. Dicenta, *Luis Bonafoux, la víbora de Asniéres.* (Madrid, 1974).

9. Narciso Alonso Cortés, «Crítica belicosa» (*El Norte de Castilla*, Valladolid, 14-XI-1952).

10. José Manuel Gómez Tabanera ,«Luis Bonafoux ,el hombre que intentó asesinar literariamente a "Clarín"». (*La voz de Asturias*, Oviedo, 1976).

llamados “grupos negros”, con o sin el beneplácito de Cánovas. Había, empero, que buscar a alguien que pudiera llevar a cabo y hasta buen fin y con el punto deseado, la acechanza idónea».

Ese alguien fue Luis Bonafoux y Quintero, que en abril de 1887 insertó en sendos números de *El Español* (Madrid), otros tantos artículos dirigidos contra Leopoldo Alas, a saber: *Novelistas tontos. Don Leopoldo Alas (a) «Clarín»* y *«Clarín», folletista.* (Este segundo artículo es un comentario desfavorable al folleto *Cánovas y su tiempo.*)

El primero de ambos artículos toma pie en un «palique» de *Madrid Cómico* (n.° 214: 26-III-1887). Unas alusiones de «Clarín» a los «novelistas insustanciales» y al «realismo novelesco naciente» son cumplido pretexto para que Bonafoux inicie la ofensiva. Le irrita que don Leopoldo hable tan despectivamente siendo «el novelista más insustancial y el más grande de los tontos en prosa naturalista»; que don Leopoldo arremeta contra los autores de esas novelas «de 400 páginas de tinta antipática, sin que suceda en todo el libro nada de particular ni grave», siendo el autor de *La Regenta,* novela «que tiene más de 1.000 páginas, sin que pase en toda ella nada de particular y grave».

Inmediatamente descubre Bonafoux los plagios de Alas, que, por ahora, son tres. Uno atañe a *La Regenta*; los otros, a dos narraciones más breves: *El diablo en Semana Santa* y *Zurita.* Veamos cómo formula Bonafoux su denuncia.

Primer plagio:

> «La Regenta asistiendo con Quintanar (el marido) y D. Alvaro (el amante) a la representación de *Don Juan Tenorio,* es un calco de un capítulo de *Madame Bovary.* Se conoce que a D. Leopoldo le gustó la escena de Emma, asistiendo con Bovary (el marido) y León (el amante) a la representación de *Lucía*; y como él, D. Leopoldo, no quiere ser menos que Flaubert, calcó la escena y... ¡a vivir! Compare el lector las dos situaciones y vea lo que pasa en el alma de la Regenta y lo que pasa en el alma de madame Bovary.»

Segundo plagio:

> «En *El diablo en Semana Santa* (véase *Solos de “Clarín”*), copia D. Leopoldo una bellísima página de Zola en *Pot-Bouille.*»

Tercer plagio:

> «En *Pipá,* colección de paparruchas, que me costó diez y seis reales, hay, entre otros calcos, un Aquiles Zurita que es la mismísima persona de Carlos Bovary, cuando entra por primera vez en cátedra. Si el profesor de Bovary pregunta a éste el santo de su nombre, el profesor de Zurita pregunta a éste el santo de su nombre. Si tartamudeando y temblando contesta Bovary: ¡Carlos Bo-

vary!, "temblando como la hoja en el árbol" contesta Zurita que se llama ¡Aquiles Zurita! Y si al oír el nombre los condiscípulos de éste sueltan "una carcajada general", al oír el nombre los condiscípulos de aquél, sueltan otra "carcajada general". Hay en las dos aulas el mismo clamoreo, las mismas risas, el mismísimo estrépito; y si los compañeros de Bovary se burlan de él tirándole "bolitas de papel", los compañeros de Zurita se burlan también de él tirándole "bolitas de papel". Síntesis: un grosero plagio de una escena cómica de las mejores de Flaubert.»

Bonafoux remata su acusación con estas palabras: «Don Leopoldo no será novelista; pero no cabe negar que es una hormiguita para su casa, una especie de Rata I del naturalismo».

Ciertamente la triple denuncia parecía cosa grave, y siendo quien era el inculpado no había de pasar desapercibida. Alas dejó transcurrir los meses sin hacerse eco de ella. En octubre del mismo año —1887— «Aramis» lanzó su libro *Literatura de Bonafoux,* miscelánea de artículos entre los que se encontraban los dos ya citados de *El Español.* El libro obtuvo buena acogida y confirió renovada actualidad literaria a la cuestión de los presuntos plagios de «Clarín».

Cuya respuesta total (porque había habido alguna parcial y en la prensa) no llegaría hasta abril de 1888 —exactamente un año después de la denuncia—, y está contenida en el cuarto de los «Folletos Literarios», *Mis plagios. Un discurso de Núñez de Arce,* en el que se dedican 47 páginas a impugnar la acusación de Bonafoux aduciendo los siguientes argumentos:

Primer plagio:

«En *Madame Bovary* la escena del teatro es un episodio insignificante, de los de menos relieve; en mi novela es un largo capítulo en que se estudia el alma de la Regenta por muchos lados, un capítulo de los principales para la acción *interna* del libro; además, Flaubert no se propone pintar el teatro de provincia en este episodio de su novela, y yo en el mío sí, y como Dios me da a entender, describo el *coliseo* de mi pueblo sin acordarme de que hay Flaubert en el mundo, y recordando sólo mil pormenores y accidentes históricos almacenados en mi memoria, enamorada de los años de la infancia y de la primera juventud.

Otrosí: contestando yo a una carta cariñosa del gran poeta Zorrilla, le decía que iba a señalar mi gran admiración a su *Don Juan Tenorio* en un largo capítulo de mi primera novela, y, en efecto, así fue. Pero hay más. La idea de pintar el efecto que produce en un alma de cierto temple poético el *Don Juan,* de Zorrilla, visto por primera vez en la plena juventud, no es original de Clarín, Sr. Bonaoux; pero no la tomé de Flaubert... la tomé de la realidad. La digna y joven esposa de un pintor notable [11] vio por pri-

11. Se trata de la esposa del pintor asturiano Dionisio Fierros (1827-1894), famoso y muy galardonado en sus días, excelente retratista.

mera vez el *Don Juan* casada ya, y un amigo mío, Félix Aramburu, poeta y notable escritor de Derecho penal, fue quien observó la admiración interesante, simpática y significativa que aquella dama experimentó, y que quería comunicar a otros espectadores, incapaces de gustar toda la fresca y brillante hermosura del drama de Zorrilla; a mi amigo Aramburu debo el *original* de este *apunte,* y a mí propio la ocurrencia, feliz o infeliz, de aprovecharlo.»

Segundo plagio:

(En la página 12 de su folleto repite «Clarín» lo dicho en *Madrid Cómico* meses atrás: n.º 248, 19-XI-1887).

«[...] valiente embustero está el que tal asegura. *Pot-Bouille* se publicó en 1882, y *Solos de "Clarín"* en 1881. De modo que aun es *más imposible* que yo copiara a Zola que el haberme copiado Zola a mí. ¿O cree ese señor que Zola me manda a mí sus libros *antes de escribirlos* para que yo *los vaya copiando*?»

Tercer plagio:

Luego de enfrentar el pasaje de *Madame Bovary* aludido por Bonafoux y el de *Zurita,* concluye Alas:

«Fácil es ver que Zurita se parece a Carlos Bovary como una gota a otra gota, o como un huevo a una castaña. Vayan comparando circunstancias con circunstancias, situación con situación, propósito con propósito, y... resultará que el único parecido está en las bolas de papel.

Pero, venga aquí el Sr. Bonafoux: ¿no ha visto él pasajes análogos al de *Zurita* y al de *Madame Bovary* en obras anteriores a una y otra? Esto de reírse los estudiantes de un novato, ¿no es cosa antigua en las letras y en la realidad?... Pero de todos modos, si Flaubert me inspiró a mí (que no hay tal cosa», ¿no pudo inspirarle a él, o a los dos, Quevedo, vgr., en el capítulo V de *El Gran Tacaño*: «De la entraña en Alcalá, patente y burlas que me hicieron por nuevo»?...

¿Dirá por esto nadie que Flauber tomó su escena de Quevedo? No, es claro; pues yo tampoco. Ni de Quevedo ni de Flaubert.

Tomélo todo de lo que vi y de lo que añadí imaginando y componiendo. Mi Aquiles Zurita es un caballero tan honrado como sencillo, que vive, y no lejos de mí, y no puedo decirlo porque supongo que él no leerá papeles míos de *vaga* y *amena* literatura; pero dar más señas es ilícito. El profesor de mi cuento existió también, y el chiste, o lo que sea, de "lo que es conocimiento en Valencia", es rigurosamente histórico. Por lo demás, mi *Zurita* tiene por objeto pintar dos clases de filósofos de escalera abajo, dos *ebionitas* de la filosofía krausista-española, por decirlo así.»

Hay además un cuarto plagio que Bonafoux había incorporado posteriormente a su repertorio inicial; era el siguiente:

> «Pues también ha plagiado a *Fernanflor.*
>
> Lector, ¿conoce usted a *Periquín*? *Periquín* es un granujilla con ojos de cielo y corazón de oro, que se escapó corriendo del espíritu de *Fernanflor...*
>
> Lector, ¿conoce usted a *Pipá*? *Pipá* es un pillastrón descarado que se escapó corriendo del espíritu de D. Leopoldo, después de haber pasado por el espíritu de *Fernanflor,* desvalijando al pobre *Periquín. Pipá* es un rata de doce años...
>
> *Pipá* es un *Periquín* echado a perder, un *Periquín* de máscara: cuento plagado de filosofías impertinentes, hecho sin ingenio, sin chiste, sin estilo y *reventando de forte,* con un finchamiento asturiano que dejaría pequeñito a un portugués...
>
> *Periquín* se publicó el 24 de diciembre de 1875 (véase *El Imparcial* de ese día). El libro *Pipá* se publicó en 1886. *Su* (¿?) autor pone al final del cuento "Oviedo ,1879". Aun así y todo, tiene *cuatro* años menos que el cuento de *Fernanflor.*»

A lo que el presunto plagiario contestaría:

> «Yo no he leído a *Periquín.* Esto no puede probarse. ¿Cómo he de probar yo que no lo he leído? Por aquí tampoco hay argumento ni probanza. Y sin embargo, ¡bien sabe Dios que no lo he leído! Pero es el caso que *Pipá* está tomado del natural; vivió y murió en Oviedo; fue tal como yo le pinto, aparte las necesarias alteraciones a que el arte obliga. De *Pipá,* sabe todo Oviedo; [12] el *medio ambiente* que le rodea es de Oviedo en parte, y en parte de Guadalajara... Y sobre todo, ¡cáscaras!, que yo no he leído el *Periquín* de Fernanflor. Y *sobre eso* todavía, que yo no soy hombre para copiar, imitar o plagiar a Fernanflor... ¡Si el alma un cristal tuviera, Sr. Bonafoux!»

Olvidémonos ahora de réplicas y contrarréplicas, de la intervención de otras personas en la polémica (Antonio Sánchez Pérez y Jesús Muruais [13] y de la hostilidad de Bonafoux hacia Alas, una hostilidad que no cesa ni ante la muerte del enemigo a quien (desde París) dedicaría un artículo necrológico donde, a diferencia de otros escritores que también habían polemizado con Alas (Bobadilla, Eu-

12. De ello da fe Adolfo Posada, amigo, colega y biógrafo de Alas, en la p. 223 de su libro *Leopoldo Alas, «Clarín»* (Universidad de Oviedo, 1946): «Yo conocí —fui su amigo en la calle— a Pipá, aquel pillete endiablado del magnífico cuento de «Clarín». Leopoldo lo había realzado hasta el grado heroico, haciendo de mi pobrecito Pipá un personaje. Al leer su triste y horroroso fin —cuando muere quemado— renovóse en mi alma, de otro modo, el terror que sintiéramos los chiquillos, sus compañeros, al enterarnoos, en cierta tarde, de que Pipá no saldría a la pelea..., porque ¡había muerto quemado!»

13. El primero de ellos, amigo de Alas desde los ya lejanos días de *El Solfeo,* desestima las denuncias de Bonafoux por «agresivas, personalísimas, apasionadas, llenas de crudeza de estilo, tal vez respirando encono y, por consiguiente, injustas». Muruais, contrariamente, da por válidas esas denuncias.

sebio Blasco, Navarro Ledesma,[14] expresa su júbilo por la desaparición del odiado colega.

Puede concluirse que no hubo tales plagios tal como se complacía en presentarlos Bonafoux; fueron sólo concidencias de esas que, por lo comunes en la época, no implican forzosamente influjo grave. Leopoldo Alas copiaba, cuando copiaba, del natural (algún caso se ha visto) e introducía después las oportunas alteraciones: «siempre me encontrará Bonafoux copiando... lo que veo, pero no lo que leo».

IV. *¿Qué pasa en Cádiz?*

Desde Madrid, con fecha 2 de diciembre de 1891, Armando Palacio Valdés escribía a su amigo Leopoldo Alas: «Madrid está muy agradable, porque hay muchas mujeres bonitas y se come bastante bien en el Inglés por poco dinero, pero lo hacen odioso los literatos. Quisiera llevar anteojeras como los caballos para no verlos siquiera cuando pasan por mi lado. El otro día en la cervecería he visto a un sobrino de don Juan Valera, que se llama como él, repartiendo con gran fruición una hoja estúpida que se escribió en Cádiz contra ti. La circunstancia de venir de almorzar con su tío me indica que fue éste quien se la dio».

Una hoja que se escribió en Cádiz... Cuatro iban ya publicadas a finales de 1891 y dos más verían la luz durante el siguiente año; todas ellas, en forma de «repasos» y con el título general de *Las sandeces de Clarín,* más otro particular o específico, de acuerdo con el aspecto abordado. Salían como suplemento de *El Eco Montañés,* periódico gaditano, y figuraban como obra debida a «Baltasar Gracián», seudónimo empleado por el cervantista Ramón León Máinez, que no conocía personalmente a «Clarín» pero que le declaraba guerra a muerte literaria, «sin idea de lucro, ni con fines bastardos, sino con nobilísimos propósitos (para que "la verdad se abra paso" y, también, "para desagraviar a la literatura de los insultos chabacanos del tonto de Asturias o de Zamora")».

Un *palique* de «Clarín» fue la chispa que provocó el incendio. En el número de *Madrid Cómico* correspondiente al 30 de mayo de 1891, Alas se ocupaba de *Todo en broma,* colección de versos festivos de Vital Aza; al elogio del libro y del autor añadía un ataque a los poetas *serios* como José Velarde y Emilio Ferrari.

Este último acababa de leer en el Ateneo de Madrid —día 24 de mayo— y de publicar los *Poemas vulgares*: dos extensas composi-

14. D esas y otras reacciones ,también, de la de Bonafux) me ocupo en el artículo .Necrologías sobre "Clarín" ı*Los Cuadernos* del Norte, Oviedo, n.º 7: V-VI-1981, pp. 2-7).

ciones a la manera naturalista de Coppée, tituladas *Consummatum* y *En el arroyo.* Seis días después —*palique* en *Madrid Cómico*—, «Clarín» se hacía una ocasión para revelar ciertas deficiencias de *Consummatum.*

Ferrari describe en las primeras estrofas del poema una granja abandonada. «Clarín» va comentando y censurando verso a verso; llega a los siguientes:

ni la noria, chirriando, forcejea
para regar el almorrón deshecho.

«No sé lo que es almorrón —dice «Clarín»—, ni el diccionario de la Academia lo sabe tampoco». Tal ignorancia de Alas dará materia para buena parte de las dos primeras hojas escritas y publicadas contra él en Cádiz por quien se documentó acerca del significado de esa palabra en repertorios como el *Glosario de voces ibéricas y latinas usadas entre los mozárabes,* de Francisco Javier Simonet, y de su empleo por los campesinos vallisoletanos. Tal es el objeto y, asimismo, el contenido de los dos primeros «repasos»: información acerca de la voz desconocida por «Clarín», ataque a éste, defensa y elogio del poema *Consummatum.*

Pero metido ya en harina y deseoso de llevar hasta el fin la propuesta cruzada anti-«clariniana», Máinez continúa la serie y en los «repasos» tercero y cuarto arremete contra los cuentos y los *cuentecillos,* las novelas y los *noveluchos* de Leopoldo Alas; el quinto y penúltimo, titulado *Contra-Paliques,* es un comentario negativo de algunos de los «paliques» «clarinianos» más recientes, aparecidos en las páginas de *Madrid Cómico*; en el «repaso» que cierra la serie *(La renovación de nuestro teatro),* «Gracián»-Máinez contradice la opinión de Alas sobre *Realidad,* de Galdón y sobre *El hijo de Don Juan,* de Echegaray, dramas mal recibidos por la crítica y que «CL.» había considerado modelos dignos de imitarse en la urgente tarea de renovación del teatro español.

Dejando aparte la dudosa valentía del «repasista» (protegido bajo seudónimo) y la necesidad ineludible de su campaña, lo cierto es que el tono expresivo utilizado —aunque habitual en la época— resultaba muy violento y descomedido por lo que hubo de tranquilizar (ya desde el primer momento) a aquellos de sus colegas y lectores que le manifestaron escrúpulos «respecto de las formas ásperas y duras (según ellos) que he empleado (...) y que no debo seguir usando (también según ellos) en las sucesivas fraternas».

Tenían sobrada razón quienes así advertían a Máinez pues leyendo sus «repasos» diríase que el principal objetivo perseguido era el insulto sin más y sin freno al crítico criticado; palabras y expresiones como «ignorante, fatuo, entontecido («repaso segundo»), «*reo* de lesa-crítica, *reo* de leso-idioma, *reo* de leso-sentido común» («repaso» segundo), «no le gusta más que la crítica de pacotilla, de pequeñeces, de chuscadas, de menudencias, de bagatelas» (repaso» sexto) abundan en la serie que documento, generosamente repartida por el autor y sus amigos.

V. *El temido y odiado «Clarín»*

«Yo tengo contra mí [declaraba Alas en 1893] la prensa *neocatólica,* la prensa *académica,* la prensa *librepensadora* de escalera abajo, parte de la prensa *ultrarreformista,* la crítica teatral gacetillera...» [15] y ciertamente resulta muy nutrida la nómina de sus enemigos literarios, algunos de los cuales respondieron con violencia al juicio desfavorable del crítico, en tanto que otros (como los tres folletistas luego estudiados) arremetieron contra «Clarín» espontáneamente, sin que precediera agravio ninguno y sólo por el deseo de dar una lección a quien consideraban dómine engreído e insufrible, temido sin excepción y odiado sañudamente por muchos cuando, entrada ya la última década del siglo, el prestigio y la abundancia de la obra crítica de Alas corrían parejos. ¿Qué es lo que pretendían quienes por entonces se dedicaban a hostilizarle con sus artículos y folletos? Acaso —como dijo tiempo atrás Juan Pablo Forner, indiscutible patrono laico de la polemicomanía dieciochesca— «bajar el toldo» a quien pasaba como el crítico de mayor audiencia entre sus colegas coetáneos pero, también, desagraviar a tantos escritores vapuleados por «Clarín», desagravio extensivo a las letras españolas actuales, más valiosas de lo que tal crítico puede hacer pensar a algún lector de sus demoledores comentarios.

Cascotes y machaqueos. Pulverizaciones a Valbuena y Clarín es un volumen de casi trescientas páginas que recoge artículos publicados en los periódicos *La Unión Católica* y *Diario de Madrid;* su autor, «Fray Mortero» o «Fray Juan de Miguel» no es profesionalmente (aunque se apellide así) un fraile sino el maestro nacional, metido a periodista y crítico literario, Juan Fraile Miguélez quien desea mostrar a sus lectores cómo «Clarín», tan puntilloso en materia gramatical (denodado perseguidor del galicismo y de la incorrección sintáctica) incurre con demasiada frecuencia y hasta gravemente en los errores e ignorancias que echa de ver y destaca en los escritos ajenos; «no soy partidario —declara en la advertencia al lector— de esta crítica menuda, hermosillesca y destructora que Valbuena y Clarín quieren resucitar para desdoro de la literatura patria y de los hombres que la cultivan; pues entiendo que con ella no se consigue más que desprestigiar personalidades de valía. Si yo

15. *Palique* (Madrid, 1893), p. XXV.

caigo, por esta vez, en el mismo defecto que señalo, atienda el lector a las razones expuestas, al vehemente deseo de que concluya tanto mal, y al justo y recto afán de que me guío para escribir estas críticas» (págs. VIII-IX). Fraile Miguélez examina algunos «paliques» de «Clarín» en «Madrid Cómico» y merced al procedimiento crítico de fragmentar caprichosamente el párrafo en cuestión llega a descubrir acá y allá incorrecciones de vario tipo, expresiones sin sentido o, al menos, con sentido harto confuso. Estamos hoy día bien alejados de análisis tan comineros y nos parece que, salvo algún caso de dislate mayúsculo, nada prueban contra la bondad de una obra o a favor de su mediocridad atomizaciones de esa índole. Del severo examen gramatical a que somete Fraile Miguélez determinadas piezas del crítico «Clarín», de sus numerosos reparos, nada considerable se deduce contra la literatura del criticado. (Digamos que, como era por entonces usual en esta especie de crítica, los «palos» se acompañan con cuchufletas y salidas ingeniosas no siempre del mejor gusto; las de Fraile Miguélez no promoverán de seguro la carcajada del lector consciente. Tan faltas de gracia están).

Un poderoso móvil patriótico impulsó a Fraile Miguélez a salir a la palestra. Valbuena y «Clarín» estaban resultando —a su entender— nefastos para la literatura española de entonces con su labor desprestigiadora de renombres legítimos, con su crítica envidiosa de éxitos rotundos y merecidos, con su varapalo agostador de nacientes e ilusionadas vocaciones; «seamos, ante todo, buenos españoles; no nos destrocemos miserable e inútilmente los unos a los otros por envidias y rencorcillos, y enseñemos a los extranjeros que aquí, en este hermoso rincón del mundo, en la patria de Cervantes, ... y mil ingenios más, hay ahora literatos que valen tanto como sus literatos, políticos de tanta valía como sus políticos, oradores mejores que sus oradores, y artistas y hombres de ciencia tan buenos como sus hombres de ciencia y sus artistas». Respecto de la tarea crítica de «Clarín», cuyo propósito fue «mostrar gráficamente, por la argumentación, por el ejemplo, por la sátira, como pueda, la pequeñez general» e, igualmente, «procurar que resalte lo poco bueno que nos queda», tales consideraciones resultan a todas luces injustas.

Tres años después de la arremetida de Fraile Miguélez acaso llegó a su culminación —con el estreno de *Teresa* (marzo de 1895)— la hostilidad contra Leopoldo Alas, cuyo ruidoso fracaso como novel dramaturgo fue circunstancia propicia para la alegría y el ataque de quienes desde tiempo atrás le veían con malos ojos, parte de los cuales saldría ahora a campaña como para atender la invitación «clariniana» de 1887: «Yo prometo escribir un drama o una comedia y mandársela a mi amigo Vico para que la represente. Sus y a ella ¡a silbarla! Yo ofrezco no faltar al lugar del sacrificio.» [16]

16. De un «palique» en *Madrid Cómico,* n.º 245: 29-X-1887.

Vaya a este respecto, entre otros testimonios que pudieran aducirse, la referencia a dos folletos: *El besugo «Clarín»* y *La autopsia de «Clarín»*, ciertamente nada respetuosos con quien los protagoniza. El primero, «folleto crítico» debido a Dionisio de las Heras («Pácido») e impreso en Madrid, consta de cincuenta y seis páginas en octavo, más índice; su precio era de una peseta. Por entonces su autor hacía crítica teatral en la prensa madrileña y colaboraba en periódicos festivos; tenía publicadas en volumen la novela festiva *¡Qué noche aquella!* y la serie de semblanzas, también festivas, *Besugos y percebes* (*pescados con pluma*), en colaboración con Santiago Oria; había estrenado el juguete cómico *El señor presidente* (un acto en prosa) y el monólogo cómico en verso *Estoy comprometida*; anunciaba como próximos otros varios títulos.

En seis capítulos reparte de las Heras su alegato contra «Clarín». En el segundo de ellos, *Cómo escribe «Clarín»*, el folletista muestra algunas incorrecciones gramaticales cometidas por Alas en determinados pasajes del artículo con el cual terció, a favor de Galdós, en la polémica suscitada a raíz de la publicación del drama de éste, *Condenados*. Como Juan Fraile Miguélez y otros, «Plácido» fragmenta caprichosamente los párrafos que analiza.

Un par de pasajes que encontramos en su folleto hablan de la estimación que merecía al autor la obra literaria de Leopoldo Alas. Se lee en la página 16: «La gente joven no debe leer a Clarín; no aprenderá nada bueno. Su lenguaje, sobre no ser de lo más culto y escogido, abunda en galicismos de tomo y lomo; su estilo adolece casi siempre de graves defectos de sintaxis o de construcción; como novelista, se caen sus libros de las manos; y, como crítico, nunca fue imparcial ni sincero», y en la página 29 se pregunta Dionisio de las Heras: «¿cuál es el bagaje de Alas?», respondiendo así: «En el teatro ninguno. Fuera del teatro, folletos injustos pero agresivos, críticas *fiambres* coleccionadas en diversos tomos y una porción de *paliques* superficiales en donde se despelleja a discreción. ¡Ah! y algunas novelas soporíferas y en castellano imposible».

Por lo que atañe a *Teresa*, el folletista Heras llama la atención hacia el hecho de que Alas reincide en su condición de plagiario (que denunciara antaño Bonafoux); ahora se ha beneficiado de la en un tiempo famosa y aplaudida comedia (en tres actos y en verso) *La cruz del matrimonio*, de Luis de Eguílaz, (estrenada en el teatro madrileño Variedades el 28-XI-1861); algunos caracteres, determinadas situaciones, concretas expresiones de ambas obras resultan, a juicio de Dionisio de las Heras, sospechosamente semejantes. Al señalamiento de ese parecido sigue en el capítulo V del folleto (*Allá va mi crítica*) un análisis del asunto de *Teresa*, contado y comentado con visible malicia, al objeto de mostrar con evidencia plena lo desatinado y confuso del engendro de L. Alas, con justicia —piensa «Plácido»— rechazado por críticos y espectados.

Una vez más habría que insistir, tomando pie en el título del folleto de de las Heras y siguiendo después por sus páginas adelante, en la expresión descompuesta y en el tono insultante y violento; nada favorable dice esto acerca de la delicadeza de quien así escribe y creo daña, ante el lector consciente, a la presunta justicia de su causa. Comprendiéndolo, el autor escribe: «Acaso se me hayan escapado por los puntos de la pluma algunas violencias de lenguaje, que siento mucho pero que no puedo llorar. La culpa es de «Clarín», que se excedió en el ataque; la defensa es legítima. En todo caso, nunca habré traspasado las conveniencias en la medida que él, que en soltando la sin hueso se ciega materialmente».

Quien se encubre para ofender a Leopoldo Alas bajo el seudónimo de «Martinete» —esto es: el periodista vallisoletano Mariano Martín Fernández—[17] estima en su folleto *La autopsia de «Clarín»* (Madrid, 1895) que, tras el estreno y fracaso de *Teresa* (o, con otras palabras, la defunción de su autor), ha llegado el momento de efectuar la autopsia de su cadáver literario; escribe así:

«Lector: "Clarín" ha muerto. Ha muerto literariamente. Su fallecimiento fue presenciado por el público del Teatro Español en la noche del 20 de marzo de 1895. Y la prensa de Madrid publicó en la sección de espectáculos la esquela de defunción. Algo faltaba: la autopsia. Esa operación es la que quiero ofrecerte, lector benévolo. Quiero presentarte las vísceras de «Clarín». Quiero exponértelas con toda su podredumbre. Quiero que veas cómo era «Clarín» *por de dentro.* Y dicho esto, te beso las manos».

Injusticia y torcida intención ofrecen en abundancia los capitulillos que integran este folleto; lo que en él faltan son gracia y garbo, o argumentos de alguna solidez. Tal cual noticia al paso; un ofensivo soneto anti-«Clarín», que «Martinete» pone en boca de un «poeta insigne» cuyo nombre no da, soneto que, desde luego, no acreditaría la vena satírica de quien lo compuso; y (en páginas 9 a 11) algunas consideraciones acerca de una parte de la crítica militante de «Clarín», los «paliques» con los cuales «ha demostrado [su autor] que es soberbio, y es injusto, y es antojadizo y es, sobre todo, irrespetuoso». (Me pregunto si estos calificativos de «Martinete» no fueron corroborados alguna vez por la práctica «paliquera» de «Clarín»).

17. «Martinete» no encubría (tal como creí y afirmé en otra ocasión) a Emilio Martín Galí sino al cronista de Valladolid, redactor de *El Norte de Castilla,* redactor también de *El Liberal* (residiendo Martín Fernández en Madrid) y secretario en 1900 de la Asociación de la Prensa madrileña. (Poseo en mi biblioteca el ejemplar de este folleto que su autor ofreció a Luis Morote y que lleva la dedicatoria siguiente: «A mi querido amigo y compañero Luis Morote, *Mariano Martín Fernández.* Julio 2/95».

Final

Llegados al término de nuestro recorrido —ciertamente incompleto puesto que se trata de sólo unos cuantos botones de muestra y, alguno de ellos, poseedor de otras incidencias no recogidos aquí— puede que estemos de acuerdo con unas palabras de Unamuno, dirigidas a Leopoldo Alas en mayo de 1900, deplorando el tiempo que éste ha consumido en agarradas con algunos colegas, a quienes pudieron ofender la ambigüedad y reticencias de la crítica «clariniana»:

> «¡Q. lástima, q. lást. q. usted, q. ha hecho las novs. más sugestivas y más hondam. tiernas, y los cu. más sentidos, estorbe esa labor con su crít. ambigua, de reticencias y reservas, de habilidad excesiva, de ataques injustos, de elogios más injustos aún y de silencios soberanm. injustos! Ha chocado ust. con muchos, con "Zeda", con "Fray Candil", con Bonaf., con ... otros muchos. ¡Es una lástima! Cuando yo leo algunos de sus cu. [...] me digo: comprendo sus críticas, ¡debe [de] sufrir mucho! Porq. el público no es justo con ust. [...]»

Casi siempre fue la crítica «higiénica» y «de policía» el motivo de los disgustos, seguidos, a veces, de ataques, prolongados en polémica y, en alguna ocasión, conducidos al desenlace de un duelo —realizado (con Bobadilla) o evitado (con Novo y Colson)—. Parece claro que el crítico «Clarín» llegó a padecer manía obsesiva respecto de algunos escritores —caso de los poetas Emilio Ferrari, José Velarde, Antonio Fernández Grilo—, convertidos así en sus enemigos y cada uno de ellos enemigo irreconciliable del crítico —recuérdese el poema, ya utilizado, de Ferrari, *A un enemigo*—. La necesidad de salir al paso de éxitos que juzgaba inmerecidos —caso de *Pedro Abelardo* y de *Guerra sin cuartel*— para evitar que sufrieran engaño los espectadores y lectores y que no crecieran la confusión y el desprestigio —móvil patriótico—; o la condición, nunca abjurada, de crítico *demócrata*, son algunas de las razones que explican y justifican su tesonera actitud que, a veces, hubo de parecerle «sermón perdido».

Desde el lado de sus oponentes parecía, al revés, que era empeño patriótico el de no consentir por más tiempo y en silencio que el crítico «Clarín» continuase demoliendo obras y autores españoles —Fraile Miguélez—; se estimaba igualmente necesario el ir poniendo cerco y fin a la prepotencia crítica o dictadura «clariniana» —Ramón León Máinez—.

Se ha producido así un ambiente de hostilidad de cuya existencia era consciente el interesado; a los textos ya aducidos añadiré otro par de referencias: hay —estamos en octubre de 1887— una «multitud de escritores, con y sin ortografía, que se han dedicado esta temporada a decir pestes de mí; aumenta de día en día, y por lo visto, no quieren quedar sin contestación (...) ¡Ahora, Sinesio [Delgado], llueven periódicos hasta con caricaturas, revistas y anónimos!» // Y en enero de 1892: «(...) yo rasgo, sin enterarme, los papeles llenos de insultos que recibo a diario, sean impresos o manuscritos. (...) Hay quien me escribe con acompañamiento de dibujos pornográficos, con imitaciones *sádicas*, inadmisibles». (Precisamente a estas décadas —los años 80 y los años 90 del siglo XIX— corresponden también las polémicas y los ataques ofrecidos).

Tales polémicas y ataques, esos folletos y artículos quedan como muestra o paradigma de cierta literatura polémico-crítica producida en España durante la segunda mitad del siglo XIX (mejor, la época de la Restauración), si carente en buena parte de valor crítico apreciable, si poco abundante en noticias útiles a la historia literaria, ejemplario, sí, de malas costumbres o mañas: ineducación, tono soez, imperdonables violencias expresivas, ramplonería, falta de respeto hacia la persona con quien se discute. Por desgracia fueron bastantes los escritores, y no siempre de mínima categoría, que alguna vez recurrieron a tan lamentables procedimientos.

LA CREACION Y SU FUNCION EN LA OBRA DE «CLARIN»

JEAN-FRANÇOIS BOTREL
Universidad de Haute-Bretagne

Una creación continua

De «Clarín» se puede decir que vivió y murió creando, por y/o para la creación; su obra, tanto la producida como la por hacer, fue de creación continua.

De esa presencia casi obsesiva de la creación son manifestaciones los poco menos que 90 artículos al año que produjo de 1875 a 1901, con puntas de más de 150 [1] o la docena de novelas que no llegó a escribir aunque las tuviera hechas «para sus adentros»;[2] el que vaciara una cabeza llena de pensamientos y personajes de manera eufórica en *La Regenta* [3] o que, llegada la hora, cogiera la pluma de hacer pesetas y tuviera que rascarse el ingenio por muy pocas ganas que tuviera.[4] Son también las abundantes advertencias —entre cínicas y confidenciales— sobre la finalidad de la creación («Yo a lo que voy es a ganar dinero», por ejemplo) [5] o sobre las condiciones de la creación («Yo no sé escribir sino cuando estoy para

1. *Apud* Yvan Lissorgues, *La producción periodística de Leopoldo Alas,* Université de Toulouse-Le-Mirail (s.a.).

2. Sobre la no creación, véase: Adolfo Posada, *Escritos inéditos de Clarín. Papeles y recuerdos,* in: *Autores y libros,* Valencia, 1906, y J. Blanquat-J.-F. Botrel, *Clarín y sus editores (1884-1893),* Rennes, Université de Haute Bretagne, 1981, nota 50.

3. Véase F. García Sarria: *Clarín o la herejía amorosa,* Madrid, Ed. Gredos, 1975, p. 275.

4. Citado por J.-F. Botrel in: *Clarín, el dinero y la literatura* (*Los Cuadernos del Norte,* n.º 7, Mayo-Junio 1981, p. 78).

5. Citado por J.-F. Botrel in: *Producción literaria y rentabilidad: el caso de Clarín* (*Hommage des hispanistes français à Noël Salomon,* Barcelona, Ed. Laia, 1979, p. 123).

ello»)[6] y todas las representaciones de escritores, intelectuales o críticos como el Fernando Flores de *Un documento* o el Jorge Arial de *Cambio de luz,* heterónimas proyecciones o sombras del creador.

La hipótesis principal de este estudio será, pues, que una comprensión de la obra creada no puede prescindir de un examen previo de la creación como finalidad y, por decirlo así, como utilidad, como práctica, en tanto que acto de escritura y proceso, y como pulsión salida de lo más íntimo y secreto del creador.

El pre-texto es, por consiguiente, el valor funcional, la función de la creación, vivida por «Clarín» bajo tres aspectos esenciales: como función alimentaria, como función demiúrgica y como función terapéutica cuyo análisis (que no llegará, en esta ocasión, a psicoanálisis) ha de permitir una descripción, fundada en el discurso más o menos explícito de las cartas, de los artículos y de las obras de ficción, del proceso de objetivación de lo consciente y de lo inconsciente, por medio de la creación literaria o no, en mí, en nuestro «Clarín».

La función alimentaria

La función *pro pane lucrando* es la única explícita y constantemente atribuida a la creación por el propio «Clarín»: a falta de pingües rentas, escribe, según las circunstancias, para el presente de su prole, para cenar o para el postre de sus hijos, para el presupuesto ordinario, para ayuda del cocido, para ganarse los garbanzos.[7] Esta metafórica y casera finalidad pudo tener contradictorias y complejas consecuencias sobre la orientación de la producción clariniana hacia lo más rentable, por una mejor relación trabajo/dinero.[8]

Este trabajo creador por el cual, según Pierre Macherey, «el artista produce obras en condiciones determinadas no como obrero de sí mismo, sino de aquella cosa que se le escapa de manera varia y no le pertenece sino después»,[9] tiene su más clara traducción en la gamada «literatura del garbanceo»,[10] producida por el jornalero de

6. Citado por A. Posada in: *Escritos inéditos de Clarín..., loc. cit.*, p. 174.

7. Sobre el particular, véase J.-F. Botrel: *Producción literaria..., loc. cit.*, p. 123, nota 1 y J.-M.ª Martínez Cachero, *Trece cartas inéditas de Leopoldo Alas a Rafael Altamira y otros papeles* (*Archivum*, Oviedo, XVIII, 1968, pp. 147 y 151).

8. Para más detalles, véase J.-F. Botrel: *Producción literaria..., loc. cit., passim.*

9. *Pour une théorie de la production littéraire,* Paris, Maspéro, 1966, p. 85. Sobre la noción de trabajo en Clarín, véase J.-F. Botrel: *Producción literaria..., loc. cit.*, p. 127.

10 Carta a Armando Palacio Valdés del 3-4-1883, citada por M. Gómez Santos in: *Leopoldo Alas «Clarín»*, Oviedo, IDEA, 1952, p. 50.

las letras o albañil literario, según dice Urbano González Serrano,[11] que hace artículos como bollos sólo para justificar un salario. Es la ganapanadería.

Según el propio «Clarín» la creación tiene, pues, una función primaria, muy primaria, aun cuando sólo relativamente lo sea, claro está.

Aquí convendría poder aducir cifras e indicadores socio-económicos que permitieran apreciar cuál fue el nivel de vida relativo en pesetas equivalentes a garbanzos del catedrático ovetense y de su familia y contrastarlo con otros para explicar posibles necesidades e inferioridades en términos de *status social.* A falta de datos fiables sobre ganancias de comerciantes o profesiones liberales, recuérdese de cualquier forma que el sueldo del catedrático (de 3.500 a 4.000 pesetas anuales) representa sólo una tercera parte de los haberes del obispo de Oviedo en 1870 y un poco más que el sueldo fijo anual de un decorador del vidrio de la loza de la fábrica de Gijón en 1885.[12]

«Vivo principalmente de lo que escribo» llegó a afirmar «Clarín»,[13] y fuera real o no tal necesidad, lo cierto es que, como padre de familia, vive esta responsabilidad alimentaria hacia sus hijos como una obsesión de la que nunca consiguió librarse, por lo visto. Una obsesión acrecentada por el hecho de que los constantes desequilibrios de la tesorería doméstica vienen acentuados por el peso de las consecuencias financieras de las necesidades no primarias ni secundarias del nuevo padre de familia (las «cosillas» como él dice), con el desarrollo de un sentimiento de culpabilidad sobre el que se volverá más abajo y unos miedos pánicos hacia la bancarrota o incluso un mero protesto que media en «la ingrata labor de componer literatura a ocho días vista»,[34] en el incesante juego de letras giradas y contragiradas, a veces con anticipación, bajo el control, duro de aguantar, de su mujer-tesorera, Onofre o de su librero-banquero Martínez...[15]

La necesidad de ganar dinero con su actividad creadora («escribo mucho porque la vida es cara»),[16] genera en «Clarín» dos actitudes aparentemente contradictorias: por una parte un afectado menosprecio por la mayor parte de su creación y por otra un motivo de satisfacción por el reconocimiento social que implica el dinero.

Está clara la voluntad en Clarín de despreciar oficialmente sis-

11. *Estudios críticos,* Madrid, 1892, p. 127.
12. Datos facilitados por David Ruiz.
13. *Trece cartas..., loc. cit.,* p. 141.
14. Según Andrés González Blanco, *Clarín como crítico* (*Nuestro Tiempo,* Madrid, XXIII, n.° 298, oct. de 1923, p. 13).
15. Sobre la obsesión por los protestos, véase *Clarín y sus editores..., op. cit.,* nota 120.
16. Citado por M. Gómez Santos, *op. cit.,* p. 50.

temáticamente la pacotilla de articulejos, articulillos, libricos, librejos, quisicosas, futesas, naderías e incluso noveluchas y novelejas que integran su producción, con finalidad mercantil o no, por otra parte.[17] Ahí están los sufijos y términos, además del tremendo neutro «eso» («ahí va eso»).

¿Sinceridad o antífrasis?[18] En esta actitud habrá, de cualquier forma, bastante provocación y cinismo manifiesto en los considerandos de la publicación de *Mezclilla* o de la reedición de *Solos de Clarín*[19] pero también existe la conciencia de menosvaler en este tipo de creación[20] de la que intenta librarse afirmando que esta pacotilla literaria la despacha «como otros juegan al dominó; ni me preocupa la cabeza, ni me preocupa nada»,[21] aun cuando todo esto le haga sufrir. Nótese incluso este significativo desdoblamiento que le da la impresión de que esos articulillos los hace otro, no él.[22] Pero no tiene más remedio que resignarse confesando, el 13 de agosto de 1888, a Pérez Galdós su abatimiento sincero de novelista frustrado: «Yo no soy novelista ni nada; nada más que un padre de familia que no conoce otra industria que la de gacetillero trascendental, que no calla porque no puede». Toda esta prosa es su manera de ser pobre: «Todo esto lo hago yo por el dinero. Si fuera rico publicaría mucho menos y de otra manera».[23]

Si fuera rico... La frustración del intelectual creador que en España no llega a la emancipación le hace acaso secuaz del Zola de *L'Argent dans la littérature* quien proclama el papel emancipador del dinero que ha de hacer de los escritores unos seres dignos y respetados. Porque el dinero recibido por unos valores de cambio más que de uso (eso oficialmente para «Clarín» quien «saca dinero es-

17. Véase, por ejemplo, Laura de los Ríos, *Los cuentos de Clarín*, Madrid, Revista de Occidente, 1965, pp. 294-295. Dicha actitud es, por otra parte, precoz como lo demuestran sus declaraciones en 1877 y 1879, recogidas en *Preludios de Clarín* (Oviedo, 1972, p. XXXVIII).

18. Nótese que las más veces el uso despreciativo de tales términos se da en las cartas a otros escritores —entre ellllos a Pérez Galdós— hacia los que sentiría Clarín una forma de complejo del crítico...

19. «...con permiso de los camaleones del ideal, hay que sacar el mayor provecho que se pueda de lo que se trabaja. Los periódicos no pagan bien los artículos; la mitad del precio se queda por allá y hay que volver a buscarlo. ¿Cómo? Vendiendo a un editor estas colecciones de opúsculos que si no son vírgenes para los más es como si lo fueran» (p. 6). «Los motivos de dar a la estampa esta 4.ª edición son todos ellos de orden económico y administrativo» (p. 3).

20. Por referencia a la creación «noble» que es el hacer novelas, ya que Clarín «gast(a) para acuñar ochavos morunos las fuerzas y el arte que podría emplear en hacer por lo menos una peseta», con palabras suyas a Rafael Altamira en 1888 (*loc. cit.*, p. 149).

21. Citado por M. Gómez Santos, *op. cit.*, p 50

22. *Ibid.*

23. *Trece cartas...*, *loc. cit.*, p. 158.

cribiendo») es también el indicador de la bolsa de los valores literarios generador de superioridades y satisfacciones del amor propio.[24] Si no véase cómo cuida «Clarín» de la cotización de su unidad de producción, el artículo, o cómo rebosa de inconsciente ufanía esta confidencia (¿a voces?) a un pobre periodista desempleado: «Ya sabe usted que no escribo más que por dinero y por bastante dinero (para lo que se paga en España)» (3.04.1893), lo mismo que quedará satisfecho, al fin y al cabo, con los once mil reales que le habían «dado» en Barcelona por *La Regenta*.[25] Una sintética ilustración de todas las dimensiones de esta función primaria —menos primaria de lo que parece —de la creación, nos la da el conocido episodio de las relaciones idílicas, cordiales y antagónicas de Clarín con el director-propietario de *La España Moderna* José Lázaro Galdeano.[26]

Empieza por la evidente satisfacción de Clarín al ser invitado a colaborar como «firma de primera» contra buenas remuneraciones; prosigue con la clamorosa ruptura en 1890, «por motivos de dignidad profesional» o sea en defensa de la autonomía del creador que no puede admitir que se le censure; acaba por una doble humillación: «Clarín», en 1896, no tiene más remedio que pedir que se le deje colaborar de nuevo, con la consabida y seca negativa del «acomodado burgués» al mísero jornalero de las letras cuya emancipación sigue, pues, tan problemática.[27]

La función demiúrgica

Detrás de la voluntad de independencia a menudo afirmada y del rechazo teórico de cualquier tutela, con la consiguiente frustración al no poder conseguir alcanzar la armonía entre teoría y práctica, está la función colectiva de la creación, entre mesiánica y demiúrgica que le atribuye, con menos claridad y más prudencia, el intelectual militante o comprometido que quiere ser responsable de su empresa.[28]

24. Véase *Clarín, el dinero y la literatura, loc. cit.*, p. 80.
25. O sea, lo equivalente a 400-500 kilos de garbanzos, lo cual representaría hoy entre 60 y 75.000 pesetas.
26. Este episodio ha sido estudiado por A. Rodríguez Moñino, citado por M. Gómez Santos, *op. cit.*, pp. 128-134.

Sobre *La España Moderna* y José Lázaro Galdeano, véase la importante tesis doctoral de Raquel Asún ı*El proyecto cultural de «La España Moderna» y la literatura 188(9-1914). Estudio de la revista y de la editorial,* Barcelona, Universidad de Barcelona, 1979).

27. Prólogo a *Mi primera campaña* de R. Altamira, reproducido en *Trece cartas..., loc. cit.*, p. 171.
28. Sobre el particular, véase M. Gómez Santos, *op. cit.*, pp. 131-133, *Preludios de Clarín, op. cit.*, pp. XXXIV y XXXV o J.-F. Botrel, *Producción literaria..., loc. cit.*, nota 26.

Como ilustración de esa gran frustración, recordemos la añeja y constante preocupación de «Clarín» por dotarse de un órgano de expresión en el que sólo mandara «Clarín», desde el *Juan Ruiz* hasta el proyecto de «gran periódico» al que alude en una carta a Luis París, el 2 de mayo de 1895, y el fracaso final de todos los proyectos de creación —ya que de creación también se trata— de ese instrumento para el ejercicio de su propio cuarto poder.[29]

A falta de «su» revista o de un diario propio, demuestra «Clarín» su preocupación por participar en la orientación o dirección de los periódicos en que colabora (caso del *Madrid Cómico,* por ejemplo), por poder acceder a los órganos de expresión más prestigiosos o eficaces (con singular disgusto cuando no lo consigue —caso de *El Liberal*—). Incluso se vanagloria del número de tribunas de que dispone, o sea de su poder mediático, pero también del reconocimiento social que todo esto supone.

La misma lógica ascensional da a sus preocupaciones caritativas algunos rasgos de clientelismo. Así, por ejemplo, su actitud muy protectora para con el pobre padre de familia Julián G. Orbón o paternalista con Luis París o su pronunciado gusto por las recomendaciones.[30]

La afirmación de esa voluntad de potencia absoluta que sólo plasmará imperfecta y temporalmente en la creación de los *Folletos literarios* o de la *Biblioteca anglo-alemana* es la traducción más extrema a nivel de aspiraciones o comportamiento de ese deseo consciente del intelectual militante y del maestro de marcar la marcha de las cosas, de ejercer su dominio sobre la sociedad española.

Yvan Lissorgues en su *Clarín político* [31] pone de manifiesto la coherencia de proyecto reformador «político» de un catedrático y escritor consciente de su misión histórica en función de un ideal progresista y moral muy tempranamente manifestado en tiempos de los *Preludios.*

Este comprometimiento militante teórico responde fundamentalmente a una vocación por «la cura de almas» o la captación de la voluntad, como escribía en 1901 Fernando Navarro Ledesma,[32] e induce una práctica fundada en el magisterio o docentismo.

29 Véase, además, *Preludios..., op. cit.,* p. XXXV; M. Gómez Santos, *op. cit.,* pp. 93-94 y la carta de Clarín a Giner del 12-2-1892 en que habla del proyecto de una revista «a la Revue bleu».

30. Véase, por ejemplo, *Clarín y sus editores, op. cit.,* p. 68, o lo que escribe, con una forzada humildad, a Luis París el 10-6-1892: «Si Vd. ve alguna vez que mis escasas y poco eficaces relaciones con los editores de periódicos, libros, etc., etc., pueden servirle de algo, a lo menos como tentativa, no vacile en decírmelo, que yo con lo poquísimo que puedo, con sincero y verdadero gusto, emplearé mis escasas influencias en recomendar sus escritos».

31. Université de Toulouse-Le-Mirail, 1980, pp. XXVI y ss.

32. En su artículo necrolófico tituado Clarín *(Apuntes para un estudio psicográfico)* (*La Lectura,* II, 1901, p. 363).

Diga lo que diga «Clarín», habrá sentido a menudo, como Barbey d'Aurevilly, el placer que llega incluso a voluptuosidad, de sentirse «una potencia» y no sólo «una justicia»[33] a través de la creación, sin haber llegado a comentar esta cara de la obra de Nietzche[34] y la función de la creación es también generar tal placer. Por otra parte, su preocupación por «el desprecio que hay hacia el ejercicio del pensamiento» le hace sentir con mayor fruición cualquier señal de reconocimiento público de su persona: desde un retrato publicado en *La Ilustración gallega y asturiana* hasta una posible, aunque callada, identificación con uno de aquellos héroes que, según la teoría de los mejores ampliamente divulgada por el propio «Clarín», han de ilustrar y guiar a las masas, «predominando para servir mejor a los demás».[35]

Esto le impulsa a no querer ignorar nada de lo que supieran los demás, como escribe F. Navarro Ledesma, «actualizando siempre»,[36] pero sobre todo le lleva a abarcar, con un agudo sentido de su responsabilidad y una ambición evidente de predicar con el ejemplo, la totalidad del campo de aplicación posible de sus análisis, con una polifacética y acaso megalómana actividad, con el peligro de ser un dramaturgo incomprendido y un pésimo poeta, por ejemplo.

Esta dimensión entre mesiánica y titánica del quehacer clariniano tiene su más clara y frecuente expresión en la creación literaria escrita, ya que la actividad política se redujo a dos concejalías en Oviedo, en 1887 y 1891, y que las escasas dotes de orador didáctico de «Clarín» (era de «hablar premioso», de «palabra áspera») las reservó casi exclusivamente a su cátedra, sin gran impacto posible, pues.[37]

La función casi demiúrgica que desempeña la creación en «Clarín», en una sociedad no teocrática y menos intelocrática, ha de suponer, claro está, la conquista del reconocimiento de una autoridad y su afirmación y preservación.

El medio privilegiado para imponerse es obviamente la agresividad como táctica y deontología, acaso también como segunda naturaleza.

Como se sabe éste ha sido el mayor reproche hecho al temido

33. *Trece cartas...*, *loc. cit.*, p. 150.

34. Lo subraya Gonzalo Sobejano en su *Nietzche y España,* Madrid, Gredos, 1967, p. 179.

35. Citado por Yvan Lissorgues, *La pensée philosophique et religieuse de Leopoldo Alas,* Toulouse, CNRS, 1983, p. 161.

36. *Loc. cit.*, p. 365.

37. A pesar de no poder «mostrarse como modelo de orador», como escribía *El Diario de Zaragoza* de 27-3-1883 citado por Leonardo Romero Tobar, in: *Clarín catedrático de la Universidad de Zaragoza* (*Cinco estudios humanísticos para la Universidad de Zaragoza en su centenario IV*, Zaragoza, 1983, p. 127), pronunció Clarín varias conferencias en su vida.

y odiado «Clarín», «hombre de mal genio, atrabilario y fosco por excelencia»,[38] y no faltan intentos de explicación por el lado patológico, como el de Francisco Navarro Ledesma o el de Pompeu Gener.[39] Algo debió de haber de esto, pero tales análisis no agotan la problemática.

Llama la atención comprobar cómo en la valoración de esa evidente agresividad todos los términos empleados por el propio «Clarín» («crítica higiénica», «gendarme», «policíaca», guardia civil») e incluso por el sindicato de sus víctimas o detractores («palos», «tono belicoso», «disparar a bala rasa», «crítica fustigante», «artillería volante», etc...) se refieren a la manifestación violenta —eso sí— de algo que a pesar de todo es la fuerza de un orden raras veces discutido, el orden clariniano. Con todo lo apasionado y ensañado que fuera, «Clarín» en su creación expone la norma y se expone, a contracorriente, consciente o inconscientemente, a pesar de los «odios africanos» que desencadena. El «alacrán», el «crótalo» viene a ser, por la lógica de su propia fama buscada, «el contrastador de primer orden al que salen a ladrarle gozques».[40]

¿Táctica deliberada o mera impulsividad?

Cuando se le reprocha «las túrdigas que levanta el dómine en el pellejo de los aludidos»,[41] sus excesos, digámoslo así, se justifica el maestro con la inadecuación de «los artículos de madera como los sables de niños».[42] Pero no quita el que manifieste a veces su mala conciencia que, al fin y al cabo, también es conciencia, de la que *Flirtation legítima* y *No engendres el dolor* son, acaso, las más significativas expresiones.

¿No será que la agresividad no siempre está bajo control? Azorín, con su acostumbrada perspicacia, se refiere en su prólogo a *Páginas escogidas* a la noción de «desahogo» en la creación.[43]

Lo cierto es que a menudo —de sobra lo ha demostrado Martínez Cachero al estudiar sus polémicas— «Clarín», con una evidente irascibilidad «pierde su equilibrio», como sugiere Urbano González Serrano[44] sobre todo con los que contraatacan, que no se dan por vencidos después de la primera tunda. El ensañamiento de «Clarín», detrás del texto, es a menudo causa de una derrota en cuanto se

38. Carta de F. Giner de los Ríos a Clarín del 18-9-189- (*Boletín de la Institución Libre de Enseñanza,* XL, 1916, p. 59).

39. *Op. cit.* y *El caso Clarín: monomanía en forma impulsiva,* Gerona, Imp. de Paciano Torres, 1894, respectivamente.

40. Según Mario de San Juan, *Don Leopoldo Alas* in: *La Ilustración gallega y asturiana,* Madrid, 8-9-1881, p. 297.

41. Según J. A. Valdés en su *Prólogo* a *Siglo Pasado,* Madrid, A. R. López, 1901, p. 8.

42. *Guía de forasteros,* 1881.

43. Madrid, Calleja, 1917, p. 13

44. *Un día de luto* in: *La literatura del día,* Barcelona, 1903, p. 143.

trata de efectos mayores como desafíos, duelos o pleitos. No vale aprender la esgrima por «lo que suceda»: la irritación, por ejemplo, que siente «Clarín» por los jóvenes militares, no la acompaña la fuerza, el valor físico para dar la cara cuando ya no existe el baluarte del artículo o del texto.[45]

No olvidemos que en el Oviedo de la Restauración el agredido y el asediado es «Clarín» y que, después de 1883, su fuerza del orden la ejerce no como la guardia civil caminera sino como artillero parapetado detrás del texto del artículo, desde su cuartel general donde emite y recibe los mensajes y los ecos de las inquietudes por él provocadas.

«Así espoleaba «Clarín» el viejo corcel castellano con los pinchos de su ingenio y lograba sacarle de su andadura matalona y conseguía el milagro de hacer pensar en cosas espirituales a los boticarios de los lugares y a los aduaneros de la costa...», según escribía F. Navarro Ledesma en 1901.[46]

En esa incansable hasta lo caricatural inquietud intelectual y física y en la voluntad de comunicarla a los demás, por medio de la creación, hay un afán vitalista que puede ser una inquietante respuesta a la angustia del silencio y de la muerte. Pobre demiurgo que cuando llega el momento de escribir su cuento que era para él el domingo de cada semana literaria, no puede sentarse, por más que lo desee, a contemplar, siquiera un minuto, el espectáculo de su propia potencia, la bondad de la obra creada según su propio orden porque ese orden no es más que intelectual y encubre un profundo desorden interior...

La función terapéutica

Ese orden clariniano es, como se sabe, una construcción que aspira a una armonía cuyo secreto no encuentra el propio artífice y tanto su obra publicada como la no materializada son la expresión y el instrumento de esa búsqueda nunca acabada de un equilibrio.

Porque no cabe duda de que la obra de «Clarín» —y no sólo sus cuentos— es la «proyección de una vida», como dijo Laura de los Ríos, y es una fórmula acertada, por su resonancia psicoanalítica.[47]

Reflejos de la realidad, confidencias sobre su vida serán seguramente algunos temas o detalles que se autoseñalan por su recu-

45. Véase, por ejemplo, la llamada «cuestión con la Armada», *apud* M. Gómez Santos, *op. cit.*, pp. 118-125.
46. *Loc. cit.*, p. 370
47. El estudio que Sergio Beser dedicó a *Kant, perro viejo* (*En torno a un cuento olvidado de L. Alas*) in: *Cuadernos hispano-americanos*, mardo de 1969, n.º 31, pp. 526-548) contiene numerosas y luminosas intuiciones de todo lo que se intenta aquí sistematizar.

rrencia, como el miedo al frío, la obsesión por los hijos, el juego, las borracheras, los amoríos (de cabeza) y conforme se van exhumando documentos no literarios sobre «Clarín» las posibles correspondencias entre la realidad y la ficción aparecen con mayor fuerza.

Así, por ejemplo, las deudas secretas de Bonifacio Reyes en *Su único hijo* («que Emma no sepa nada») son posibles reflejos de deudas reales de «Clarín» como la de noviembre de 1890 que tiene un contexto similar: «Yo estoy hecho un jugador de billar tan malo como empedernido; mi mujer me cree corregido y por no darle un disgusto necesito 60 duros que ella no ha de saber de dónde salen ni que salen; quiero pagar esos 60 duros sin que ella sospeche tal deuda, sin pedírselos (es mi tesorera)».[48] Otros detalles como el del cartero, con la eventualidad contemplada de comprar su silencio, tendrán sus correspondencias en la vida de «Clarín».[49]

Pero no olvidemos que el reflejo es el del espejo del alma y que la personalidad de Clarín tiene «sobrado intríngulis» para que se interpreten literalmente las confidencias, por muy sinceras que parezcan. Además, impresiones de lo vivido e incluso hechos atestiguados no explican por qué «Clarín» se vacía tan impúdicamente en su propia obra, no quitan que la ficción haya podido contaminar la realidad como en el caso del protesto de octubre de 1893 presagiado en el cuento que lleva ese mismo título.

Hace falta, pues, interrogarse una vez más sobre la función de la creación, remontándonos desde el texto público hacia la trastienda de la obra, hacia lo más profundo e íntimo de «Clarín», con la importante rémora de que su biografía, a pesar de Adolfo Posada, Juan Antonio Cabezas y Marino Gómez Santos sigue mal conocida.

Crear, según dijo Freud, es soñar despiertos y parece evidente que «Clarín» sueña en su creación que podría ser otro: son sus fantasmas, propios del hombre insatisfecho. Por el conocido fenómeno de la compensación, vierte en el texto sus propias obsesiones por un sistema de representaciones que «viene a corregir la realidad que no da satisfacción».[50]

Desde luego, no era «Clarín» tan gallardo como el poeta Emilio Ferrari y sin caer en ningún determinismo, es cierto que su pequeña estatura, con un cráneo un tanto voluminoso en relación con la parvedad del cuerpo, sus quevedos de miope, su cabello rubio, sus ojos azules, el que fuera zurdo, su difícil elocución, etc.—, hacen

48. *Clarín y sus editores, op. cit.*, pp. 56-57.

49. Véase p. 277 de la edición de *Su único hijo* por Carolyn Richmond (Madrid, Espasa Calpe, 1979).

50. Sigmund Freud, *La création littéraire et le rêve éveillé* in: *Essais de psychanalyse appliquée*, Paris, Gallimard, 1983, p. 73.

de él todo menos el arquetipo del *latin lover* de entonces y eso pudo generar en él un complejo de inferioridad física.

Lo más probable es que sufriera de una excesiva timidez, peculiarmente frente a las mujeres, lo cual, según dijo Marino Gómez Santos, «dificulta lo que acaso desea ardientemente».[51]

Acudamos a lo creado, viendo por ejemplo cómo Bonifacio Reyes Alas que «no cabe producirse en sociedad» [52] se atreve, gracias al alcohol y a la presión irónica de sus comensales, a hacer un discurso y consigue conmover al auditorio. O como Celso Leopoldo Arteaga, el muy serio director de colegio («grave como un colchón»), en la carnavalesca circunstancia del entierro de la sardina, se arroja de rodillas a los pies de Cecilia Pla y con ademanes de Tenorio le ofrece su metafórica sardina metálica, acompañado de una declaración amorosa ardiente.[53]

La creación y su embriaguez, ¿no será el alcohol de Leopoldo Alas, su manera de establecer relaciones fáciles porqué son mágicas cuando tiene dificultad para comunicar oralmente, directamente, en presencia del interlocutor?

Así confiaría «Clarín» a lo escrito, *a posteriori*, lo que no se atrevió a declarar,[54] como una botella que se echa a la mar y llegará acaso a su único destinatario (destinataria), como en el caso de *Doctor Sutilis* (la prima de la que tanto habla a Pepe Quevedo, confidente-espejo por mediación del texto) o en un *Documento* que algo tiene de mensaje codificado...

¿Encontraría «Clarín» en tal práctica una compensación para posibles inhibiciones y frustraciones señaladas hace años por Albert Brent? [55] Pero ¿existe acaso una comunicación más frustradora y desesperante que *El dúo de la tos*? Es de notar que las representaciones de la comunicación casi siempre desembocan en el exceso, en la caricatura o el fracaso y lo más frecuente es que en la creación sólo se llegue a sugestiones, sin atreverse «Clarín» a sacar todas las consecuencias, siquiera ficticiamente, como en un sueño controlado y vergonzoso. Como un adulterio que no llega a consumarse. Como si todas esas situaciones de comunicación silenciosa —miradas en el teatro, adoración muda llena de sensualidad reprimida— fueran los efectivos pero ininteligibles mensajes del hombre acomplejado, con temor al ridículo, que, por otra parte, manifiesta sin llegar a emanciparse, su visión negativa del matrimonio, «infe-

51. *Op. cit.*, p. 46. Sobre el particular, véase también F. García Sarria, *Clarín o la herejía amorosa, op. cti.*

52. *Su único hijo,* ed. cit., p. 104.

53. Leopoldo Alas, *Treinta relatos,* Madrid, Espasa Calpe, 1983, pp. 364-366.

54. Como en *Aprensiones* (*Treinta relatos, op. cit.*, p. 190).

55. *Leopoldo Alas and «La Regenta»*, University of Missouri, 1951, pp. 80 y ss.

liz esclavo» de su mujer, Onofre: ¿la pluscuamperfecta casada? Desdémono potencial de su Otela.

Obsérvese como todas las amantes posibles para historias de amor imposibles son protagonistas de amoríos de cabeza», amoríos de creación y son causa, en la compleja psicología de «Clarín», de un sentimiento de culpabilidad, de haber pecado por intención pero sin acción.

La creación, pues, es vivir todo lo no vivido, lo no visible, la transgresión mágica de todos los interdictos de la moral social y religiosa y su séquito de rigorismo o puritanismo defendido por el «héroe», la máscara que permite al honrado catedrático ovetense echar literariamente unas canas al aire en los lugares y juegos prohibidos, y más que máscara, antifaz más o menos apretado en la cara.

Aun cuando siempre acabe imponiéndose la moral y el deber, no cabe duda que la creación tiene para «Clarín» una función catártica; es su paño de lágrimas.

Ahora bien: la creación ¿puede también tener una función terapéutica?

Creo que pudo existir tal ilusión en «Clarín». Veamos cómo.

Sin querer hacer una patología descriptiva de «Clarín», es imposible no referirse a los trastornos físico-psíquicos de que sufre en una crisis permanente y más o menos aguda. «Clarín» es un inquieto, física e intelectualmente, con esa «horizontalidad vibratoria en la mirada», esa «incansable rotación de los ojos y del intelecto» a que aludía Francisco Navarro Ledesma.[56] Para éste era «Clarín» «de la casta de estos individuos inquietos, desasosegados, hiperestésicos, azarantes como suele decirse... faltos de calma y muchas veces de medida, violentos, exagerados, impulsivos, fatales como verdaderas máquinas...», «era una verdadera tarabilla», «errante y nómada como un ario». «En resumidas cuentas creía que la vida era una escalera sin descansillo».[57]

Tal temperamento y conducta de vida, confirmada por otras fuentes, tiene su manifestación patológica en lo que «Clarín» llama —sin más» «los nervios»; le «molestan los nervios», tiene «ataques de nervios».

La creación, el mero acto de escribir o lo que «Clarín» denomina «la esclavitud de las cuartillas blancas» son liberaciones para esa inquietud y la tensión nerviosa que origina.

De esa tensión es reveladora la escritura material, la letra de «Clarín».[58]

56. *Loc. cit.*, p. 366.
57. *Ibid.*, pp. 364-365.
58. Un análisis grafológico de Clarín se encuentra en *Barcelona cómica* del 10 de noviembre de 1894, según me indica M. José Tintoré. Lutzybe diagnostica que en él «la lucha entre el corazón y la cabeza, entre los sentimien-

Como es sabido, éste escribe de un tirón, sin arrepentimientos, con un aplomo que contrasta fuertemente con su timidez casi patológica; tiene una manera casi jaculatoria de escribir que le lleva a no cuidar la legibilidad para no retardar la materialización, en un estado de «sobrecogimiento»,[59] de semi-exaltación, acto extenuante por tratarse de un desequilibrio permanente por el que se libera la presión de las ideas acumuladas en su cabeza hirviente, como una olla de vapor.[60] Así escribe sus paliques cuya fragmentada génesis parece adecuarse al ritmo de su producción material, escritos como esas letras a que se refiere Adolfo Posada, que «parecen borrachas o mejor nerviosas, como escritas febrilmente a escape, con velocidad pasmosa, bajo la acción de un pensar concentrado, intenso, dominador, potente, lleno de fuerza, que se atropella al tener que salir como hilo de agua cristalina a gran presión, por el canal finísimo de la ingrata pluma de acero».[61] Así escribió *La Regenta* a costa de tener los nervios «como riendas de diligencia».

Porque si la creación-objetivación liberadora, con fuerte contenido narcisista, actúa como válvula de escape, sólo se trata de un alivio pasajero y la exaltación, en ciertas ocasiones eufórica, puede conducir al abatimiento, a la depresión nerviosa y la higiene de vida que le aconsejan los médicos (pasear, no escribir a altas horas de la noche, divertirse en las fiestas, practicar la esgrima —¿como sustituto de la pluma?—[62]) está evidentemente encaminada a corregir tales desequilibrios que desembocan en el sufrimiento de «no estar para ello» y de querer «estar para ello», de llegar la hora de coger la pluma de hacer pesetas y nada, y a pesar de ello tener que convertir, a fuerza de trabajo, la cuartilla en mercancía.

La creación como acto de escribir es pues liberadora y resulta alienante, cuando «Clarín» quiere que sea desalienante.

Aquí cabe aludir, sin proponer diagnóstico, a esos ataques con «mil rarezas nerviosas muy molestas e indescriptibles»,[63], sobre las que «Clarín» no da oficialmente muchos detalles.

Pero precisamente, ¿son tan indescriptibles? Las descripciones de las perturbaciones paroxísticas o no de Emma Valcárcel o Ana Ozores, ¿son formas de histeria tomadas de Charcot o de la propia

---

tos y la conciencia debe ser titánica», y añade: «Gráficamente se dice de un hombre que tiene un infierno en la cabeza. Esto viene a ser lo que quiero expresar». Véase también *Clarín y sus editores, op. cit.*, pp. 8 y 14.

59. El «état de saississement», según Michel M'Uzan (*Apercus sur le processus de la création littéraire* in: *Revue française de psychanalyse,* XXIX, 1965, n.° 1, pp. 45-46).

60. Según observa J. Blanquat, parece ser que Clarín «no domina, no dirige su creación» (*Clarín y sus editores, op. cit.*, p. 49, nota 73).

61. *Escritos inéditos de Clarín, loc. cit.*, p. 168.

62. *Trece cartas..., loc. cit.*, p 155

63. *Ibid.*, p. 148.

experiencia clariniana? Las formas de desdoblamiento de la personalidad, esos «despliegues» casi esquizofrénicos descritos/escritos por «Clarín»,[64] ¿no funcionan como un instrumento de conocimiento por la objetivación, como un exorcismo a falta de soluciones médicas, como un tratamiento auto-recetado y auto-administrado? En la ciencia podría, pues, haber buscado «Clarín» no la verdad, sino el consuelo, como escribe Laureano Bonet.[65]

Posiblemente sufriría «Clarín» de una especie de neurosis de angustia; por lo menos, muchos síntomas tiene de dicha enfermedad.[66]

Clarín era aprensivo, patológicamente aprensivo y esa aprensión se polarizó en sus hijos con sus consabidas manifestaciones literarias o no: ahí están las confidencias a sus corresponsales («me mortifica mucho el estar ausente de mi mujer y de mis hijos» escribe, por ejemplo, a Rafael Altamira en 1891, cuando apenas lo conoce aún),[67] el personaje de Bonifacio Reyes, el poema *Carne de crítico* publicado gratuitamente (¿por qué?) en *Militares y paisanos*[68] con

64. En un *Palique* publicado en el *Madrid Cómico* del 7 de marzo de 1891, se refiere Clarín a su amigo Sánchez Calvo, autor de *Lo maravilloso-positivo,* quien «les saca mucha miga a estas casi alucinaciones: a estos despliegues de personalidad.

65. *Clarín y las heridas de la cultura* (*La Vanguardia,* Barcelona, 20-3-1984).

66. Son la espasmofilia, la tetania, el stress psicológico, la rectocolita úlcero-hemorrágica, la colopatía funcional, la angustia de la defecación incompleta (*L'anxiété. De quelques métamorphoses de la peur,* Paris, Laboratoire Diamant SA, 1975, pp. 8-10). Sobre este último síntoma, véase por ejemplo, las cartas de Clarín del 3-4-1883 y del 17-5-1895, *apud* M. Gómez Santos, *op. cit.,* pp. 49-50.

67. *Trece cartas...,* op. cit., p. 164.

68. Madrid, n.º 1, 1 de enero de 1896, p. 3. El poema dice así:

Tengo un hijo enfermo
quisiera que el alma
que tengo en el pecho
tuviera mi carne
tuviera mis nervios,
todos sus dolores
para padecerlos.
Mi pena es más pena.
pero no es del cuerpo;
yo lloro, yo sufro,
pero no padezco
la sed que le abrasa,
el ansia del pecho...
todos los dolores
de que estoy tan lejos
aunque están mis labios
dándole mil besos...
Quisiera, quisiera...

sus extrañas pero claras correspondencias con el relato *Un Voto*.[69]

Esa patológica aprensión, cuya motivación subconsciente ignoramos, llega incluso a veces a un sentimiento de culpabilidad aun cuando no haya tal culpa —como en el caso de *Aprensiones*—[70] y a la muy neurótica también autoacusación: es, por ejemplo, la mala conciencia del crítico en *Flirtation legítima* o el remordimiento de Don Diego o de Caín en *El Viejo y la niña* y *Benedictino* respectivamente. El autocastigo será, en tales ocasiones, confesar públicamente su pecado, por una forma de expiación ante los anónimos testigos que componen el público.

Con eso llegamos a la función primordial de la creación en «Clarín» que es la liberación de los pecados por confesión pública, a falta de confesión auricular; una manera de llegar a la paz de la conciencia de la cual diría «Clarín», como el Emilio Serrano de *Aprensiones*, que es «lo único mío».[71]

En su edición de *Treinta relatos* de «Clarín», Carolyn Richmond se refiere a menudo a todas esas «briznas de vida», culpas y sobre todo posibles culpas, tentaciones más que pecados propiamente dicho.

Es cierto, por ejemplo, que algún que otro soliloquio de Bonifacio Reyes se parece mucho a un examen de conciencia en voz alta y no cabe duda que los especialistas del discurso podrían sacar a luz coincidencias entre el estilo directo de los personajes y el monólogo de los confesandos, toda vez que el personaje es la objetivación de una parte del escritor.

Tan impúdica auto-acusación con la que pondría «Clarín» su alma al desnudo, contrasta fuertemente con su recatado y ostentado puritanismo y hace falta explicar esa aparente duplicidad.

Podemos suponer, por una parte, una actitud del intelectual que sufre y desea comprender lo que le está pasando, dotarse de su propia terapéutica, a falta de otra, después de haber comprobado que de algo le servía, dándose a sí mismo el espectáculo distanciado

---

¡Ah! ¡Ahora comprendo
por qué Dios al mundo
bajó desde el cielo,
y quiso ser hombre,
y su amor inmenso
tomó sangre humana
que vertió contento!
....
¡Para mí la fiebre de
de mi niño enfermo!

(Febrero del 92)

69. *Treinta relatos, op. cit.*, pp. 171-172.
70. *Ibid.*, p 189
71. *Ibid.*, p. 191.

de sus propios males, con el evidente anhelo de encontrar el alivio. La soledad y desesperación de nuestro gran pequeño hombre es, a ese respecto, impresionante y desgarradora.

Pero lo temprano del recurso hace imposible descartar la hipótesis de un comportamiento semi-patológico para un tímido que se confiesa en su creación para entablar una comunicación no establecida (con la mujer deseada, por ejemplo) o imposible de establecer (con un director espiritual).

Hay en todo esto una dimensión lúdica, un como juego de «Clarín» consigo mismo, con un paso continuo de actor creador a espectador de sí mismo, de su propia impudicia exhibicionista, con la misma voluptuosidad narcisista y reprimida que Ana Ozores en el confesonario, esa «alcoba espiritual».[72]

Aquí habrán de terciar los especialistas de psico-análisis que como Michel M'Uzan señalan el valor funcional del proceso de creación literaria como actividad de representación, de escenificación y dramatización donde lo representado es una experiencia mítica de lo real, una puesta en orden que puede relacionarse con un intento de dominio de la angustia natural que lleva a «Clarín» a vivir con la idea de la muerte.

En ese intento de puesta en orden, la voluntad contradictoria de placer (la satisfacción narcisista) y de dar placer (el impulso objectal) genera siempre, según los psicoanalistas, un público ficticio, una figura interior, un «otro» anónimo.[73]

Como es sabido, todo escritor tiene tendencia a desdoblarse espiritualmente en sus personajes, a hacer una transferencia y a vivir en su ficción o por medio de su ficción. Así pues Jorge Arial o Celso Arteaga son como *alter ego* de Leopoldo Alas, el yo de «Clarín» es otro, o, como escribió Guy Michaud, «el yo sale, por decirlo así, de sí mismo y se ve como desde fuera, como si fuera otro».[74] Ese otro yo, ¿no será el yo de refresco» a que se refiere «Clarín» en su Palique del 7 de marzo de 1891, no sólo el del histérico de los sabios citados por Binet, sino «el extranjero vestido de negro que se nos parece como un hermano y que sin embargo difiere de aquel que nosotros creemos ser»? [75]

Al permitir la verbalización de los sentimientos, el texto tiene, al fin y al cabo, la misma neutralidad bondadosa que el analista y permite acaso, que como dice «Clarín», «el alma sea vista por dentro».

Crear es vivir. Otros se adentrarán por las «abismales hondu-

72. *La Vanguardia,* Barcelona, 20-3-1984, p. 44.
73. Citado por Anne Clancier in: *Psychanalyse et critique littéraire,* Toulouse, Privat, 1973.
74. *Le visage intérieur,* citado por Anne Clancier, *op. cit.*
75. *Ibid.*

ras de la vida serena e inquieta, nerviosa y tranquila, de tempestades sin oleaje externo, de problemas adentro» de «Clarín» y sabrán echar más luces sobre la opaca transparencia del texto-confesonario.

Pero a través del análisis del proceso de creación, literaria sobre todo, se habrá percibido —eso espero por lo menos— un valor funcional que obviamente trasciende la mera instrumentalización alimentaria, garbancesca, que le atribuye el propio «Clarín».

«Escribir es vivir» decía él. Pues creo que detrás de la celosía de sus textos aun por descriptar o detrás del disfraz/antifaz de sus personajes está nuestro «Clarín», con su ambiciosa empresa demiúrgica y su terrible angustia de hombre, solo a pesar de «los cien artículos... que escribe a los treinta y dos vientos», y ese hombre, lo mismo que Bonifacio Reyes crea a su único hijo como última salvación, confía acaso a la creación —exutorio sin salida— la muy prosaica y trascendental función de sobrevivir.

TEMPORALIDAD, MEMORIA Y ENSUEÑO EN LA OBRA DE «CLARIN»

LAUREANO BONET
Universidad de Barcelona

«...el sonido es eminentemente idóneo como eco del alma» (HEGEL: *Lecciones de estética*).

Antes de adentrarme por la temática propuesta para la presente conferencia sería conveniente, tal vez, confesar la historia llamemos «secreta» de este *viaje* intelectual por alguno de los terrenos más sugestivos, a mi juicio, de la prosa clariniana. En un primer momento —y tras una cuidadosa lectura— seleccioné diversos textos de Leopoldo Alas en los que la memoria espontánea, afectiva, actúa como recurso narrativo o constituye motivo de reflexión teórica. Me fascinaba rastrear en nuestro autor aquellas páginas que encierran algunos rasgos llamemos proustianos *avant la lettre* (el espíritu de Proust, por cierto, aleteará más o menos visible durante estos sesenta minutos de lectura), rasgos que varios críticos han estudiado ya parcialmente. Pronto me di cuenta que —al lado de las incitaciones memorísticas de índole gustativa, visual u olfativa—

1. Sobre los posibles elementos pre-proustianos implícitos en Clarín véase, por ejemplo, Mariano Baquero Goyanes, *La novela española en la segunda mitad del siglo XIX*, en G. Díaz-Plaja [ed.] *Historia General de las Literaturas Hispánicas*, Editorial Barna, Barcelona, 1958, tomo V, págs. 123-124. También alguna aguda sugerencia en Sergio Beser, «*Sinfonía de dos novelas.* Fragmento de una novela de *Clarín*», *Insula*, Madrid, octubre, 1960, núm. 167, año XV, págs. 1 y 12 (recogido en J. M. Martínez Cachero [ed.], *Leopoldo Alas «Clarín»*, Serie «El escritor y la crítica», Taurus, Madrid, 1978, págs. 238-244)). Cabe destacar, finalmente, Benito Varela Jácome, *Leopoldo Alas «Clarín»*, Colección «Escritores de todos los tiempos», EDAF, Madrid, 19880, págs. 164-167.

existían otras que la investigación clariniana aún no había analizado,[2] quizá, curiosa paradoja, por su naturaleza de clisé literario: los críticos, a menudo, repudiamos instintivamente lo más nítido, lo más obvio, anhelando, por el contrario, lo más sibilino, lo más oscuro. Me percaté, en suma, de la existencia en la obra literaria de Leopoldo Alas de diversos *estímulos* musicales en algunas de sus páginas rememorativas, estímulos que facilitan el despliegue en forma de emocionalidad refinadamente «lírica» —gracias a un exaltado sensorialismo— de la memoria, el ensueño, y ello mediante una fluencia psíquica espontánea, nebulosa, *líquida*: el arte de los sonidos como revelación de «lo oculto» en nuestra alma, a simple vista el vacío y la nada, según escribiera el propio Marcel Proust.[3]

Se trata, insisto, de una convención estilística ya un tanto desgastada y localizable en numerosos relatos de estos últimos cien años. Recurso novelesco cuyo carácter tópico facilita precisamente su descodificación por parte de este cómplice enamoradizo y cínico llamado lector. Me atrajo, vuelvo a repetir, esa cualidad de lugar común, superada ya por buena parte de la estética musical de nuestro siglo, tan austeramente formalista, y que —sobre todo a partir de Igor Strawinsky—[4] cuestiona los contenidos sentimentales del

2. Mario Damonte no toca el muy particular —si bien hoy tan tópico, repito— papel evocador del sonido musical en su, por otro lado, exhaustivo, trabajo «Funzione dei referimenti musicali ne *La Regenta* di Clarín», *Omaggio a Guerrieri-Crocetti*, Genova, 1971, págs. 5-47. Noël M. Valis, por el contrario, reflexiona atinadamente sobre la función estimuladora de la música en *Su único hijo* por crear «the lyricism of reverie», su «vagueness and suggestiveness», señalando, a partir de ahí, las coincidenocias existentes entre el escritor asturiano y los simbolistas franceses. Véase, efectivamente, Noël Maureen Valis, *The Decadent Vision in Leopoldo Alas*, Louisiana State University Press, 1981, muy en particular págs. 124-126 y 133-134. Discrepo un tanto con esta investigadora, sin embargo, en su afirmación de que Clarín «was not a devotee of Wagnerian opera», (*ibid.*, pág. 133): un relato tardío y quizá, en algún aspecto, autobiográfico —en el sentido ideológico e incluso psíquico, de la palabra— como *Cambio de luz* demostraría lo contrario, según apunto en la presente conferencia. Quizá, de hecho —y aquí sí asumo en parte el planteamiento de la profesora Valis—, debería hablarse del mayor conocimiento por Clarín de la ópera italiana entendida como audición, o espectáculo y, al mismo tiempo, destacar su vivo interés teórico por la estética wagneriana. Carolyn Richmond estudia el ambiente wagneriano que impregnaba la cultura española de la Restauración —y su incidencia en el autor de *La Regenta* en el artículo (en curso de publicación) «*Las dos cajas* de Clarín y otras dos de Marsillach: una fuente literaria desconocida».

3. Comenta, por ejemplo, Proust en la mejor tradición romántico-simbolista al desmenuzar el impacto de la *frase* de Vinteuil en Swann que los sonidos emitidos por el teclado del piano nos muestran «quelle richese, quelle variété, cache à notre insu cette grande nuit impénétrée et décourageante de notre âme que nous prenons pour du vide et pour du néant» (Marcel Proust: *Du côté de chez Swann*, en *A la recherche du temps perdu*, Pléiade, 1982, tomo I, pág. 350).

4. Escribe, por ejemplo, el compositor ruso —en actitud extremosa-

lenguaje sonoro, si bien hoy volvamos hasta cierto punto a sumergirnos en dicho emocionalismo, dada la atmósfera neorromántica que respiramos de un tiempo acá: esa ambigüedad —la tradición formalista del siglo XX, la nueva sensibilidad romántica de estos últimos años— nos permitirá acaso comprender mejor las razones ocultas de tal recurso y, a la vez, observarlo con ojos un tanto fríos. Me atrajo, en fin, la aventura expectante, acaso abocada al fracaso, que encierra ese curioso fenómeno de la *música literaturizada,* o la *literatura musicalizada,* sobre todo en un momento histórico —la segunda mitad del siglo XX— en que algunos escritores, familiarizados con los opúsculos teóricos de Richard Wagner, rechazan la gangrena de una desmesurada abstracción de la palabra poética y, consiguientemente, van en pos de un sensorialismo en apariencia brumoso pero que facilita el redescubrimiento de los tejidos más puros del lenguaje literario: el romanticismo en su acepción más sutilizada, esto es, el simbolismo, y que incluso, en el caso de la narrativa española, enriquecerá a un escritor comprometido con el naturalismo como fuera Leopoldo Alas.

El itinerario que seguirá la presente conferencia, la cual debería tener, por todo lo dicho hasta ahora, el subtítulo de *La música como huella metafórica (en Clarín)*— se apoya en los tres puntos siguientes: en primer lugar, la música como «síntoma» romántico en el siglo XIX, por ser, creíase, el arte menos corrompido por la abstracción racionalista. Incidencia de tal hecho en la propia literatura, en el sentido de que lo musical, transformado en *metáfora,* subraya, condiciona, determinados momentos «líricos» del texto novelesco. Estudiaré, al respecto, y en segundo lugar, varios de esos momentos *musicales* en la narrativa de Leopoldo Alas, repasando al mismo tiempo algunas reflexiones teóricas de nuestro escritor sobre dicha cuestión. Análisis de los fines que encierra esa simbiosis entre la literatura y la música en «Clarín»: el asedio de las entrañas psíquicas del hombre, y de ahí la fértil contradicción en que cae el autor de *La Regenta* y caerían, en un sentido más radical, los poetas simbolistas, desgarrados entre la impotencia del lenguaje verbal por capturar fielmente dichos estados anímicos y su oficio de escritores,

---

mente antirromántica— que «Yo considero la música, en su esencia, impotente para expresar sea lo que sea: un sentimiento, una actitud, un estado psíquico, un fenómeno de la naturaleza, etc. La expresión no ha sido nunca propiedad inmanente de la música. Su razón de ser no está, de ningún modo, condicionada por aquélla. Si, como siempre acontece, la música parece expresar algo, esto es simplemente una ilusión y no una realidad» (I. Strawinsky: *Chroniques de ma vie,* Demoël et Steele, París, 1935, II, pág. 116). Al aludir Henri Pousseur a los contenidos emocionales que la estética decimonónica ha incrustado en el arte de los sonidos habla, no sin cierta ironía, de la función *monetaria* de éste, dado que la música se ha convertido —o la han convertido— en poco más que «el *símbolo* de otra cosa» (Henri Pousseur: *Música, semántica, sociedad,* Alianza Editorial, Madrid, 1984, pág. 21).

es decir, de manipuladores de la palabra ,contradicción que intentan superar en parte mediante esta *musicalización* de la literatura, lo cual supone la ardua búsqueda de un lenguaje trufado, repito, de «extrañas figuras» o metáforas.[5] Por último, y en tercer lugar, el apartado ciertamente más discutible de la presente conferencia: la hipótesis de que tal fusión entre palabra y música pudiera muy bien ser indicio de un romanticismo encubierto o reprimido en «Clarín» que, a la postre —a partir, sobre todo, de los últimos años ochenta— se rebela, se enfurece, estalla, rasga el control racionalista, y consigue brotar, derramarse por la superficie del texto literario, lo cual sugeriría a la larga un posible acercamiento del novelista a la generación modernista de 1898.

El pasado siglo será testigo, a grandes rasgos, de un enfrentamiento entre la razón y los sentimientos, teniendo lugar así un desdoblamiento cultural del hombre en dos gajos creíase irreconciliables. Tal es la tesis sostenida por Richard Wagner en algunos de sus escritos teóricos, músico, por cierto, de rara influencia entre los poetas simbolistas, conforme señala Edmund Wilson en su *Axel's Castle*.[6] Indica, por ejemplo, el creador del *Tannhaüser* que, a lo largo del XIX, tiene lugar una lenta recuperación de nuestro pequeño mundo afectivo, imaginario, traicionado por la palabra literaria, tan abstraída por el racionalismo dieciochesco. Y esa recuperación será posible gracias al arte musical que reflejaría con notable fidelidad las emociones más vivaces, más hondas, del hombre: de ahí que el

5. Tal vez una clave de esa presunta acción desveladora de los pliegues anímicos más herméticos que ejerce la música —e incapaz, diríase, de ser asumida por el lenguaje verbal— anide indirectamente en un precioso texto de Bergson recogido por Clarín. Al hablar del, a su juicio, fracaso galdosiano por intentar recomponer lingüísticamente los estados psíquicos más hondos, más «inefables», de los protagonistas de *Realidad,* transcribe nuestro autor el siguiente fragmento del *Essai sur les données immedoiates de la conscience*: «No hay que extrañar que sólo aquellas ideas que menos nos pertenecen se puedan expresar adecuadamente con palabras» (Clarín: *Ensayos y Revistas,* Manuel Fernández y Lasanta, Madrid, 1892, pág. 299 n.). Comp. con el propio texto bergsoniano, inserto en la primera ed. de la obra, manejada por Leopoldo Alas: «Il ne faut donc pas s'étonner si celles-là seules de nos idées qui nous appartienonent le moins sont adéquatement exprimables par des mots...» (Henri Bergson: *Essai sur les donées immédiates de la conscience,* Félix Alcan, París, 1889, pág. 102). Sería útil, por cierto —y siempre bajo la presencia de Schopenhauer, Wagner y Bergson— perfilar en lo posible el alcance teórico, creativo, de la *novela lírica* en el «último» Clarín («lo lírico» emparejado a veces semánticamente con «lo musical» a modo de metáfora bifronte): en este sentido los artículos reunidos en *Ensayos y revistas* encierran preciosas huellas léxicas y ambiciosos tanteos ideológicos.

6. Comenta, pongo por caso, este crítico que «the influence on Symbolist poetry of Wagner was as important as that of any poet: at the time when Romantic music had come closest to literature, literature was attracted toward music» (Edmund Wilson: *Axel's Castle,* Charles Scribner's Sons, New York, 1959, pág. 19).

propio Wagner defina la música como el arte *romántico* por excelencia, sosteniendo que las emociones —conformadoras del llamado *hombre interior*— son inexpresables por el lenguaje construido con palabras, al ser éste el «órgano del entendimiento».[7] Comprendemos así su tesis —que, por cierto, tanto fascinaría a Baudelaire— de que los «confines» más refinados de la poesía «abocan a la música».[8] En dicho planteamiento wagneriano se adivinan algunos conceptos de Arthur Schopenhauer, filósofo, por cierto, de honda huella en «Clarín», según tendremos ocasión de ver más adelante. Escribe, por ejemplo, este pensador que la música «pinta [...] todo lo que está enmascarado por la razón bajo este concepto negativo tan amplio que llamamos sentimiento, todo aquello que se resiste ser abstraído por la razón. De ahí proviene que se haya llamado a la música la lengua del sentimiento y de la pasión, como las palabras, a su vez, son la lengua de la razón».[9]

«Clarín» sería, en cierto modo, reflejo miniaturizado de esa escisión cultural en que se debate el siglo XIX, por una parte, repito, un intelectualismo a ultranza —que cuaja en la estética realista— y, por otra, la lava emocional ardiente, oculta, que estallará en los sucesivos, y cada vez más depurados, romanticismos que jalonan dicha centuria, si asumimos, aquí, el planteamiento esgrimido por críticos como el ya citado Edmund Wilson u Octavio Paz.[10] En la etapa inicial de la carrera literaria de Leopoldo Alas el racionalismo, efectivamente, parece imperar sobre la sensibilidad idealista, «ro-

7. Ricardo Wagner: *La poesía y la música en el drama futuro*, Austral, núm. 145, Espasa-Calpe Argentina, Buenos Aires, 1953, pág. 88. Recordemos que Manuel de Falla aludiría, un tanto despectivamente, al «romanticismo exasperado» de Wagner en un artículo publicado en *Cruz y raya* en 1933 (véanse sus *Escritos sobre música y músicos, Austral*, núm. 950, Espasa-Calpe, Madrid, 1972, tercera ed., pág. 115).

8. Ricart Wagner: «Musique del pervindre», en *Obres teoriques y critiques*, vol. I, Associació wagneriana, Barcelona, 1909, pág. 31. Se trata de un texto incluido en la famosa carta que el compositor escribiría a Fréderic Villot, con fecha de 1860. Baudelaire citará un año más tarde estas palabras —asumiendo su hondo significado estético— en el hermoso artículo «Richard Wagner et le *Tanhäuser* à Paris», *Oeuvres complètes*, Editions du Seuil, París, 1979, pág. 514.

9. Schopenhauer: *Le monde comme volonté et comme représentation*, P.U.F., París, 1966, pág. 332. Recordemos que para el musicólogo W. H. Hadow «Wagner [fue] el discípulo más fervoroso que tuvo Schopenhauer en Alemania, mediado el siglo XIX (W. H. HADOW: *Ricardo Wagner*, Breviario núm. 54, FCE, México, 1966, segunda ed., pág. 71 n.).

10. Véase el planteamiento de Octavio Paz en torno al modernismo como «metáfora» del romanticismo en *Los hijos del limo*, Seix Barral, Barcelona, 1974, segunda ed., especialmente págs. 126-128 y 216-218. Un intento personal por conciliar estas dimensiones tan encontradas —la objetivación racionalista y el subjetivismo romántico— parece desprenderse, sin embargo, en algún texto tardío de Clarín, según demuestra, por ejemplo, la cita del prólogo a su traducción de *Travail* recogida en nota 11.

mántica». Pero incluso en tal período juvenil podemos atisbar en el escritor asturiano ese nervio *romántico,* aún latente, encarnado a veces, significativamente, por metáforas musicales. La reseña sobre *Recuerdos de Italia, de Castelar,* escrita en 1876 es, por ejemplo, muy significativa, según atestigua Yvan Lissorgues.[11] En este artículo hay ya, por cierto, algún símil, ciertamente muy lexicalizado, muy tópico, y alusivo al sonido musical como signo de *lo oculto,* lo imaginativo, lo emocional, en el hombre. Comenta «Clarín», pongo por caso, que Castelar «con la música de su palabra nos orienta en el camino de la fantasía», conduciéndonos de ese modo «a los vergeles de su espiritualismo». Pero se aleja nuestro autor de ese retoricismo un tanto cansino al sugerirnos al mismo tiempo, y con espléndida metáfora, por cierto, que el alma, hundida en la más profunda subjetividad, lagrimea en nuestra conciencia, imagen que exhala sin duda una semasia intensamente emocional, y fácil de localizar —la lágrima como referente *melancólico*— en el futuro proceso clariniano de la literaturización de la música. Escribe, así, nuestro autor que «al terminar la lectura [de *Recuerdos de Italia*], las lágrimas han rodado por las mejillas, y se podría creer que vienen derechas de la conciencia: no son lágrimas de dolor, ni son lágrimas de alegría: son lágrimas de conciencia: nuestra alma, negada por nosotros mismos, vive como planta descuidada en el fondo de nuestro ser...».[13]

11. Frente a la tan rígida tesis de un Clarín juvenil racionalista «versus» un Clarín maduro espiritualista, *lírico,* Yvan Lissorgues subraya, efectivamente, que «Le Clarín de 1876 [fecha de la publicación en *Revista Europea* de su reseña sobre *Recuerdos de Italia*] n'est, dans le fond, pas aussi eloigné du «chercheur de spiritualité qu'l sera de 1890 à 1901, en tout cas que le second est en germe dans le premier» (Yvan Lissorgues: *La pensée philosophique et religieuse de Leopoldo Alas, Clarín. 1875-1901,* Editions du CNRS, París, pág. 259). Esta tesis de agudo alcance dialéctico quedaría confirmada, creo, por el propio Leopoldo Alas quien, ya a las puertas de la muerte, escribirá, rememorando su carrera literaria, que «En España, tuve el honor de ser el primero, allá en mi juventud, casi adolescente, que defendió las novelas de Zola de entonces (para mí las mejores de las suyas), y hasta su teoría naturalista, con reservas, como un oportunismo» para, más adelante, puntualizar reveladoramente: «Era yo entonces, sin embargo, tan idealista como ahora, así como soy ahora tan naturalista, como entonces» (Leopoldo Alas: «Prólogo del traductor», en Emilio Zola, *Trabajo,* Maucci, Barcelona, s.a., tomo I, cuarta ed., pág. 8; la primera ed. data de 1901).

12. Leopoldo Alas: «Castelar. *Recuerdos de Italia.* Segunda parte», en *Solos de Clarín,* Fernando Fe, Madrid, 1891, cuarta ed., pág. 97. Artículo aparecido inicialmente en *Revista Europea,* Madrid, núm. 141, 5 de noviembre de 1876.

13. *Ibíd.,* pág. 43. Comp. este texto con el fragmento de *Cambio de luz* citado en nota 44 en el que la lágrima parece «signo» de la incapacidad por parte del lenguaje verbal, lógico, por captar —e interpretar— el misterio arremolinado en la intimidad del ser humano, cuya *voz* es, precisamente, el sonido musical.

Situémonos ahora a comienzos de 1884, fecha de publicación de *Las dos cajas,* relato perteneciente a la etapa, sin duda, de mayor compromiso naturalista por parte de Leopoldo Alas. No resulta difícil detectar en sus páginas el hilo semántico que conecta los conceptos de *intimismo, profundidad, inefabilidad,* rasgos tipificadores —considera el autor— del sonido musical. Comenta .Clarín», pongo por caso, que Ventura, el protagonista, «había descubierto en sus soledades de artista misterios de la música [...], expresión de las profundidades más bellas e inefables del alma»,[14] texto, ciertamente, que define el sonido musical como la *voz* de la más recóndita vida psíquica. Por otro lado, es visible también en *Las dos cajas* un maridaje de contenidos significativos entre *intensidad anímica* y *música,* y ello mediante la presencia de una palabra clave, de indudable estirpe romántica, si bien un tanto discutible para nuestra sensibilidad actual, en la que se ha impuesto ya una imagen del arte como «máscara» irónica: la *sinceridad.* En efecto, plasmar una «música sincera» [15] es el constante anhelo de Ventura, aun cuando la otra cara de la moneda —y bien agria, por cierto— sea el fracaso público, en el sentido de que la vehemencia romántica conlleva, a la postre, el desmoronamiento del personaje. Ahora bien, este espontaneísmo y transparencia que se considera típicos del lenguaje de los sonidos aún se acrecienta más en la siguiente cita, mediante unas connotaciones sacralizadoras muy significativas. Escribe Leopoldo Alas que para Ventura «era el arte religión [...], como formando parte de la expresión artística de la religión misma»:[16] índole *sagrada* de la música —y del músico— otro de los grandes mitos del romanticismo y que nos remite, por ejemplo, a algunos textos de Schopenhauer y Wagner. Así el autor de *El mundo como volun-*

14. Leopoldo Alas: *Las dos cajas,* en *Obras selectas,* Biblioteca Nueva, Madrid, pág. 882. Relato publicado en el *Almanaque de la Ilustración Española y Americana* para 1884, Madrid, págs. 136-144 [fechado, «Madrid, junio 1883»]. Comp. este texto con el fragmento proustiano citado en nota 3 y repárese en las curiosas afinidades ideológicas, incluso retóricas, que encierran, demostrativo todo ello de que ambos escritores se mueven en una parecida onda romántico-simbolista, onda que potencia, sutiliza al máximo, convenciones, modos, conceptos, anhelos, por lo demás típicos, incluso reiterativos, en los salones musicales de la burguesía europea del pasado siglo. Recordemos, además, que Edmund Wilson —en el ya citado *Axel's Castle*— indica que «Marcel Proust is the first important novelist to apply the principles of Symbolism to fiction» (*op. cit.* en nota 6, pág. 132).

15. *Ibíd.,* pág. 882. Este anhelo de Ventura, efectivamente, cristaliza en una significativa insistencia de tal sintagma a lo largo del relato. Véase, por ejemplo, el siguiente retazo léxico, conteniendo, por cierto, un visible *guiño wagneriano*: dialogando mentalmente con sus imaginarios hijos futuros musita nuestro protagonista: «¡Cuando nazcáis os encontraréis sin más patrimonio... que la música sincera, una música del porvenir que inventó vuestro desdichado padre!...» (*ibíd.,* pág. 885).

16. *Ibíd.,* pág. 882.

tad y representación aludiría mediante tres adjetivos que se contagian semánticamente entre sí al «santo, misterioso e íntimo lenguaje de los sonidos».[17] Y, por otro lado, en su curioso ensayo sobre el sinfonismo bethoviano —en el que tan hondamente calan, por cierto, las ideas estéticas de Schopenhauer— Richard Wagner emplaza no sin cierto retoricismo la vgura del músico en un peldaño algo inferior al del santo, en éste surgiendo el éxtasis contemplativo en su mayor pureza, en el músico, por el contrario, velado a veces, aunque muy por encima al de los restantes artistas.[18] Tal vez, volviendo a *Las dos cajas,* esa fusión de semantemas entre la música, el misterio y la vivencia religiosa surja con mayor brío en el siguiente texto de índole *figurativa,* y alumbrado, además, por un sensorialismo ciertamente exasperado, según apuntan voces, o grupos de voces, tales como *tiemblan, al hacer llorar, gemir*: «...la música religiosa le daba a Ventura escalofríos. Un sacerdote de esos que tiemblan con la hostia en la mano, puesta toda el alma en el misterio, no consume con mayor unción y pureza de espíritu que las que había en el alma de Ventura al hacer llorar a los ángeles y gemir a María en los sonidos de su violín, su sagrario».[19]

En un conocido artículo de 1889 observaremos, de nuevo, la misma organización de núcleos conceptuales y un parecido juego metafórico de recíprocos reflejos semánticos. Brota, efectivamente, en esta página una religiosidad exaltada, un visible irracionalismo —ejemplificado ahora por la propia infancia del escritor—, un sensorialismo crepitante y, como síntesis de todos esos elementos, el enfrentamiento entre la presunta *oscuridad* del sonido musical, que «estremece» anímicamente al autor, y la supuesta claridad —sin duda insuficiente— de la palabra, o «letra», contenida en el cántico eclesial. La música, así, oscurece a la palabra pero, a la vez, conmueve profundamente al oyente: contraste que, por cierto, unos quince años más tarde se convertirá en sugestiva lección estética contenida en *La lámpara maravillosa,* de Valle Inclán.[20] Confiesa, en

17. Arturo Schopenhauer: *Ensayos sobre religión, estética y arqueología,* La España Moderna, s.a. [1908?], pág. 146.

18. Richard Wagner: *Beethoven,* William Reeves, London, 1880 (opúsculo escrito por este compositor en 1870). La «santidad» en un sentido ético-estético (y repárese de nuevo en la ambigüedad conceptual que encierra tal emparejamiento de términos, tan típica en el romanticismo) sería, a juicio de Tomas Mann, la culminación del pensamiento de Schopenhauer: véase, más adelante, nota 35.

19. Op. cit. en nota 14, p!g. 896.

19. Op. cit., en nota 14, pág 896. Obsérvense los curiosos —por tópicos que hoy nos parezcan— rasgos iconográficos que muestra esta «estampa» clariniana, inspirada, diríase, en una de tantas ilustraciones piadosas insertas en las revistas burguesas del pasado siglo.

20. Escribe, en efecto, Valle Inclán, enfrentando —con gesto típicamente simbolista— los contenidos ideológicos de la palabra, a su juicio insuficientes,

suma, Leopoldo Alas que «Rezo a mi modo, con lo que siento, con lo que recuerdo de la niñez de mi vida [...]; con lo que le dicen al alma la música del órgano y los cantos del coro, cuya letra no llega a mi oído, pero cuyas melodías me estremecen por modo religioso...».[21] Y pocas líneas más abajo, al subrayar nuestro autor ese misticismo desligado de «las afirmaciones concretas» de los dogmas, alude por cierto —y a guisa de ejemplo de la poesía moderna, tan repleta de «vaguedades»— al «amor a la música de Schopenhauer».[22]

Unos pocos meses más tarde —a comienzos de 1890— publica «Clarín» una obra señera en la que se apuntan ya algunos modos estilísticos, algunas morales (o contra-morales) curiosamente premodernistas: hablo, por supuesto, de *Su único hijo*. Novela que encierra un cierto dualismo, dualismo que la descoyunta y la enriquece a la par: el romanticismo inquietante, *negro* —si aplicamos el término de Mario Praz— contra el romanticismo *blanco*, idealizador, arremolinado en la figura, a la vez patética y ridícula, de Bonifacio Reyes. Pues bien, si analizamos este romanticismo *blanco* —coincidente con los momentos de mayor intensidad «lírica» de Bonis— no será difícil reconocer juegos de palabras ya avistadas antes. Esto es, numerosas imantaciones semánticas entre los núcleos de *música, emocionalidad exacerbada, ensueño, misticismo*, y, todo ello, gracias al manejo de algunas imágenes gustativas, térmicas, visuales, que acentúan aún más esa dimensión meta-conceptual, en la que, vuelvo a insistir, el conocimiento deja de ser intelectivo y su aparente borrosidad segrega, de hecho, una «luz» vivencial que impregna, abrasa, la facultad imaginativa del personaje.

---

y la corteza fónica de ésta: «Adonde no llegan las palabras con sus significado, van las ondas de sus músicas» (Ramón del Valle-Inclán: *La lámpara maravillosa*, Austral, núm. 811, Espasa-Calpe Argentina, Buenos Aires, 1948, segunda ed., pág. 43). Y en esta otra página —adviértase, por cierto, el revelador metaforismo religioso implícito en ella— escribe que las palabras depuradas de todas ideologías eran claras y divinas músicas». (*ibíd.*, pág. 41).

21. Clarín: «Revista literaria (noviembre, 1889)», en *op. cit.* en nota 5, pág. 197. Artículo publicado inicialmente, y con tal fecha, en el tomo XI de *La España Moderna*, págs. 161179.

22. *Ibíd.*, pág. 197. El propio Schopenhauer había apuntado los, a su juicio, ambiguos —aunque poderosos contenidos semánticos del lenguaje de los sonidos, elemento este, casi huelga recordarlo, que se convertirá en nervio estético crucial entre los simbolistas. estaca así el filósofo alemán «la significación dudosa e importante» encerrada en la música (*op. cit.* en nota 17, pág. 144). Aludo a este punto —y siempre en función de Leopoldo Alas— en mi artículo «La música como voz callada en *La Regenta*», *Los Cuadernos del Norte*, Oviedo, enero-febrero 1984, año V, núm. 23, especialmente págs. 64-65. En dicho trabajo, por cierto, avanzo —si bien de modo un tanto esquemático— algunas de las reflexiones encerradas en la presente conferencia.

Veamos, por ejemplo, el siguiente texto, en el que la música se emocionaliza al máximo, hasta convertirse, significativamente, en *canto del corazón*: «Sentía [Bonis] el alma [...] llena de música; no le cantaban los oídos, le cantaba el corazón».[23] Y, acto seguido, esa música llamemos psíquica está definida por una retahíla de adjetivos que perfilan unos *signos* de languidez, nebulosidad, melancolía. Anota Leopoldo Alas que Bonis «A tener allí la flauta [...], hubiera acompañado con el dulce instrumento aquellas melodías interiores, lánguidas, vaporosas, llenas de una tristeza suave, crepuscular...».[24] Brota aquí, de hecho, una *revelación* —término, por cierto, que utiliza «Clarín» en algún otro texto—, uno de los momentos cruciales de la novela, sin duda, y que entraña una curiosísima visualización del sonido psíquico en «formas disparatadas»[25] —matiza el propio narrador, aludiendo al posible carácter subconsciente de tales ensoñaciones—, dibujos *alegóricos* que salen «sin querer de la pluma»[26] de Bonis, y síntesis de sus oscilaciones amorosas entre Serafina —el amor «ideal», cree él,[27] simbolizado por la luna llena, encalmada— y Emma —el amor lascivo, simbolizado por una luna en cuarto menguante, parecida al perfil de Satanás, y rodeada de extraños insectos—. Escribe, por ejemplo, «Clarín» que

23. Leopoldo Alas: *Su único hijo*, Selecciones Austral, núm. 67, Espasa-Calpe, Madrid, 1979 [ed. de Carolyn Richmond], págs. 165-166. Schopenhauer había escrito ya que la melodía musical «nos ofrece, en cierto modo, el alma desprovista de toda corporeidad» (*op. cit.* en nota 9, pág. 335). *Le cantaba el corazón*, esto es, todas aquellas dimensiones afectivas, emocionales, imaginativas, limpias de cualquier ingrediente racional, que sugiere tal «emblema» literario...

24. *Ibíd.*, págs. 165-166. Melodía como *movilidad psíquica* y de ahí, según acontece acto seguido, su progresiva visualización en formas gráficas, dinámicas: así lo sugieren sintagmas tales como «poco a poco», «se le bajaba», «se le hacían», «se fue cuajando...» También —y conectando un poco con la nota 23— señala el propio Schopenhauer a la melodía como el elemento del lenguaje musical que capta más nítidamente nuestros sentimientos y emociones: «...la música es la materia capaz de expresar y de transcribir fielmente con los matices más sutiles todas las emociones del corazón humano, es decir, la voluntad [...]; y para alcanzar tal fin, la música inventa la melodía» (*op. cit.* en nota 9, pág. 1193). Confiesa también Schopenhauer con palabras que debían incidir en Wagner que «tengo a la melodía por la esencia de la música» (*op. cit.* en nota 17, pág. 146). Y declara, a su vez, el propio Clarín que «La melodía ayuda a la expresión del sentimiento...» (véase más adelante nota 42). Sobre el carácter exaltadamente emocional, «dramático», de la melodía, en contraste con la «frialdad» de la armonía —motivo, sin duda, típicamente romántico— recuérdese, como precedentes dieciochescos, algún texto teórico de Jean Philippe Rameau y las reflexiones de Rousseau contenidas en el *Essai sur l'origine des langues*. Véase en este sentido, Enrico Rubini, *La estética musical del siglo XVIII a nuestros días*, Barral, Barcelona, 1971, págs. 40-42.

25. *Ibíd.*, pág. 166.

26. *Ibíd.*, pág. 167.

27 *Ibíd.*, pág. 167.

«poco a poco fue sintiendo Bonis que la música del alma se le bajaba a los dedos; las curvas de su arabesco se hacían más graciosas, sus complicaciones y adornos simétricos más [...] expresivos, y la indeterminada tracería se fue cuajando en formas concretas...».[28] Quizá no fuera inoportuno aplicar a estas líneas la sugerencia de Wagner de que el músico, al lado del poeta, es un «explorador del inconsciente» [29] y, por ello, la presente página clariniana ejemplificaría otra típica creencia romántica: el sonido musical como estímulo de imágenes en las que se *encarnan* determinadas vivencias anímicas. Schopenhauer había ya constatado, a su vez, que la imaginación es «despertada con suma facilidad por la música» y, por ello, tendemos a «materializar este mundo de los espíritus, invisible e inanimado, que nos habla con gesto tan imperioso. Nuestra fantasía se esfuerza en darle carne y hueso, esto es, en encarnarlo con alguna imagen».[30]

Schopenhauer, Wagner... He aludido ya repetidas veces a ambos autores y quisiera ahora —antes de adentrarme por las páginas de *La Regenta*— comentar brevemente la presencia del compositor y el filósofo alemanes en la obra de Clarín, a fin de precisar alguna posible incidencia de sus reflexiones estéticas en los textos hasta ahora analizados.[31] Se trata, sin duda, de un empeño difícil: la tentación de las filiaciones e influencias autoriales es uno de los grandes espejismos que acechan al crítico y se impone siempre, al respecto, emparejar conceptos y autores con la más rigurosa prudencia. No resulta difícil comprobar, sin embargo —y ello puede justificar mi empeño— que los nombres de Schopenhauer y Wagner vienen siempre arropados en los escritos clarinianos por un entorno lexical en el que privan los núcleos significadores ya conocidos por nosotros de melancolía, idealismo, religiosidad, exasperación sensorial y subjetividad.

Veamos algunos ejemplos seleccionados al azar. El artículo A *don Tomás Bretón* —con fecha de 1886— contiene breve noticia de Schopenhauer y Wagner, además de desarrollar, repito, diversas agrupaciones de palabras que apuntan a una fusión ideológica entre la música y el fenómeno psíquico del ensueño, y ello —dato importante— como personalísima confidencia del propio «Clarín», lo cual nos permitirá contrastar dicho texto con parecidos desarrollos anímicos de algún personaje ficticio de su narrativa, Ana Ozo-

28. *Ibíd.*, pág. 166.
29. Richard Wagner: *Opera et drame*, Librairie Ch. Delagrave, Paris, s.a., tomo II, pág. 121.
30. *Op. cit.*, en nota 9, pág. 334.
31. En carta fechada en Oviedo el 12 de marzo de 1888 confiesa Clarín a Menéndez Pelayo que conoce las «obras capitales» del filósofo alemán. Véase, al respecto, Marcelino Menéndez y Pelayo-Leopoldo Alas (Clarín): *Epistolario*, Ediciones Escorial, Madrid, 1943, pág. 42.

res o Jorge Arial, el protagonista de *Cambio de luz*, por ejemplo. Declara, así, Leopoldo Alas que «tengo en mi librería [...] folletos de Wagner».[32] Y, más adelante, repárese en las siguientes líneas, eco, por cierto, de una sugestiva página de *El mundo como voluntad y como representación*: «...yo, partidario de Zola en muchas cosas, no le sigo en su guerra a la música, y en esto me acerco a Schopenhauer, al cual la música le hablaba de un mundo bueno que no había, pero que debía haber».[33] Parece dibujarse aquí un choque entre el idealismo —del que la música, repito, sería su segregación sonora— y el racionalismo naturalista, con su denso poso de creencias cientificistas: Zola mostraría siempre —según atestigua Edward Lockspeiser— una cierta frialdad hacia el simbolismo wagneriano, al cual hallaba un tanto restrictivo, abogando, por el contrario, a favor de un drama lírico que «sans répudier ni la fantaisie [...] ni le mystère» fuese, ante todo, humanizado, verista.[34] Imagen de la música, la defendida por «Clarín», en suma, a la vez ética y estética: por lo menos contiene el presente artículo un visible *voluntarismo* moral de índole idealizadora y de notoria raíz schopenhaueriana: comentará, por ejemplo, Thomas Mann en 1938 que, para el filósofo germano, el «estado estético era sólo un estado previo a otro más completo», el ético.[35]

Mas en otro párrafo de *A don Tomás Bretón* ese idealismo clariniano quedaría apuntalado, creo, con las siguientes palabras, en las que vibra, ante todo, *lo emocional*, según atestiguan los semas de vaguedad, sensorialismo, sentimentalidad y sublimidad contenidos en ellas, y que compaginarían plenamente con las anteriores citas del autor. Rememora Leopoldo Alas que «Desde el paraíso del Real [...] he oído yo años y años toda la poesía vaga y sublime que he querido; en parte alguna he sentido tanto como allí...».[36] Y pocas líneas antes, aludiendo a diversos músicos españoles, había ya confesado «Clarín» —con un nuevo núcleo conceptual a retener ahora,

32. Clarín: «A don Tomás Bretón», en *Nueva campaña*, Fernando Fe, Madrid, 1887, pág. 313. Artículo publicado en *Madrid Cómico*, Madrid, núm. 192, 23 de octubre de 18886.

33. *Ibíd.*, pág. 315. Indica, efectivamente, Schopenhauer haciendo gala de un eticismo idealista que inspira, repito, las antes citadas palabras de Leopoldo Alas: «Acaso algunos de mis lectores se escandalicen al ver que la música que a menudo eleva tan alto nuestro espíritu que diríase parece hablarnos de mundos diferentes, y mejores, al nuestro...» (*op. cit.*, eno nota 9, pág. 1199).

34. Palabras citadas por Edward Lockspeiser en «Zola et le wagnerisme», *Europe*, año XLVI, núms. 468-469 [«Colloque Zola»], abril-mayo 1968, pág. 326.

35. Thomas Mann: «Schopenhauer», en *Essays*, Vintage Books, New York, 1957, pág. 272. De ahí —y ahora conectamos parcialmente con unas palabras de Wagner citadas en nota 18— que para Schopenhauer, entiende Thomas Mann, «la santidad entrañaría la plenitud del artista» (*ibíd.*, pág. 272).

36. *Art. cit.* en nota 32, pág. 315.

el de *ensoñación*— que «me han hecho gozar mucho con sus obras, y también soñar mucho, aunque me he guardado muy bien de publicar mis *Sueños*...».[37] Asoma además en el presente artículo —rasgo también visible en algún relato del autor— un acercamiento, casi una mezcla, entre música y vida, en el sentido diríase catártico de suavizar el arte de los sonidos las lacerías que enturbian nuestra existencia. Razona por ejemplo Leopoldo Alas que «yo, aunque ignoro tanto en materia de música, soy apasionadísimo de ella, y más cada día; a cada nuevo desengaño de la vida, más melómano».[38] Esa *purga* psíquica que parece ejerce la melodía musical —y que, en un sentido de experiencia estética, convierte el dolor en «fruición— puede atisbarse, por cierto, en una nueva página de *El mundo como voluntad y como representación*. Escribe en ella Schopenhauer que «la música no nos hace padecer realmente, y continúa siendo un placer hasta cuando lanza sus más doloridos acentos».[39]

En 1893, no obstante, estos conceptos de «Clarín» sobre Schopenhauer y la música, esa atmósfera refinadamente sensorial, rebrotarán —y con una mayor densidad estética— en el hermoso cuento *Cambio de luz*. También hallamos aquí una vinculación entre el lenguaje musical y una espiritualidad tan brumosa, tan etérea, que, a la postre, deriva en *vivencia religiosa*, otra célula semántica ya conocida por nosotros. Reflexionando sobre una delicada melodía musical piensa Jorge Arial, el protagonista del relato, que «Si no hubiera Dios [...], estas combinaciones de sonidos no me dirían esto; no habría este rumor como de fuente escondida bajo hierba, que me revela la frescura del ideal que puede apagar mi sed. Un pesimista [Schopenhauer] ha dicho que la música habla de un mundo que *debía de* existir; yo digo que nos habla de un mundo que *debe de* existir» [subrayado por «Clarín].[40] Véase, también, en esta cita

37. *Ibíd.*, pág. 315.

38. *Ibíd.*, pág. 315. Podemos entender ahora —como indicio de la progresiva interiorización lírica de la «persona» literaria, y quizá psíquica, de Clarín— que, a partir de las sucesivas *heridas* de la vida, nuestro autor confiese que «cada vez me gusta más oír cantar y tocar» (*ibíd.*, pág. 315).

39. *Op. cit.* en nota 9, pág. 1193. Y continúa Schopenhauer con palabras que, probablemente, calarían hondo en Leopoldo Alas, dados los claros elementos de *psicologización* del sonido musical contenidos en ellas: «...nos causa placer escuchar incluso las melodías más sollozantes contarnos con su lenguaje la historia secreta de nuestra voluntad, sus agitaciones, sus anhelos, y los ahogos, los obstáculos, los tormentos, que las embargan. [...] somos, de hecho, nosotros mismos la cuerda tensa y punteada que vibra» (*ibíd.*, pág. 1193).

40. Leopoldo Alas: *Cambio de luz*, en *Treinta relatos* [ed. de Carolyn Richmond], Selecciones Austral, núm. 114, Espasa-Calpe, Madrid, 1983, pág. 308. Publicado en *Los Lunes de El Imparcial* del 3 de abril de 1893 y recogido posteriormente en *El Señor y lo demás, son cuentos*, M. Fernández y Lasanta, Madrid, s.a. [1893]. Es curiosa —y abierta a más de una «lectura» contrastada— la nueva alusión clariniana a Schopenhauer y su teoría de la mú-

cómo bulle el enfrentamiento —de modo paralelo a Schopenhauer y Wagner— entre *lo aparente* y lo *escondido*, lo luminoso y lo oscuro, lo físico y lo meta-físico, la fuente que mana oculta bajo la hierba y la música como rumor de su agua... Comentará, por ejemplo Schopenhauer —y subrayemos el lexema verbal *fluye* con su contenido significativo tan revelador de «movilidad acuosa»— que «Hay en la música algo de inefable y de íntimo; fluye cerca de nosotros de modo parecido a la imagen de un paraíso familiar, aunque eternamente inaccesible; ella es para nosotros a la vez perfectamente inteligible e inexplicable».[41]

La anterior cita de *Cambio de luz* nos acerca ya a la contraposición wagneriana entre el *lenguaje de la música* y el *lenguaje verbal*, aunque Clarín, por supuesto, deba expresar ese choque «estético» mediante palabras, esas palabras que a él —en un momento de encendida intensidad lírica— se le antojen pobres, insuficientes, si bien intente sensorializarlas al máximo con el uso de metáforas musicalizadas. Tenso juego de contrarios, ciertamente, pero que, a la

---

sica como indicio de un mundo ideal, más puro y bello que el terreno: compárese, al respecto, con las palabras antes recogidas de *A don Tomás Bretón*. ¿Ambigüedad esgrimida conscientemente por el autor? ¿Incorrecta construcción de la frase verbal *debe de existir*? Según el contexto inmediato, *debe de existir* testimoniaría la fe en la existencia de ese mundo ideal, «invisible», sugerido por el arte de los sonidos (seguridad, además, justificada por el propio desarrollo ideológico en estos últimos años de quehacer literario del autor). Mas si nos atenemos a la estricta construcción de tal frase —so pena de su uso incorrecto— *debe de existir* entraña duda, suposición, conjetura, y, consecuentemente, nuestro escritor confesaría en 1893 un mayor pesimismo que el mostrado por Schopenhauer y por él mismo en *A don Tomás Bretón*: frente a la fe pretérita, la duda actual...

41. *Op. cit.* en nota 9, pág. 337. Ese enfrentamiento entre lo epidérmico, lo exterior, y lo íntimo, lo esencial, bulle también en la siguiente cita clariniana —con fecha ya tan «modernista» de 1895—, en la que la esencia más oculta de los seres —no captada por el lenguaje ni por la ciencia, sólo por el arte— sería adjetivada por el autor como *música recóndita*: obsérvese, además, de modo también muy significativo, el vigoroso emocionalismo que desprende el texto y la insólita belleza de la imagen *cabelleras sentimentales*. Escribe, en efecto, Leopoldo Alas que «debe de haber *neuronas* del corazón, cabelleras sentimentales, por hacerse cargo de esas vibraciones más íntimas de los seres, que son como música recóndita, a la que sólo se llega por la estética...» («Moreno Nieto», *Los Lunes de El Imparcial*, Madrid, 11 de marzo de 1895). Adviértase también el frecuente uso por Clarín del lexema *vibraciones*, con el cual subraya esa vida, o palpitación, íntima, frágil, misteriosa (para la razón) de los seres y que suele, además, emparejar significativamente con lo musical. Comp., por ejemplo, con la sugestiva página de *Viaje redondo* citada en nota 43 o con el texto «escrito» por Ana Ozores en su Diario y recogido en nota 49. Son reiterativos —y, en consecuencia, reveladores— estos y otros esquemas lingüísticos que brotan en boca de personajes ficticios, del narrador o— situándonos en otro plano, ya más abierto y confesional— en la pluma del propio Clarín articulista, a veces con alguna posible variante semántica según el contexto en que se hallan emplazadas tales palabras o combinaciones de palabras...

larga, comporta un palpable refinamiento del propio texto literario. Ese enfrentamiento se aviva, por ejemplo, con motivo de la audición de *La sonata a Kreutzer,* de Beethoven, por parte del protagonista. La melodía sonora es definida, con frase centelleante, como un «hablar sin palabras» y como *revelación* —término ya conocido por nosotros, de raíz poderosamente religiosa e intuicionista—, subrayándose también los rasgos de *intimismo, emocionalidad* y *misticismo* tipificadores de la música. Escribe, así, nuestro autor que «aquel hablar sin palabras [...]; aquella revelación, que parecía extranatural, de las afinidades armónicas de las cosas, por el lenguaje de las vibraciones íntimas; aquella elocuencia sin conceptos del sonido sabio y sentimental, le pusieron [a Jorge Arial] en un estado místico...».[42] En otro párrafo de *Cambio de luz* acentúa aún más «Clarín» los rasgos de *misterio, religiosidad* e *irracionalismo,* rasgos que componen, cree, lo musical, reflexionando, por ejemplo, sobre «la misteriosa religiosidad estética» de la música, «voz de lo inefable» [43] —añade significativamente—. Tal clima de misterio y de

52. *Op. cit.* en nota 40, pág. 307. Compárese estas palabras con el siguiente texto, más amplio y retórico —sin la tensión aforística de la frase de *Cambio de luz*— inserto en *Amor' è furbo,* relato fechado «Zaragoza, 1882» por Clarín e incluido en *Pipá* (Fernando Fe, Madrid, 1886): «La melodía ayuda a la expresión del sentimiento; hay motivos en las ideas y en las emociones, que no expresa bien del todo la palabra sola; entonces el canto sirve de mucho...» (*op. cit.* en nota 40, pág. 207). Sobre la melodía como el elemento sonoro más emocional, más intimista, para los románticos, véase, atrás, nota 24.

43. *Op. cit.* en nota 40, pág. 307. Comp. este texto tan intensamente sentimental —la voz lagrimeante de *lo inexplicable*— con el fragmento del artículo sobre *Recuerdos de Italia* citado en nota 12. Comp. también con la siguiente página contenida en *Viaje redondo* en la que tal vez palpite la presencia del soneto *Correspondances,* de Baudelaire, o, de modo más lejano y oblicuo —conforme indicaré posteriormente— unas palabras de Jean Paul Richter: página, sin duda, entre las más fascinantes, complejas y enigmáticas de Clarín y en la que el aparente «silencio del mundo» lo es para la razón, para el lenguaje verbal, pero no para el arte de los sonidos, puesto que las cosas que pueblan el cosmos *cantan a su modo, vibran,* se lamentan adoloridas de los nombres con que son aplastadas por el hombre y «esto —apunta el narrador— era una música»: completa desconfianza, en suma, hacia el lenguaje de la tribu, incapaz de capturar el tuétano esencial del universo, esto es, la verdad... Escribe, efectivamente, Alas: «Mientras hablaban los hombres de ellas [las cosas], ellas callaban; pero el *curioso* de la realidad, el creyente del misterio que, a solas, se acercaba a espiar el silencio del mundo, oía que las cosas *mudas* cantaban a su modo. Vibraban, y esto era una música. Se quejaban de los nombres que tenían; cada nombre una calumnia. La duda de la realidad era un juego de la edad infantil del pensamiento humano; los hombres de otros días mejores apenas concebían aquellas sutilezas. Todo se iba aclarando al confundirse; se borraban los letreros en aquel *jardín botánico* del mundo, y aparecía la evidencia de la verdad sin nombre» (*Viaje redondo, op. cit.* en nota 40, págs. 296-297; relato publicado en el *Almanaque de la Ilustración Española y Americana,* para el año 1896 y recogido en *Cuentos morales,* la España Editorial, Madrid, 1896).

emocionalidad crujiente, enfermiza casi, al lado, otra vez, de combinaciones lexicales que segregan signos de *ensueño, intimismo,* surge, pongo por caso, en el siguiente texto, de rara, y exquisita, belleza (y repárese, de nuevo, en la tensión existente entre la voz *inexplicable* de la música y el ansia por hallar, acaso tarea vana, un desciframiento *lógico* de esos gemidos susurrantes, oscuros): «...mientras [Jorge Arial] tocaba [...], de repente, una melodía nueva, misteriosa, le parecía una revelación, una voz de lo *inexplicable* que le pedía llorando interpretación, traducción lógica, literaria...».[44]

Más adelante compondrá Leopoldo Alas otra síntesis metafórica —a partir de la imagen visual y olfativa de la rosa— entre música, recuerdo y perfume, manejando, por cierto, un tópico literario que alcanzaría notable fortuna entre los modernistas. Escribe, así, que «el color de la rosa es como el recuerdo de unos amores; su perfume me lo hace ver [...]. Y ¡sobre todo, está ahí la música!» [45] También la música —¿nuevo eco de Schopenhauer a través de posibles lecturas wagnerianas?— entendida de nuevo como comunicabilidad auditiva de «lo metafísico», y desvelamiento del «misterio sagrado»,[46] brota en otro pasaje del presente relato. Planteamiento clave que, acto seguido, es razonado del siguiente modo, emplazando lo auditivo, lo musical, lo no-racional, en un plano su-

---

Las *vibraciones musicales de las cosas* y sus aparentes «silencios»: ¿las «confuses paroles» en Baudelaire?, el «*jardín botánico* del mundo»: ¿los forêts des symboles» en el poeta francés? (véase, al respecto, *Correspondances, op. cit. en* nota 8, pág. 46).

Lo curioso, sin embargo, sería percatarnos que una posible raíz de esta página se halla en las siguientes, y juveniles, palabras de *Solos de Clarín*: «También se puede leer entre líneas en la Naturaleza; hay en ella signos que son de interpretación más difícil que todos los jeroglíficos de Egipto. ¿Cuánto tiempo estuvieron diciendo lo que dicen las inscripciones hieráticas del Oriente, sin que nadie entendiera su lenguaje mudo, sin gestos y sin voz? Pues en la Naturaleza, donde quiera, millares de millones de objetos, con mil posturas y contorsiones, nos hacen señas para que leamos en su misterioso alfabeto, a guisa de arabesco...» (Leopoldo Alas: «*El tren directo,* novela de D. José Ortega Munilla», *La Ilustración Española y Americana,* tomo XXI, 8 de junio de 1880; artículo recogido en *Solos de Clarín,* Fernando Fe, Madrid, 1891, cuarta ed., pág. 307). Recordemos por cierto, como antes he avanzado, que Jean Paul —a quien Alas nombra significativamente un par de veces en este artículo sobre Ortega Munilla— había escrito en su *Introducción a la estética*: «El mundo entero está, en todo tiempo, repleto de signos. Lo que nos falta es poder leer estas letras. Necesitamos un diccionario y una gramática de tales signos. La poesía nos enseña a leer» (Johann Paul Richter: *Vorschule der Aesthetik,* vol. XI, Eduard Berend [ed.], Weimar, 1935, pág. 425). El cosmos, en suma, como un racimo de signos que el poeta *lee,* interpreta, reconstruye a través de su imaginación: sugestivo tópico romántico que más tarde, por supuesto, aflorará de nuevo en Baudelaire.

44. *Op. cit.,* en nota 40, pág. 308.
45. *Ibid.,* pág. 312
46. *Ibid.,* pág. 313.

perior a lo óptico, lo perfilado, lo intelectivo, en suma: «...la luz material se queda en la superficie, como la explicación intelectual, lógica, de las realidades resbala sobre los objetos sin comunicarnos su esencia...».[47] Por el contrario —y gracias a Wagner, puntualiza nuestro narrador— al protagonista de *Cambio de luz* le atrae cada vez más las honduras nebulosas y místicas: «Muchas veces [Jorge Arial] hacía que su hija le leyera las lucubraciones en que Wagner defendió sus sistemas, y les encontraba un sentido muy profundo que no había visto cuando, años atrás, las leía con la preocupación de crítico de estética que ama la claridad plástica y aborrece el misterio nebuloso y los tanteos místicos».[48]

Pero adentrémonos, ya, por las páginas de *La Regenta*: las citas clarinianas hasta aquí presentadas —de muy diversa fijación cronológica— podrían servirnos, creo, para perfilar mejor ese proceso literaturizador de la música que tiene lugar también, aunque con menor densidad estética, en esta novela. Daré, acto seguido, una rápida ojeada a la organización lingüística de tal proceso, los ingredientes «líricos» que encierra —mediante el diseño de un determinado lenguaje figurado— y su papel estimulador de diversos desarrollos narrativos de índole memorística, no sin subrayar, por último, que en *La Regenta* hay ya agazapado un romanticismo latente —en el sentido intimista y menos «teatralizado» de la palabra— que se desintegra con la derrota vital de la protagonista, si bien en algunos rasgos parece asumirá el «Clarín» maduro de los años noventa mediante una curiosa labor, diríase, de piratería léxica.[49]

47. *Ibíd.*, pág. 313.
48. *Ibíd.*, pág. 309.
49. Véase como modesto, pero curioso, ejemplo de tal *pillaje* léxico por parte del Clarín maduro sobre el Clarín joven —o si aceptamos el juego de la propia ficción literaria, sobre el lenguaje «creado» por Ana Ozores— estas palabras de la heroína, escritas en su Diario, típicas, por cierto, de una burguesita medianamente culta del pasado siglo, y compárese con los textos citados en notas 41 y 43 de *Moreno Nieto* y *Viaje redondo*: «...hay horas en que las vibraciones de las cosas me hablan de una música recóndita de ideas y sentimientos...» (Leopoldo Alas: *La Regenta,* Biblioteca «Arte y Letras», Daniel Cortezo, Barcelona, 1885, tomo II, pág. 423).. Sería útil, por cierto, analizar una posible influencia léxica de Campoamor en tal retórica «blanca» y su lenguaje extraído con tan rara precisión del habla de la media y alta sociedad española de la época: clisés lingüísticos, referentes icónicos, fáciles de rastrear, pongo por caso, en alguna página de *Los pequeños poemas.* Incidencia, o acicate, campoamorinos en la prosa de Clarín, sobre todo en aquellas lindes idealistas que destilan un cierto cansancio, un cierto escado siempre por el sentimiento de orfandad— abocan, al decir del narrador, sentido, el curioso respeto clariniano hacia el poeta de las *Humoradas* cabría emplazarlo en el mismo terreno que la presencia de Schopenhauer, autores a los que en alguna página Alas empareja: comenta por ejemplo nuestro novelista en *Solos de Clarín* que «Muchas doloras de Campoamor parecen inspiradas en los escritos del pesimista Schopenhauer...» (Leopoldo Alas: «El libre examen y nuestra literatura presente», en *op. cit.* en nota 12, pág. 74).

Romanticismo latente, o «reprimido», vuelvo a insistir, del que lo musical sería metáfora, indicio o secuela, por tenue y frágil que sea —lo reconozco— esta pista. En *La Regenta* no resulta tampoco difícil localizar esa sensorialidad extremosa que hemos observado en las anteriores citas, sensorialidad ciertamente enfermiza, acentuada gracias a un metaforismo olfativo (el aroma), táctil (el calor) y visual (lo brumoso), y todo ello fusionado con elementos vivenciales como la ensoñación, la fantasía, la «oscuridad» emocional, el sentimiento religioso más o menos ambiguo: en suma, el espeso hormigueo de imágenes espontáneas, hirvientes, esparciéndose por la mente de Ana Ozores, a menudo sin cristalizar apenas en *figuraciones* concretas, simples latidos sensoriales, por así decirlo.

Resulta ya muy revelador que tales ensoñaciones suelan ocurrir en un recinto religioso: la catedral de Vetusta. Veamos, por ejemplo, el episodio de la *misa del gallo*: los cánticos de los fieles y los acordes del órgano avivan determinados recuerdos en nuestra heroína, excitando su sensibilidad —así lo atestigua el sintagma *arrancaba lágrimas*—, sensibilidad en la que se erizan especialmente las sensaciones de índole olfativa (cuatro en total), teniendo lugar, a partir de ahí, un «deslizamiento» semántico hacia lo religioso, de carácter a su vez metafórico, mediante una agrupación lexical en la que se halla ausente toda referencia intelectiva: *olor místico* es un emparejamiento de palabras revelador y otro, sin lugar a dudas, *se desvanecía* [*su pensamiento*], alusivos ambos a un vacío abstracto en el ánimo de Ana, vacío que se acrecentará aún más con el sintagma *poesía inefable.* Escribe, efectivamente, Leopoldo Alas: «...en la música del órgano había recuerdos del verano, de las romerías alegres del campo, de los cánticos de los marineros a la orilla del mar; y había olor a tomillo y a madreselva, y olor a la playa, y olor arisco del monte, y dominándolos a todos olor místico, de poesía inefable... que arrancaba lágrimas...».[50] Más adelante la propia voz narradora confirmará la condición cada vez más humosa del pensamiento de Ana, hasta tal punto que éste se esfuma y, como réplica, la sensorialidad del personaje se irrita notablemente: «Su pensamiento al remontarse se extraviaba y al difundirse se desvanecía [...]. Apenas pensaba ya, no hacía más que sentir».[51]

Analicemos ahora otra secuencia situada también en la catedral, con la misma Ana Ozores de protagonista. Los cantos que flotan en el templo son descritos aquí como *vaguedad misteriosa* y, acto seguido, los aires del órgano avivan en nuestra heroína un despliegue de sensaciones *dulces* —metaforismo «gustativo»— y *calientes* —metaforismo «táctil»—. Comenta, por ejemplo, el narrador: «...la misteriosa vaguedad del cántico sagrado que, bajando del coro nada

50. *Op. cit.* en nota 49, II, págs. 293-294.
51. *Ibid.,* II, pág. 294

más, parece descender de las nubes; las melodías del órgano que hacían recordar en un solo momento todas las emociones dulces y calientes de la piedad antigua...».[52] Varios párrafos después, y continuando en la misma secuencia narrativa, asoma de nuevo la ya citada incapacidad de la palabra por capturar determinados estados anímicos, sólo comunicables por el sonido musical. En efecto, «...comenzó el órgano a decir de otro modo, y mucho mejor, lo mismo que había dicho el orador de lujo. El órgano parecía sentir más de corazón las penas de María...».[53] Texto, por cierto, que en buena parte se reproducirá —por lo menos su contenido ideológico, repito, de música «versus» palabra— en la ya citada confidencia personal del novelista de 1889, e incluso, sumergiéndonos de nuevo en la ficción literaria, en una de las postreras páginas de *Su único hijo*.[54]

Pero veamos una última muestra de la actividad incitadora del lenguaje de los sonidos en el memorismo de Ana Ozores, pocas líneas después de las anteriormente transcritas: «Ana pensó en María, en Rossini, en la primera vez que había oído, a los dieciocho años, en aquella misma iglesia, el *Stabat Mater*...».[55] Y de nuevo, sumergidos en pleno ensueño romántico, obsérvese, acto seguido, el siguiente *schock* emocional provocado por la música, de tinte claramente melancólico pero que entraña, sin embargo, un cierto con-

52. *Ibíd.*, II, págs. 360-361. Sensaciones gustativas y táctiles que —según ocurre en tantas otras ocasiones en un temperamento como el de Ana, marcado simpre por el sentimiento de orfandad— abocan, al decir del narrador, a un ansia retrospectiva de cobijo materno e idealización aparentemente mística: emociones dulces y calientes, en efecto, «mezcla de arrullo maternal y de esperanza mística» (*ibíd.*, II, pág. 361). Por ello podríamos resumir afirmando que Ana Ozores, desde un flaco semiológico, transita por un parámetro de tensiones permanentes, y encontradas, entre el ansia del calor materno —momento idealizante: la «ilusión» amorosa —y la humedad, la gelidez, el helor, envolventes —momento realista de desasosiego y desajuste—, estimuladas, ciertamente, por la atmósfera física y sociológica de Vetusta... Recordemos —como pequeño síntoma revelador de esos vaivenes hiperestésicos entre la calidez sentimental y la frialdad ambiental— que al término de la *misa del gallo,* y cuando cesan las músicas del órgano provocadoras en Ana, repito, de un estado anímico exaltado, «candente», al volver ésta al presente «Tuvo [...] frío y casi casi miedo...» (*ibíd.*, II, pág. 301).

53. *Ibíd.*, II, pág. 362.

54. No olvidemos, además, que los sones del órgano estimulan en Bonis su acto de fe «paternal», intensamente idealista, a favor del hijo y que tanto contrasta —otra vez de modo paralelo a *La Regenta* o *Las dos cajas*— con la destructora realidad envolvente. Escribe, en suma, el narrador en torno a la *intensa,* e irracional —por metalingüística— experiencia que vive Bonifacio Reyes gracias a la música eclesial: «Para Bonis, que siguió a su hijo hasta la margen del Jordán de mármol, todo tomó nueva vida, más intenso, armónico y poético sentido. Era que la música le ayudaba a entender, a penetrar el significado hondo de las cosas. El órgano, el órgano, le decía lo que él no acababa de explicarse» (*op. cit.* en nota 23, pág. 317).

55. *Op. cit.* en nota 49, II, págs 362-363.

suelo afectivo para el personaje: «Cantaban los niños, cantaban los ancianos, cantaban las mujeres. Y Ana, sin saber por qué, empezó a llorar [...]. Cantaba todo el pueblo, y el órgano, como un padre, acompañaba el coro y le guiaba por las regiones ideales, de inefable tristeza consoladora de la música».[56] Es decir, de nuevo brota —paralelamente a otras páginas clarinianas ya avistadas— el sentimiento catártico de la melancolía como fruto depositado por la sensación musical en el ánimo del ayente. Acción *purgativa* por cierto y, que repito, algunos textos posteriores a *La Regenta* superarán con mucho este simple psiquismo para encaminarse hacia territorios éticos, incluso metafísicos, considerablemente más complejos. En el artículo sobre Tomás Bretón, recordémoslo, la melancolía musical era *signo* del descubrimiento afectivo —que no intelectual— del misterio arremolinado en la más honda intimidad del propio escritor. Y este planteamiento entre ético y estético, esa desconfianza hacia lo abstracto será profundizado aún más por «Clarín» en su reseña sobre *La terre*, de Zola, escrita en 1888. Reflexiona, al respecto, que «Para que un lector [...] llegue a contagiarse con la melancolía del arte, hay que llegar al *dolor metafísico*; quiero decir que el artista ha tenido que llorar primero con esas penas hondas, de valor universal, de las que no consuela una filosofía... tal vez incompleta»[57] [subrayado por «Clarín»].

La conversión de la música en materia literaria, con las consiguientes reacciones metafóricas que provoca al entrar en contacto con los tejidos lingüísticos —sensorializándolos al máximo— podría ser síntoma en Leopoldo Alas de la existencia de una cierta inquietud romántica, quizás encubierta, reprimida, o incluso desvalorizada, en su etapa de mayor compromiso naturalista (los primeros años ochenta), pero más tarde, sin embargo, surgiendo con notable brío, tal vez a causa de la purificación a que le somete dicha disciplina racionalista. No deberíamos, empero, desdeñar algunos destellos líricos en esta etapa, destellos, insisto, que cuajan en determinadas imágenes musicales: el artículo sobre *Recuerdos de Italia* —en el que priva, sin duda, una imaginería algo convencional— y el relato *Las dos cajas* así lo atestiguarían. En *La Regenta* asistimos, ciertamente, a una derrota del romanticismo entendido como ilusión enfermiza, o coartada instintiva que se impone Ana Ozores a sí misma para sobrevivir en un ambiente —Vetusta— moralmente destructivo: romanticismo un tanto malsano y cristalizando en

56. *Ibíd.*, pág. 363

57. Véase este importante texto —tan impregnado, diríase, por la tristeza schopenhaueriana—, y en el que se crispa al máximo la antítesis *arte* (imaginación, sensibilidad) «versus» *filosofía* (abstracción, racionalismo) en «Lecturas. Zola. *La terre*, en *op. cit.* en nota 5, pág. 43. Artículo publicado inicialmente, y en cuatro entregas, en *La Ilustración Ibérica*, Barcelona, octubre y diciembre de 1888.

momentos de intensa introspección, en los que el sonido musical encrespa la sensibilidad adormecida y reaviva, casi al modo proustiano, unas siluetas, rostros, aromas y sabores olvidados, en un curioso juego de reflejos metafóricos con los que la música se hincha —quizás en exceso— de contenidos «literarios» y, al propio tiempo, el discurso lingüístico se sutiliza en buena parte.[58]

No obstante, repito, es curioso observar que, con el paso de los años, tendrá lugar en Leopoldo Alas —o en su *persona literaria*, acaso también «inventada», la única que, como lectores, podemos hoy entrever— la asunción casi vampírica de algunos rasgos del ensueño ilusorio de Ana Ozores: y así parecen sugerirlo sensaciones, estados anímicos, que se reproducen una y otra vez, tanto en los textos narrativos, aparentemente distanciados de las peripecias íntimas del autor, como en las abiertas confesiones de éste. O por lo menos es sospechoso comprobar en un terreno lingüístico —y desde un ángulo diacrónico— la notable cantidad de clisés léxicos que se apelotonan, se contagian semánticamente entre sí, se funden, conformando una trama de significaciones de carácter idealizante —y de rara coherencia interna—. Palabras, o grupos de palabras, que, a partir de los años noventa, esbozan ya un determinado compromiso filosófico, estético, por parte del autor. Lo místico, por ejemplo, simple «mascarilla» neurótica en Ana Ozores, parece que acrecienta en el *último* «Clarín» un metaforismo encaminado a subrayar el tópico romántico de la vivencia emocional —en cuyo seno acaso aniden los temblores religiosos del misterio—, vivencia sólo captada con nitidez por el arte de los sonidos, y no por el lenguaje conceptual, excesivamente utilitario.[59] El término *misticismo*, así,

58. Alguna de las funciones «fetichistas» que, a juicio de Samuel Beckett, ejerce la música en *A la recherche du temps perdu* existiría ya —y en la mejor línea romántico-simbolista— en las páginas narrativas de Clarín: así, por ejemplo, el sonido musical producirá a modo de «catalytic element» reacciones imprevistas, y desgajadas del contro racional, en la psique de los personajes, pudiendo ser considerado, en suma, como síntoma de algunos de los «moments of privilege» que viven tales criaturas (desvelamientos o *epifanías*, diríamos, que enderezarán la andadura vital del personaje hacia nuevas líneas de conducta). Véase, al respecto, Samuel Beckett, *Proust*, Grove Press, New York, s.a., pág. 71.

59. También en Proust, significativamente, el lenguaje de los sonidos transporta las simientes de un mundo en apariencia opaco, oscuro, que no puede ser iluminado por la razón: el persistente *pays obscur*, sin lugar a dudas. Swann consideraba, por ejemplo, «les motifs musicaux pour de véritables idées, d'un autre monde, d'un autre ordre, voilées de ténèbres, inconnues, impénétrables à l'intelligence, mais qui n'en sont pas moins parfaitement distinctes les unes des autres, inégales entre elles de valeur et de signification» (*op. cit.*, en nota 3, I, pág. 349). Y la obsesiva sonata de Vinteuil —nuevo dato revelador— se convierte para el yropio Swan en una «mystérieuse entité», acaso falsificada por «simples valeurs» esgrimidos «pour la commodité de son intelligence» (*ibíd*, I. pág. 349). El clima schopenhaueriano que flota en

encerraría una rica polisemia alusiva a lo hermético (de hecho, su raíz etimológica), lo emocionalmente tenso, lo frágil, lo puro, lo no-racional, lo sutil [*como* la experiencia religiosa], acepciones todas ellas que tendrían, al mismo tiempo, un doble sentido ético y estético.

Pero, vuelvo a insistir en ello, ese romanticismo espiritado al máximo por los modelos musicales es el simbolismo o el modernismo finisecular, términos más abiertos al futuro y con menores connotaciones crepusculares, cuando no peyorativas, que la expresión «retórica tardo romántica» utilizada por Mario Damonte.[60] En este sentido, *Su único hijo* ejercería en la carrera literaria de «Clarín» un papel crucial, gracias, repito, a sus propias tensiones internas: mira con ojo crítico hacia el pretérito —un romanticismo banalizado por las clases medias provincianas— y mira también hacia un futuro no lejano, alumbrado por las frágiles luces de la bohemia modernista del fin de siglo. El arte de los sonidos, en resumen —su literaturización o, en algún momento privilegiado, la musicalización de la propia palabra— podría ser una curiosa huella de ese lento, y difícil, caminar de Leopoldo Alas hacia los aledaños del *jardín* simbolista, indicio quizá mínimo, a veces incluso un tanto retórico, pero nunca desdeñable, y en sus mejores momentos —*Cambio de luz, Viaje redondo*— destilando una refinada belleza, belleza que parece presagiar, y así lo atestiguaría un semejante lenguaje figurado, algunas de las futuras páginas proustianas dedicadas a la *Sonata* de Vinteuil.[61]

---

estas líneas es muy visible: sobre la influencia del filósofo alemán en la *Recherche* —ya avistada por Samuel Beckett en el libro citado en nota 58— consúltese, por ejemplo, Jean-Jacques Nattiez, *Prouts musicien*, Christian Bourgois Editeur, París, 1984, págs. 149-176. No sería ocioso recordar tampoco —ahora desde un contrastado ángulo musical— la famosa afirmación de Mendelsson de que «La música es más definida que la palabra; querer explicarla es oscurecerla», afirmación en la que se tensa al máximo el enfrentamiento entre el arte de los sonidos y el lenguaje literario (véase Federico Sopeña, *Vida y obra* de Franz Listz, Austral, núm. 1217, Espasa-Calpe, Argentina, Buens Aires, 1954, pág. 103). Tal vez este texto un tanto aforístico encierre la clave de los riesgos, límites, enmascaramientos —y sin duda, traiciones— que encierra el empeño por *literaturizar* en lo posible la música, propósito en la que la literatura saldría con mucho gananciosa —así lo demuestra su indudable purificación expresiva— mientras que la música, al ser convertida en palabras, se falsea se vaporiza forzosamente...

60. *Art. cit.* en nota 2, pág. 10. No obstante se percata este crítico de la «funzione narrativa» que las citas musicales ejercen en *La Regenta* (*ibíd.*, pág. 43).

61. El propio Clarín —y valga ello como un último matiz a la presente conferencia— parece sugerir esa *dualidad* subyacente en su «viaje» hacia el modernismo, viaje, vuelvo a subrayar, no exento de resistencias y contradicciones: tránsito hacia un futuro finisecular cada vez más cercano, sin duda, pero, a la par, un cierto retorno hacia alguna de las raíces ideológicas de su juventud, raíces impregnadas de ingredientes románticos, con lo que de nuevo

observamos los hilos ocultos, o no tan ocultos, que vinculan el romanticismo con el simbolismo y —si abundamos en el planteamiento de Yvan Lissorgues— nos percataremos otra vez de la imposibilidad por establecer un corte entre dos pretendidas, y opuestas, etapas en la obra literaria de Alas. No debemos desdeñar al respecto, el siguiente comentario del novelista, rememorando su escepticismo juvenil hacia la ciencia, a causa de la impotencia de ésta por alumbrar los misterios de la vida, comentario escrito a modo de nota a la edición de *Solos de Clarín* de 1891: «Esto escribía yo hace diez años, y esto creo hoy firmemente, y esto prueba que las tendencias actuales de mis ensayos críticos y novelescos no obedecen a modas extranjeras, sino a sentimientos y convicciones antiguas y arraigadas (*op. cit.* en nota 12, pág. 287n). Comp. también estas palabras con el texto de Leopoldo Alas citado en nota 11.

DIMENSIONES IRÓNICAS Y ESTÉTICAS EN EL ESTILO DE *LA REGENTA*

FRANK DURAND
Brown University

Aunque *La Regenta* primero impresiona al lector por su aguda ironía y su extremada crítica de los personajes e instituciones de un pueblo provinciano, son otras las calidades que la destacan como novela no superada en el siglo XIX español —su rica temática y sutileza de acción, su fino análisis psicológico y la complejidad de la estructura. Es tanto lo que deslumbra en *La Regenta* —la riqueza de su técnica literaria en la elaboración de escenas, el uso de perspectivas narrativas, la utilización del tiempo narrativo— que es fácil pasar por alto la importancia de Alas como uno de los grandes estilistas españoles. Su estilo, flexible y rítmico, abarca tanto el truco irónico de más sencillez estilística —el uso del paréntesis para introducir una nota discordante del autor— como la metáfora más delicada, más poética, que nos permite vislumbrar la intimidad del estado psicológico de un personaje.

El enfoque de este trabajo es el análisis del valor irónico y poético de algunas imágenes, especialmente las de personificaciones, con el fin de ver su función dentro de la escena novelística. Este examen se utilizará para un comentario, basado en la observación de la abundancia y variedad de estas imágenes y escenas, sobre su papel en la creación de la perspectiva narrativa y la estructura de la novela.[1] Ya que es imposible analizar todas las escenas, el

1. Mis observaciones incorporan las ideas de Percy Lubbock, *The Craft of Fiction*, London, 1921, sobre la relación entre escena y punto de vista. También las teorías de Wayne C. Booth, *The Rhetoric of Fiction*, Chicago, 1961. Para un breve y lúcido resumen de la crítica, véase Germán Gullón, *El narrador y la novela española del siglo XIX*, Madrid, 1976, pp. 13-27. Lo que me propongo, sin embargo, no es el punto de vista como parte integral de la escena (Lubbock) ni el estudio del narrador dentro de la obra (Booth) sino ana-

detallado análisis de las primeras páginas servirá como punto de partida para el examen del uso estilístico de la personificación y las características principales de la escena novelística que forma la cadena estructural más básica de la novela. Del análisis de estas primeras escenas pasaré a la función narrativa de las imágenes y personificaciones de objetos inanimados, de fenómenos de la naturaleza y de las percepciones sensoriales.

La preocupación por la crítica social, el fondo moral y religioso de la acción y el extremado interés del autor en representar y comunicar la psicología del personaje dentro de cada situación dramática se manifiesta en unidades —escenas— realizadas por la unión de personificaciones poéticas e irónicas. Estas imágenes son ramas del mismo árbol que se complementan, y facilitan un cuadro realista en que lo trivial choca con lo intelectual y el idealismo poético con la crítica de la sociedad. Este desarrollo de la acción consiste de una progresión de escenas gráficas que ocurren en el presente o en la imaginación del personaje, donde el tiempo con frecuencia se fragmenta en el presente, el pasado o el futuro. Son las imágenes, especialmente la personificación, las que crean el tono de la escena al establecer la perspectiva narrativa. Así, recalca la importancia de la temática y la acción.

Es imposible exagerar la importancia de las primeras páginas de *La Regenta,* desde ese extraordinario comienzo con la personificación de Vetusta hasta la escena de Fermín de Pas en la torre. Establecen el tono irónico y poético e introducen la técnica estilística de Alas para revelar la psicología del personaje. De igual importancia, en ellas se pueden observar aspectos de la estructura general de la novela y la creación de escenas que contrastan y que constituyen el lazo —la progresión— de las escenas. Requieren estas primeras páginas y escenas, pues, un análisis detallado.

Con la primera oración —«La heroica ciudad dormía la siesta»— el lector se enfrenta con la ambigüedad de no poder determinar si el tono del narrador es irónico o poético. Esta dualidad, que se intensifica durante el primer párrafo, continúa su desarrollo en los párrafos sucesivos. Con la segunda oración domina el tono poético al describirse el viento que, aunque perezoso llega a «empujar las nubes que se rasgaban al correr hacia el Norte». El párrafo desarrolla una descripción no-poética: la basura soplada por el viento. Cada oración sucesiva es más larga que la anterior y el ritmo de la progresión de cada una duplica el movimiento de los objetos arrebatados por el viento.[2] Al mismo tiempo, los sonidos de las pala-

lizar la personificación y la imagen como base de la perspectiva narrativa, ingrediente indispensable de la escena (que *muestra* la acción al lector) y, con ésta, de gran significado en la estructura y estética de la novela.

2. Véase el cuidadoso trabajo de Laura N. Villavicencio sobre el estilo

bras reverberan los sonidos descritos. La discordancia entre el tratamiento poético y el sujeto de la descripción produce el tono irónico poético:

> «En las calles no había más ruido que el rumor estridente de los remolinos de polvo, trapos, pajas y papeles que iban de arroyo en arroyo, de acera en acera, de esquina en esquina revolando y persiguiéndose, como mariposas que se buscan y huyen y que el aire envuelve en sus pliegues invisibles. Cual turbas de pilluelos, aquellas migajas de la basura, aquellas sobras de todo se juntaban en un montón, parábanse como dormidas un momento y brincaban de nuevo sobresaltadas, dispersándose, trepando unas por las paredes hasta los cristales tembloros de los faroles, otras hasta los carteles de papel mal pegado a las esquinas, y había pluma que llegaba a un tercer piso, y arenilla que se inscrustaba para días, o para años, en la vidriera de un escaparate, agarrada a un plomo.» [3]

Es decir, la primera imagen de la novela —«La heroica ciudad dormía la siesta»— da paso inmediatamente a un juego visual y auditivo de los remolinos de los varios objetos de la ciudad empujados por el viento que, en su movimiento, se convierten metafóricamente en mariposas que se paran como dormidas, que brincan y saltan, trepan y se agarran. La plasticidad y la acción de lo inanimado de esta descripción va acompañada, además, de repeticiones de palabras, sonidos y aliteraciones onomatopéyicas: ruido, rumor, remolinos, polvo, trapos, pajas, papeles. Y después de esta elaboración sinfónica de un punto de vista desengañado, la próxima oración —que comienza el segundo párrafo— vuelve a introducir a la ciudad con una nueva notación irónica: «Vetusta, la muy noble y leal ciudad...». Como símbolo de la ciudad, la torre de la catedral, tan importante en la temática y estructura de la novela, se introduce en este párrafo como: «un poema romántico de piedra, un delicado himno, de dulces líneas de belleza muda y perenne...». Descripción ésta, impresionista y simbolista de sinestesia evidente en la unión de distintas disciplinas y sensaciones artísticas: la escultura, la poesía y la música.

La personificación de Vetusta que predomina en los primeros dos párrafos vuelve a aparecer en el tercero pero esta vez disminuida por la altura, la grandeza espiritual y la poesía de la imagen de la torre: «mejor era contemplarla en clara noche de luna, resal-

---

de Alas, *La creatividad en el estilo de Leopoldo Alas*, Oviedo, 1974. También su artículo «Reiteraciones y extremismo en el estilo creativo de Clarín», *Hispania*, LIV (1971), pp. 459-469, recogido en Sergio Beser, ed., *Clarín* y «*La Regenta*», Barcelona, 1982, pp. 273-292.

3. *La Regenta*, edición de Gonzalo Sobejano, Barcelona, 1976, p. 71. Todas las ctias son de esta edición. El prólogo crítico del profesor Sobejano es, sin duda, de lo mejor que se ha escrito sobre *La Regenta*.

tando en un cielo puro, rodeada de estrellas que parecían su aureola, doblándose en pliegues de luz y sombra, fantasma gigante que velaba por la ciudad pequeña y negruzca que dormía a sus pies». Esta visión poética, sin embargo, choca con la frase precedente donde se describe que la torre, a veces «tomaba los contornos de una enorme botella de champaña». Como en el caso del primer párrafo en que existe una desemejanza notable entre el modo poético y la materia descrita, aquí la discrepancia entre la visión romántica de la torre y su descripción como una botella gigantesca deja al lector con impresiones mixtas. El lector que espera fiarse en la autoridad absoluta de la voz narrativa, se da cuenta con estos primeros párrafos que en esta voz se encuentra la ambigüedad de la ironía.

El primer punto de vista, el del narrador, crea un ambiente de confusión que desorienta por su variedad de imágenes y personificaciones, por su ritmo y sus sonidos que están en total discordancia con lo que se describe. ¿A qué propósito esta disconformidad estilística? Sin una interpretación estética estos primeros párrafos representarían un fallo estilístico grave. La justificación estética —válida para la totalidad de la obra, desde la imagen y la escena hasta la estructura general y la temática— se encuentra en las escenas que se desarrollan en la torre.

La personificación de Vetusta y la torre prepara el fondo indispensable para el desarrollo de las primeras escenas y la introducción de dos personajes secundarios, Bismarck y Celedonio. Éstos, en cambio, introducen la escena de Fermín de Pas en la misma torre. Bismarck y Celedonio, que van a la torre para cumplir la función de campaneros, no pueden escapar la sensación de superioridad que la altura produce; Fermín va a la torre precisamente para disfrutar de este efecto de altura y poder contemplar a su Vetusta desde esta perspectiva de superioridad: «no miraba a los campos, no contemplaba la lontananza de montes y nubes; sus miradas no salían de la ciudad» (p. 81). Notemos la importante trayectoria estilística que comienza con la descripción irónica/poética de Vetusta, se transforma, con Bismarck y Celedonio, en una escena irónica/cómica y pasa rápidamente al análisis psicológico de Fermín. De este modo, se establece desde el principio, estas tres calidades del estilo y técnica de *La Regenta*: poesía, ironía, análisis psicológico. El contraste repentino de estilo, tono y técnica, desorienta tanto como la confusión estilística de los primeros párrafos de la novela. Como en estos párrafos, también, continúa ese vaivén poético/irónico, de seriedad y risa. Los matices realistas de las escenas, sin embargo, obligan al lector a sospechar cierta complementariedad en estos contrastes y, como consecuencia, a aceptar una realidad de cambios abruptos y de mezcla de elementos dispares. Es decir, la ambigüedad que resulta de estos contrastes empieza a tomar los contornos de la realidad.

Veamos algunas particularidades de esta escena en más detalle aún. A Bismarck se le describe como «un pillo ilustre de Vetusta» y a Celedonio como «el ilustre diplomático de la traya». Bismarck sentía «algo de la dignidad y la responsabilidad de un reloj» mientras a Celedonio se le describe en la torre con una «sotana negra, sucia y raída, estaba asomado a una ventana, caballero en ella, y escupía con desdén y por el colmillo en la plazuela» (p. 73). Ya establecido el tono irónico, la escena continúa con el diálogo humorístico de Bismarck y Celedonio y sus perspectivas de los «venerables canónigos». El miedo que sienten cuando descubren que alguien sube por la escalera de caracol se intensifica cuando se dan cuenta de que es Fermín de Pas. Celedonio primero lo identifica a través del sonido del manteo: «el roce de la tela con la piedra produce un rumor silbante, como el de una voz apagada que impusiera silencio. El manteo apareció por escotillón; era el de don Fermín de Pas, Magistral de aquella santa iglesia catedral y Provisor del Obispo» (p. 76). El humor de la perspectiva del narrador dentro de estos dos personajes continúa cuando el Magistral saca su catalejo y el miedo de Bismarck se convierte en pleno espanto: «Bismarck, oculto, vio con espanto que el canónigo sacaba de un bolsillo interior de la sotana un tubo que a él le pareció de oro. Vio que el tubo se dejaba estirar como si fuera de goma y se convertía en dos, y luego en tres, todos seguidos, pegados. Indudablemente, aquello era un cañón chico suficiente para acabar con un delantero tan insignificante como él» (p. 79). Funciona aquí un espejismo complejo en que la realidad se deforma, esperpénticamente, a través del humor, la ironía, la parodia y la seriedad poética y psicológica. El papel de Celedonio dentro de esta simetría entre el comienzo y el fin de la novela es evidente. Igualmente importante es el espejismo y parodia que que se establece en este primer capítulo entre Fermín y Celedonio.[4]

Si en esta escena en la torre nos reímos de Celedonio, de su principiante afeminamiento, de su perspectiva de Vetusta, y si es por medio de su perspectiva que primero vemos a la Regenta, no nos reímos en la última escena de la novela cuando Celedonio no puede resitir la perversidad del deseo de besar a la Regenta que yace desmayada, sobre el pavimento de mármol de la iglesia: «Celedonio sintió un deseo miserable, una perversión de la perversión, de su lascivia: y por gozar un placer extraño, o por probar si lo go-

4. Desde una perspectiva muy distinta, Noel M. Valis nota el paralelismo entre Fermín y Celedonio en el primer capítulo. Véase su artículo «Fermín de Pas: una "Flor del mal" clariniana», *Explicación de textos literarios*, VII-1, pp. 31-38. También véase su artículo «Romantic Reverberation in *La Regenta*: Hugo and the Clarinian Decay of Romanticism», *The Compatriot* (May, 1970), pp. 40-52.

zaba, inclinó el rostro asqueroso sobre el de la Regenta y le besó los labios» (p. 929). El humor de este muchacho, que es el primero en identificar a la Regenta como «una guapísima señora», desaparece con esta escena tan repugnante.

Con la introducción del Magistral en la escena de la torre ocurre una ruptura abrupta del estilo irónico. El sujeto-objeto, Vetusta, vista desde la misma torre con el mismo catalejo, no cambia, pero el estilo y la perspectiva sí. Vetusta se convierte en el instrumento narrativo que caracteriza a Fermín y a través de ella podemos ver su pasado, su presente y futuro en términos psicológicos mientras él contempla la ciudad como su pasión y su presa: «él estimaba sobre todas su ciencia de Vetusta. La conocía palmo a palmo, por dentro y por fuera, por el alma y por el cuerpo, había escudriñado los rincones de las conciencias y los rincones de las casas. Lo que sentía en presencia de la heroica ciudad era gula; hacía su anatomía, no como el fisiólogo que sólo quiere estudiar, sino como el gastrónomo que busca los bocados apetitosos; no aplicaba el escalpelo, sino el trinchante» (p. 81).

El desarrollo de estas primeras páginas muestra una interacción de estilos y técnicas narrativas que oscila desde lo poético a lo irónico y desde lo cómico al metódico análisis psicológico. Este constante juego estilístico y narrativo es una de las características más notables de la obra y es esencial para apreciar la agudeza artística y la visión de Alas.

Nos reímos de Celedonio al sentirse caballero en la ventana de la torre y al escupir por el colmillo a la plazuela, pero sentimos la seriedad psicológica de Fermín, a quien también se le sube la altura a la cabeza y también «veía a los Vetustenses como escarabajos». Nótese la relación que existe entre «la sotana negra, sucia y raída» de Celedonio, y el hecho de que a Fermín primero se le identifica por su sotana y el sonido que produce al subir la escalera. Aunque la sotana de Fermín no está sucia, y Fermín no escupe por el colmillo, su desdén refleja la misma actitud de Celedonio. La perversidad de éste no es menos grotesca que la de un cura que utiliza todos los medios posibles, incluso la de obtener los favores de la criada, Petra, para «conquistar» a la Regenta. Hay que ver el efecto de repugnancia del beso de Celedonio en el contexto, también, de lo que produce el desmayo de la Regenta. Va al confesionario buscando perdón o penitencia y lo que encuentra, en cambio, es un cura asesino que brota del confesionario: «el Magistral extendió un brazo, dio un paso de asesino hacia la Regenta, que horrorizada retrocedió hasta tropezar con la tarima» (p. 928).

Estas escenas forman una simetría estructural[5] que ayuda a atar

5. El trabajo de E. Alarcos Llorach, «Notas a *La Regenta*», *Archivum*, II (1952), pp. 141-160 es todavía el mejor análisis de la estructura de la obra.

los lazos de la temática de la novela, y la personificación de Vetusta en el primer capítulo, proporciona en la novela la base esencial para el desarrollo de la ciudad como una unidad colectiva, compuesta de los rasgos individuales de sus habitantes. Hasta la imagen del «viento Sur perezoso y caliente» vuelve a aparecer en el último capítulo.[6] El uso estilístico de la personificación es de especial interés por su frecuencia igual que por su variedad. Se convierten las personificaciones también en *leit motivs* que forman el fondo de otras escenas y adquieren de este modo una función estructural. Es éste el caso, por ejemplo, con la catedral, con su torre, reloj y campanas.

Desde el principio, la catedral y otros edificios cercanos asumen las características de personas humanas: «No sólo era la Iglesia quien podía desperezarse y estirar las piernas en el recinto de Vetusta la de arriba». La torre que tiene el aspecto de un gigante fantástico reaparece en el segundo volumen cumpliendo su función de vigilante:

> «La torre de la Catedral que espiaba a los interlocutores de la glorieta desde lejos, entre la niebla que empezaba a subir por aquel lado, dejó oír tres campanadas como un aviso. Le parecía que ya habían hablado bastante. Pero ellos no oyeron la señal de la torre que vigilaba.» (532)

Sin la necesidad de interrumpir el tono poético de la conversación entre Ana y Fermín, Alas informa al lector de la lentitud de la conversación. En lugar de crear una correspondencia romántica entre el estado de ánimo de los personajes y la naturaleza, la correspondencia que Alas crea es con la iglesia, la torre y el reloj. Es éste el caso en la escena en que Ana se encuentra en el Vivero recuperándose de sus desórdenes nerviosos: «el reloj de la catedral, a media legua del Vivero, dio las diez, pausadas, vibrantes, llenando el aire de melancolía» (p. 788). El tono del reloj cambia de acuerdo a la escena y la descripción que se describe. Es muy distinto, por ejemplo, cuando Fermín espera ansiosamente el regreso de Ana del Vivero: «el reloj de la catedral dio la hora con golpes lentos; primero cuatro agudos, después otros graves, roncos, vibrantes» (p. 442). Con el paso de las horas crece la ansiedad de Fermín y el toque de los relojes que parecen conversar como los dignatarios de la ciudad, sirve para aumentar su angustia:

Véase también mi artículo «Structural Unity in Leopoldo Alas's *La Regenta*», *Hispanic Review*, XXXXI (1963), 324-335. Ambos trabajos recogidos en la citada antología de Beser.

6. Véase el prólogo de Sobejano, nota 12, p. 925.

«El reloj de la Universidad dio tres campanadas. ¡Tres cuartos de hora! Andaría atrasado... No... La catedral, que era la autoridad cronométrica, ratificó la afirmación de la Universidad; por lo que pudiera valer, el reloj del Ayuntamiento, que no había podido secularizar el tiempo, vino a confirmar lo dicho lacónicamente por sus colegas, respondiendo su opinión con una voz aguda de esquilón cursi». (443)

Una situación paralela existe cuando el desvelo de don Víctor Quintanar, causado por el descubrimiento de la infidelidad de su mujer, es también marcado por el toque del reloj de la catedral: «En aquel momento el reloj de la Catedral, como si bostezase, dio tres campanadas» (p. 870). Desde este momento aumenta la tensión dramática de la escena, con campanadas del reloj a las siete, a las siete y cuarto, a las siete y media y a las ocho. El paralelismo con la escena de Fermín es evidente también en la vehemencia con que don Víctor quiere parar el reloj:

«¡Oh, qué bien si se parase el tiempo! Pero, no, no se paraba; corría, le arrastraba consigo; le gritaba: muévete; haz algo, tu deber; aquí de tus promesas, mata, quema, vocifera, anuncia al mundo tu venganza, despídete de la tranquilidad para siempre...» (873)

Las repetidas personificaciones de la catedral, la torre, y el reloj tienen un papel estructural y un efecto dramático determinado por el valor expresivo y subjetivo de la personificación. Pero la utilización del objeto inanimado como parte integral de la escena o como motivo estructural no se limita a los objetos que tienen esa autoridad de la iglesia. El objeto más insignificante puede contribuir un valor expresivo. En el *salón claro* del obispo, los muebles «reían a carcajadas con sus contorsiones de madera retorcida» (p. 364). No provocan el pensamiento del personaje sino que adquieren, de modo expresionista, una individualidad independiente, conscientes de las acciones que han ocurrido en esa sala. En otra escena se describe a los muebles como «amenazando contar a los sordos lo que sabían y callaban tantos años hacía. El sofá de ancho asiento amarillo, más prudente y con más experiencia que todos, callaba, conservando su puesto» (p. 846).

Las imágenes de la naturaleza son, sin embargo, las que adquieren máxima concentración poética como expresión de la interioridad del personaje y como fondo indispensable de la escena. Las imágenes de la luna y los eucaliptos de Frígilis, por ejemplo, reflejan en términos poéticos el estado psíquico de Ana en esa extraordinaria escena en que, después de rehusar ir al estreno de *La vida es sueño*, se encuentra sola en el «Parque» pensando en su situación conyugal y luchando contra la tentación que don Álvaro representa para ella. La primera percepción de la luna como «una luz grande» que refracta sus lágrimas como telas de araña es una metáfora impresionista que da paso inmediatamente a una metáfora expresionista de la luna y los eucaliptos en que Alas transforma la realidad para que refleje la interioridad de Ana:

> «La luna la miraba a ella con un ojo solo, metido el otro en el abismo; los eucaliptos de Frígilis, inclinando leve y majestuosamente su copa, se acercaban, unos a otros, cuchicheando, como diciéndose discretamente lo que pensaban de aquella mujer, sin madre, sin hijos, sin amor, que había jurado fidelidad eterna a un hombre que prefería un buen macho de perdiz a todas las caricias conyugales.» (305)

Es a la vez como si escuchara estos sonidos de la noche de modo que las murmuraciones de los eucaliptos expresan la ironía y la amargura de su situación. El narrador, pues, nos hace presenciar su estado de ánimo por medio de la imagen expresionista sin la necesidad de usar una declaración autoritativa.

Empieza a desarrollarse un paralelismo entre Ana y la luna que representa el fondo poético a través del cual Ana describe su tragedia. Pero este fondo también sirve para proyectar la ironía de su situación. Cuando, irónicamente, se encuentra sujetada por la trampa de su marido para coger zorros, vuelve a mirar a la luna: «...y se le figuró que le hacía muecas burlándose de su aventura. Los árboles seguían hablándose al oído, murmurando con todas las hojas...» (p. 308). Como líneas que se convergen, la luna y Ana empiezan a convertirse en una sola identidad: «Lo mismo era ella, como la luna, corría solitaria por el mundo a abismarse en la vejez, en la oscuridad del alma, sin amor, sin esperanza de él...» (p. 311).

El juego de blanco-oscuro de la escena se traslada al cielo que como espejo refleja su realidad. La luna de dos ojos, uno luminoso y el otro en el abismo queda, como Ana, en una oscuridad total al «caer en el abismo de una nube negra que la tragaría como un mar de betún» (p. 311). Así, la identificación de Ana y la luna alcanza su unión completa y Ana se transforma en la luna: «...la luna era ella, y la nube la vejez, la vejez terrible, sin esperanza de ser amada» (p. 311). La imagen de la luna tragada por una nube negra como el betún destruye, por su discordancia, el romanticismo poético de una imagen irónica como ya hemos visto en el caso de la torre y la botella de champaña.[7]

7. M. Baquero Goyanes fue uno de los primeros críticos en afirmar el elemento afectivo del narrador: «interesado por el mundo que ha creado y por los seres y los problemas que en él se mueven», *Prosistas españoles contemporáneos*, Madrid, 1956, p. 49. Hay que señalar que el interés del narrador por los seres y su mundo en ningún caso implica su aprobación. El interés

No es que Alas se escape totalmente del romanticismo en el uso de imágenes sino que, con gran frecuencia, su imagen poética sorprende con el uso de una metáfora inesperada cuyo efecto es la introducción de una dimensión irónica.[8] Aún cuando establece una relación convencional entre la correspondencia de la naturaleza y las emociones del individuo, lo hace en un contexto que contribuye a la ironía. Cuando en el Vivero, enloquecido de celos, Fermín teme la caída de Ana en brazos de don Álvaro, le da al trueno que escucha una interpretación subjetiva: «El trueno le sonaba a carcajadas de su mala suerte, a sarcasmos del diablo que se burlaba de él y de su miserable condición de clérigo» (p. 817). Pero la gravedad de los sentimientos de Fermín y la burla de que se siente víctima, se desarrolla en una escena cuya técnica irónica muestra la distancia burlona del narrador.

Esta técnica de vincular las emociones de los personajes a objetos inanimados o a fenómenos naturales es muy abundante en la obra. Con técnica parecida, Alas usa los animales para deshumanizar a los vetustenses. Esta deshumanización se presenta desde el punto de vista del personaje. Don Pompeyo Guimarán, por ejemplo, es el que ve a la muchedumbre camino de la iglesia como gusanos; Ana es la que transforma el graznido de las ranas en una actividad religiosa de Semana Santa:

> «Un coro estridente de ranas despidió al sol desde un charco del prado vecino. Parecía un himno de salvajes paganos a las tinieblas que se acercaban por oriente. La Regenta recordó las carracas de Semana Santa, cuando se apaga la luz del ángulo misterioso y se rompen las cataratas del entusiasmo infantil con estrépito horrísono.» (286)

La degradación de los vetustenses, que empieza con la humanización de las ranas, se intensifica al convertirse éstas en paganos, y, finalmente, en cristianos. El efecto es un comentario irónico de las festividades de Semana Santa que alcanza su momento climá-

---

del narrador es el de *comprender* al personaje en términos humanos y psicológicos y el de *comunicar* a través de la imagen y los pensamientos, el punto de vista que el personaje tiene del mundo y de sí mismo en una determinada situación.

8. El tono irónico de la escena clariniana, en contraste con la ironía de Flaubert, no contribuye a esa «objetividad» que se le atribuye a éste porque el narrador de *La Regenta* revela sus juicios y valores en su evidente uso de la ironía. En cuanto al estilo metafórico, la observación de Proust sobre las imágenes y metáforas de Flaubert, citada por Gérard Genette, es de interés: «...je crois que la métaphore seule peut donner un sorte d'éternité au style, et il n'y a peut-être pas, dans tout Flaubert, une seule belle métaphore. Bien plus, ses images sont généralement si faibles qu'elles ne s'élèvent guère audessus de celles que pourraient trouver ses personnages les plus insignifiants», *Palimpsestes,* París, 1982, p. 118.

tico cuando el entusiasmo de los vetustenses se convierte en revoltoso clamor infantil.

A veces los personajes quedan sorprendidos al notar que los animales les miran con atención o con insolencia: «un gorrión con un grano de trigo en el pico se puso en frente de Ana y se atrevió a mirarla con insolencia. La dama se acordó del arcipreste, que tenía el don de parecerse a los pájaros» (p. 283). El uso derogatorio e irónico de estas humanizaciones que tanto abundan en la novela, con frecuencia proporciona el desdoblamiento del personaje que le permite ver su situación desde otra perspectiva. El animal, con la apariencia de una inteligencia superior, parece penetrar dentro de los pensamientos de los personajes. Cuando Ana se encuentra pensando en su confesión general con Fermín, su pensamiento de pronto se detiene con la mirada de un sapo:

> «Un sapo en cuclillas miraba a la Regenta, encaramado en una raíz gruesa que salía de la tierra como una garra. Lo tenía a un palmo de su vestido. Ana dio un grito, tuvo miedo. Se le figuró que aquel sapo había estado oyéndole pensar y se burlaba de sus ilusiones.»

La rana le facilita una visión de la necedad y subjetividad de su interpretación de la confesión. Desde una perspectiva de superioridad y con más objetividad, la rana se mofa de sus ilusiones. Y Ana se da cuenta de esta burla.[9]

Esta superioridad irónica se ve también en el caso de don Santos: «Un gato pardo iba y venía por el mostrador a la mesa de don Santos, se le quedaba mirando largo rato, pero convencido de que no decía más que disparates, bostezaba y daba media vuelta» (p. 602). No es que el individuo quede en un plano subhumano sino que el contraste con la inteligencia y el juicio del animal sirve para destacar la estupidez del individuo. La incauta inteligencia y superioridad del animal, aunque sólo sea interpretada así por el personaje, es capaz de iluminar su personalidad u ofrecer un comentario a la situación. Con frecuencia contribuyen sólo un breve comentario irónico, como en la escena en que don Víctor entra en la habitación de sus pájaros: «Las tórtolas también dormían; allí hubo ciertos murmullos de desaprobación, y don Víctor se alejó por no ser indiscreto» (p. 142). La ironía puede existir, sin embargo, en la

9. Desde una perspectiva distinta, y válida, Sobejano nota el leit-motiv del sapo «como emblema de la fealdad terrorífica del mal», prólogo, p. 43. Mientras Sobejano le da la importancia apropiada a la animalización en *La Regenta*, Juan Ventura Agudiez le da muy poca importancia: «fuera de la piel de tigre de Ana y al sapo que ésta encuentra en la fuente, el mundo animal tiene poca participación...», *Inspiración y estética en La Regenta,* Oviedo, 1970, p. 170.

sencilla comparación que el personaje hace al ver las circunstancias de cada cual. Es éste el caso de Ana cuando contempla la libertad de una nevatilla:

> «Estos animalitos —pensó— sienten, quieren y hasta hacen reflexiones... Ese pajarillo ha tenido una idea de repente; se ha cansado de esta sombra y se ha ido a buscar luz, color, espacio. ¡Feliz él! ¡Cansarse es tan natural!» (280)

En cuanto a la visión crítica e irónica de Alas, el efecto más importante de la humanización de animales se logra cuando es complementada con la inversión de este proceso —la deshumanización de los vetustenses a través de comparaciones con animales. Las comparaciones, en este caso, sí tienden a reducir a los vetustenses a niveles subhumanos de inteligencia y comportamiento, en contraste irónico con lo que los vetustenses piensan de sí mismos. Con la acumulación de referencias a perros, gatos, hormigas, ranas, osos, pájaros, etc., el lector no tarda en ver a la ciudad en términos del mundo animal. La madre de Fermín *gruñe* al *olfatear* la presencia de algún importuno. Don Cayetano Ripamidán *olfatea* «como perro que sigue un rastro» (p. 107). Verbos como *lamer, rugir, rumiar,* también contribuyen al efecto irónico. La descripción del orgullo que las tías de Ana sienten al contemplar su hermosura comienza con una comparación con animales que culmina en lo absurdo y lo cómico:

> «Se figuraba sacada a pública subasta. Doña Águeda y después su hermana trataron con gran espacio el asunto de la cotización probable de aquella hermosura que consideraban obra suya. Para doña Águeda la belleza de Ana era una de los mejores embutidos; estaba orgullosa de aquella cara como pudiera estarlo de una morcilla.» (186)

La deshumanización que comienza con las palabras *pública subasta* y *cotización* prepara la ironía final en que aparecen las palabras *embutido* y *morcilla.* Alas destruye así la dignidad humana sin excluir el elemento humorístico al convertir a Ana en mercancía comestible.

Aunque hay animales que se asocian específicamente con un personaje —la identificación de Pompeyo Guimarán con un oso, por ejemplo— no es ésta la técnica que predomina o que tenga mayor importancia con la excepción de la asociación de Fermín con un león. Dicha comparación, que aparece en el primer capítulo, reaparece varias veces en la primera y segunda parte: «...devoraba su presa, la Vetusta levítica, como un león enjaulado los pedazos ruines de carne que el domador le arroja» (p. 82). El interés en estos casos no está en una comparación con la fisonomía sino en exteriorizar las emociones del personaje y captar su personalidad o su estado psicológico. Así, cuando Fermín, ya plenamente enamorado, siente celos por primera vez, se describe su alma como «...molesta como un hormiguero...» (p. 447).

Hay ocasiones en que sí existe una concordancia entre la interioridad y exterioridad del personaje a través del símil con un animal. Es éste el caso con don Cayetano:

> «...y el conjunto de su personilla recordaba, sin que se supiera a punto fijo por qué, la silueta de un buitre de tamaño natural; aunque según otros se parecía a una urraca, o un tordo encogido y depeluznado. Tenía sin duda mucho de pájaro en figura y gestos, y más, visto en su sombra.» (108)

La similaridad con los primeros dos pájaros señala su naturaleza predatoria y su amor al chisme mientras que la segunda comparación, un tordo, es de efecto pictórico-cómico: la imagen de un hombre pequeño que, literalmente, se parece a este pájaro, pero despeluznado.

El mismo efecto pictórico se obtiene cuando se describe la acción física de don Custodio: «...salió... como una perdiz levantada por los perros» (p. 92). De más interés estilístico es la variación de esta técnica en la descripción de Visitación: «La del Banco, como pajarita de las nieves, saltaba de piedra en piedra, esquivaba los charcos, y de paso, dejaba ver el pie no mal calzado, las enaguas no muy limpias, y a veces algo de una pantorrilla digna de mejor media» (p. 546). La vivacidad de Visitación, como la del pajarito de nieve, se combina con la impureza de las enaguas. La yuxtaposición de estas dos observaciones y el inesperado contraste con las frases paralelas —*no mal calzado, no muy limpias*— ofrece una mezcla de imágenes cuya elaboración contiene el comentario irónico del autor.

También se aprovecha Alas de los animales para destacar, por medio de la ironía, temas principales de la novela. Es éste el caso cuando don Víctor saluda a su mujer con afecto y la llama tórtola. Inmediatamente piensa en el pájaro que tiene en su jaula. La comparación afectuosa es natural; aún la asociación con su pájaro tiene una base psicológica aceptable. Pero la mención de jaula introduce otro plano interpretativo. La imagen no adquiere su verdadera amargura hasta que se introduce el tema de la paternidad y Ana le hace a don Víctor, la pregunta esencial, si no le gustaría tener un hijo:

> «—Con mil amores! contestó el ex regente buscando en su corazón la fibra del amor paternal. No la encontró; y para figurarse algo parecido pensó en su reclamo de perdiz, escogidísimo regalo de Frígilis». (140)

El intento absurdo de encontrar una relación entre el amor paternal y la admiración de una perdiz choca cruelmente con la pregunta de Ana y añade un comentario específico a la tragedia de Ana.

La crítica de la sociedad, tan evidente en esa ironía clariniana llena de exageraciones caricaturescas, antítesis, comentarios parentéticos, etc., adquiere una penetración y fuerza que trasciende la sencillez de un plano meramente negativo. El estilo revela las ideas y sentimientos de un autor comprometido que intenta transmitir, por medio de la estética metafórica, y no el comentario autoritativo, la deficiencia intelectual y la psicología del personaje en una situación dramática. Es la tensión metafórica, por ejemplo, que permite a Alas expresar la violencia de Fermín al tratar de escribirle a Ana después de descubrir su adulterio:

> «En aquellas cartas que rasgaba, lloraba, gemía, imprecaba, deprecaba, rugía, arrullaba; unas veces parecían aquellos regueros tortuosos y estrechos de tinta fina, la cloaca de las inmundicias que tenía el Magistral en el alma: la soberbia, la ira, la lascivia engañada y sofocada y provocada, salía a borbotones, como podredumbre líquida y espesa.» (892)

La tinta, vehículo visual para la presentación de las palabras del Magistral, adquiere su propia autonomía y su aspecto fino y espeso es expresión de la fusión del dolor y la cólera de Fermín. La relación entre las líneas de tinta y la cloaca de inmundicias de su alma proporciona el vehículo metafórico para la materialización de la soberbia, la ira y la lascivia.

Metáforas de malestar y de dolor intenso son frecuentes en *La Regenta* como expresión de la interioridad llena de frustraciones y conflictos de los personajes principales y como modo de representar la situación dramática de la escena a través del poder intuitivo de la metáfora. Poco antes de la escena de la tinta, por ejemplo, Fermín mira por la ventana:

> «El Magistral estaba pensando que el cristal helado que oprimía su frente parecía un cuchillo que le iba cercenando los sesos... La idea vulgar, falsa y grosera de comparar al clérigo con el eunuco se le fue metiendo también por el cerebro con la humedad del cristal helado.» (865-866))

La relación entre el cristal helado y un cuchillllo adquiere su impacto metafórico en la segunda oración. Con la repetición de «cristal helado» se establece la asociación entre la castración y el cuchillo que penetra los sesos. El poder metafórico del dolor físico provocado por la sensación fría se convierte en el vehículo para proyectar la frustración y congoja del Magistral.

La voz narrativa, poética, irónica, a veces amarga, recuerda el tono de la primera escena de la obra con su ritmo de canto monótono. La utilización de sinestesia para la representación del estado de ánimo del personaje a veces comunica gran complejidad subjetiva. Cuando Ana, por ejemplo, huele el olor de catedral que es tan singular para ella, el olor se convierte en música: «olor fresco de una voluptuosidad íntima, le llegaba al alma, le parecía música sorda que penetraba en el corazón sin pasar por los oídos» (pp. 925-926). Esta cita pertenece a la última escena de la novela cuando Ana regresa a la catedral. Los recuerdos que la catedral provoca van acompañados de una mezcla de sensaciones del pasado que se funden para crear una confusión sensorial que refleja su estado de ánimo. En este estado, no huele el olor sino que el olor penetra su alma transformada en música y perceptible como tal sin la necesidad de los oídos. En la primera parte de la obra, cuando Ana escucha la voz de Fermín en el confesionario, la voz se transforma en algo visual: «...le zumbaba todavía en los oídos aquella voz dulce que salía a pedazos como por tamiz, por los cuadrilleros de la celosía del confesionario» (p. 281).

La abundancia de percepciones sensoriales tiene una diversidad de funciones. La percepción sensorial logra penetrar y exponer la interioridad del personaje y darnos una visión vital e inmediata de su emoción y hasta de sus pensamientos inconscientes. También tiene importancia estructural dentro de la narrativa y en la composición de escenas. La clave del tercer capítulo, por ejemplo, cuando Ana se prepara para su confesión general con el Magistral, es la sensación que el contacto con la sábana le produce: «Le deleitaba aquel placer del tacto que corría desde la cintura a las sienes» (p. 130). Es esta percepción la que produce una serie de montajes temporales y espaciales en que se prevee el futuro conflicto de Ana y se comprende su presente trágico y su triste pasado. La asociación de percepciones sensoriales da lugar a una larga serie de superimposiciones escénicas: «Y sin saber cómo, sin querer se le apareció el Teatro Real de Madrid y vio a don Álvaro Mesía, el presidente del Casino» (p. 137). En la culminación de esta escena, Alas utiliza lo que podría ser una técnica cinematográfica de cámara lenta al hacer que la imagen que Ana tiene de don Álvaro se disuelva mientras en su lugar queda la imagen real de don Víctor:

> «La imagen de don Álvaro también fue desvaneciéndose, cual un cuadro disolvente; ya no se veía más que el gabán blanco, y detrás, como una filtración de luz, iba destacándose una bata escocesa a cuadros, un gorro verde de terciopelo y oro, con borla, un bigote y una perilla blancos, unas cejas grises muy espesas... y al fin sobre un fondo negro brilló entera la respetable y fami-

liar figura de su don Víctor Quintanar con un nimbo de luz en torno.» (138)

Los pocos ejemplos de escenas e imágenes que he usado deben ilustrar una de las características de más importancia en la estética de la obra. *La Regenta* es una obra cuya estructura consiste primordialmente en la creación de escenas espaciales y temporales en que el narrador, pausadamente, desarrolla los pensamientos, observaciones e impresiones de los personajes, con especial importancia a las percepciones visuales o sensoriales. Así, la penetración de la situación y las revelaciones del personaje provienen del mismo personaje. Es imposible pensar en *La Regenta* sin recordar escenas notables —Ana recordando y reviviendo su pasado mientras apoya la mejilla en la sábana, don Álvaro y Ana durante la función de *Don Juan Tenorio,* don Fermín en la torre de la catedral— precisamente porque el desarrollo y la composición de la novela consiste de esta sucesión de escenas dramáticas y pictóricas con un mínimo de sumarios temporales («Pasaron ocho días», por ejemplo).[11] El punto de vista establecido dentro del pensamiento de los personajes, sea desde el presente, pasado o futuro, se apoya en la creación de imágenes que, con gran frecuencia, se prestan a la autocontemplación y al desdoblamiento y, como tal, ofrecen gran hondura psicológica. Las imágenes representan el elemento indispensable de una multiplicidad de perspectivas que fragmentan el tiempo narrativo, del presente o del pasado, y ayudan a enlazar las distintas escenas.

Hemos visto que las imágenes de más valor poético no carecen de ironía y que esta doble perspectiva —lo irónico dentro de lo poético— también se refleja en el cambio de una escena a otra —en el primer capítulo, por ejemplo— donde las escenas se deslizan de lo poético a lo irónico, a lo cómico, a lo psicológico.

10. En su edición de *La Regenta,* Gonzalo Sobejano observa correctamente que el cuadro disolvente se refiere a la «proyección de imágenes mediante la linterna mágica». Cita Sobejano, con perspicacia, una escena en *Fortunata y Jacinta* en que Galdós utiliza los cuadros disolventes para presentar en la mente de Fortunata las imágenes de otros personajes. Véase la nota 11, en la página 138. El logro artístico de Alas se encuentra en que el cuadro disolvente presenta la yuxtaposición —simbólica y metafórica— entre don Álvaro y don Víctor. De gran importancia también es que esta fusión pictórica de las dos imágenes ocurre como la culminación y fin de una prolongada escena de cuadros pictóricos provocados por asociaciones sensoriales —táctiles, auditorias, etc.

11. René Welleck y Austin Warren se refieren al uso de escenas y sumarios de la siguiente manera: «Integral to the objective method is the presentation in time, the reader's living through the process with the characters. To some extent, 'picture' and 'drama' must always be supplemented by 'summary' (the five days elapse between Acts I and II); but it should be minimal», *The Theory of Literature,* London, 1976.

He querido mostrar cómo el estilo de Alas en *La Regenta* expresa en sus imágenes ciertas características imprescindibles de las escenas y la perspectiva narrativa para crear otra dimensión de la realidad en que ideas opuestas se unen —poesía con ironía, crítica social con valor estético, negativismo de los personajes con comprensión psicológica de esos personajes.

Por medio del estilo y de esta otra dimensión de la realidad que nos ofrece, Alas subyuga su crítica a una estética en que la poesía existe junto con una fina comprensión psicológica de los personajes. La doble visión del autor —la yuxtaposición de lo irónico y lo estético— es lo que crea para el lector ese inimitable cuadro estereoscópico que pertenece sólo a Leopoldo Alas.

LA REGENTA Y EL MUNDO DEL JOVEN «CLARÍN»

Juan Oleza
Universidad de Valencia

A los treinta y un año puso «Clarín» manos a la obra. Aproximadamente dos años después, en junio de 1885, remataba la faena con el segundo volumen en la calle. Poco antes, en abril de ese mismo año, le confiaba a su amigo Pepe Quevedo la profunda y extraña emoción que había sentido al acabar, por primera vez en su vida, y a los treinta y tres años, una obra de arte.[1] No es que «Clarín», a esta edad se considerara demasiado joven. Del padre de Ana, don Carlos Ozores, dice «Clarín» «que ya no es joven» cuando tenía «treinta y cinco años» (IV, p. 226).[2] Y sin embargo, para producir una obra de arte era un hombre joven, y en el conjunto de su evolución, y si comparamos esta etapa con la que seguirá a partir de los últimos años ochenta, el «Clarín» que escribe *La Regenta* es, con toda justicia, «el joven "Clarín"».

En mi edición de la novela he tratado de demostrar que ese «joven "Clarín"» no es una mera referencia cronológica, sino que supone todo un mundo intelectual, toda una forma de situarse en la vida, todo un concepto del arte y de la novela, todo un universo ideológico, en definitiva, que se diferencia notablemente del propio del «Clarín» posterior y que si llega a este último es por ruptura y transformación profunda del primero. Del joven «Clarín» al «Clarín» maduro son bastantes cosas las que —traumáticamente— cambian, pero cambia sobre todo la estructura de su mundo, la articulación misma de los elementos del conjunto.

Pues bien, con estas líneas quisiera mostrar, justamente, que *La Regenta* se integra de lleno en el mundo del «joven Clarín», tanto en el detalle como en la estructura, y que lejos de ser el pro-

1. Carta del 21 de mayo de 1885, en García Sarriá (1975), p. 275.
2. A partir de ahora, estas citas de notas se refieren a mi edición de la novela: J. Oleza (1984).

ducto más o menos intemporal de un «Clarín» más o menos constante supone, bien al contrario, la cristalización artística de muchos de los ingredientes que conforman al «joven "Clarín"», y que se disolverían con la crisis irreversible de su concepción del mundo.

I. *Circunstancia y novela*

Como novela, *La Regenta* se abastece de las circunstancias históricas bajo las que fue producida y de las propias experiencias biográficas de su autor. Nos topamos con el Casino, minuciosamente descrito en el capítulo IV, y desde el que escribía sus *paliques*, como cuenta A. Posada (1923), o en el que jugaba al tresillo y al billar según Cabezas (1962) y Gómez Santos (1952), o en el que finalmente se enredaba en deudas clandestinas, no confesadas a Onofre y resueltas de tapadillo gracias a Fernández Lasanta, como revela su carta del 26 de noviembre de 1890 al editor (Blanquat y Botrel, 1981). Las angustias de las deudas irán a incorporarse al material narrativo de *Su único hijo*, pero el mundo del jugador está ya plasmado mucho antes, en el temprano relato «Jorge, diálogo pero no platónico», recogido póstumamente en *Doctor Sutilis*. En él plantea Alas una nada disimulada defensa del juego: «Desengáñate —escribe—; el juego no es broma. Es como la vida, es como la metafísica... *O ser santo... o jugar*». Pero es que además numerosos personajes aparecen robados al entorno mismo de «Clarín». Las manías eruditas del Capitán Bedoya son las mismas atribuidas a Cánovas, de quien decía «Clarín» que: «Es bibliógrafo con algunas de las ventajas del oficio y todas las desventajas de la manía. Si se trata de historia de la literatura, piensa que lo principal es tener él en casa libros que no haya visto nadie ni por el forro [...]». Y si se suele pensar que los marqueses de Vegallana fueron inspirados por los marqueses de Canillejas, es curioso notar que la manía del marqués de contarlo y medirlo todo recuerda inevitablemente a don Manuel Barzanallana, el marqués que solía presidir el Senado, y que «tenía la manía de medir todos los monumentos públicos que visitaba, y las plazas, los paseos, las montañas, las calles, etc., etc.» (*Cánovas*, p. 103).

Y hasta qué punto *La Regenta* revolvió las conciencias de muchos ovetenses, que se sintieron reconocidos y, por ello, agredidos por la novela, lo demuestra el escándalo que se formó en la ciudad a la publicación de la misma, con la acusación a «Clarín», por parte del obispo Martínez Vigil, de ser «un salteador de honras ajenas».[3]

¿Cómo no iban a sentirse reconocidos los ovetenses si algunos críticos, como Ventura Agudiez (1970) o G. Sobejano (1976) han

3. Cfr. Apéndice en Martínez Cachero (1963).

podido ir desentrañando el urbanismo del Oviedo real en el ficticio de Vetusta, reconociendo barrios, calles, templos, parajes, etc.? Y es que como escribe «Clarín» en «Del Naturalismo» (*La Diana*, 1882): «los naturalistas se atienen por lo común al círculo geográfico que les señalan sus observaciones reales. Y la capital y las provincias son casi siempre el teatro de sus invenciones».[4] Tan cercano está el narrador a las vivencias de los años recientes del joven Alas que el lector atento no habrá pasado por alto las diversas ocasiones en que presupone todavía un narratario, o un lector ficticio, como se prefiera, madrileño, al que se dirige inconscientemente en el capítulo XIII al describir «las sillas de posta antiguas, que todavía hacen el servicio del correo en Madrid desde la Central a las Estaciones» o «un columpio de madera, como los que se ofrecen al público madrileño en la romería de San Isidro» (p. 583).

Ana, por otra parte, revive algunas de las experiencias más íntimas, ya no del joven, sino del adolescente «Clarín», como ese «sentimiento de la Virgen» que «no se parece a ningún otro» y que es una «locura de amor religioso» (IV, n. 55). Leopoldo Alas lo había vivido inseparable del amor por la madre, como ha demostrado Pérez Gutiérrez (1975), quien establece un claro paralelismo entre las crisis religiosas y psíquicas de Ana y de «Clarín». Y si Ana proyecta escribir un libro de poesía «A la Virgen», no hace sino seguir los pasos de «Clarín», que lo había escrito con el título de *Flores de María, poesías morales y religiosas* (Martínez Cachero, 1952). Y si en ese mismo capítulo IV Ana se ve sobrecogida de «espanto místico», en la soledad de la montaña y recitando sus poesías, es porque Leopoldo, que en su adolescencia pasaba las horas a la sombra de un peñasco, allá en Santoña, mirando al mar y a las nubes con un libro en la mano, se vio también sobrecogido, una tarde, por una visión mística del Altísimo, en el centro mismo del Empíreo, rodeado de los coros celestiales (Posada, 1946, pp. 71-72).

A fin de cuentas una de las claves de la verosimilitud de la novela, de la profunda credibilidad de sus páginas, radica en la identidad generacional de Ana y de «Clarín», que participan de las mismas experiencias históricas. Si Ana nace hacia 1850 (IV, n. 9) y «Clarín» lo hace en 1852, los dos viven el largo y complejo proceso de la revolución burguesa, con sus conspiraciones románticas, y de las desamortizaciones, tantas veces aludidas en la novela (ns. I, 33; XII, 56 y 57; XX, 5 y 7), y que transformarán la estructura económica feudal del país en estructura capitalista. Los dos conocen los espectaculares procesos de acumulación de grandes fortunas por la especulación (Salamanca, Campo), la entrada del capital extranjero en la industria y en la infraestructura viaria, la formación de un proletariado industrial, proceso bien vislumbrado —aunque

4. Antologado este artículo en Beser (1972).

de lejos—, en la novela (ns. I, 34; IX, 15; XV, 3; XX, 19 y 20; XXII, 35); los dos asisten a la revolución de 1868 y, posteriormente, a la Restauración, al nuevo entendimiento de Iglesia y Estado para consolidar el Régimen. A las remodelaciones urbanas incorporadas por el capitalismo. A la tercera guerra carlista (1872-1876), protagonizada por Carlos VII, y después de la cual tanto el partido como la Corte en el exilio pervivirían gracias a señores como don Francisco de Asís Carraspique (XII, n. 1). Los dos saben de indemnizaciones patrióticas (IV, n. 20), de amnistías (IV, n. 29), de Garibaldi y de la unificación italiana (IV, n. 36), de la guerra ruso-turca, en 1877-1878, paralela a la acción de la novela (VI, n. 18 y XIX, n. 15), de la rendición de Metz, de la caída de Napoleón III y de la unidad alemana (VI, n. 24), de la martirizada evangelización del Japón (XV, n. 10), de la «guerra chiquita» de Cuba (XVI, n. 52), de la política de unión ibérica, impulsada por S. Olózaga y por Prim (XX, n. 2), o de la amenazante prosperidad y de la diferencia civilizatoria de Estados Unidos de América (XVIII, n. 18). *La Regenta* es así un enorme depósito de materiales históricos profundamente compartidos por el autor y por la protagonista. Al contrario que en *Su único hijo*, en *La Regenta* subyace la necesidad de un balance vital, por el que la experiencia histórica y personal del autor es proyectada, de manera tan inevitable como oblicua, sobre la ficción.

II. *Prefiguraciones y pretextos*

Si *La Regenta* aparece empapada de la experiencia biográfica y del entorno histórico del joven «Clarín», vamos a comprobar cómo, desde otro punto de vista, muchos de sus motivos, temas, situaciones y personajes se hallan esbozados, preelaborados, intuidos o plenamente desarrollados en su obra anterior y contemporánea, a modo de hitos que marcan su mundo obsesivo. Lo que sigue debe entenderse como una reducida selección de esos hitos. A veces se trata tan sólo de palabras aisladas, aunque sintomáticas. Es el caso del simbólico nombre de Vetusta, con el que «Clarín» bautiza a esa ciudad tradicional, provinciana y envejecida de la Restauración, que protagoniza colectivamente su discurso, y que ya había aparecido como connotación adjetiva en «El diablo en Semana Santa», cuando el diablo se acerca a la «ciudad vetusta», «una ciudad muy antigua, triste y vieja, pero no exenta de aires señoriales y de elegancia majestuosa». También el simbólico rótulo del periódico reaccionario de Vetusta, *El Lábaro*, había sido experimentado previamente, nada menos que en su primer intento novelístico, *Speraindeo* (1880). Y de ahí pasó la ocurrencia a *Un viaje a Madrid* (1886), libro inmediato a *La Regenta,* donde viene a simbolizar el catolicismo más reaccionario, del que intenta desligar a Menéndez y Pelayo (p. 27).

Tal como aparece en *La Regenta, El Lábaro* es el referente ficticio de la prensa ultramoderna de la Restauración (y especialmente de *El Siglo futuro*), contra la cual el joven «Clarín» se declaraba cada día en guerra abierta desde las páginas de *El Solfeo* o de *La Unión.* Y si en el capítulo XXVII, Ana, a orillas del río Soto, deja a las truchas escapar muertas de risa mientras su imaginación vuela por una soñada geografía homérica, llena de preciosos topónimos (Cefiso, Tempé, Escamandro, Taigeto, Lesbos...), no otra cosa hace la «mosca sabia» con ayuda de cartas geográficas en el relato del mismo nombre. Por otra parte tanto el cementerio, tras el entierro de don Santos, como el sueño de don Pompeyo, en el que se cree de cal y canto y con una brecha en el vientre por la que entran y salen gatos y perros, o como la humedad de los pies, anticipadora de su propia muerte, son elementos que nos remiten a ese inquietante relato de 1882, «Mi entierro», escrito en Zaragoza, y en el cual el protagonista narra su propia muerte, acaecida por humedad en los pies, y el grotesco velatorio. Uno de los motivos más socorridos del «Clarín» periodista es el del famélico maestro de escuela, en cuya boca pone, por poner un ejemplo, y en unos versos de 1875 (*ESo,* 30 del 5), la siguiente declaración: «Nuestra vida es la apariencia / de un reflejo del infierno (...) ¡El que llega a no comer / cuántas verdades alcanza! / El vacío de la panza / ya es un paso hacia el no ser (...) ¡Yo sólo sé que no como! (...)». En el capítulo XXII de *La Regenta* no sólo vemos morir de hambre a don Santos, sino comentar filosóficamente el hecho a «un maestro de escuela perseguido por su liberalismo... y por el hambre».

Una situación que debía divertir a «Clarín» era la de los banquetes sobrellevados con grandes borracheras, discursos sarcásticos, tiernas declaraciones de principios, confusos debates, etc. Como la que protagoniza Juanito Reseco en el capítulo XX, y que acaba con él bajo la mesa, o como la que, casi idéntica, le había precedido en el cuento «Post Prandium», de 1876. En *Su único hijo,* Bonis Reyes representará una variante, aunque sin acabar bajo la mesa.

Si de los simples motivos pasamos a unidades textuales más complejas, como los personajes o los temas, la evidencia de las profundas conexiones de *La Regenta* con textos anteriores se multiplica y adensa, hasta convertir la novela en un gran «collage» de materiales previamente elaborados.

Así, uno de los núcleos temáticos de mayor relieve de la novela es, sin lugar a dudas, el de la sensualidad, que como un pulpo desmesurado extiende ventosas en múltiples direcciones: la sensualidad y el amor, la sensualidad y la Iglesia, la sensualidad y la familia, la sensualidad y el erotismo, la sensualidad y la música... Pero tal vez el más espectacular de los ejes del complejo tema de la sensualidad sea el que reúne y contrapone a un tiempo la aspiración mística y la voluptuosidad. En el capítulo XXIII la narración de la Misa del Gallo hace aflorar una obsesión muy clariniana, la de la gozosa espectacularidad y ricos ceremoniales de la Iglesia católica como institución. El tema es muy temprano en «Clarín», y lo encontramos ya en un artículo de *ESo* del 28-XII-1875, antecedente de *El diablo en Semana Santa.* Comentando la sensualidad del ceremonial de la Misa del Gallo exclama «Clarín»: «¡Cómo alegra el alma todo este espectáculo —siempre es mi amigo el que habla— aquí, en esta orgía mística nos damos la mano las dos sectas más opuestas: los sensualistas adoradores de la Naturaleza en sus más alcohólicas y mórbidas manifestaciones, y por otro lado los ascetas católicos, que en este solemne aniversario sacan la tripa de mal año y viven, por unas horas a lo menos, la vida de la naturaleza... ¡loor a la Misa del Gallo, punto de contacto entre católicos y materialistas, entre el establo de Belén y los establos de Epicuro!». El tema será retomado en *El diablo en Semaan Santa* (1880), en el que un diablo deseoso de jolgorio acude a celebrar la llegada de la primavera a la catedral de una ciudad, y echa su aliento de fuego sobre una ceremonia religiosa, provocando una ola de sensualidad y deseos extraordinarios en todos los asistentes, que se desahoga como revolución de las carracas.

En el capítulo XVIII se extiende «Clarín» sobre el beaterío vetustense, sobre esas «devotas de armas tomar, militantes como coraceros», que acechan con gran excitación la incorporación de Ana a la tribu. El tema de las «beatas» había preocupado tempranamente al joven «Clarín», que le dedica un premonitorio artículo costumbrista en *ESo* del 23-X-1875. En este trabajo distingue «Clarín» entre las beatas rurales de las tristes poblaciones castellanas y «la beata de Madrid», que «vive en el mundo» y «es la virgen cristiana, es la heroína del corazón de Jesús», dispuesta a «sacrificar hasta el pudor (que jamás puede sacrificarlo una mujer) por la *causa santa*». La beata lo es por culpa de un hombre. Pues: «¿quién tiene la culpa de que tantas mujeres (porque son muchas) se conviertan en otros tantos Quijotes con devocionarios? ¡Sus directores espirituales!».

El entusiasmo de don Víctor por el teatro español barroco y por los conflictos de la honra es el reflejo del entusiasmo que «Clarín» sentía por el tema. La honra y sus cuestiones es tema básico de *La Regenta* y de *Su único hijo*, a más de algunos de sus relatos. Tomemos un texto prácticamente contemporáneo a *La Regenta,* el primer folleto literario, *Un viaje a Madrid*, de 1886, y escuchemos a «Clarín» exaltarse ante el caso de honra de un drama de Echegaray, heredero de Calderón en el tema, *De mala raza*: «produce la más real belleza dramática, y habla en la escena como se hablará de fijo en el terrible caso que presenta, cuando las perfidias del mundo obliguen a dos amantes esposos a semejantes coloquios que huelen a cadáver (...). ¡Las cosas que Carlos le dice a su mujer! ¡Qué indagatoria! Por signos aparentes no se puede conocer la inocencia: todo aquello que la mujer honesta dice, podía decirlo la mujer adúltera, tal vez mejor: el marido quiere ver, quiere ver el rostro, los ojos sobre todo, y los brazos que se interponen suplicando le estorban, y los aparta, y se los ciñe a su mujer a la espalda, como un hierro de presidio (...) quiere la verdad, nada más que la verdad; y eso es lo único que no pueden presentarle (...). Yo lo confieso: recuerdo pocos momentos de los mejores dramas modernos tan grandes como éste» (pp. 69-70). A pesar de su ironización del tema en *La Regenta, Su único hijo,* «La tara», etc. y de sus soluciones a la moderna, «Clarín» se sentía realmente sugestionado por los casos de honra.

Un tema curioso arraigado posiblemente en el subconsciente de «Clarín», y con hondas repercusiones en su vida, como ha estudiado García Sarriá (1975), es el de la contraposición entre el amor pagano y el amor cristiano, o entre la mujer sensual y la mujer ideal, que pudo tener una primera definición biográfica en Julia Ureña, la prima de Leopoldo, y en Onofre, su mujer, pero que en todo caso se refleja en su obra y que adquiere una matización pintoresca: la del color del cabello. Laura de los Ríos (1965) ha esbozado una teoría al respecto, la del amor rubio y el amor moreno. El amor rubio sería el amor puro, ideal, irrealizable, pero también cuando se consuma, el amor pacífico, el cariño conyugal, sin turbulencias, sin sobresaltos. Rubias son, por ejemplo, la marquesa de Híjar y su hija *(Pipá)*, Caterina Porena *(Superchería)*, Rosario *(El Señor)*, María Blumengold *(La rosa de oro)*, Cecilia Pla *(El entierro de la sardina)*, etc. Por el contrario, el «amor moreno» encarnaría el amor pasión, el amor pagano, lo sensual. En este sentido, quizá sea en *Cuesta abajo* y en el relato de las dos hermanas, Emilia y Elena, donde mejor y más claramente manifieste «Clarín» esa bipolaridad rubio-moreno, sensual-ideal. No es de extrañar, pues, que el «rubio» de la carnal Obdulia sea «sucio, metálico, artificial», y que tanto la Regenta como su precedente, la Jueza de «El diablo en Semana Santa», sean morenas.

«Clarín» reflexionó a menudo sobre la condición femenina, y ese es uno de los temas en que su pensamiento más se transformó con el paso de los años. En el «Clarín» anterior a *La Regenta* la denuncia de la desigualdad adquiere tonos muy definidos. Así en un artículo de *El Solfeo* de 22-II-1878, hace suyas las palabras de Rodríguez Solís, «El hombre ha prostituido a la mujer», y atribuye la principal responsabilidad a la Iglesia y a los legisladores. Reconoce «Clarín» la discriminación a la que la somete el derecho, la represión ideológica en que es educada por el ultramontanismo ambiente, la utilización interesada por parte del hombre, y sobre todo del viejo («el matrimonio se ha constituido como caja de retiro para los achaques de la vejez» escribe en *Solos,* comentando *El buey suelto* de Pereda), y la dependencia económica de la mujer, analizada magistral e irónicamente en «El amor y la economía» (cifr. Lissorgues [1980], pp. 126 y ss.), artículo en el que desenmascara la falta de amor en muchas casadas, que han ido al matrimonio «porque lo primero de todo es vivir». Para «la joven de la clase media», sin dote por lo general, «todo su porvenir está encerrado en atrapar marido; la lucha por la existencia se determina en este sentido». En el amor el hombre puede permitirse el lujo de ver la parte no utilitaria, pero la mujer está obligada a ver el *modus vivendi.* Y en él se conduce como el hombre en los negocios. «¿Qué un negocio sale mal? Pues a otro. A esto lo llamamos entre nosotros, actividad, valor, inteligencia, etc.; en la mujer, infidelidad, falsía, astucia, egoísmo... ¡Qué sé yo!». Ante esta situación: «Una de dos: o hagamos ricos a todos los hombres para que la mujer pueda escoger, no según la economía sino según el amor, o... y esta es mi tesis... o pongamos a la mujer en condiciones de ganarse la vida, de ser económicamente libre, independiente». La posición crítica frente al matrimonio le lleva a comentar con sorna, en esta época, dejad la ceremonia nupcial para «el último día de la unión en la Tierra: Al morir uno de los esposos, la Iglesia y el Estado, previa declaración de las partes podrían decir en conocimiento de causa: este fue matrimonio, todo lo demás es prejuzgar la cuestión» (*La Publicidad,* 11-VI-1880). Lissorgues (1980, pp. 27-28) ha constatado cómo, sin embargo, cambia su posición en 1892, en la crítica de *La tierra prometida,* de P. Bourget, en la que aprueba la batalla de éste contra el adulterio, «peligro social y moral (...) tan protegido, hasta mimado por gran parte de las letras contemporáneas». En «Nietzsche y las mujeres» (*El Español,* 6 y 7-IX-1899) «Clarín» aparece como un entusiasta irreversible de la institución: «Jesús consagra al matrimonio —para mí la salvación de la vida civilizada—, con la solemnidad sacramental, haciéndole *uno,* singular, indisoluble. Eso es lo más grande que se ha hecho en el mundo por la verdadera, *natural,* dignidad de la mujer...».

Y es que, a medida que el tiempo pase las opiniones de «Clarín» respecto a la mujer irán tiñéndose de conservadurismo. El primer síntoma tal vez sea su recelo a hablar de la esclavitud de la mujer («lo que hay que demostrar es que no hay tal esclava», dice comentando a Nietzsche, o rechaza la interpretación que hace Emilia Pardo Bazán de la *Tristana* de Galdós, al definirla como un caso de «esclavitud moral de la mujer»). El segundo es su obsesiva defensa de la desigualdad natural de mujer y hombre, tras la cual aflora, inequívocamente, la necesidad de subordinación de aquélla a éste. Así satiriza «Clarín» un hipotético futuro en el que «todas las mujeres, con posibles, quisieran ser médicas, abogadas, periodistas, ingenieras, catedráticas, etc., etc..., como quieren ser todos los hombres (...). ¡Cómo se echaría entonces de menos una carrera que debía seguir la mujer! (...) ¡la carrera de mujer como eran casi todas, antes de haber tantas carreras para las mujeres!» (*La Correspondencia,* 18-XI-1892). El paso inmediato es la sátira de la «educación hombruna», de la «emancipación intelectual» de la mujer, de las mujeres literatas o académicas. Y es que aun cuando «Clarín» repite una y otra vez que la mujer no es inferior ni superior al hombre, sino simplemente diferente, por lo que no debe de ningún modo imitarle («El feminismo es una cosa discutible, el *marimachismo,* una cosa insufrible», *Madrid Cómico,* 2-XII-1899), esa «diferencia» presupone una subordinación. Así, lo específico de la mujer «es el sentimiento», «el predominio de lo inconsciente», el pensar a través de mecanismos de ensoñación... Es cierto que hay algunas mujeres de mucho talento, «pero sin ofender a nadie, no cabe duda que, en general, comparadas con los hombres se quedan tamañitas, lo que son ellas más guapas» (*Madrid Cómico,* 1-VIII-1891). Y es que el cerebro en la mujer es peligroso y la «amasculina»: «Esto es lo que no quieren y tal vez no pueden comprender las mujeres varoniles: que nosotros, aún en presencia del más robusto ingenio, ante la más acreditada forma de un talento de hombre superior... en una mujer, suspiramos por algo que falta (...) falta para que haya allí todo lo femenino ideal que tanto necesitamos los que somos masculinos completamente». Aunque «Clarín» reconoce que hay intelectuales a lo femenino (Safo, George Sand), sin embargo tiende a generalizar la actividad intelectual como masculina, y llega a preguntarse: «¿Tiene una señora derecho a escribir como un hombre? Es indudable. Como llegará a tenerlo para sentarse en el Congreso. Al hombre le quedará el recurso de no casarse con una diputada» (*Museum,* pp. 54 y ss.).

Y es que a «Clarín», desde siempre, incluso en su primera época, le gustó hablar de lo «eterno femenino», pero el «Clarín» joven que denunciaba el machismo de fondo de don Carlos o la discriminación jurídica de la mujer, acabará rebelándose, años más tarde, y como Nietzsche, «contra esta otra necedad de la Europa democrática, igualitaria, emancipadora, que también quiere la igualdad jurídica de los sexos». En un trabajo harto revelador de sus últimas posiciones, «Nietzsche y las mujeres» (*El Español,* 6 y 7-IX-1899), «Clarín» comenta, sin condenarlas «en absoluto las opiniones de Nietzsche acerca del feminismo», lo único que le escandaliza es su manera brutal de decir las cosas, y ciertas afirmaciones excesivas. Incluso colabora con nuevos argumentos. Así cuando afirma que «ningún hombre de genio, lo que se llama de primera, ha sentido jamás el prurito de emancipar a la mujer», o cuando teoriza sobre el papel de la mujer en el cristianismo, que puede llegar a ser madre de Dios, pero no diosa: «Para el cristianismo no hay diosas».

«Clarín» acaba abogando por crear «otra tendencia, para bien de la mujer, que podría llevar legítimamente el nombre de feminismo, porque se consagraría al progreso de las mujeres, a su mejor educación, a su derecho, a su felicidad..., sin reconocerlas la equivalencia masculina; viendo en ellas, naturalmente, algo, no superior ni inferior al hombre, sino de diferencia complementaria. En algunas reivindicaciones, esta tendencia coincidiría con el feminismo actual (verbigracia, en el procurar para el sexo débil medios de vida económica autónoma, entregándoles los oficios que fueran realmente propios de la mujer); pero en la mayor parte de las cuestiones particulares se separaría del prurito emancipador, según hoy se entiende».

En *La Regenta* predominan claramente las opiniones de la primera época, del «Clarín» joven, y uno de sus temas centrales es el de la frustración de Ana como mujer.

Quisiera abordar ahora un tema que me parece de una trascendencia fuera de toda duda, y certifica una vez más hasta qué punto *La Regenta* acoge materiales previamente elaborados. A «Clarín», como posteriormente a los noventayochistas, le llegaron a obsesionar la hinchazón retórica y la grandilocuencia que impregnaban el discurso social contemporáneo, hasta convertir a todo el país en una comedia representada en la tribuna, y representada en estilo asiático, al modo de don Saturnino Bermúdez. Pero el precedente más directo del tema, tal como aparece en *La Regenta,* son dos deliciosos artículos satíricos publicados en 1876 (*ESo*, del 9 y del 17 de enero), bajo el título genérico de «La oratoria sagrada», en los que arremete «contra los oradores de moda» en la sociedad elegante, «de cuyo histerismo místico no es posible dudar». ¿Cómo son y qué condiciones reúnen estos oradores de *boudoir*? En primer lugar, *mucho utilitarismo y sentido práctico*, nada de arte por el arte ni religión por la religión: «el arte por el lucro», «*aquí de lo que se trata es de medrar*». Fray Luis de Granada, Juan de la Cruz, Bossuet, Fenelon no podrían soportarse hoy, «*les faltaría ese perfume aristocrático que hace hoy la delicia de nuestras damas y sietemesinos* (...) *Mi presbítero debe ser guapetón, fornido, coloradote; un Hércules bajo un balandrán, mejor, Aquiles con la rueca y disfrazado con faldas*». «Clarín» divide la oratoria sagrada moderna en dos secciones: «primero, oratoria de presbítero guapo, segunda, oratoria de presbítero feo». A la primera le corresponde un público de «*damas nerviosas, de corazón sensible, entusiástico y propensas a las cavilaciones y encrucijadas de los sentimientos alambicados*». Su repertorio bibliográfico debe basarse en obras como *El genio del cristiansmo*, «*obras donde la religión se hace entrar por los ojos y por los oídos*». Le conviene un poco de misticismo, pero no demasiado, justo el compatible «con los salones de las marquesitas y las bomboneras de las duquesas». El orador de moda describe «*un cielo a medida del deseo femenino que le escucha.* Cielo de ruidos y de colores, músicas y responsos, tramoya y encantamiento, malicia espiritual y *voluptuosidad suprasensible...*». Como puede verse (por nuestros subrayados) la prefiguración del tema de *La Regenta* estaba ya cristalizada muchos años antes, ¡en 1876!

El capítulo XXIII, al escenificar la Misa del Gallo devuelve a la superficie del discurso un tema largamente acariciado por «Clarín» y ya comentado, el de la sensualidad de los ceremoniales religiosos. Lo que me importa destacar ahora es que el artículo ya citado de 1875 sobre la «Misa del Gallo» contenía detalles argumentales que, diez años más tarde, irán a parar a la Misa del Gallo de *La Regenta*: el ambiente de conexión del establo de Belén con los establos de Epicuro es el mismo, en ambos textos es un ateo quien contempla el espectáculo, también la atmósfera umbría y espesa, atravesada por las jubilosas notas del órgano y el canto de chantres y sochantres, capiscoles y niños de coro, es la misma, e igualmente se llena el templo de borrachos. Con muy ligeras variaciones argumentales el clima de esa noche navideña será trasladado, en *El diablo en Semana Santa* (1880) a una noche pascual, pero aquí vamos a encontrarnos no sólo con un clima y los detalles argumentales sino, como es bien sabido, con todo un esquema argumental de la futura novela.

Este relato es, tal vez, la más rotunda muestra de cuantos pretextos y prefiguraciones tuvo *La Regenta.* Comprobamos en él cómo un tema, un clima y unos detalles escénicos esbozados en 1875, se elaboran y articulan narrativamente en 1880, adquiriendo consistencia argumental y proporcionando el esquema conflictivo de base de la novela de 1884-1885.

III. *Intertextualidades*

No quisiera que este trabajo dejara de plantearse el eco en *La Regenta* de otros textos literarios, pues desde Brent (1951) hemos aprendido a contemplar la novela como un complejo espacio intertextual. Sin embargo, no hablaré aquí de lo ya conocido y comentado hasta la saciedad. Ahorraré a mis oyentes toda referencia a *Madame Bovary*, a *La Conquête de Plassans*, a *O primo Basilio*, a Renan o al mito de Fausto.[5] Me centraré en cambio en algún motivo poco estudiado, pero de gran interés.

5. *Vid.* las siguientes notas de nuestra edición: I, 18, 23 y 58; III, 3; IV, 37; V, 21; XI, 89 y 35; XII, 2, 15, 22, 23 y 34; XV, 13; XVI, 1; XIX, 11 y 22; XXII, 24 y XXVII, 35.

Tal vez las resonancias más fuertes de *La Regenta* procedan, al fin y al cabo, de la obra de Galdós. Bien conocido es por los estudiosos el paralelismo entre la obra narrativa de don Benito y la crítica de «Clarín», y el papel determinante y simultáneo que ambas juegan en la evolución y cambio de la novela restauracionista. En *La Regenta* vamos a asistir, asombrados, a como la novelística de Galdós abastece la novela de «Clarín» a través de la crítica de éste a aquél. Comentando los problemas de *Tormento*, aparecida en enero de 1884 y del primer volumen de *Lo prohibido*, aparecido en noviembre del mismo año, esto es, cuando aún está redactando su novela, «Clarín» se ayuda a sí mismo a plantearse y a resolver los problemas de ésta. Un síntoma claro, en el que es posible comprobar cómo «Clarín» piensa más en sí mismo que en Galdós al criticar estas novelas, se encuentra en el *lapsus* que comete en su comentario de *Lo prohibido*, y que ya advirtiera Sobejano (1976), al llamar a Isabela, la «española inglesa» de Cervantes, Camila, esto es, la española inglesa de «Clarín». En el capítulo XVIII lanza «Clarín» una acusación contra don Víctor que a un novelista romántico le hubiera parecido descalificadora: «Hasta en el estilo se notaba que Quintanar carecía de carácter». Pero justamente «Clarín» había teorizado sobre ello en su comentario a *Tormento* (*Galdós*, p. 131): «¿Necesitaré pararme a demostrar que los caracteres débiles también pueden ser objeto de la novela? (...) Es más: en las medias tintas, en los temperamentos indecisos está el acerbo común de la *observación novelable*; el arte consiste en saber buscar a esto su belleza». Al «Clarín» que profundiza en la psicología de Ana le debió torturar el tratamiento novelístico de la mujer como personaje, pues comenta con referencia a *Tormento* de Galdós: «en general, la mujer está poco estudiada en nuestra literatura contemporánea; se la trata en abstracto, se la pinta ángel o culebra, pero se la separa de su ambiente, de su olor, de sus trapos, de sus ensueños, de sus realidades, de sus caídas, de sus errores, de sus caprichos». Ni siquiera Galdós había logrado un gran personaje femenino, aunque «Clarín» intuye las posibilidades de Rosalía Pipaón de la Barca, aún no convertida en protagonista de *La de Bringas*. Y también le obsesiona el tratamiento del mundo de la aristocracia, y en ese mismo comentario a *Tormento* escribe: «Nuestro *gran mundo*, por ejemplo, está sin estudiar. Valera pudo acaso estudiarlo, pero no quiso; Alarcón (...) es un gran ingenio que no estudia nada (...) El interior ahumado de nuestra nobleza y de nuestras familias ricas y empingorotadas no lo conocemos (...) Me atrevo a decir que no contamos con una sola descripción auténtica y artística de un salón madrileño, de un baile aristocrático, de una quinta de un grande, de un traje de una gran señora. (¡Cuánto se ríe Emilia Pardo Bazán de los vestidos que nuestros novelistas *cuelgan* a las damas!)». Las peor descritas son las mujeres de la aristocracia.

«Y aunque yo no las trato, se me figura —por lo que sé de oídas— que algo más se podría decir de estas señoras que lo que dicen los revisteros del *sport* y los salones.» Al paso de esta laguna venía a salir *La Regenta* con «la clase» de las señoritas Ozores y el mundo de los Vegallana.

Pero, como es lógico, lo que más le obsesiona es la figura del sacerdote y el mundo del cabildo. Comentando *Tormento,* de nuevo, nos dice «Clarín» que «un ilustrado sacerdote», «que acaso nos sorprenda el mejor día con una novela en que se describa gran parte de la vida aristocrática», le decía: «los curas de los novelistas casi siempre son falsos: debajo de la sotana no sucede eso que ellos creen; los Jocelin son tan reales como Eurico, como Claudio Frollo, como el padre Manrique, como el abate Faujas, como Monseñor Bienvenido. Y como los clérigos de Champfleury que son falsos todos: los curas, para bien y para mal, somos de otra manera». Y comenta «Clarín»: «Como yo no he sido cura en mi vida, ni llevo ya camino de serlo, ignoro hasta qué punto decía bien el futuro novelista de sotana; pero sí me atrevo a señalar en el cura Polo de *Tormento* un cura muy probable» (*Galdós*, p. 131). Así que cuando en *La Regenta,* y en el capítulo XII, nos encontramos con la figura de Contracayes, el cura lujurioso, y lo vemos sonreír «como un oso», ello nos lleva a recordar la fascinación de «Clarín» por el tipo de cura rural, fanatizado y salvaje, «agreste, huraño, capaz de empuñar un fusil, disparar una excomunión, escribir un artículo en *El Siglo Futuro* (*ESo*, 17-V-1876) de sus artículos periodísticos, pero también su fascinación ante el Polo galdosiano, de quien escribe: «Polo no es el apóstata trascendental que se separa de la Iglesia por cuestión de creencias (...): es el cura que se deja crecer la barba por el alma y por la cara; el clérigo que cría maleza, que tira al estado primitivo por fuerzas del temperamento, por equivocar la vocación, no por llevar la contraria al celibato eclesiástico, ni al Gregorio XVI, ni al Concilio de Trento, ni a la Clementina única (...) le retiran las licencias ¡bueno!, y poco a poco se va convirtiendo en un oso con ictericia (...) enamorado como quien tiene la rabia, sueña con la vida de la fiera...» (*Galdós*, p. 132). En Contracayes, «Clarín» elaboró todo un homenaje, casi simultáneo, al cura de Galdós.

IV. *La ideología del joven «Clarín» en* La Regenta

Si es cierto que la columna vertebral del pensamiento político de Alas, a lo largo de toda su vida, es la fidelidad al espíritu de la revolución burguesa, a la Gloriosa y a su reivindicación de los derechos del hombre,[6] no es menos cierto que «Clarín» inicia su ca-

6. *Vid.*, por ejemplo, Beser (1970), Lissorgues (1980) y Oleza (1984), vol. II, introducción.

rrera intelectual justamente tras el fracaso del proyecto revolucionario, a mitad de la década del 70, cuando los sueños revolucionarios se han visto inapelablemente aparcados por la Restauración, y el poder revolucionario sustituido por el poder de la Reacción. A «Clarín» le queda entonces, como a toda su generación, el amargo desencanto por el presente y, junto a él, la esperanza remota en una germinación interna de los ideales revolucionarios, que irán prosperando lenta y secretamente, en el seno de la intrahistoria, hacia un futuro lejano pero inevitable (*vid.* «El libre examen y nuestra literatura presente», en *Solos*, p. 65). En el primer «Clarín» las notas de desencanto y dolida rabia predominan sobre las de la esperanza regeneracionista, que hegemonizarán su última producción. Don Pompeyo Guimarán, en el capítulo XX de la novela, expresa mejor que nadie ese desencanto:

«Cuando *estalló la Revolución de Septiembre, Guimarán* tuvo esperanzas de que el librepensamiento tomase vuelo. Pero nada. ¡Todo era hablar mal del clero! Se creó una sociedad de filósofos... y resultó espiritista (...) Salió ganando la Iglesia, porque los infelices menestrales comenzaron a ver visiones y pidieron confesión a gritos, arrepintiéndose de sus errores con toda el alma. Y nada más: a eso se había reducido la *revolución religiosa* en Vetusta, como no se cuente a los que *comían de carne* en Viernes Santo» (p. 208).

El aspecto político diferencial que llama más la atención en el joven «Clarín» es su rechazo sin paliativos de la Restauración. Y *La Regenta*, en tanto gesto ideológico, y aún cuando contenga algunas afirmaciones de detalle, es fundamentalmente una radical negación, un rechazo totalizador. Como se ha cansado de repetir la crítica, ni un solo personaje se salva, y si alguno tiene rasgos positivos, como Frígilis o Camoirán, es precisamente por su automarginación de Vetusta. Neocatólicos, conservadores, liberales, fuerzas que se reparten a los personajes principales, y que coinciden en jugar dentro del sistema, participan en su labor de corrupción de una sociedad vetustense ya profundamente corrompida de tradición. No hay salidas, ni alternativas, que puedan servir a la colectividad.

De la Revolución de Septiembre quedan huellas abundantes en la novela. Así, en el capítulo I, y en el repaso que el Magistral hace con su catalejo de la ciudad, recuerda con encono el agrupamiento de dos comunidades de monjas (diez eran, no más) en el enorme convento de Recoletas (la sexta parte del barrio), la clausura de los conventos y la confiscación de bienes eclesiásticos, medidas todas ellas decretadas por el gobierno provisional. En el capítulo VII, el reaccionario Ronzal declara que la Gloriosa echó a perder las costumbres, mientras que en el XX el narrador nos habla de las pasadas esperanzas de D. Pompeyo en la propagación del libre examen gracias a la Revolución.

Y ello se corresponde únicamente con la primera etapa clariniana en la que todo el asco por la Restauración como sistema se concentra en un anticanovismo visceral y exacerbado, muy bien estudiado por J. F. Botrel (1972). Previa a cualquier aspecto negativo (el caciquismo, las innúmeras corrupciones, el formalismo parlamentario, la influencia clerical sobre el Estado...) está la negatividad misma de un sistema reaccionario hecho a la medida de Cánovas, y que Cánovas simboliza de manera obsesiva. «Clarín» definirá la Restauración como «la situación Cánovas» (*ESo,* 11-IV-1876), como el «estado de Cánovas» que, según «Clarín», «es peor que el estado de sitio» (*ibid.*, 17-III-1878), y a Cánovas como «el dios vivo (...) que se hizo dictador y habita entre nosotros» (*ibid.*, 3-VIII-1876). La Restauración llegó de la mano de Cánovas como un golpe de estado y como un fusilamiento colectivo: «El que se pega un tiro no hace más que proclamarse dictador de sí mismo, se da un golpe de Estado. — Lo que Cánovas hace con todos» (*ibid.*, 10-IX-1876).

Cuando trata de Cánovas «Clarín» pierde los estribos, se le va la mano, concentra en él una agresividad sin límites que estalla en innumerables asociaciones, a cada cual más ingeniosa, más punzante, más cruel... Así nació la obra maestra de la sátira clariniana, *Cánovas y su tiempo* (1887), en la que Cánovas deviene la Restauración misma y todo cuanto «Clarín» más odia: ese poder sin límites obtenido sin coacción aparente, por corrupción de cuanto nos rodea, y que se apoya en el más absoluto vacío de identidad, en la hinchazón grandilocuente de una máscara hueca. En Cánovas, en el Hombre-Restauración, se inspirará el Álvaro Mesía de *La Regenta.*

«Clarín» siente por Mesías la misma repugnancia que por Cánovas: esa capacidad de triunfo tanto cuando está en el poder como cuando no lo está; esa seducción social que es capaz de ejercer sobre hombres y mujeres, pero especialmente sobre éstas; ese amoralismo pragmático que simplifica, a beneficio de la acción, todos los problemas; esa falsa pátina cultural, que enmascara conocimientos vagos y de segunda mano; ese posibilismo extremo que le permite adaptarse a cualquier situación, flexibilizando para ello moral, religión, etc. Es, en una palabra, el símbolo del gran burgués triunfante, de aquella capa social que, pactando con la aristocracia del Antiguo Régimen, se hizo con el poder y capitalizó los beneficios de la Revolución.

La negatividad global del mundo representado en *La Regenta* es, además, una negatividad histórica, la de una sociedad provinciana representativa de los años inmediatos a la Restauración, en que se consolida ésta como un régimen social en el que la revolución burguesa se ha producido dejando casi intactos los cimientos del antiguo régimen al tiempo que, al generar la industrialización, hace aparecer el amenazante aunque desorganizado mundo del proletariado (Oleza, 1976 y 1984, II). Y se corresponde, esta negatividad histórica, con la actividad del «Clarín» que milita en la Unión Republicana, y que centra su actividad en el rechazo total a participar en el sistema político y en la denuncia de los castelaristas-posibilistas, que sí lo aceptan, como «los demócratas sin democracia», tal y como expone «Clarín» en un importantísimo artículo que con este título publicó en *La Unión* (n.os 43, 44 y 45 de 1878). Si «Clarín» hubiera sido, en 1883-1885, un posibilista convencido, *La Regenta* también lo habría sido y la negación total del sistema que aparece en la novela no hubiera tenido ningún sentido. La concepción política[7] que se refleja en *La Regenta* difiere sensiblemente, por otra parte, de la del «Clarín» maduro, posibilista y procastelarista. Un «Clarín» que, de la mano de los «héroes» de Carlyle, de la del «superhombre» de Nietzsche, del ejemplo personal de Tolstoi, de la admiración por Menéndez Pelayo o Castelar, del aristocratismo filosófico de Renan, etcétera, se interna en una concepción del mundo centrada en la magnificación de los individuos superiores, transformadores de la historia. Un «Clarín» que, con *Su único hijo* (1890), *Cuesta abajo* (1890), «Un grabado», «Viaje redondo», «Superchería» o *Un discurso* (1892), ha ido asumiendo una filosofía netamente espiritualista y antimaterialista.

El prólogo de la traducción de *Resurrección* de Tolstoi, escrito por Clarín en 1900, al final de su vida, no puede ser más explícito: «Los reformadores sociales, los de buena fe, los que por real amor a la humanidad aspiran a cambiar la vida pública (...) pueden seguir dos caminos. O dedicarse directa, inmediatamente a procurar en la sociedad misma que les rodea ese cambio, esa reforma, sin empezar

7. Otros aspectos de esta concepción política pueden ser seguidos a través de las notas a nuestra edición. Así, la denuncia de determinados aspectos de la corrupción del sistema: los negocios de quintas (VI, n. 50), las prebendas por favores políticos (VIII, n. 2), la institución de los distritos cuneros (XXIV, n. 15), la discriminación de los enterramientos civiles (XXII, n. 31), el absentismo de la aristocracia y su emigración a Madrid (IV, n. 2). El caciquismo es también un motivo frecuentado por la novela (VIII, n. 3). El largo y complejo proceso desamortizador es aludido a menudo (*vid.* I, ns. 31 y 32; XII, n. 56; XX, ns. 4 y 6), así como los acuerdos económicos y políticos que el Estado hizo con la Santa Sede para compensarla de las desamortizaciones y obtener su legitimización (*vid.* I, n. 32; XI, n. 2; XII, n. 57; XVII, n. 1) y el inicio sobre regalías y regalistas (XVII, n. 1 y XXI, n. 21). El mapa político de la Restauración, con su regulación por el turno pacífico, está especialmente presente en los capítulos VII, (n. 7) y VIII (n. 1). Las remodelaciones urbanas que aportó el triunfo del capitalismo dejan también su huella en la novela (I, ns. 35 y 39; VIII, n. 12). La separación de Iglesia y Estado es aludida en IX (n. 22). La visión del socialismo y de los socialistas a lo largo de la trayectoria clariniana es objeto de estudio en XXII, n. 35, y la problemática obrerista en I, 34; IX, 15; XV, 3 y XX, 10 y 20. El sufragio universal, en IV (n. 16), la política de unidad católica en XII (n. 14), y el tema de Cuba en XVI (n. 52). Por último la tradición que del liberalismo avanzado y del socialismo utópico conduce al republicanismo es comentada en IV, ns. 13 y 21.

por examinarse a sí propios y prepararse a su apostolado con la reforma, con el perfeccionamiento de sí mismos; o abstenerse de reformar a los demás, de influir en el medio social, hasta encontrarse dignos de tan magna obra, mediante "reforma interior", austera educación del alma, para ponerla en estado de poder servir de veras a la mejora social (...) El primer camino es el que suelen seguir la inmensa mayoría de los reformistas; se puede decir que Cristo fue quien enseñó a la humanidad el segundo». Los primeros «atendieron mucho más a la perfección de la sociedad que a la propia (...) En los otros, en los santos, se ve el cuidado *esencial* de la propia conducta». La contraposición de ambos tipos prima, en la opinión de «Clarín», la revolución interior sobre la social, el espíritu sobre la materia, y hace depender toda reforma social, cuya necesidad no sólo no niega sino que afirma, de este engrandecimiento del individuo. De momento, sin embargo, *La Regenta* está lejos de estos planteamientos: Fermín de Pas, el único aspirante a *héroe* de la novela, ni es un reformador social ni aspira a la revolución interior para proyectarla sobre la sociedad. Es, simplemente, un genio que utiliza su poder para manipular los espíritus, y es inapelablemente condenado. En 1883-1885 «Clarín» aún no había dado pasos importantes en dirección al posibilismo ni a la filosofía del individualismo heroico.

Desde el punto de vista estrictamente político el joven «Clarín», incluido el que escribe *La Regenta,* se nos presenta como un demócrata, republicano, con simpatías federalistas, radicalmente antiposibilista, anti-restauracionista y anti-clerical. Representa bien —como Galdós, por otra parte —las actitudes ideológicas de las clases medias que en 1868 intentaron la revolución democrático-burguesa y que en 1876 fueron marginadas del bloque dominante por la nueva oligarquía financiera y terrateniente, auténtica beneficiaria de la revolución burguesa, tal y cómo ésta se pactó en España: como un compromiso entre el Antiguo y el Nuevo régimen. Estas clases medias, de carácter inequívocamente republicano, y que viven la frustración de una revolución no consumada, van a sentir amenazado su modelo político y su proyecto de hegemonía social por la cristalización, entre las masas populares, de un proyecto revolucionario alternativo, impulsado por un proletariado progresivamente emancipado de la tutela ideológica de la burguesía revolucionaria. Es en este paso que va de la lucha revolucionaria al miedo a la revolución, y que ocupa el último cuarto del siglo XIX y el primero del XX, donde se origina la transformación de la ideología política de «Clarín», de Galdós y de tantos otros intelectuales del 68. Cuando la revolución propia fracasa y la ajena amenaza con dejarlos fuera, la voluntad de lucha ha de sufrir, necesariamente, importantes transformaciones.

Bibliografía citada

1. *Obras de Clarín*

Speraindeo, Fragmento novelesco publicado en *Revista de Asturias,* n.º 8, 10 y 11, de abril-mayo-junio de 1880.
Solos de Clarín, Madrid, A. de Carlos Hierro, 1881. Hay edición moderna, y se cita por ella, en Madrid, Alianza Editorial, 1971. En este libro se contiene el relato, varias veces citado, de «El diablo en Semana Santa».

Pipá, Madrid, F. Fe, 1886.
Un viaje a Madrid, Madrid, F. Fe, 1886.
Cánovas y su tiempo, Madrid, F. Fe, 1887.
Museum (Mirevista), Madrid, F. Fe, 1890.
Su único hijo, Madrid, F. Fe, 1890.
Cuesta abajo. Fragmento novelesco publicado en *La Ilustración Ibérica,* en los números 376, 380, 382, 384, 398, 399, 405 y 406 del año 1890, y en los números 423, 433, 440 y 377 de 1891.
Un discurso, Madrid, F. Fe, 1891.
Doña Berta, Cuervo, Superchería, Madrid, F. Fe, 1892.
El Señor y lo demás son cuentos, Madrid, Fernández Lasanta, 1893.
«Prólogo» a *Resurrección,* de Tolstoi, Barcelona, Maucci, 1901.
Galdós, Madrid, Renacimiento, 1912 (O. C., vol. I).
Doctor Sutilis, Madrid, Renacimiento, 1916 (O. C., vol. III).

2. *Bibliografía crítica*

AGUDIEZ, J. V. (1970), *Inspiración y estética en La Regenta de Clarín.* Oviedo.
BESER, S. (1970), «Leopoldo Alas o la continuidad de la Revolución», en C. E. Lida e I. M. Zavala (eds.), *La Revolución de 1868.* Nueva York.
— (1972), *Leopoldo Alas. Teoría y crítica de la novela española.* Barcelona.
BLANQUAT, J. y BOTREL, J. F. (eds.) (1981), *Clarín y sus editores.* Rennes, 1981.
BOTREL, J. F. (1972), *Preludios de Clarín.* Oviedo.
BRENT, A. (1951), *Leopoldo Alas and La Regenta.* Columbia, Missouri.
CABEZAS, J. A. (1962)², «Clarín». *El provinciano universal.* Madrid.
GARCÍA SARRIÁ, F. (1975), *Clarín o la herejía amorosa.* Madrid.
GÓMEZ SANTOS, M. (1952), *Leopoldo Alas, Clarín.* Oviedo.
LISSORGUES, Y. (1980), *Clarín político.* Vol I, Toulouse.
MARTÍNEZ CACHERO, J. M. (1952), «Los versos de Leopoldo Alas», *Archivum,* II, pp. 89-111.
— (ed.) (1963), *Leopoldo Alas: La Regenta.* Barcelona.
OLEZA, J. (1976), *La novela del XIX. Del parto a la crisis de una ideología.* Valencia.
— (ed.) (1984), *Leopoldo Alas: La Regenta.* Madrid.
PÉREZ GUTIÉRREZ, F. (1975), *El problema religioso en la generación de 1868.* Madrid.
POSADA, A. (1923), *España en crisis.* Madrid.
— (1946), *Leopoldo Alas, Clarín.* Oviedo.
DE LOS RÍOS, L. (1965), *Los cuentos de Clarín.* Madrid.
SOBEJANO, G. (ed.) (1976), *Leopoldo Alas: La Regenta.* Barcelona. Una ampliación de esta edición es SOBEJANO, G. (ed.) (1981), Madrid.

Nota:

La reiterada abreviatura *ESo* se corresponde al diario madrileño *El Solfeo,* en el que colaboró el joven Clarín entre 1875 y 1878.

ETICA Y ESTETICA EN *SU UNICO HIJO* DE LEOPOLDO ALAS («CLARIN»)

YVAN LISSORGUES
Universidad de Toulouse

Mucho se ha escrito sobre *Su único hijo,* y un libro parecido al que Sergio Beser realizó con los más interesantes estudios dedicados a *La Regenta,* un libro que, desde luego, se titularía *Clarín y «Su único hijo»*, resultaría sumamente útil. Pero no es nuestro propósito aquí pasar revista a los numerosos trabajos críticos sobre la segunda novela de Leopoldo Alas, trabajos entre los cuales hay algunos muy pertinentes y otros que parecen más discutibles; todos, sin embargo, contribuyen, cual más cual menos, a un conocimiento cada vez más fino de la novela. Porque, en efecto, la gran variedad de interpretaciones a que dio lugar *Su único hijo* desde los años de su publicación revela la complejidad, por no decir la ambigüedad, de una obra cuya significación profunda parece escapar a cualquier intento de definición terminante.

En un reciente y breve estudio, titulado «*Idée et réalité* dans *Su único hijo*», cierto crítico * subrayaba en su introducción la necesidad de encontrar en dicha novela una línea unitaria de coherencia que diera sentido claro al conjunto. Y, al concluir, afirmaba que «la unidad artística de *Su único hijo*» se hallaba en la presencia permanente de un pensamiento ético y espiritual, a partir del cual, por una parte, se enjuiciaría la pintura de una humanidad abyecta y depravada y del cual arrancaría, por otra parte, la afirmación de verdades esenciales y de índole espiritual.

Que *Su único hijo* sea obra de una conciencia ética es evidente, y tendremos que volver forzosamente sobre este aspecto en nuestro estudio. Que se afirme en el libro una exigencia de trascendencia

* Yvan Lissorgues, «Idée et réalité dans *Su único hijo*», *Les Langues Néo-Latines,* núm. 243, 4e tr. 1982.

espiritual es también indudable, aunque sea preciso mostrar cómo se manifiesta tal exigencia.

Pero si esto es así, ¿cómo explicar que la novela haya sido objeto de tan contradictorias interpretaciones? Es que, precisamente *Su único hijo* es más, infinitamente más que la obra de un filósofo moralista, es también y sobre todo creación de un artista. Enfocar el estudio a partir del único criterio de la ética conduce a una visión por cierto exacta de la novela pero incompleta en la medida en que deja de lado toda la sustantividad artística que hace de ella una creación que, a veces, llega hasta las últimas honduras de lo humano.

Para abreviar y tan sólo para abrir a nivel de una introducción las perspectivas fundamentales, diremos que nos proponemos en nuestro estudio mostrar que *Su único hijo* es el resultado de una doble posición del autor: por una parte, la del moralista filósofo, siempre más o menos presente, que tiene del mundo y de los hombres una visión personal y, por otra, la del creador artista, artista de la palabra, eso sí, pero sobre todo creador que a veces consigue llegar hasta el alma de las cosas y hasta el alma de los seres. No queremos decir con esto que haya lucha, lucha dialéctica, entre el moralista y el artista, porque *Su único hijo* es «un conjunto orgánico, un pedazo de vida» y no «una abstracción» sociológica o psicológica,[1] es decir, es una obra de arte. Sin embargo, un análisis riguroso tanto de la manera de presentar o de narrar como de lo descrito o narrado, nos lleva a distinguir varias posiciones relativas entre el pensador, llamémosle así, y el artista.

1) A veces, el narrador interviene directamente, fuera del discurso narrativo para dar su opinión, expresar lo que experimenta ante tal o cual cosa. Por otra parte, aun cuando no interviene así brutalmente, su presencia es no menos clara; y es el caso, por ejemplo, cuando evoca todo el trasfondo social y de mentalidad colectiva que se dibuja en lontananza, aparentemente sin proponérselo el narrador. Así que tanto en las voluntariosas intervenciones del autor como en la, casi diríamos, involuntaria pintura del espacio social, aparece *el moralista a las claras.*

2) Por otra parte, y enfocando ahora el estudio desde el ángulo de la factura literaria, la crítica más reciente afirma que *Su único hijo* representa una ruptura con la novela realista (o naturalista) más o menos linear y obra de un narrador omnisciente; se dice que la segunda novela de «Clarín» es una novela de transición en la que asoman ya tendencias de la novelística moderna. En cierto modo, es un hecho evidente pero que, hasta hoy, queda sin explicar porque afirmar que «Clarín» ajusta su arte a las nuevas orientaciones de la novela europea no satisface del todo, ya que desde el pun-

1. *Los lunes de El Imparcial*, 12-II-1894.

to de vista estético *Su único hijo* no se parece a ninguna de las obras literarias del momento. Sin descartar la idea de posibles influencias, nos parece que la explicación de la llamada modernidad de dicha novela es más sencilla y, a la vez, mucho más profunda. Pensamos, y es lo que nos proponemos mostrar, que esta «nueva manera de hacer novela» que es *Su único hijo* es meramente el resultado de una adaptación del arte de narrar a la propia visión del hombre y del mundo del Leopoldo Alas de los años 1888-1890. O sea que, en *Su único hijo*, aparece *una nueva estética adecuada a una ética.*

3) Por fin, de la novela sobresalen dos personajes que son objeto de atención particular del autor: Emma y Bonifacio.

En el caso de Emma, ¿cómo explicar que la pintura de una mujer tan naturalmente depravada, en la que no asoma nunca ni el más mínimo rasgo de humanidad, digamos, positiva, alcance tal fuerza, tal densidad? ¿No será meramente porque aquí «Clarín» consigue plasmar *una visión verdaderamente artística del mal*?

En cuanto a Bonifacio, aunque se relacione con el ambiente en que vive y con los demás, es un ser aparte, esencialmente (y damos a la palabra su pleno sentido metafísico), un ser que hasta puede aparecer como un contrapunto moral frente a todo el mundo social y frente a todos los demás individuos pintados en la novela. Dicho sea de paso, la significación profunda de *Su único hijo* ¿no se ha de buscar en esa antinomia claramente marcada entre Bonifacio y el mundo que le rodea? Aunque no sea nuestro propósito en este estudio, tendremos de una manera u otra que dar un principio de respuesta a tal pregunta. Lo que aquí nos interesa más, según el tema elegido, es mostrar que el personaje literario de Bonifacio tiene dos padres... espirituales: por un lado, el profundo artista del alma humana y, por otro, el moralista filósofo, que se juntan en Leopoldo Alas para dar a luz al patético (o ridículo, según como se mira) protagonista de *Su único hijo.*

1. *El moralista a las claras*

En *Su único hijo,* el filósofo moralista que es Leopoldo Alas a la altura de los años 1890 está siempre más o menos presente, pero esta presencia se manifiesta de diversas maneras. En primer lugar, no se debe perder de vista que el autor, que se da como el *historiador* o el *biógrafo* de Bonifacio, se sitúa de modo explícito dentro de la novela, pero a una distancia de unos treinta años de los tiempos de su personaje. El procedimiento es hábil, ya que primero justifica la presencia del historiador al lado de lo narrado, y sobre todo porque esa distancia otorga al narrador alejado una especie de superioridad lógica que estriba en el desarrollo del conocimiento durante varios decenios y que le permite comprender a los personajes mejor que ellos mismos podían comprenderse. Y sobre todo, esa posición lejana del narrador autoriza a éste para enjuiciar toda una época y para juzgar a los personajes, aun cuando, y es muy importante, muchos aspectos esenciales, tanto de éstos como de aquélla, siguen actuales en el momento en que «Clarín» escribe su novela, es decir, por los años de 1888-1890.

Así es como se pueden justificar, en cierto modo, los numerosos juicios de carácter moral que esmaltan muchas páginas del libro y que, sin la ficción del *narrador alejado*, aparecerían como elementos estéticamente heterogéneos y algo sorprendentes. Todo pasa, en efecto, como si, a veces, se quebrara el desarrollo narrativo para dar paso a una *salida* del autor, como si éste no pudiera resistir la tentación de intervenir directamente para dar su opinión. Las modalidades de tales intervenciones son muy variadas y no es cuestión aquí de reseñarlas todas, sino de caracterizarlas globalmente. A veces, y es lo más frecuente, el narrador añade en el mismo discurso narrativo un adjetivo (o una serie adjetival) cuya única función es sintetizar el juicio o el sentimiento que al autor le inspira la cosa evocada. Es el caso, por ejemplo, cuando remata el retrato de Marta con el rotundo (y sin apelación) calificativo de «espíritu repugnante» (p. 193 *de la edición de Carolyn Richmond, Espasa Calpe, por la cual citaremos siempre*) o cuando tilda la tribu de los Valcárcel de la montaña de «parásitos» y de «alimañas» (p. 222). Otras veces, se trata de un completo y verdadero juicio de «Clarín», emitido desde su posición de narrador alejado, como cuando define la polca, exclusivamente desde el punto de vista de la moralidad, como «un género de desfachatez» que en tiempos de Bonis «empezaba a hacer furor y no pocos estragos morales» (p. 212). También hay casos en que el narrador abandona por un momento a sus personajes y se pone a hablar por cuenta propia; la evocación de la perversión moral de que fue causa el romanticismo en aquella ciudad de tercer orden, la hace un novelista que no tiene ningún escrúpulo en colorearla en función de la propia opinión. Pero siempre es el moralista el que interviene, y siempre para censurar, aunque el tono de la censura vaya del divertido rasgo de humor hasta la crítica más agria. Cuando Nepomuceno aprende, por el insidioso juego de Marta, quien es Fausto y quien Margarita, él también quisiera ser Fausto, pero sin vender el alma al diablo, y entonces, «Clarín» añade con sorna chistosa: «No por nada sino porque el diablo no aceptaría el contrato» (p. 186). Pero cuando el autor condena la lascivia de Serafina, lo hace con una violencia verbal de la que no renegaría ningún moralista católico ortodoxo:

«Eso hacía, sin darse cuenta de que tomaba parte en aquellos *furores de lubricidad* con aires de pasión, la *lascivia*, la *corrup-*

ción de su temperamento fuerte, extremoso y de un vigor *insano* en los *extravíos voluptuosos*. Se entregaba a sus amantes con una *desfachatez* ardiente que, después, pronto, se transformaba en iniciativa de *bacanal*, es más, en *furor infernal*, ...» (p. 90). (El subrayado es nuestro).

Curiosamente, se mezcla en este párrafo la explicación naturalista de la lascivia de Serafina con la agria condena del moralista. Es de notar que siempre al autor la lujuria le causa la misma repulsión, incluso en las relaciones entre marido y mujer (p. 112-113). ¿De qué concepción ética puede proceder tan violento rechazo de la pasión carnal? ¿De un profundo sentido de ortodoxia católica, como han afirmado ciertos críticos? Por lo que sabemos de Alas, no podemos aceptar tal explicación, pero si se dijera que de una exigencia cristiana de armonía sería otra cosa. Es muy posible, además, que ese violento rechazo de la lascivia proceda de algo más complejo, más íntimo. Pero, es otra cuestión...

Los pocos ejemplos aducidos, significativos de otros muchos, bastan ya para mostrar que con *Su único hijo* muy lejos estamos de la voluntaria búsqueda de la impasibilidad naturalista. Aquí, en su segunda novela, «Clarín» se implica sin empacho en su creación para estar siempre presente al lado de sus personajes y enseñar defectos o para mostrar el aspecto negativo de las cosas. Así es que, si en un primer momento, no sabemos a partir de qué criterio censura «Clarín», no podemos ignorar lo que condena, porque sus juicios, casi todos morales, surgen a las claras de la misma superficie del discurso narrativo.

* * *

Si nos alejamos ahora de esa superficie narrativa y si consideramos la parte de la novela más alejada del primer plano, vemos dibujarse, como en lontananza, todo un espacio social (tanto urbano como campesino) con sus costumbres, sus mentalidades. Y lo raro es que casi nunca hay descripción deliberada de la ciudad de Bonifacio ni del paisaje del campo (si exceptuamos la lírica evocación de Raíces que recuerda la descripción de un lugar costeño que aparece en el cuento autobiográfico —e inédito— *Cuesta abajo*). Parece que basta nombrar el café de la Oliva, la casa de Emma, el teatro, el borroso casino, una fonda alejada, los vericuetos de la montaña, las selvas de Cabruñana para que surja toda una topografía ciudadana o agreste. Dicho sea de paso, pasado ya el tiempo de la meticulosidad descriptiva del naturalismo, el arte de Alas, aunque pueda anunciar un modo más sugestivo de novelar, como el de Unamuno o de Valle-Inclán, también recuerda curiosamente la manera cervantina. Pensamos en aquellos caminos del *Quijote*, de los que decía Paul Hazard que «están en todas partes y que nunca se describen».

Pues bien, *Su único hijo,* también tiene su imprescindible trasfondo social, aunque el autor nunca se proponga pintarlo. Observemos, sin embargo, que cada personaje es *solidario* de una manera u otra de la sociedad en que vive y siempre hay en él algo que viene de fuera. Como, al mismo tiempo, la sociedad es reflejo, en gran parte, del hombre que la compone, es casi natural, por decirlo así, que se dibuje en la novela una especie de urdimbre social. Pero una sociedad moderna es más, es una tradición, un conjunto de valores heredados con los que interfieren o entran en lucha otros valores nacidos de lo que se puede llamar en sentido amplio la evolución de la civilización.

Ahora bien, en el trasfondo de la novela toda esa realidad con sus cambios económicos y sociales, sus costumbres, sus mentalidades, constituye el tejido social del cual parecen surgir los personajes de primero o segundo plano.

No queremos insistir demasiado en este aspecto ya analizado en otros estudios, sino poner de relieve la posición de «Clarín» frente a esa sociedad que, a pesar de ser, según la ficción novelesca, la de su primera juventud, sigue siendo, por lo esencial, la que le rodea en el momento en que escribe.

Su único hijo da testimonio de los cambios profundos que se producen. La aristocracia del campo ha entrado ya en franca decadencia, por inadaptación a los tiempos, por carecer de fuerza ideal o moral. Las pocas páginas en que «Clarín» evoca», de una manera más sintética que analítica, la ruina de los Valcárcel de la montaña, recuerda el meticuloso estudio naturalista que del desmoronamiento de la aristocracia gallega hace Emilia Pardo Bazán en *Los Pazos de Ulloa.* En cuanto a la aristocracia urbana, cuyos representantes podrían ser los Ferraz, anda metida en futilidades y no desempeña ningún papel. Y, sin embargo, permanece en las mentalidades de las otras clases el prestigio de la sangre azul. El mismo Bonifacio se siente inferior a los salvajes parientes de su mujer y tal sentimiento puede explicar, en parte, su fundamental complejo de inferioridad. La aristocracia se muere de consunción (material y moral), pero el estatuto de la nobleza sigue fascinando a los plebeyos. Pero esto es casi lo pasado pues hay otra fuerza que se impone, la fuerza del dinero, y otra clase que aspira a dominarlo todo, la clase burguesa, en la que figuran tanto los representantes enriquecidos de la clase media como el notario usurero D. Benito el Mayor, como los indianos o los miembros de la nobleza que se interesan por los negocios, y cuyo paradigma podría ser D. Juan Nepomuceno o el mismo padre de Emma, el abogado D. Diego. Además, queda claramente apuntado en la novela el nuevo fenómeno de inversión de la renta agraria en empresas industriales, a la par que la explotación de las riquezas del subsuelo atrae capitales y técnicos extranjeros, como el ingeniero alemán Körner.

Pero es de notar, y en ello tenemos que insistir aquí, que descubrimos los valores de la antigua sociedad aristocrática como los de la nueva sociedad burguesa, casi diríamos indirectamente, a través de la mentalidad de los personajes. Así aparecen, y en primer plano, las motivaciones de quienes fomentan tales cambios. Ahora bien, todos los hombres, indígenas o extranjeros, que participan de una manera u otra en el cambio, y aun los representantes del estatuto antiguo como Lobato o Sebastián, todos van movidos por la codicia. En cuanto a los procedimientos para medrar se resumen en una palabra: engañar. La única solidaridad que puede establecerse entre los seres es la del vicio. Hasta tal punto que cuando el estafador Körner quiere unir su nombre «a la causa de la industria», la observación del autor, según la cual esa causa «la defendían los periódicos de intereses morales y materiales de la localidad» (p. 219), se carga de sarcasmo. Entonces ¿el liberal «Clarín» estaría en contra del progreso? De ningún modo. Lo que sugiere el autor en la novela (y lo que dice en sus artículos) es que el verdadero adelanto técnico y social debe ser resultado de la mejora ideal y moral del hombre, si no es un falso progreso que sólo representa la victoria de los sinvergüenzas.

En *Su único hijo*, Alas, sin proponérselo siquiera, consigue desenmascarar los falsos valores, tanto los tradicionales como los nuevos, meramente porque la realidad social o económica se enfoca a partir de una visión negativa del hombre.

En cuanto a la «moral social», presente también en todas partes aunque nunca analizada, es un conjunto de prejuicios y de costumbres cristalizadas sin ningún valor moral profundo y que, en el mejor de los casos, mueve a risa. Según la visión de «Clarín», las víctimas predilectas de tales prejuicios son las mujeres, esas pobres mujeres que huyen «como del diablo, de la proximidad del espectáculo», o que creen «privilegio del sexo la impasibilidad ante el arte», y consideran «indigno de una señora recatada batir palmas ante una cómica» (p. 195). Los prejuicios construyen una fachada, una apariencia moral, pero por debajo los verdaderos resortes vitales son la envidia o la lujuria. En aquella humanidad, el ideal romántico es una forma hipócrita de disfrazar y, lo que es peor, de justificar las pulsiones más torcidas de los «temperamentos ricos en sangre» (p. 31). Bonis es a la vez víctima y culpable de tal aberración. Incluso a Emma, que nada «tenía que ver con el romanticismo literario, decadente de su época», se le había contagiado «esta idea vaga y pérfida de la gran pasión que todo lo santifica» (p. 157). En el mundo de la novela, si la codicia parece dominar en los hombres, la envidia es el atributo de las mujeres, de todas las mujeres. La ostentosa entrada de Emma en el teatro despierta la envidia de las ricachonas presentes, que suelen pasarse la vida dedicándose «al culto envidioso del lujo ajeno». Y el autor expresa todo el asco que le inspira esa clase de gente, que «se parece mucho a los animales, en no vivir más que de la sensación presente» (p. 151).

Esa falta total de conciencia moral se conjuga, en los españoles, con una incultura absoluta que, en el caso de la gente del campo, se llamaría mejor primitivismo. Los buenos aldeanos de la montaña se dejan deslumbrar como salvajes por la fuerza física o por las hazañas gastronómicas de Körner, y el narrador interviene para subrayar la mentalidad que domina en el campo, mentalidad de país culturalmente subdesarrollado: al ver a Körner engullir dos docenas de huevos y dos besugos, la gente no vacilaba en reconocer la superioridad de «la raza que criaba tan buenos estómagos» (p. 182). Entre los más encopetados reina el mismo vacío cultural. Los aristócratas son unos bárbaros (los Valcárcel de la montaña) o unos tronados (los Silva). En cuanto a Nepomuceno, representante de la categoría ascendente, «ignoraba —dice el narrador— que hubiéramos tenido en otros siglos un teatro tan admirable» (p. 184).

Nada le escapa, pues, a la mirada crítica de Alas, ni siquiera la falta de gusto artístico del pueblo provinciano como lo muestra la página (que por sí sola merecería un estudio literario) en la que nos hace oír el concierto que dan «los músicos sedentarios» (p. 178-179).

Pero el moralista va más lejos. Sugiere que la cultura, el buen gusto no bastan. Para prueba de ello, aquí están los alemanes, padre e hija, que hablan de Hegel, que conocen el teatro español del Siglo de Oro, que se deleitan con la buena música y que, en el fondo, son tan malos como los indígenas y aun más corrompidos y más peligrosos, pues su saber y su cultura aumentan en ellos el poder de engañar.

Así que lo que pinta Alas no es sólo una sociedad, la suya, sino una humanidad. Lo que ve el moralista, más allá de las apariencias, es la realidad del hombre, ser codicioso, envidioso, lujurioso. Hay una moral pública, pero sólo sirve de disfraz a la falta de conciencia moral. Es lo que expresó varias veces el moralista Leopoldo Alas en sus artículos; por ejemplo, y eligiendo al azar, en 1884, escribía: «Aquí la moral pública está asegurada para mucho tiempo. La única que está corrompida es la privada».[2]

En cuanto a la religión, la verdadera, la de la conciencia, está totalmente ausente de esa humanidad, en la que no hay ningún asomo de espiritualidad, ni siquiera de idealidad. En la ciudad hay una iglesia, hay curas; todos los vecinos son católicos, todos cumplen. Y, sin embargo, no hay religión. Las mujeres van al templo para «lucir las mercancías de su hermosura» (p. 233) o para demostrar

2. «¡Moralicemos!», *Sermón perdido*, Madrid, Fernando Fe, 1885, p .209.

afición al querido. La última escena de la novela se verifica en la iglesia, y ahí, todos los presentes, en lugar de sentir emoción ante el misterio, van movidos por sus consuetudinarios malos sentimientos: la envidia, la curiosidad burlona o malintencionada. La grey de Dios se ha convertido en «público indiferente, distraído» (p. 314).

Pero el narrador no emplea aquí el tono de la sátira, se limita a apuntar, casi de paso, unos rasgos, unas actitudes significativos de toda una mentalidad. El narrador no insiste, porque ya ha analizado por dentro a dos o tres personajes y ha mostrado el vacío espiritual de cada uno, cuando no un concepto decadente, torcido de la religión (Marta) y eso, con algunas alusiones al comportamiento de la masa, basta para sugerir que ahí «Dios no anda entre los pucheros», porque ha desaparecido de los corazones.

Excusado es decir que frente a ese mundo corrompido y arreligioso, Bonifacio constituye la excepción. Pero de eso hablaremos...

* * *

Vemos, pues, que en los dos niveles más distantes de la novela que son, por una parte, ese primer plano donde el narrador interviene directamente, con voz propia, para dar su opinión o para censurar y, por otra, todo el trasfondo social y humano sobre el cual destacan los personajes de la «historia» contada, en esos dos niveles se afirma la presencia clara de una profunda conciencia ética.

Efectivamente, y para resumir en una frase lo que dijimos en un libro entero, el moralista que siempre fue Leopoldo Alas adquiere a la altura de los años 1890 la convicción de que el mundo no es sólo como lo hace el hombre sino como es el hombre. Desde luego, la revolución desde arriba como la revolución desde abajo son inútiles; sólo es valedera la revolución desde dentro y ésta no será nunca espectacular (o espectáculo), porque no será nunca revolución sino lenta y difícil mejora de cada uno.

Ahora bien, los hombres, en el estado actual del desarrollo de la humanidad, o son malos o no son buenos. Los pocos buenos que hubo (o que hay) son los verdaderos *héroes* de la humanidad, entre los cuales no figuran sólo los «santos santificados» como los de *La leyenda de oro*.[3] En un artículo titulado, precisamente, *La leyenda de oro*,[4] escribe «Clarín» en 1897: «En el mundo, no ha vivido racionalmente nadie más que los buenos. Todos los más, genios,

3. *La leyenda de oro* cuenta la vida de los santos. Obra escrita en el siglo XIII por Santiago de Voragine. De este libro, en el que Bonifacio encuentra motivo de meditación, y que se encuentra en los estantes mugrientos del cuartucho del cura de Vericueto, habla a menudo Clarín en sus artículos.

4. *La Ilustración Española y Americana*, 30-I, 8-II, 8-III-1897; *Siglo pasado*, pp. 87-127. Cita, p. 93.

conquistadores, sabios, poderosos, si no han ajustado su conducta a la ley del deber como pensamiento capital, constante, han vivido como locos». Frase, elegida entre muchas, que tendremos que recordar cuando intentemos apreciar el verdadero alcance de la creación artística del personaje de Bonifacio.

No es nuestro propósito aquí estudiar el pensamiento filosófico-moral de Leopoldo Alas; sin embargo, no se puede prescindir de él, ya que informa todo *Su único hijo,* y sobre todo porque condiciona en gran parte toda la estética de la novela. El hecho de que el narrador haga oír su propia voz, y que nos enseñe un mundo tal como lo ve su propia mirada, es ya suficiente prueba de que el novelista de los años 1890 ha dado al traste con el concepto de la objetividad o, por lo menos, de la impersonalidad naturalista, concepto que tanto acataba, teóricamente, en otros tiempos. Pero ser *moralista a las claras* no es, tal vez, la mejor manera de ser un novelista... artista. Con respecto al arte naturalista, lo nuevo en *Su único hijo,* es que la factura artística de la novela procede, en gran parte, de la ética, o por mejor decir, la ética parece buscar una nueva estética, más adaptada a su propio objeto y más eficaz para alcanzar su fin.

2. *Una nueva estética adaptada a una ética*

Una primera observación: *Su único hijo* ofrece gran variedad de estilos, hasta tal punto que se podría elegir esta novela como antología escolar de las varias maneras de novelar. Ni siquiera falta con la autobiografía de Minghetti, un buen fragmento de novela picaresca según la mejor tradición del género. A menudo también, prevalece el arte, más sintético que analítico, característico del cuento; ejemplo de ello podría ser la aceleración narrativa, por decirlo así, del primer capítulo, o la pintura de la vida del ingeniero alemán en la aldea de la montaña, etc., etc. Tampoco faltan muestras de técnica teatral, subrayada y estudiada por varios críticos.

Más allá de esa heterogeneidad estilística que podría ser considerada como un fallo artístico, hay una estructura que encontramos frecuentemente y que constituye el núcleo de la construcción descriptiva o narrativa: es la estructura del contraste. Los personajes son vistos desde dos ángulos opuestos; en general, el autor los muestra, al mismo tiempo casi, desde fuera y desde dentro, de tal manera que lo que sobresale ante todo es el contraste entre lo que quieren o fingen ser y lo que son en realidad. Esta estructura del contraste es la que prevalece en casi todos los retratos, aunque la manera de retratar sea distinta. Pero encontramos algo parecido en la misma construcción narrativa que, a veces, es un juego contrastado de varios puntos de vista; el más significativo ejemplo es el capítulo VII (que estudiaremos) pero, si lo miramos bien, gran parte de la novela está construida sobre oposiciones: oposición entre lo que es un personaje y la idea que los demás tienen de él, entre lo que quiere ser y lo que es, entre lo que son las cosas y lo que deberían ser...

No es cuestión, sin embargo, de limitar la novela a tal esquema (muy significativo, por cierto, de una posición fundamental del autor frente a las cosas) porque *Su único hijo* es una obra demasiado compleja para dejarse reducir a cualquier esquema o fórmula. Bien asentada, pues, esta salvedad, parece lícito estudiar el *arte del contraste* en la segunda novela de «Clarín».

* * *

En los varios retratos que nos ofrece la novela el contraste se establece entre apariencia y realidad. Pero, hay varias maneras de plantear y de desarrollar la oposición.

El retrato físico y moral del abogado D. Diego Valcárcel se deduce de la biografía, rápida y esencial, que de él da el autor. Del conjunto resalta una clara oposición entre la apariencia social y profesional del personaje y su realidad secreta, secreta para los demás pero no para el autor (ni, desde luego, para el lector). Por un lado, tenemos al magistrado envarado, meticuloso, que se atiene a la estricta observancia de la ley y que siempre se expresa con un lenguage pulcro y cargado de la más alta moralidad. Con tales cualidades ha conquistado la simpatía y el respeto de todos (lo que sugiere, como hemos mostrado en el primer apartado, que la base de la moral social es la hipocresía). Pero, al mismo tiempo, el autor lo muestra, no precisamente por dentro, sino en sus otras actividades privadas y muy disimuladas. Ese hombre, «serio como un colchón» (p. 16) para los demás, se convierte en la soledad de su alcoba en un romántico sentimental que sopla en la flauta con lágrimas en los ojos. El contraste hace sonreír. Además, es muy hábil para organizar en secreto el «servicio de Afrodita», porque su «verdadera virtud» ha consistido siempre en la prudencia, y en «el miedo al escándalo» (p. 14). O sea que consigue hacerse una moral de la inmoralidad. Ahora, el contraste es más bien repugnante.

Lo que hay que subrayar es que el narrador nunca interviene directamente para censurar, su papel se limita a poner de realce y, desde luego, en oposición, la actitud exterior del abogado y su ser secreto. D. Diego es un hombre inauténtico, un hipocritón, pero el narrador nunca pronuncia la palabra. Para que se imponga la verdad le basta mostrar las dos caras del personaje. La aparente impasibilidad del narrador hace que el contraste esté en la realidad misma. Tal actitud recuerda la posición del novelista naturalista frente a los hechos, sin embargo, en la medida en que el papel de éste consiste en desenmascarar la hipocresía o la falsedad, su actitud no puede ser neutral, por eso hablamos de impasibilidad aparente. Así lo reconocía implícitamente «Clarín» cuando explicaba, ya en 1882, la superioridad de lo que llamaba entonces «lo cómico naturalista» sobre otra forma de cómico producido por «las facultades subjetivas, líricas». «Hay en esta manera de lo cómico —escribía «Clarín»— una seriedad y una sinceridad que le hacen todavía más picante, de más efecto que lo cómico del más subido color [...]. Vale más la sátira implícita en esta forma que la furia de un Juvenal».[5] Pues bien, todo el retrato de D. Diego es eso, sátira implícita, pero sátira. Es decir que el novelista ve la hipocresía fundamental del personaje, pero se limita a elaborar su retrato en función de tal visión sin intervenir directamente.

Más frecuentes son los retratos en que el sentimiento (en general, de repulsión) que al autor le inspira el personaje informa la elaboración artística. El narrador, en tales casos, no vacila en añadir unos fuertes brochazos empapados en la «furia de un Juvenal».

Las notas estridentes y crujientes con que remata (en los dos sentidos de la palabra) la pintura de los viejos románticos de la tienda de Cascos recuerdan las despiadadas caricaturas de Quevedo. Aquí, el narrador anuncia claramente que deja de oír el relato del habilitado del clero, para fijarse en la impresión que le inspira el espectáculo de los decrépitos románticos de los años cuarenta, que se complacen en la mórbida evocación del *¿qué se hicieron las damas...?* «El habilitado del clero siguió pasando revista a los inquilinos del año cuarenta; de aquella enumeración salía un tufillo de ruina y cementerio; oyéndole parecía que se mascaba el polvo de un derribo y que se revolvían los huesos de la fosa común; todo a un tiempo». Nótese como la repulsión del autor se expresa a través de todos sus sentidos merced a una sinestesia burlesca sumamente eficaz; una sensación auditiva («oyéndole») despierta a un tiempo una sensación olfativa («tufillo»), una sensación gustativa («mascaba el polvo») y una sensación a la vez visual y auditiva («se revolvían los huesos de la fosa común»). Todo viene a cuajar ¡colmo del asco! en la visión plástica de «aquellos dientes podridos y separados» asimilados a «una rueda de tormento» (p. 36). Ese cuadro esperpéntico (que anuncia a Valle-Inclán) muestra que el autor no vacila en deformar la realidad en función de lo que experimenta ante el contraste, ya en sí burlesco, entre esos cuerpos «entrados en años y en grasa» y las falsas sublimidades románticas que evocan con nostalgia.

Frente a los músicos sedentarios y al público que presencia el

5. *El Día*, 857, 2-X-1882 («*Pot-Bouille*, novela de Emilio Zola...»); Yvan Lissorgues, *Clarín político II*, Toulouse, 1981, pp. 182-183.

concierto, el narrador adopta una posición semejante. No podemos analizar aquí el trozo entero, pero elijamos un fragmento, la evocación del violinista Secades, para mostrar cómo y por qué el arte de Alas deforma la realidad. El narrador presenta a Secades a través de su biografía, pero se trata de una biografía deformada por el juicio implícito del autor. Intentemos sacar el núcleo objetivo de la vida de Secades: en su juventud había soñado con ser un gran violinista, trabajó mucho, pero sin conseguir la meta deseada: entonces, como el arte no le permitía vivir, se hizo zurupeto y de vez en cuando toca en la orquesta de la ciudad. La historia de tal destino podría ser triste y conmovedora, tanto más que el hombre, ya viejo, conserva «un cariño melancólico, un respeto supersticioso a la buena música» (p. 178). «Clarín» no lo ha querido así; sólo ve al personaje a través de su falta de talento, de su ineptitud para la buena música. Entonces, el autor lo ridiculiza: sólo valía para imitar los «rebuznos de un jumento». Alas ve a Secades a través del contraste entre lo que quiso ser el músico y lo que es en realidad. El personaje es ridículo porque se ha equivocado y se empeña en su error. El crítico «Clarín» siempre censuró con vigor la inautenticidad artística a que conduce irremediablemente la falta de talento. El hombre debe ser lo que puede ser y no otra cosa, si no cae en la falsedad. Aquí, en esta evocación de los músicos (Secades, Romualdo, etc.) y del público que oye la cacofonía como «quien oye llover» (p. 179), es el vacío artístico y cultural de la España profunda lo que «Clarín» denuncia. Pero lo que hay que subrayar es que es el sentimiento agudo y amargo de tal decadencia el que informa la elaboración artística del trozo.

Donde el arte del contraste alcanza su mejor expresión sintética es tal vez en el retrato de Körner y de su hija. En ambos casos, el autor yuxtapone (y opone) de manera impertinente rasgos físicos y morales. Körner «parecía un gran cerdo bien criado, bueno para la matanza y era un hombre muy espiritual». En cuanto a Marta «su principal mérito eran sus carnes; pero ella buscaba ante todo la gracia de la expresión y distinción de las ideas y sentimientos» (p. 180). La construcción de las dos frases es la misma: en los dos casos la oposición está claramente marcada por una conjunción adversativa (*y* o *pero*). Además, el contraste se refuerza por la acentuación caricaturesca del aspecto físico: *animalización* del padre, *materialización* de la hija. Resalta, pues, la oposición entre lo que son (unos individuos gordos y fuertes) y lo que quieren parecer (seres espirituales). El efecto, en cada caso, es burlesco y dice claramente lo que «Clarín» censura: la falsedad y la hipocresía de tales personajes. Körner y su hija pueden presumir de románticos, de muy letrados, etc., etc., su carne demasiado abundante denuncia (bajo la pluma del autor) la impostura. Los dos retratos exigirían un análisis más detallado pero basta lo dicho para mostrar, una vez más, que el narrador se otorga un papel activo para desenmascarar la falsedad.

Los pocos ejemplos anteriores revelan que Alas ve lo que es realmente el hombre bajo las apariencias. En el mundo de *Su único hijo* (aparte Bonifacio y, aunque pueda sorprender, aparte Emma) no hay más que hipocresía y todavía no hemos hablado de Marta que constituye, a nuestro modo de ver, un caso aparte. Lo que hay que subrayar es que en su segunda novela, el autor abandona de propósito deliberado la *objetividad* naturalista y lleva el arte del contraste hasta la caricatura, hasta el esperpento. El moralista artista añade así a lo pintado el color de su propio sentir y de su propio juicio. Aparece, pues, una nueva estética condicionada por la ética, una estética que no vacila en deformar la realidad para dar de ella un reflejo más verdadero, según la óptica del autor.

* * *

También ocurre que la ética condiciona la misma estructura narrativa. El mejor ejemplo y el más fácil de estudiar en su forma y en su alcance nos lo proporciona el capítulo VII, a propósito del cual casi podríamos hablar de *puesta en escena* narrativa. Se nos muestra alternativamente cómo cada uno de los cuatro personajes, que son Bonifacio, Serafina, Mochi y Emma, se ve (y se define) en sus relaciones con otro. El narrador sólo interviene con su propia voz, introducida por la expresión «Lo cierto era que», en el punto de inflexión que marca el paso de un personaje a otro y, después, se sitúa sucesivamente dentro de cada personaje para seguirle los pensamientos. El punto de partida es Bonifacio que se ve presa de la *gran pasión* (p. 85). Con «Lo cierto era que la Gorgheggi...» (p. 86), se produce un cambio de óptica y saltamos dentro de Mochi para descubrir lo que éste piensa de sus relaciones con Serafina. Con «Lo cierto era que la Gorgheggi no amaba a su tirano...» (p. 89), pasamos al punto de vista de Serafina sobre Mochi. Luego, con «El estaba pensando...» (p. 90) se vuelve a la pasión de Bonifacio y, de repente (p. 93), y como por contraste con la gran pasión, surge la evocación de Emma enferma vista por Bonifacio. Por fin, un nuevo salto brutal nos hace pasar al punto de vista de Emma: «Lo cierto era que Bonis exageraba...» (p. 94).

Así, cada personaje se define en su realidad íntima con respecto al otro a quien ve en función de lo que es él mismo. Siempre hay una parte del ser, voluntariamente disimulada, que el otro no ve. «Clarín» parece descubrir y plasmar aquí esa gran verdad que Malraux sintetizará en la fórmula: «La realidad de un individuo está en sus secretos». Mochi no puede saber lo que en el fondo de sí misma piensa y es Serafina. Mochi y Serafina se disimulan uno a otro sus íntimas motivaciones. Emma oculta a Bonifacio gran parte de su vida. Serafina engaña a Bonifacio. Bonifacio no puede, pues, saber de fijo quiénes son en realidad Serafina y Emma. Y, por fin, Bonifacio se engaña a sí mismo.

El problema muy serio que plantea ese modo de escondite es el del conocimiento del otro. Pero, la misma estructura narrativa sugiere que si hay incomunicabilidad no es porque los seres serían mónadas, sino porque el juego de las relaciones humanas está falseado por el egoísmo profundo de cada uno, egoísmo cuya defensa impone un sistema de interrelaciones mentirosas. Es importante subrayar que la raíz del mal es de índole moral más que metafísica. Los seres resultan moralmente adulterados por la ausencia total de amor al otro. Es ésta una de las grandes lecciones de *Su único hijo.*

Esas múltiples aproximaciones a los personajes que nos ofrece el capítulo VII estriban en la perspicaz observación del autor que se hace una idea clara de lo que es el hombre y, por lo tanto, de lo que pueden ser las relaciones humanas. Pero el novelista encuentra aquí, con esa técnica tan moderna que podríamos llamar del *campo/contra-campo,* una estructura narrativa perfectamente adecuada a la *idea* que del *objeto* tiene el autor.

La manera artística está en perfecta consonancia con la visión que éste tiene del hombre. O sea que la estética es como la trascendencia artística de la ética.

* * *

Otra faceta del arte de Alas en su pintura de esa pobre y triste humanidad que anda sin norte ideal, se ofrece en el retrato moral de Marta Körner.

Todo el personaje está enfocado desde el ángulo de la sátira. Marta es alemana, ha viajado mucho y parece que han cuajado en ella todas las características del movimiento decadente europeo finisecular. Todo pasa como si, a través de Marta, quisiera el autor ajustar cuentas con ese decadentismo que le inspira tanta repulsión. ¿Cómo llegó «Clarín» a enterarse de lo que era el movimiento decadente? A través de ciertos novelistas como los Goncourt, Bourget, Gautier, de ciertos estudios críticos como el de Bourget sobre Baudelaire,[6] a través de varios artículos de Brunetière u otros, es indudable. Pero es casi seguro que nunca leyó la obra maestra del género, *A rebours,* ya que no parece conocer a Huysmans de quien

6. Paul Bourget, *Essais de psychologie contemporaine,* Baudelaire, M. Renan, Flaubert. M. Taine. Stendhal, París, Alphonse Lemerre, 1887 (5e édition), pp. 23-32.

habla sólo una vez y de una manera que deja traslucir que no le conoce.[7] Además, confiesa, en 1896, que hace años que casi no lee obras de los jóvenes del «movimiento disolvente» de la literatura parisienseí «El decadentismo no produce más que libros que, desde que cumplí cuarenta años, leo difícilmente».[8]

La hispanista americana Noël Valis, que tiene un profundo conocimiento del movimiento decadente francés del último cuarto del siglo XIX, ha dedicado todo un libro[9] al análisis de los rasgos decadentes que se encontrarían en la obra de «Clarín». A propósito de *Su único hijo*, quiere probar que Emma, Serafina y Bonifacio son individuos decadentes y que, por eso, son personajes arquetípicos. Que en ellos haya rasgos parecidos a los que caracterizan al personaje decadente bien puede ser, pero no todas las aberraciones morales proceden del decadentismo. La perversión, por ejemplo, pues de ella hablaremos en el caso de Emma, no la han *inventado* ni Des Esseintes, el héroe de *A rebours,* ni Baudelaire ni Verlaine. Por lo demás, los decadentes son siempre intelectuales refinados que se complacen en voluptuosidades de las que goza más el espíritu que el cuerpo. Entonces, Emma para quien la «lascivia letrada» no significa nada, y cuya «depravación natural» no tiene «ningún aspecto literario» (p. 189), sería una decadente... de nacimiento. Pensamos que enfocar sistemáticamente el estudio de *Su único hijo* sólo a partir de las características del decadentismo europeo, puede falsear un poco la lectura de la novela. Además, cuando la hispanista americana afirma que, frente a Emma y a Marta, el punto de vista de «Clarín» sería menos crítico, porque vería en el aspecto decadente de los personajes un tema de fascinación,[10] no podemos dejar de manifestar nuestro total desacuerdo. Lo que dijimos en las páginas anteriores sobre el moralista es ya una respuesta, pero veremos con el estudio de Emma que la pintura artística del *mal* no supone fascinación del autor, ni mucho menos. En cuanto a Marta, no hay en la novela personaje que al autor le inspire mayor repulsión, como veremos. El narrador está siempre a su lado para burlarse de ella, degradarla y hacer que el lector la vea a través del prisma de la abyección.

Pero en el caso de Marta, y tal vez únicamente en este caso, compartimos el juicio de Noël Valis: Marta aparece como un personaje

7. En la conferencia del Ateneo sobre *Teorías religiosas de la filosofía novísima,* dice que en Huysmans «hay dejos de sensualismo poco religioso». Véase Yvan Lissorgues, *La pensée philosophique et religieuse de Leopoldo Alas (Clarín) 1875-1901,* París, Editions du CNRS, 1983, p. 410.

8. *El Imparcial,* 25-XII-1896.

9. Noël Maureen Valis, *The Decadent Vision in Leopoldo Alas, A Study of «La Regenta» and «Su único hijo»,* Bâton Rouge and London, Louisiana State University Press, 1981.

10. *Op. cit.*, p. 144.

arquetípico. Sí, con tal que se añada que mientras el autor construye el arquetipo, va colocando panes de dinamita en el monumento.

Como hemos visto ya, el retrato físico y moral del personaje es revelador de la antipatía del autor por su *creación.* Es verdad que la hija de Körner parece haber cogido al vuelo en sus andanzas todos los rasgos fundamentales del decadentismo. Primero, es una mujer intelectual que se complace en «sutilezas psicológicas y literarias» (p. 191), pero no para sacar de ellas goces estéticos, sino para alimentar malsanas fruiciones:

> «Marta, virgen, era una *bacante* del pensamiento, y las mismas lecturas *disparatadas* y *descosidas* que le habían enseñado los recursos y los pintorescos horizontes de la *lascivia letrada,* le habían dado un criterio moral de una *ductilidad corrompida, caprichosa, alambicada,* y en el fondo *cínica»* (p. 189). El subrayado es nuestro).

El moralista Alas aparece aquí a las claras al insertar en la pintura de Marta una serie de grupos adjetivales que equivalen a juicios morales y es muy de subrayar, además, que cuando alude a las «lecturas disparatadas y descosidas», o a «la lascivia letrada», su crítica alcanza, más allá del personaje, todo el movimiento literario decadente. El moralista condena el decadentismo por ser esencialmente depravación, y también porque es fuente de corrupción. Son esas lecturas las que le han dado a Marta «un criterio moral de una ductilidad corrompida».

Todo pasa como si la rubia alemana trajera a España nuevas fuentes de corrupciones desconocidas de los indígenas, a quienes, parece sugerir «Clarín», bastaban ya las suyas, menos refinadas pero bien arraigadas. Porque, en fin, Marta es una fuente de perversión, incluso para Emma a quien conquista «con la seducción singularísima de su intimidad mujeril, nerviosa, llena de novedades, picantes y pegajosas» (p. 189). No cabe duda, pues: para «Clarín», el decadentismo es una de esas «pestes», como otras muchas, pero ésta... de importación.

Podríamos estudiar otros rasgos decadentes de Marta, como la búsqueda de sensaciones raras, de voluptuosidades nuevas, de «extraños placeres», de «favores sibaríticos» (p. 190) pero eso nos alejaría demasiado de nuestro tema. Nos basta mostrar que el retrato de Marta lo hace un moralista artista, que además quiere satirizar la postura decadentista. Sin embargo, hay ciertas ideas perniciosas de la alemana que no podemos dejar de examinar brevemente.

Por lo que es del matrimonio, era para ella «convencional y los celos y el honor convencionales, cosas que habían inventado los hombres para organizar lo que ellos llamaban la sociedad y el Estado» (p. 196). Dicho sea de paso, tal teoría es también la que los intelectuales anarquistas empiezan a difundir en España y contra la cual se alzará varias veces «Clarín» en la prensa.[11] Nuestro autor escribe en 1892: «Jesús consagra el matrimonio —para mí la salvación de la vida civilizada—...».[12] Entonces, ya se comprende qué opinión podía tener de la teoría profesada por Marta y qué sentimiento podía inspirarle quien la profesaba.

Bien merece también una digresión la pretendida religiosidad de Marta. Primero, dice el narrador que «*afectaba* haber escogido la *manera* devota de las españolas» (también es nuestro el subrayado). *Afectar* una *manera* es alejarse dos veces de la verdadera devoción, pero no es muy original ya que es, según Alas, la religión de muchos. Más singular es la manera que tiene Marta de entender la religión a través de *El genio del cristianismo,* mezclándolo «con el romanticismo gótico de sus poetas y novelistas alemanes, y después, todo junto lo barnizaba con los cien colorines de sus aficiones a las artes decorativas...» (p. 190). La religión como pretexto para el goce sensual fue efectivamente una manera decadente de *sentir* el catolicismo, como atestigua el mismo Claudel que, en 1886, escribía: «Je commençais alors à écrire et il me semblait que dans les cérémonies catholiques, considérées avec un dilettantisme supérieur, je trouverais un excitant approprié à la matière de quelques exercices décadents».[13] Para el Leopoldo Alas de 1890, es una manera torcida y hasta repugnante de comprender la religión. Prueba de ello, en el mismo texto sobre Marta, es el hecho de que, después de evocar esa «religiosidad», el narrador yuxtapone otra afición secreta, ridícula del personaje, afición que «consistía en el placer de que le hicieran cosquillas en las plantas de los pies». El *sentir* religioso de Marta es parecido a esas cosquillas: es refinamiento depravado, mero sensualismo.

¡Y ese personaje se cree superior (como se creían seres excepcionales los decadentes) y se cree desligado de la moral corriente sólo buena para las almas vulgares! Alas combatió a menudo la teoría nietzscheana del hombre superior y, más generalmente, consideraba peligrosa la lectura del filósofo alemán para los espíritus débiles y propensos al *esnobismo,* porque, para él, los únicos hombres superiores son los que viven en armonía consigo mismos, es decir, los que han acordado el pensar y el obrar: «El paso de la teoría a la obra es la más grande *creación artística*; no hay más delicado y fino arte que el hacer un *poema* del bien obrar de la pro-

11. Por ejemplo, en el *Madrid cómico,* del 20-I-1900, se alza contra Soledad Gustavo y «los fanáticos que la han llevado a la doctrina del amor libre».

12. *La Correspondencia,* 11-XII-1892.

13. Citado por Jacques Lethèvre, «Le thème de la décadence dans les lettres françaises à la fin du XIXè siècle», in *Revue d'histoire littéraire de la France,* janvier-mars 1968, n.º 1, p. 58.

pia existencia».[14] Pero, aparte de las grandes teorías disolventes y peligrosísimas de su «espíritu repugnante», ¿quién es Marta? Nada más que una estafadora en grande que ha venido con su padre a España para enriquecerse, y cuyas grandes ideas artísticas sólo sirven de disfraz para sórdidas empresas.

El personaje de Marta es muy interesante y exigiría un estudio más detallado. Sólo hemos querido mostrar que representa en el mundo de la novela la intrusión de ideas y teorías mucho más dañinas que la falsa moral hipócrita indígena o que el triste (y decadente, a su modo) romanticismo vernacular. Con sarcasmo y con intervenciones directas y sin apelación el narrador mina al personaje al mismo tiempo que le da vida. El personaje de Marta es, en cierto modo arquetípico, como dice Noël Valis, pero, hay que insistir, mientras el artista lo *construye,* el moralista lo desmorona moralmente. Marta es ante todo obra del satírico. En efecto, nos muestra al personaje, pero éste no se nos muestra, permanece un poco exterior, porque el autor no «le llega al alma». Desde el punto de vista artístico, Marta y Emma no se pueden colocar en un mismo plano.

* * *

Antes de caracterizar brevemente al personaje de Emma, tenemos que hacer un primer balance del estudio realizado. Desde el punto de vista estético, lo que sobresale en la pintura de todo lo que en la novela no es Emma y Bonifacio, es la gran flexibilidad narrativa o descriptiva que se debe, en gran parte, a la variedad de tonos que adopta el creador-moralista, pero también a la multiplicidad de los puntos de enfoque. Así se explican los numerosos cambios de niveles en el discurso narrativo. Además, como a menudo la realidad es vista a través de la *verdad* de varios personajes, se plantea como una filosofía de la percepción. ¿Dónde está la realidad del ser? Aparentemente en la visión que cada uno tiene de ella, según puede o le interesa verla. Aparentemente sí, porque a este problema del conocimiento que plantea implícitamente el creador, el moralista da una explicación, por lo demás, muy explícita: la realidad humana es como es porque el hombre la hace así y porque el hombre es *malo.* Y aquí se plantea la gran pregunta: ¿la maldad del hombre es algo *esencial,* ontológico o es una maldad, digamos, relativa?

Si nos atenemos a *Su único hijo,* no podemos intentar resolver la cuestión antes de analizar las dos grandes figuras que descuellan artísticamente en la novela: Emma y, sobre todo, Bonifacio.

14. *La leyenda de oro,* artículo citado; *Siglo pasado,* p. 99.

3. *Emma o la visión artística del mal*

No es fácil caracterizar al personaje de Emma porque cualquier asidero racional que tomemos nos conduce a un núcleo de sombra que ni los datos biográficos proporcionados por el autor ni la psicología ni, tal vez, el psicoanálisis aclaran del todo. Podemos, y es relativamente fácil, analizar su yo *social*, es decir, el resultado de la asimilación de unos cuantos valores, como los que proceden del convencionalismo y del conformismo tradicional, o de ciertas influencias exteriores, como el romanticismo ambiental. El que Emma sea hija única mimada del abogado Valcárcel, que se sienta ilustre descendiente de una familia linajuda, explica algo, pero poco. Al nivel de su *yo más profundo*, podemos comprender el resentimiento de una mujer que, después de un mal parto, pierde su lozanía y va notando en su cara los estragos del tiempo. Pero, en el fondo de su *yo natural* hay una perversión y una maldad, cuyas manifestaciones se hacen patentes gracias al arte del autor, pero que no se explican claramente.

Entonces, hay que aceptar la explicación que el autor da, casi de pasada, en las primeras páginas del libro: el fondo de la naturaleza de Emma es «espontánea perversión del espíritu, prurito de enferma».[8] Pero esto no es una explicación, es la enunciación de un hecho, a partir del cual va a desarrollarse toda la *historia* del personaje. Emma entra en la novela, todavía joven, con el único rasgo fundamental de su ingénita perversión. Desde luego, es inútil cualquier explicación determinativa (por no decir determinista); hay que considerar al personaje como una anomalía. Para la ciencia, será una enferma; y así la ve también el autor, por lo menos al principio, cuando pone en el mismo plano la «espontánea perversión» y el «prurito de enferma». Al parecer, pues, «Clarín» no ignoraba que la perversión era una enfermedad, una desviación de las tendencias y de los instintos. Lo que pasa es que, en el desarrollo de la novela, las tremendas dimensiones que cobra tal perversión hacen olvidar su carácter (y su origen) enfermizo.

El hecho es que desaparece totalmente el aspecto clínico bajo las manifestaciones de los extravíos de Emma que nos aparece, y así lo quiso, por cierto, el autor, como un caso de aberración moral. Pero como Emma es, en el fondo, y aunque lo olvidamos, una enferma de la personalidad, es un ser excepcional y no se le puede atribuir al mal que representa un valor metafísico, ontológico. Es una de las posibles ambigüedades de la novela, mucho más importante, a nuestro modo de ver, que el problema de la paternidad del hijo. Todo pasa, en efecto, como si Emma fuera el mal («el diablo») hecho hembra. Y es muy posible, pero no es más que una hipótesis, que su creación responda a una idea previa del moralista que quiso saber (y mostrar) hasta dónde podía llegar la perversidad en una mujer. A veces pensamos, con Noël Valis, que hay rasgos arquetípicos en el personaje, pero el arquetipo, entonces, no sería el decadentismo sino el Mal. Emma no puede ser considerada como un personaje decadente. Éste para gozar de su perversión debe ser consciente de ella, fomentarla por mediaciones que son en general lecturas «disparatadas», como dice «Clarín». Emma, al contrario, es «original por su temperamento» (p. 157) y no necesita ir a buscar excitaciones en poemas o novelas; le basta la fuerza de su ingénita perversión para sacar un placer directo, sin mediación, casi animal pues, de los contactos voluptuosos con, por ejemplo, seres inanimados:

> Saboreaba Emma la delicia de gozar con los tres sentidos sensaciones nuevas del refinamiento del gusto y del olfato y aun del contacto de todo el cuerpo de gata mimosa con las suavidades de su ropa blanca... (p. 120).

Las manifestaciones de la perversidad de Emma van de las formas más exteriores (caprichos pueriles, irresponsabilidad, vanidad, crueldad moral con visos de sadismo para los demás, etc.), hasta las afirmaciones de tendencias más turbias, según el criterio de «Clarín», como esos placeres «de un género íntimo» de que goza en el secreto de la alcoba. O esa equívoca atracción que siente por la bella y fuerte Serafina.

Lo importante para nosotros es la manera artística de pintar al personaje. Como escribía «Clarín» a propósito de *Realidad,* es necesaria «una especie de sexto sentido abierto al arte literario gracias a la introspección del novelista en el alma toda, no sólo en la conciencia de su personaje».[15] Ahora bien, incluso en el caso de Emma que, por cierto, no le inspira ninguna simpatía, Alas, merced a ese sexto sentido que podríamos llamar intuición, se interna mucho más allá de los «interiores ahumados», hasta las zonas más turbias del ser.

El hecho es que el personaje de Emma alcanza tremenda densidad y tiene una fuerza artística de la que hay pocos ejemplos en toda la literatura. ¿Cómo consiguió Alas asomarse así a las más profundas zonas de un ser humano? ¿Le fascinaba el personaje, como han afirmado ciertos críticos? Es indudable que una creación de tal dimensión no puede ser sólo resultado de la fría observación, es necesario para ello *llegar al alma* del personaje para *sentir* sus íntimas reconditeces. El mismo «Clarín» confesó que no podía es-

15. *La España Moderna,* XV y XVI, marzo y abril de 1890; *Ensayos y revistas,* pp. 279-306.

16. Carta a Fernández Lasanta, *Clarín y sus editores,* edición de Josette Blanquat y Jean-François Botrel, Rennes, 1981, p. 49.

cribir *Su único hijo* sino sólo cuando «estaba para ello».[16] «Estar para ello», es de suponer, significaba para él estar en simpatía con la propia creación. Por lo demás, Alas nos da varias pruebas de esa capacidad de comprensión; en el estudio sobre Baudelaire, revela que es capaz, gracias al arte, de «*ponerse en el lugar* de quien no opina como él»: «Yo, leyendo a Leopardi, he podido ser ateo en el sentido de penetrarme del estado de ánimo que guiaba al poeta...»[17]. Pues bien, Emma es un caso de profunda comprensión artística del mal. Decimos bien comprensión artística, y no comprensión moral que es algo totalmente diferente.

En efecto, es evidente, porque el mismo autor lo evidencia, que la personalidad de Emma es, para él, un colmo de aberración moral. Es verdad que el narrador no interviene tan frecuentemente como en otros casos, pero se manifiesta de manera suficiente para marcar la distancia entre él y su creación: la califica de Euménide (p. 150), habla de «su propósito furioso y endiablado», de «su tremendo egoísmo de convalesciente mundano, prosaico y rabioso» (p. 121), etc., etc. En general, el moralista se esconde o afirma muy discretamente su presencia para dejar enteramente libre al artista. Además, la actuación del moralista es totalmente inútil, basta que el mal cobre sustantividad artística para que alcance su pleno poder catártico.

Un solo ejemplo. Las tres o cuatro páginas en las que Alas analiza el estado de ánimo de Emma que, de repente, se ve condenada al parto, son significativas al respecto. El personaje es visto entonces *casi* desde dentro; el narrador parece actuar como mero taquígrafo de lo que piensa o experimenta la futura madre. Resalta el profundo egoísmo de ésta y no cabe duda de que las tendencias matricidas de Emma son para Alas lo más abyecto que puede encontrarse en una mujer. Y sin embargo, no añade ningún juicio, ni siquiera un adjetivo en que cuajaría su asco. Aparentemente, no interviene el novelista, porque es inútil, ya que el personaje se condena por sí mismo. Así, aunque el moralista se oculte, la ética impone su presencia. Eso lo sabíamos ya, pues es algo constante en *Su único hijo.*

Pero al atribuir al mal una sustantividad poética, el moralista corre el riesgo de no ser comprendido. Y ciertos juicios de eminentes críticos prueban que así fue, incluso después de la publicación del tan pertinente artículo de Gramberg.[18] De todas formas, es mejor para un novelista realizar una obra verdaderamente artística que caer en las ramplonerías de un moralismo pedestre.

Un novelista artista es superior a un moralista que intenta, sin

17. *La Ilustración Ibérica,* 17-IX-1887; *Mezclilla,* pp. 67-68.

18. Edward J. Gramberg, «*Su único hijo,* novela incomprendida de Leopoldo Alas», *Hispania,* XLV, 1962, pp. 194-199.

conseguirlo bien, ser novelista. Es, precisamente, el sentido de la crítica que «Clarín» dirigía a Pereda a propósito de *La Montálvez*: «Pereda desprecia a muchos de sus personajes, y como no los ama no los *siente* bien; no se transforma en ellos, y les hace hablar... como quiere la retórica, es decir de la peor manera para que hablen como deben [...]. Las ideas de Pereda, así estéticas como religiosas y morales, su modo de entender la decencia y la prudencia en el arte, no le consienten, cuando llega a ciertas escenas fuertes, pintar con franqueza, rectitud y fuerza; pasa por alto lo escabroso, deja entre líneas lo característico de ciertos actos de la flaca humanidad, y así... se salvan los principios, pero se pierden las colonias; es decir, se pierde gran parte del mismo efecto que se busca».[19] La cita es larga, pero es explicación luminosa de lo que no hizo «Clarín» en *Su único hijo*. Tanto más que tenía conciencia de que «al arte le basta con la verdad propia que es la realidad de la belleza»,[20] porque sólo así la obra artística puede desempeñar su verdadero papel.

Así se justifica, sin que podamos entrar en más detalles, la pintura artística de Emma y de su irredimible perversión. La mujer de Bonifacio es un ejemplo excepcional de maldad, pero no se puede decir que sea el mal absoluto, la representación metafísica del Mal, por la mera razón de que es un caso clínico. Pero el novelista pinta artísticamente las manifestaciones de la perversión, sin preocuparse por buscar una explicación. De aquí cierta ambigüedad.

En el mundo tan corrompido de *Su único hijo*, Emma representa un tipo de maldad retorcida, enfermiza, turbia y por eso inexplicable. Pero en el mundo de *Su único hijo* hay Bonifacio.

4. *Los dos padres del personaje literario de Bonifacio*

Habrá que dedicar un día un estudio detenido al personaje de Bonifacio porque es, además de otras muchas cosas, no todavía un testamento espiritual sino, por lo menos, el balance de toda la vida de Alas al llegar a los cuarenta años. Este aspecto no lo podemos abordar aquí sino indirectamente y de manera muy parcial.

El moralista filósofo acompaña siempre a Bonifacio y si, a veces, se distancia de él merced a la ironía o a la burla, en otros momentos se identifica tanto con él que parece que su voz es la de «Clarín». Tal vez por eso, por la presencia constante pero no siempre igual de moralista, hay varios niveles artísticos en la pintura y en la historia de Bonifacio, pero hay momentos en que el profundo artista que es Alas llega a «ser alma del alma» de su personaje, y le es tanto más fácil cuanto que él mismo se encuentra (o se pone) en su creación.

19. *La Justicia*, 13, 14, 18-II-1888; *Mezclilla*, p. 137.
20. *La Correspondencia*, 28-XII-1890.

Así que las necesidades del análisis nos conducen a considerar que Bonifacio tiene dos padres, el moralista filósofo por una parte y, por otra, el artista profundo conocedor del alma humana. ¿Quiere esto decir que no hay rigurosa unidad artística en la pintura de la trayectoria del personaje? En cierto modo sí, pues llega un momento en que el filósofo parece imponerse sobre el artista; pero tendremos que interrogarnos si esto es un fallo o un enriquecimiento.

En el mundo de la novela, Bonifacio es un ser aparte, esencialmente, el único que piensa en «las cosas de la vida» y que intenta comprender y superar las *experiencias* en que se ve metido. Tiene una conciencia, bastante floja y acomodativia al principio, pero que poco a poco se hace firme y estricta. En fin, y es lo más importante, sabemos desde las primeras páginas que «busca algo que le llene la vida». Es un hombre que siente el vacío de su existencia y que aspira a superar la prosa de cada día, que aspira a algo trascendente. En torno suyo no hay más que seres cuya conciencia está totalmente muerta, que viven todos, como Emma, «en perpetuo pensamiento de lo relativo» (p. 121) y que, bien arraigados en lo positivo de la vida, no revelan ninguna aspiración ideal o espiritual y cuando afirman alguna es fingida.

Por otra parte, Bonifacio evoluciona constantemente, cada experiencia suya, incluso la más desgraciada o la más ridícula es, de una manera u otra, un enriquecimiento. *Su único hijo* es, en último término, la historia de la evolución de Bonifacio, evolución espiritual, en sentido amplio, mientras que los demás (toda la sociedad) permanecen petrificados en su maldad, estancados en su corrupción, hasta tal punto que no hay al final de la novela ninguna esperanza de cambio. Esta visión que Alas da de la humanidad no puede sorprender. El crítico «Clarín» escribía en 1888: «Para el arte realista que copia la vida como la encuentra [...] no hay más remedio que pintar al hombre como un animal eminentemente vicioso, tal vez lujurioso. Esto no es pesimismo, es historia natural».[21] De esa «historia natural» que es *Su único hijo,* donde el hombre, además de vicioso y lujurioso, es también codicioso, Bonaficio sobresale como una anomalía, aunque caiga él también en la lujuria y aunque robe a su mujer, porque él solo tiene capacidad para discernir el bien del mal, mal que llama significativamente pecado.

Pero Bonifacio es débil, pusilánime, ridículo, hasta se dice que es un antihéroe. Efectivamente; pero hay que ver que el pobre marido de Emma es ridículo desde dos ángulos distintos. Es ridículo, y siempre, a los ojos de los demás que lo tienen por necio y que le desprecian, y lo es también porque, a veces, el autor lo ridiculiza. Es muy importante notar que éste deja de burlarse de él cuando la

21. *La Justicia,* 13, 14, 18-II-1888.

idea del hijo se hace realidad en el espíritu de Bonifacio. Es esa posición del narrador frente a su personaje lo que aquí nos interesa. Pero antes de estudiarla es preciso clarificar el problema de las relaciones de Bonifacio con los demás, porque puede ser fuente de confusiones.

Se ha dicho que era un enfermo de la voluntad; hasta cierto punto, o mejor dicho, hasta cierto momento puede ser verdad, pero cabe notar que en nombre del hijo es capaz de imponerse a sí mismo sacrificios muy dolorosos. Entonces, si para obrar sobre sí mismo hace muestra de fuerte voluntad, no se puede tildar de abúlico. Lo que pasa es que Bonifacio es ante todo un inadaptado que les tiene miedo a los demás como un niño, porque después de entrar en la familia Valcárcel no superó nunca cierto complejo de inferioridad frente a esos ricos aristócratas, y porque no entiende nada de sus negocios. Para el mundillo que lo rodea, es débil y ridículo porque es un «soñador soñoliento», porque es el esclavo de su mujer, porque no protesta nunca, porque desprecia «el oro vil» y «la industria y el comercio», en dos palabras, porque es diferente. Además, todos creen que su mujer le engaña y que el hijo no es suyo. Así, para todos y hasta el final será el pobre marido ridículo de Emma.

Por el hijo puede conseguir grandes victorias sobre sí mismo, pero cuando intenta una *salida,* que él quisiera heroica, al mundo de los otros, la aventura siempre se convierte en una quijotada. Sabe que su causa es justa y, sin embargo, cuando pide cuentas al tío sale corrido y humillado, porque él que no sabe dividir y apenas multiplicar, no puede luchar con los guarismos y la mala intención. Si va a Cabruñana a «enderezar entuertos», Lobato se burla de él y los caseros sonríen con sorna. Así, en el mejor de los casos, Bonifacio es un Quijote entre los demás, porque la alta idea de sus derechos no basta, y es demasiado tarde para comprender los mecanismos de una realidad engañosa.

Pero ¿por qué el autor, que le ve por dentro y que tantas veces le «llega al alma» (como veremos), se burla de él, a veces con benevolencia y otras de manera despiadada?

Un ejemplo muy conocido de burla benigna se ofrece en el trozo que muestra a Bonifacio tocando la flauta. Francisco García Sarriá ha mostrado de una manera muy acertada que el narrador está ya dentro del personaje para *sentir* con él, ya fuera para ver y mostrar el efecto exterior de lo que éste experimenta.[22] El resultado es un contraste burlesco entre lo que el músico aspira a ser y las contorsiones que tal aspiración provoca. Bonis es, a la vez, patético y ridículo, según como se le mira. Nos permitiremos aña-

22. Francisco García Sarriá, *Clarín o la herejía amorosa,* Madrid, Gredos, 1975, p. 129.

dir que, para él, pasa lo mismo en toda la novela... Lo que el arte de Alas pone de relieve es que el autor no se deja engañar, el narrador está aquí presente para mostrar el desajuste inarmónico. No se trata verdaderamente de moral, pues el juego es inocente, pero el papel del narrador es, aquí como siempre, desenmascarar la inautenticidad. Pero lo que sobre todo sugiere la burla es que, para quien intenta llenarse la vida, la flauta es un medio irrisorio. El pobre Bonis tendrá que buscar otra cosa para que se le tome en serio.

Y viene la *gran pasión*. Entonces el narrador muestra que ésta le llena efectivamente la vida, pero enajenándole. La *gran pasión* no es auténtico amor, es tan sólo imitación de los falsos héroes de novelas románticas, y a lo más orgullo compensatorio para un hombre débil y frustrado. Frente a esa nueva «experiencia» de Bonifacio el autor se muestra mucho más severo. Le basta acentuar el contraste, quijotesco también, entre lo que es realmente Bonifacio, un ser hecho para las comodidades de la vida doméstica, simbolizadas de manera caricaturesca por las babuchas, y los sueños que la *gran pasión* suscita y que le llevan a sentirse «héroe de novela» (p. 92). Pero, a veces, el autor va mucho más lejos y lo hace aparecer como un verdadero monigote. Cuando, al salir del despacho de D. Benito el Mayor, se mete en el Café de la Oliva, está tan deprimido y tan enajenado que toda su vida interior se mueve al compás de la música de la guitarra. Cuando el camarero toca la marcha fúnebre de Luis XVI, se pone «en *el caso del rey mártir*» y se sumerge en un sentimentalismo delirante y cuando, acto continuo, brota una jota aragonesa, inmediatamente es presa de conatos de heroísmo desbaratados y burlescos. Al salir, cuando no se oye la música, los sueños se desvanecen y Bonis pierde toda consistencia como un pelele que se desinfla: «se le empezó a aflojar el ánimo y, sin darse cuenta de sus pasos...» (p. 85). Otros ejemplos se podrían aducir para mostrar que el narrador acentúa las posturas cómicas del personaje. Siempre que Bonis se engaña a sí mismo o se deja engañar, siempre que pierde el sentido común, el narrador insiste para hacer resaltar el aspecto burlesco.

Es que el «historiador» de Bonifacio no es neutral. Burlarse de su personaje es una manera de sugerir que éste anda extraviado. Desde luego, es lógico pensar que el moralista no está muy lejos. En el caso de Bonifacio, el moralista permanece disimulado detrás del artista pero, a veces, no puede resistir la tentación de apoyar fuertemente en la mano de éste para que el rasgo salga gordo.

Es muy posible, además, que el mismo autor encuentre algo de sí, con cierta distancia temporal, en las experiencias vitales de su creación. Entonces, se burlaría Alas también, a través de Bonis, de sus propias ilusiones de otros tiempos, cuando, en 1890, piensa haberlas superado. Hay muchos elementos autobiográficos en Bonifacio, tal vez más de lo que se cree y no queremos hablar sólo de la concepción filosófica y religiosa que evocaremos ulteriormente. Un solo ejemplo, y muy superficial: el conocimiento del mundo del teatro y las aficiones artísticas de Bonis, recuerdan los años madrileños del joven Leopoldo, cuando éste encontraba en el teatro «algo parecido al calor del hogar», o cuando actuaba como crítico teatral.[23] Cuando Alas escribe *Su único hijo* tiene la misma edad que el personaje de quien cuenta la historia y, a veces, hay meditaciones de Bonifacio que tienen un fuerte acento lírico, hasta tal punto que el estilo indirecto libre induciría a pensar que se oye más la voz interior del narrador que la del personaje. Por ejemplo, cuando se evocan «aquellas melodías interiores, lánguidas, vaporosas, llenas de una tristeza suave, crepuscular, mitad resignación, mitad esperanzas ultratelúricas y que no puede conocer la juventud; tristeza peculiar de la edad madura que aún siente en los labios el dejo de las ilusiones y como que saborea su recuerdo» (p. 166).

Esta nostalgia del tiempo pasado y particularmente de la infancia es una dimensión de Bonifacio explorada con sorprendente hondura por el artista, veinte años antes de *A la recherche du temps perdu* de Proust. El recuerdo de la infancia está siempre presente de modo latente en el personaje y, a veces, gracias a la memoria afectiva, cobra cierta palpitación vital. En su caminar doloroso en busca de sí mismo, Bonifacio conserva siempre la memoria de una plenitud afectiva pasada. Al principio de la novela, el narrador después de burlarse del romántico trasnochado, se desliza en el corazón de Bonifacio cuando éste recuerda la casa, destruida ya, donde había nacido. Bonifacio *vive* de nuevo en el recuerdo el ambiente familiar, ve la chimenea despedazada, «al amor de cuya lumbre su madre le había dormido con maravillosos cuentos» (p. 36). Entonces, visto sólo por dentro, es sumamente conmovedor, porque el autor está con él en honda simpatía. Si Bonifacio idealiza a Serafina, no es sólo a partir de imágenes románticas estereotipadas, sino a partir de lo que a él le falta: el cariño, simbolizado por la imagen de la madre. Es significativo que en un principio lo que le atrae no es la hermosura de Serafina, sino una impresión de carácter espiritual que le invade al oír la voz de la tiple, «voz maternal», «voz que nos arrulla».

En el vacío de su presente de adulto, lo más auténtico son los recuerdos de la infancia y, en última instancia, lo que busca Bonifacio más allá de la música de la flauta, más allá del canto de Serafina y de los arrebatos de la pasión, es una plenitud parecida a la del paraíso perdido de la niñez. Pero no se trata sólo de abandonarse a esta «tristeza dulce» (p. 64) para gozar de ella; esta aspiración a un absoluto es también aspiración inconsciente a una trascendencia. Y

23. Véase «Rafael Calvo y el Teatro Español», *Folleto literario VI*, 1890, pp. 40-42.

hay algo más: «la paz doméstica», que tanto le atrae, es también una reminiscencia de la paz familiar que conoció «al lado de sus padres honrados, pobres, humildes» (p. 170). El fondo de virtud que hay en él se ha formado en el crisol de su familia.

Esta aspiración nostálgica a un absoluto perdido se conjuga, sin que Bonifacio se dé cuenta al principio, con el profundo y esencial deseo del hijo. Se debe notar que la idea del hijo nace e inicia en él el proceso de regeneración antes de que se anuncie el hijo. Cuando llega la criatura, Bonifacio está espiritualmente preparado para su nueva misión y puede comulgar con el nuevo absoluto que la Providencia le otorga. La vida, entonces, tiene un sentido, y un sentido trascendente, ya que el amor al hijo es también comunión con lo divino:

> Sentía la gracia que Dios le enviaba en forma de vocación, clara, distinta, de vocación de padre (p. 315).

Por otra parte, el sentimiento de ser padre le hace vivir realmente, es decir en una especie de trascendencia horizontal, su niñez en el hogar de los padres. Ahora, los retazos de memoria afectiva, que navegaban en el fondo de su alma, encuentran sus raíces. El amor al hijo le lleva a comprender a su padre a quien descubre por primera vez.[24] El milagro, milagro humano y natural, es obra del Amor, es decir, de la comunión de padre a hijo y, desde luego, de hijo a padre, es comunión del hombre con la cadena de los padres e hijos.[25] Con tal descubrimiento Bonifacio encuentra por fin su verdadera identidad a la par que el sentido espiritual de la existencia.

24. Véase al respecto el hondo estudio de Cesáreo Bandera, «La sombra de Bonifacio Reyes en *Su único hijo*», en *Bulletin of Hispanic Studies*, Liverpool, XLVI, 1969, pp. 201-225. (Publicado en *Leopoldo Alas «Clarín», El escritor y la crítica*, ed. de J. M. Martínez Cachero, Madrid, Taurus, 1978, pp. 212-237.) En lo que se refiere a los problemas del deseo, de la mediación,, del *otro*, Bandera se inspira en el sugestivo ensayo de René Girard, *Mensonge romantique et vérité romanesque*, París, Grasset, 1961.

25 Idea fundamental en el pensamiento de Leopoldo Alas. En el cuento *La yernocracia* (publicado por primera vez en *El Liberal*, 15-II-1893 y luego en *El Señor y los demás son cuentos*), hace decir a un personaje:

> ...La evolución del amor humano no ha llegado todavía más que a dar el primer paso sobre el abismo moral insondable del amor *a otros*. [...] El primer paso en el amor de los demás lo ha dado parte de la humanidad, no de un salto, sino por el camino... del cordón umbilical...; las madres han llegado a amar a sus hijos, lo que se llama amar. Los padres dignos de ser madres, los padres-madres, hemos llegado también, por la misteriosa unión de la sangre, a amar de veras a los hijos. El amor familiar es el único progreso serio, grande, real, que ha hecho hasta ahora la *sociología positiva* [...] En la familia, en sus primeros grados, ya existe el amor cierto, la argamasa que puede unir las piedras para los cimientos del edificio social futuro [...].

El verdadero sentido filosófico de *Su único hijo* está en ese término trascendente de la trayectoria de Bonifacio. En toda la novela, el moralista filósofo siguió la lenta y difícil ascensión del personaje, y si tuvo que vapulearlo cuando se extraviaba, el artista supo comprender y expresar su dolorosa lucha por la conquista de sí mismo. Unas de las páginas más patéticas del libro son las que muestran a Bonis escindido entre su afán de pureza moral y el deseo carnal (p. 225-227). Por fin, vence la virtud; pero el artista Leopoldo Alas se revela otra vez aquí profundo conocedor de la naturaleza humana.

* * *

Cuando Bonifacio ha alcanzado el nivel moral de su creador no hay ninguna distancia entre el narrador y el personaje. Entonces es cuando empiezan a aparecer de modo explícito, y no sugeridas por el arte, las concepciones filosóficas y religiosas de Bonifacio. Es difícil creer que Bonis haya alcanzado en tan poco tiempo tal sabiduría, tanto más que varias de *sus* ideas parecen proceder de los eruditos libros de crítica bíblica de Renan. Un solo ejemplo, para no alargar más: «Había cosas en la Biblia que no se podían tragar [...]. Pero quedaba lo del arca con todas las especies de animales, quedaba la torre de Babel; quedaba el pecado que pasaba de padres a hijos, y quedaba Josué parando el sol..., en vez de parar la tierra» (p. 231-232). De hecho, Bonifacio expresa toda la concepción filosófica y religiosa del «Clarín» de los años 1890, del «Clarín» antidogmático y hondamente religioso, del «Clarín» de «dudosa ortodoxia» pero que se quita el sombrero cuando la campana toca la oración de la tarde (p. 310).

Desde el punto de vista puramente artístico nos parece acertado el juicio de Palacio Valdés, que le reprochaba a su amigo Leopoldo haber atribuido «al pobre Reyes tales sentimientos, tan elevadas ideas como solo un hombre superior puede tener».[26] Es indudable que el filósofo se deja ver, tal vez demasiado, detrás del artista pero, con tal que éste hable desde el corazón de su personaje, encuentra los acentos de la verdadera religiosidad, la del alma, la que, lejos de las fórmulas, sabe *sentir* en todo el profundo misterio; incluso en *La Traviata* donde «bien o mal, había amor y dolor, amor y muerte; es decir, toda la religión y toda la vida» (p. 319).

Para concluir

Ya se comprende mejor por qué Bonifacio es un ser aparte en la novela. No es un héroe de los grandes, por fuera sigue siendo un

26. Adolfo Alas, *EEpistolario a Clarín, Menéndez y Pelayo, Unamuno, Palacio Valdés*, Madrid, Escorial, 1941, p. 146.

necio para todos, no es un santo, ni siquiera un loco místico como Jacopone de Todi, es mucho más: es un hombre débil que, a pesar de sus flaquezas y tal vez por ellas, llega a lo que, para Alas, es la verdadera *santidad humana,* a la unión armoniosa entre el pensar y el hacer.

Fuera, domina la maldad, porque los hombres han perdido el sentido trascendente de la existencia y viven como *ateos perfectos.* En ese mundo que no siente el hondo misterio y que está a punto de disolverse en el mal, un mal meramente humano, brilla la lucecita de la conciencia divina de Bonifacio. No es un milagro, es una conquista humana. Es difícil no atribuirle al libro un valor simbólico: en el mundo siempre permanece esa luz, pese a todo, y siempre resiste los embates de las sombras circundantes. Por eso, hay esperanza, «a pesar de las victorias repetidas de la necedad y del mal»; [27] es una convicción que «Clarín» comparte con Renan.

Todo el pensamiento de Alas está en *Su único hijo,* libro que viene a ser la *imago mundi* del moralista filósofo a la altura de la última década del siglo.

También se encuentran en el libro todos los niveles estéticos, desde la sátira más despiadada hasta la expresión más sublime de las palpitaciones del alma, porque el arte de Alas en *Su único hijo* se debe a la conjunción permanente o, más bien, a la oscilación permanente entre una *ética espiritual* y una *estética del alma* que el novelista parece descubrir veinte años antes que Proust.

Pero es evidente que ya no se puede apreciar la segunda novela de nuestro autor según el criterio estético de Flaubert, para quien «toute oeuvre est condamnable où l'auteur se laisse deviner», porque *Su único hijo* es una obra apasionada, casi el primer capítulo del testamento espiritual de Leopoldo Alas.

27. *La Ilustración Ibérica,* 6-II-1886; *Nueva campaña,* p. 382.

ESPACIO Y OBJETOS EN *LA REGENTA*

SERGIO BESER
Universidad Autónoma de Barcelona

Todos sabemos muy bien que *La Regenta* surge y se escribe a partir de un modelo narrativo, con unas normas tácitas, que se identifica con la novela realista decimonónica. Uno de los principios definidores de ese modelo reside en la exigencia de situar a los personajes en un marco físico, estableciéndose entre el individuo y el medio una relación de necesidad. Tras los primeros planteamientos del espacio en la picaresca y Cervantes, que ya establecieron una inicial correspondencia entre los personajes y el medio, y la ampliación de su papel narrativo en la novela inglesa del XVIII, llegamos en el XIX, con Jane Austen y Balzac, a una recreación de la realidad física que se aproxima a lo exhaustivo, para ser concebida, poco después, como determinación parcial pero fundamental de la personalidad y peripecia de los personajes. Zola teorizará e intentará justificar científicamente este punto de llegada: «Estimamos —escribe en su artículo *De la descripción*— que el hombre no puede ser separado de su medio, que su vestido, su casa, su pueblo, su provincia le completan; según esto, no podremos notar un solo fenómeno de su cerebro o de su corazón sin buscar las causas o el contragolpe en el medio».[1]

El uso y función del espacio será una característica fundamental de esa novela realista, hasta tal punto que la obra de estos autores llegará a ser vista, en muchos casos, como construcción literaria de espacios históricos y definida por esos espacios. Y hablaremos de Balzac como el novelista de la Francia postnapoleónica y de Galdós como el narrador del Madrid de la Restauración borbónica; pero también hablaremos de la Inglaterra de Dickens, de la Francia del

1. Cito por la traducción castellana, *El naturalismo,* Ediciones Península, Barcelona, 1972; con introducción de Laureano Bonet.

Segundo Imperio de Zola o de la España provinciana de «Clarín». La recreación de esos mundos físicos —ciudades, calles, edificios, lugares de reunión, habitaciones, muebles, vestidos, objetos que poseen, usan, venden o desean los personajes—, será motivo de elogio de sus autores, por parte de la crítica y de los lectores, pero también, en algunos casos, de reproche. Balzac podría servirnos ejemplarmente como muestra de esa contradictoria valoración: por un lado, se le acusa de recargar el relato de descripciones agotadoras y gratuitas, pero, por otro, se destaca la pintura magistral de un mundo y sus gentes, a partir de esas mismas descripciones. Recordemos los dos capítulos iniciales de *Le cousin Pons,* dedicados a la descripción del protagonista, centrada en su vestimenta; la larguísima presentación de la pensión de Mme. Vauquer en *La père Goriot* o de la casa de Grandet, al inicio de *Eugénie Grandet.* Todos esos fragmentos corresponderían a las largas enumeraciones de tasador, con que Balzac «obstruía el principio de sus novelas», según Zola, amenazado también por la atracción hacia la descripción exhaustiva.

Asumida, ya en los inicios de la gran novela realista, la correspondencia entre el personaje y el medio, y la consiguiente necesidad de conceder una importante atención al mundo físico que rodea a los personajes, Stendhal, no muy satisfecho con esos principios, o al menos con la intención exhaustiva de las descripciones, se permitía ironizar sobre ellos. Así en *Souvenirs d'egotisme,* escribe: «He olvidado describir la sala. Sir Walter Scott y sus imitadores habrían empezado inteligentemente por hacerlo, pero yo detesto la descripción material. El tedio de componer pasajes descriptivos es lo que me impide escribir novelas». Esa insatisfacción se refleja en su narrativa que presenta un tratamiento del mundo físico claramente diferenciado del de Balzac. La descripción de la batalla de Waterloo, en *La cartuja de Parma,* o la de la pequeña ciudad de Verrières, al inicio de *Rojo y negro,* podrían ser ejemplo de ello. En este segundo caso, nos encontramos con un principio de novela —descripción del lugar donde se desarrolla la acción de la obra o parte de ella— que se convertirá en motivo introductorio de muchas novelas del XIX. Pero, en Stendhal, la descripción de Verrières, casi una variante del «locus amenus», por el que tan atraído se mostrará en el paisaje de *La cartuja,* dejará inmediatamente paso a un personaje, Mr. Renal.

Hemos citado el breve artículo *De la description* de Zola, publicado en junio de 1880 en «Le Voltaire» y recogido ese mismo año en *Le roman experimental.* Su autor muestra en él una lúcida conciencia de lo que la descripción significaba para la narrativa del XIX, lo que hace de este artículo obligada referencia a todo aquel que analiza el uso de la descripción en el relato, como, en general, lo son los escritos de Zola, críticos o creativos, para quien estudia la novela del último tercio del siglo XIX. La lectura del citado artículo nos ofrece la sorpresa de descubrir a un autor, acusado a menudo de abusar de la descripción, reconocer ese defecto y recriminarse de ello desde un nosotros, tras el cual debía situar al grupo de Médan: «La mayoría de nosotros hemos sido menos juiciosos, menos equilibrados. A menudo hemos sido arrastrados por la pasión de la naturaleza y a causa de nuestra exuberancia, de nuestra embriaguez de aire libre, hemos dado malos ejemplos (...). Si alguna excusa hay para tales desvíos, es que hemos soñado en ampliar la humanidad y que la hemos puesto hasta en las piedras de los caminos». La exigencia de la descripción surge de no admitir «que el hombre exista solo y que tenga importancia por sí solo; por el contrario, estamos convencidos de que es un simple resultado y de que para tener el drama humano real y completo, hay que tener en cuenta todo lo existente». En otro momento del artículo señala que «la utilización científica de la descripción, su papel exacto en la novela moderna, sólo empieza a regularse gracias a Balzac, Flaubert, los Goncourt y otros». Y es Flaubert «el novelista que hasta hoy ha utilizado la descripción con más ponderación. En él, el medio interviene con juicioso equilibrio: no ahoga el personaje y casi siempre se contenta con determinarlo. En esto reside la gran fuerza de *Madame Bovary* y de *L'éducation sentimentale.* Se puede decir que Gustave Flaubert ha reducido a la estricta necesidad las largas enumeraciones de tasador, con las que Balzac obstruía el principio de sus novelas. Flaubert es sobrio, rara cualidad; da el trazo notable, la línea importante, la particularidad que destaca, y ello le basta para que el cuadro sea inolvidable».

El francés Philippe Hamon, en el artículo *Qu'est ce qu'une description?*[2] analiza la descripción a partir de la obra de Zola, escritor, que la crítica tradicional ha presentado como prototipo del autor descriptivo-realista, según lo denomina Hamon. Para él, Zola, fiel a los postulados de la «objetividad» y la «impersonalidad», desplaza al autor-narrador del enunciado descriptivo, siendo los personajes quienes la toman a su cargo, puesto que la descripción —escribe el crítico— debe ser sentida por el lector como tributaria del *ojo* del personaje que se encarga de ella («d'un pouvoir voir») y no del «savoir» del novelista, incluso pueden llegar a la contradicción. En alguno de sus esbozos o notas preparatorias de sus obras, Zola dirá explícitamente: tal personaje servirá para «dar» tal descripción de objetos, panorama o decorado.

Zola decía, en su artículo, que «la pintura necesaria del medio» determina, completa, explica el personaje; Hamon nos muestra, en su estudio, como en Zola, al describir desde la situación física del personaje, pero a veces también psíquica, la descripción se trans-

2. Publicado en *Poétique,* núm. 12, 1972, pp. 465-485.

forma en revelación del personaje. *La Regenta* será precisamente una obra en que constantemente la descripción es revelación de mundos y personajes.

El recuerdo de *La Regenta* que quedará en un lector medio, es el de una novela que narra la historia de unas relaciones cambiantes, desarrolladas entre un grupo de cuatro personajes, o mejor, entre la protagonista y sus tres satélites, marido, confesor y seductor. Y así persiste en el recuerdo, historia de relaciones y personajes situados y presionados por un ambiente, la ciudad provinciana de nombre Vetusta. Ciudad que es resultado literario de la presentación de unos espacios físicos y una larga serie de personajes y personajillos que se mueven por ella. Vetusta es la Encimada, más la Colonia, más el teatro, más la catedral, más el palacio de los Vegallana, etc.; pero es todo eso más las gentes del casino, más los canónigos, más los obreros del paseo del Boulevard, más Bermúdez, más el médico Somoza, más doña Petronila, etc. Vetusta, medio social que como sostenía el naturalismo, defendido por Alas, modifica los fenómenos, es confluencia de personajes y espacios, situados en un tiempo determinado. Se establece así una reciprocidad: Vetusta, como medio, es la resultante de las gentes que la habitan, modificadas, a su vez, por el medio en que viven, Vetusta. La exigencia, asumida por el autor, de situar al personaje en «su» ambiente, provoca que los espacios seleccionados, en que se fragmenta y particulariza la ciudad, alcancen una especial importancia. Esta importancia, unida al acierto de su realización literaria, ha hecho que ya desde el momento de su publicación algunos comentaristas y críticos de la obra se preguntaran si el verdadero protagonista de la obra no era Vetusta. Y no hay duda: lo que el autor quiere narrar y narra es, en primer lugar, la peripecia vital de un personaje, eso sí, en un tiempo y un lugar determinados; peripecia desarrollada a partir de un pasado, un temperamento y en relación transformadora con un grupo de personajes. Pero, en la memoria de la lectura de la obra, los escenarios permanecen grabados con una fuerza especial, y los personajes son recordados situados en un escenario físico determinado: Magistral en el campanario, en su despacho, tras el balcón de su casa; Alvaro en una comida del casino, en el palco del teatro, a caballo llegando a la Encimada, etc.

Si la descripción es el medio a través del cual los espacios físicos se introducen en el relato, cabría esperar que tuviese un gran peso en esta novela. Y es posible que desde esa lectura recordada llegásemos a defender una predominante presencia de lo descriptivo. Sin embargo, el estudio de la obra nos mostrará, respecto a otras novelas realistas del XIX, una notable disminución de elementos descriptivos, paralela al incremento de la interiorización del relato en determinados personajes, y la total ausencia de descripciones gratuitas, de aquellas «insolaciones enajenantes» en que Zola confesaba haber caído. «Clarín», que había aprendido muy bien las lecciones de Zola —el estudio comparativo entre *La conquête de Plassans* y *La Regentta* nos mostraría cuanto debe la técnica descriptiva de Alas al escritor francés— parece seguir el camino de Stendhal y, sobre todo, de Flaubert, alejándose de Balzac y Zola. Y las palabras, leídas antes, que este autor dedicaba a Flaubert, podríamos aplicarlas a nuestro escritor. La relectura de los capítulos de *La Regenta,* de los cuales tenemos el recuerdo de un predominio de lo descriptivo, nos descubriría la ponderación, el juicioso equilibrio, la sobriedad, la línea o la particularidad que basta para hacer un cuadro inolvidable, pero también la descripción que se convierte en explicación o revelación de un personaje,[3] al estar introducida desde la visión de ese personaje, o transciende su significado y se proyecta hacia lo simbólico, a partir de la identificación con el mundo interno del personaje.

Este tipo de transformaciones las veremos al tratar de los objetos. De la descripción como revelación del personaje, encontramos, ya en el primer capítulo, un ejemplo modélico: Vetusta vista por Fermín, descrita desde Fermín, siguiendo el movimiento del catalejo; se nos presenta a la ciudad, pero, a la vez, se nos revela a Fermín. En este fragmento aparece la contradicción entre el *saber* del narrador-autor y el *ver* del personaje, de que nos hablaba Philippe Hamon: «La Revolución había derribado, había robado; pero la Restauración, que no podía restituir, alentaba el espíritu que reedificaba y ya las Hermanitas de los Pobres tenían coronado el edificio de propiedad...».[4] El ver y el valorar del personaje ha desplazado al narrador. El autor pensaba de manera distinta; el lector también, porque su ver y valorar —estamos ante un procedimiento de base irónica— ha de coincidir con el ver y valorar del autor.[5] La contradicción entre lo que el personaje «veía» y el narrador y el lector «sabían» forma parte del mensaje.

El primer capítulo podría servirnos de ideal campo de análisis para ver cómo se integran narración y descripción y examinar las funciones y formas expresivas de esta última; sin olvidar que se trata de un motivo descriptivo, la ciudad —medio ambiente de los personajes, marco referencial, determinativo y explicativo—, que, en aquellos momentos, ya formaba parte de una tradición literaria que la novela europea del XIX había ido creando desde ella misma.

3. Generalmente de un rasgo capital del personaje, ya sea característica temperamental o estado anímico.

4. Leopoldo Alas, *La Regenta,* Clásicos Castalia, Madrid, 1981, vol. I, cap. I, p. 172 Citamos siempre por esta edición, dando, entre paréntesis, el capítulo y páginas correspondientes. Habrá que tener en cuenta, que cada uno de los dos volúmenes de la edición recoge quince capítulos.

5. Una prueba más de que los escritores realistas buscan un lector acorde con su ideología.

El contraste con otras novelas nos permitiría establecer rasgos de la personalidad literaria de Leopoldo Alas dentro de esa tradición. Citábamos antes la presentación de Verrières al inicio de *Rojo y negro,* pero habría que recordar también las descripciones de París que cierran las cinco partes de *Une page d'amour.* Recordar la defensa que Zola hace de esas descripciones, frente a quienes las veían como un capricho de artista, una repetición fatigosa o una dificultad vencida para demostrar la destreza de la mano; «Desde mis veinte años —replicaba a sus críticos en el citado artículo *De la descripción*— he soñado con escribir una novela en la que París, con el océano de sus techos, fuera un personaje, algo como el coro antiguo. Para ello necesitaba un drama íntimo, tres o cuatro criaturas en una habitación pequeña, después la inmensa ciudad en el horizonte, siempre presente». También *La Regenta* nos relatará el drama íntimo de tres o cuatro personajes, con la ciudad, aquí pequeña ciudad provinciana, convertida en otro personaje, en algo como el coro antiguo. Pero, en «Clarín», la ciudad no se presentará en ningún momento como iteración fatigosa, sino como resultado y suma de una fragmentación diseminada a lo largo de la obra. A partir de la situación inicial —contemplación desde arriba por Fermín de Pas— bajaremos a ella y entraremos, en compañía de los personajes, en sus casas, en sus centros de reunión; recorremos, con ellos, sus calles, sus plazas, conoceremos, con ellos, rincones y balcones, muchos balcones, y con ellos contemplaremos y, a veces, viajaremos a los montes y campos que la rodean. Y habría también que releer el libro III de *Nuestra Señora de París,* formado por dos capítulos: el primero —«Nuestra Señora»— descripción de la catedral, y el segundo —«París a vista de pájaro»—, de la ciudad. Me inclino a creer que sobre el primer capítulo de *La Regenta* actúa, como recuerdo provocador, la lectura de esas páginas de Víctor Hugo, vistas por «Clarín» no como modelo a seguir, sino como punto de partida que hay que superar y enriquecer, como situación descriptiva de la que hay que apartarse. La comparación de estos capítulos testimoniaría el extraordinario salto cualitativo que en unos cincuenta años, ha vivido la técnica narrativa. Los cuadros descriptivos de Hugo, independizados de la acción, gratuitos en cierta forma, son, en «Clarín», parte integrante de una estructura literaria unitaria, con sus significados surgiendo desde la participación en esa estructura. Recordemos, por ejemplo, la erudición histórico-descriptiva, el «enciclopedismo» informativo, didáctico o interpretativo, que, en *Nuestra Señora de París,* nos llega directamente desde la voz del narrador; su equivalente, en la novela de Alas, lo encontraremos en los comentarios de un personaje, Saturnino Bermúdez, ridiculizado en el rijoso regodeo que le provoca la exhibición de su erudición y la proximidad electrizante de Obdulia. La situación, con los alardes eruditos incluidos, se transforma así en parte de una estructura; su función se proyecta hacia la construcción de un «mundo social moral», degradado a través de la ridiculización de un saber muerto y de la frustración y mediocricidad de una vida sexual «insana». La nostalgia de «lo natural», «la utópica aspiración a vivir de acuerdo con la naturaleza», posible tema central de la obra, se hace aquí presente, como ocurre a lo largo de ella, a partir, paradójicamente, de su ausencia.

Desde el inicio de la novela han aparecido dos rasgos pertinentes de la descripción clariniana: la funcionalidad como fin y la selección como medio. Ya en las primeras líneas del libro, Alas selecciona y establece una cadena paradigmática, al describir la «heroica ciudad»: *siesta*; viento-calles desiertas [ruido; remolinos de polvo, trapos, residuos, basura]; *digestión del cocido*: zumbido de la campana. Cadena paradigmática que actúa como fragmentación metonímica de la ciudad. Como resultado tenemos antes una valoración de esa ciudad que una presentación fotográfica. El mismo nombre —Vetusta— y oposición adjetivizadora —«la muy noble ciudad»— insiste en esa misma valoración negativa. Y esos términos y secuencias descriptivos «funcionan» como revelación de unos rasgos, actuantes sobre el relato como totalidad unitaria. Y cuando los elementos descriptivos parecen apartarse de la negatividad valorativa —la torre de la catedral, «poema romántico de piedra, delicado himno, de dulces líneas de belleza muda y perenne...»— inmediatamente, en un procedimiento usual en la lengua literaria de «Clarín», aparecerá la referencia destructora de la elevación cualitativa: la torre, «índice de piedra que señalaba al cielo», es convertida, por sus dueños, el cabildo, en enorme botella de champaña.[6]

El análisis de las descripciones, ya en este primer capítulo, indica la proximidad y a menudo coincidencia de la técnica descriptiva de Alas con los procedimientos utilizados por el cine, rasgo que ha sido presentado por algunos críticos como característico de determinada narrativa moderna. Así Bourneuf y Ouellet, en su conocido manual sobre la novela, afirman que se trata de un «nuevo y reciente parentesco» que afecta «a la representación del espacio y a los modos de narración». El análisis de la técnica narrativa de la novela del XIX, nos obliga a preguntarnos si el cine no se ha limitado a utilizar y, en todo caso, desarrollar determinados procedimientos de aquella narrativa». En este primer capítulo de *La Re-*

6. Las numerosas referencias a la torre de la catedral, esparcidas por la obra, la proyectan hacia una simbolización disémica: por un lado, la elevación, la aspiración a un ideal; por otro —«fantasma gigante que velaba por la ciudad»—, el poder que domina Vetusta, la iglesia católica. Su reloj midiendo el paso del tiempo, imponiendo su hora a los otros relojes de la ciudad —ayuntamiento, universidad—, sería una concretización, en el relato, de ese dominio (XIV, 532).

genta y en el resto de la obra, encontraremos planos panorámicos, movimientos de cámara, en «travelling» o «zoom», cambios o fragmentaciones de planos, papel de la iluminación y la banda sonora, primeros planos o americanos, etc.

Recordemos una de esas secuencias «cinematográficas»: el Magistral visto desde la torre por Celedonio y Bismarck, reconocido por el primero gracias al movimiento del manteo —el ruido de alguien que sube por la escalera del campanario— ruido que se concreta en roce de manteo —el manteo que aparece por el escotillón (I, 96 y 99); líneas después se describirá el Magistral, situando la cámara en el lugar de Bismarck y cortando la figura del sacerdote: «no veía del canónigo más que los bajos y los admiraba. ¡Aquello era señorío! ¡Ni una mancha! Los pies parecían los de una dama; calzaba media morada, como si fueran de Obispo; y el zapato era de esmerada labor y piel muy fina y lucía hebilla de plata, sencilla pero elegante, que decía muy bien sobre el color de la media» (I, 101-102).

Ese mismo carácter de secuencia cinematográfica tendrán, páginas más adelante, la entrada de Fermín en la sacristía y la descripción de ésta, con una ordenación y una alternancia entre lo inanimado y los seres humanos, usual en la narrativa decimonónica. Se presenta un espacio total, con referencias geométricas y dimensiones —«Era una capilla en forma de cruz latina, grande, fría, con cuatro bóvedas altas»—; la adjetivización bimembre, tan grata a «Clarín», rompe la radical objetividad de la frase e introduce elementos sensoriales. Salto, a continuación, a los objetos que, contra las paredes, circundan el espacio, con una ordenación de abajo a arriba: «A lo largo de todas las paredes estaba la cajonería, de castaño, donde se guardaban ropas y objetos de culto. Encima de los cajones pendían cuadros de pintores adocenados, antiguos los más, y algunas copias no malas de artistas buenos. Entre cuadro y cuadro ostentaban su dorado viejo algunas cornucopias cuya luna reflejaba apenas los objetos, por culpa del polvo y las moscas». Pasó a un objeto central —«En medio de la sacristía ocupaba un largo espacio una mesa de mármol negro, del país»— y de ahí a las gentes —dos monaguillos y Palomo, «el perrero»— que se mueven en ese espacio. Se sigue el movimiento de Fermín y su aproximación a otro grupo de personajes, sobre los que se enfoca la cámara, dirigida, a partir de ellos, hacia el cuadro que contemplan, destacándose el papel de la luz, como es usual en las escenas situadas dentro de la catedral (I, 120-121). En unas doce líneas ha sido descrita la sacristía a partir, fundamentalmente, de la referencia y caracterización de una serie de objetos, estableciéndose por encima de la sucesión sintagmática una cadena paradigmática que nos habla del deterioro de un mundo: «cuadros de pintores *adocenados*» —«cornucopias cuya luna *reflejaba apenas* los objetos, *por culpa del pol-*

vo y las moscas». La sotana *sucia y escotada* de Palomo, las inmundicias de cierto gato profanador,[7] intensifican esa sensación. El autor ha seleccionado una serie de elementos para definir el espacio y crear, a la vez, una «atmósfera». En la escena del campanario la operación selectiva de elementos descriptivos se ha dirigido hacia la eliminación. No hay allí presentación del espacio interior, con lo cual se refuerza su carácter de «atalaya», de lugar limitado exclusivamente a ser sitio desde donde se contempla. Tres «objetos» han sido citados —la campana, el escotillón y el ventanal— pero sólo como punto de referencia del movimiento de los personajes.[8]

Si esos dos espacios —campanario y sacristía— han recibido un tratamiento descriptivo distinto, por parte del narrador, a lo largo de la obra iremos encontrando la presentación diferenciadora de los espacios, con funciones distintas respecto a los personajes y las tramas. A partir de esa disparidad, en tratamiento y función, podemos establecer determinadas agrupaciones. Un primer grupo estaría formado por los espacios circundantes a los protagonistas, reducidos, básicamente, a la casa del Magistral, con su despacho en el obispado, y el palacio de los Ozores; las dependencias de este último desempeñan funciones distintas en relación con los personajes o la trama —dormitorio de Ana, gabinete de Quintanar, la huerta—. Álvaro Mesía carece de espacio propio; uno más de los aspectos que diferencian y empequeñecen la figura literaria del seductor respecto de Ana y Fermín, e incluso Quintanar. Los personajes protagonistas nos ponen en relación con un segundo grupo de especial importancia en la caracterización de su personalidad: los espacios del pasado. De nuevo, Álvaro queda desplazado de este tratamiento.

Un tercer grupo lo compondrían los espacios que corresponden a los centros sociales de reunión y confluencia —casino, teatro, catedral, incluso la casa de los Vegallana— o son introducidos a través de los desplazamientos e itinerarios, recorridos por determinados personajes: boulevard, fuente de Mari Pepa, cementerio, pa-

7. Profanador impertérrito o visceral anticlerical, el gato será acusado por Fermín, en el capítulo XVIII, de haberse ensuciado en la ropa de los cajones de la sacristía.

8. En estos dos ejemplos apuntan dos procedimientos descriptivos que Clarín utilizará indistintamente: acumulación de objetos, en sintagma no progresivo, y selección representativa o tipificadora. Como ejemplos podemos comparar, dentro de un mismo capítulo, la descripción de la mesa del comedor del Casino, en el banquete en honor de don Pompeyo —«el mantel adamascado, más terso que fino; los platos pesados, gruesos, de blanco mate con filete de oro; las servilletas en forma de tienda de campaña dentro de las copas grandes, la fila escalonada de las destinadas a los vinos...» (XX, 169)— con la «camilla», «una mesa cubierta con gran tapete debajo del cual hay un brasero», único objeto citado de la casa del obrero de la Fábrica vieja, cuya hija intenta seducir Álvaro (XX, 175).

seo del Espolón, distintas calles y plazas, las casas que visita Fermín, etc. Todos ellos confluyen en la creación del mapa físico y social de la ciudad. En algunos asoma la «otra» Vetusta, la que se mueve y agita fuera de la Encimada y que correspondería a «otra» novela; así las gentes del paseo del Boulevard (VII) —«fuerza de los talleres que salía al aire libre» satisfecha «de haber hecho algo útil, de haber trabajado». En esos ejemplos apunta la referencia a unos espacios, no tratados en la obra, que limitan al lugar de la acción de la novela, a igual que determinadas referencias a la naturaleza, al campo —el monte Corfín, por ejemplo—, establecen otros límites físicos.

El mapa físico, social e histórico, de Vetusta, presentado, en el primer capítulo, a través de los ojos y la mente del Magistral, había situado la parte de la ciudad donde se desarrollará la historia de la novela: la Encimada, el barrio noble y mísero de la ciudad, extendido alrededor de la catedral y a su sombra. Ese es el mundo físico de la obra; los restos de la antigua nobleza, el clero y quienes más íntimamente se relacionan con ellos, el mundo humano. De la conjunción de lo físico y humano y su situación en un tiempo determinado, surgirá la vida de esos grupos sociales que determina lo que Vetusta es en la novela. El autor selecciona unos determinados espacios para construir, a partir de ellos, el significado de la ciudad. Son los espacios de relación social, concretados fundamentalmente en la catedral, el casino y el palacio de los Vegallana, con el Vivero como prolongación de este último, así como el teatro o el palacio del obispado, pueden ser considerados como prolongación del casino o la catedral, respectivamente. Entre determinados espacios, y a partir de su relación con los personajes, puede establecerse una correspondencia contrastante: la casa de los Vegallana, terreno de encuentro entre Ana y Álvaro y de claudicación final de ésta frente al seductor, por ejemplo, se opone a la casa de doña Petronila, lugar de encuentro con Fermín y en el cual se produce su rechazo por Ana.

El espacio en *La Regenta*, como en toda la novela realista, es una extensión «ocupada», en la que se ha producido una integración entre el espacio como continente y el contenido, del que forman parte series de objetos; algunos de los cuales alcanzan una particular importancia textual, en función de la relación que establecen con los personajes. Esta es precisamente una de las innovaciones aportadas por la novela realista; lo cual no quiere decir que tal recurso no hubiese sido utilizado anteriormente, sino que lo que era excepcional se convierte, con ella, en habitual. En ese contacto de los objetos con el ser humano se produce el milagro de que las cosas adquieran el don divino del verbo. Balzac, consciente de ese papel de los objetos, afirmaba, en uno de los lúcidos comentarios del «Avant-propos» a *La Commédie humaine* (1842), que la tarea del novelista tenía una triple forma, «los hombres, las mujeres y las cosas; es decir, las personas y la representación material de su pensamiento». Su obra narrativa ya había llevado a la práctica esta teoría, mostrando el ser humano revelado por los objetos —vestidos, muebles, utensilios, etc.—. Flaubert sería otro maestro en la capacidad para hacer hablar a las cosas. Zola llegaría a afirmar, en *Les romanclers naturalistes*: «el fin que hay que lograr ya no es contar, colocar ideas o hechos en sucesión, sino restituir a cada objeto que se presenta al lector su dibujo, su color, el conjunto completo de su existencia». Leopoldo Alas continuará y profundizará ese tratamiento literario de las cosas, y no sólo en *La Regenta* sino también en los cuentos y en *Su único hijo*.[9] Parte de esos objetos pertenecen al marco espacial, interviniendo en su constitución física y en su caracterización; pero nos importan mucho más, por su valor literario, aquellos que, a través de la estrecha relación que los une a los caracteres, connotan significados propios sobre el personaje, expresándolo o revelándolo. Esa comunicación significativa se produce a partir de la concordancia entre personaje y objeto y, en ciertos casos, de la repulsa o del rechazo. En algunos casos, se llega a la identificación, transformándose entonces el objeto en símbolo emblemático del personaje. En «Clarín», encontraremos también ejemplos de objetos que descubren lo que él mismo llamó los «pozos negros» del personaje, equivalente a lo que poco después sería denominado el mundo del inconsciente; así la exótica piel de tigre del dormitorio de Ana, regalo de un antiguo enamorado inglés. Ese sorprendente e inesperado, al menos en tal lugar, trofeo de caza y prenda de amor, en el cual Ana hunde voluptuosamente sus pies desnudos, nos habla de una reprimida potencialidad erótica, revelando e iluminando, por lo tanto, «otra» Ana Ozores.

Restringida la materia literaria del narrador realista a la cotidianidad de la sociedad burguesa, el mundo de los objetos, pertenecientes a la vida privada de esas gentes, pasa a ser el sustituto de lo que había sido la naturaleza en otras corrientes literarias, e incluso llega a actuar, en algunos casos, como correlato objetivo, según la terminología de Eliot, de la emotividad de algunos personajes.

Del conjunto de los objetos inanimados, que iremos encontrando a lo largo de *La Regenta*, podemos separar un grupo homogéneo, formado por la indumentaria. Todo narrador realista, como el costumbrista o el escritor satírico, le concede una particular atención, en razón de la intimidad que mantiene con el hombre, de ser su segunda piel. A través del vestido, resulta fácil al narrador expresar,

9. Recordemos la flauta y las zapatillas, objetos emblemáticos del ideal de vida de Bonifacio Reyes.

entre otras cosas, la clase social, el estado económico, el gusto, rasgos de carácter, situación anímica o edad. Recordemos que Zola había señalado que el vestido, con la casa y el pueblo o la provincia, completaban al hombre. «Clarín», ya antes de *La Regenta*, había utilizado las posibilidades expresivas y caracterizadoras del vestido. En su cuento, *Avecilla*, firmado en Zaragoza en 1882, crea sobre el plano de la acción otro plano de referentes que potencia la fuerza expresiva y la emotividad del primero. Está formado, fundamentalmente, por una serie de prendas de la indumentaria del protagonista: manga de percal, correspondiente a su trabajo como funcionario; gabán ruso de color de pasa, que hacía más de seis años que debía haber sido licenciado, expresando la miseria económica y también la forzada necesidad de aparentar; la corbata francesa, estrenada la noche de la acción del relato, como la hija iba a «estrenar» la asistencia a un teatro, y de la cual no podrá librarse aquella noche como, años más tarde, no podrá librarse de sentirse culpable de la caída de la hija por aquella fracasada salida nocturna. En el relato hay otras referencias a las ropas de la hija y la esposa que insisten en la penuria de su vida. En algún cuento posterior llegamos a encontrar una prenda de vestir transformada en eje temático de la obra.

En *La Regenta* las referencias a prendas de vestir son constantes a lo largo de toda la obra. Un cálculo superficial permite asegurar que, por lo menos, hay más de doscientas y entre ellas, como cabía esperar, una alta proporción de sotanas y manteos. Casi todas tienden a la caracterización de los personajes, incluso cuando se limitan a tres o cuatro palabras, realzando, por lo general, un aspecto de su individualidad o de su pertenencia a determinado grupo social. Ya en la primera mención encontramos ese uso «intencionado»: al presentar a los dos muchachos, Bismarck y Celedonio, en el campanario, sólo se habla de la indumentaria de este último —«ceñida al cuerpo la sotana negra, sucia y raída, estaba asomado a una ventana» (I, 95)—; frente a Bismarck se destaca, por tanto, el carácter de «hombre de iglesia» de Celedonio. Pocas páginas después se volverá a hablar de su «sotana manchada de cera».[10] Como en el caso del *Palomo* —vestido «con una sotana sucia y escotada» (I, 121)—, se ha indicado, mediante esas sotanas, manchadas y raídas, la pertenencia a los niveles más bajos del mundo eclesiástico. En contraste con esta indumentaria, se destaca, ya, en este primer capítulo, la pulcritud y cuidado en el vestir de quienes dominan y dirigen la Iglesia o luchan por entrar en el núcleo del poder eclesiástico: Fermín o Custodio, el beneficiado, «vestido con traje talar muy pulcro y elegante» (I, 119). Se establece así, a partir de la ropa,

10. De nuevo, al final de la novela, se mencionará «la sotana corta y sucia» de Celedonio (XXX, 536).

una correlación de afinidad y contraste entre estos cuatro personajes, procedimiento constructivo, usual a lo largo de toda la novela.

Si entre las gentes del clero encontramos dos personajes, el obispo, Fortunato, y el arcipreste, Cayetano Ripamilán, cuya manera de ser los aparta y diferencia del grupo eclesiástico, el vestido intensificará esa individualización. Ripamilán, con «sombrero de teja de los antiguos, largo y estrecho, de alas muy recogidas a lo don Basilio», maestro de canto de Rosina en la ópera, *El barbero de Sevilla*, y el manteo terciado «a lo estudiante» (II, 138); por un lado, el anciano que parece, por gustos y mentalidad, anclado en otro tiempo, por otro, el espíritu juvenil y alegre. Fortunato, el obispo que no sabe ser obispo, entregado a la caridad, con la ropa zurcida y los zapatos remendados (XII, 442). En este mismo capítulo XII, encontramos a otros dos personajes pertenecientes al mundo eclesiástico, «un clérigo que parecía seglar y un seglar que parecía clérigo». El primero es un cura de aldea, cuyo alzacuello «era blanco y estaba manchado con vino tinto y sudor grasiento»; el otro, el notario eclesiástico, con un cuello de camisa que «parecía también un alzacuello; usaba corbatín negro abrochado en el cogote» (XII, 460). Este notario eclesiástico, don Carlos Pérez, pertenece al grupo de seglares, vinculados al mundo eclesiástico por profesión o afición; el vestido refleja esa particular situación y del notario puede decirse, como de Saturnino Bermúdez, que no «era clérigo, sino anfibio». El traje muestra en los dos —«pulcro y negro de los pies a la cabeza» el de Saturnino— lo que Frígilis llamaba «la adaptación a la sotana, la influencia del medio» (I, 121-122).

Particular importancia poseen las referencias al vestir de los personajes principales, Fermín, Ana, Álvaro y Víctor. Algunas de las menciones de la indumentaria de este último tienden a ridiculizar al personaje; a la misma Ana le parecerá un despropósito que Quintanar, en su noche de bodas, no esté en la cama con su «levita larga de tricot y su pantalón negro de castor» (X, 376). Pero serán las prendas nocturnas aquellas sobre las que fundamentalmente se asiente su ridiculización; recordemos el gorro verde con borla de oro. En otros personajes, la reiterante insistencia en una prenda o aspecto del vestir transforma lo que era un elemento caracterizador de su manera de ser en procedimiento de ridiculización o erosión del personaje. Tal será el caso de los repetidamente mencionados «bajos» de Obdulia. Las iniciales descripciones de su indumentaria (I, 131, 134 y 135) destacan su provocante sensualidad; en la última de ellas, realizada, como la primera, desde el ver y sentir de Saturnino, aparecen citados por primera vez «aquellos bajos de nieve y espuma».

La elegancia y el lujo serán las características comunes al vestir de Fermín de Pas y Álvaro de Mesía. Este último, que «se vestía en París y solía ir él mismo a tomarse las medidas» (VII, 278), destora.

taca, entre toda la gente que le rodea, por su indumentaria, incluso en el trágico momento del duelo: «Mesía —escribe el narrador— estaba hermoso con su palidez mate, y su traje negro, cerrado, elegante y pulquérrimo» (XXX, 517). El vestido en Álvaro, como el colorido en el pavo real, es una de las galas para atraer a la indefensa hembra: «El frac, la corbata, el chaleco, el pantalón, el clac de Mesía, no se parecían a las prendas análogas de los demás. Ana vio esto sin querer, sin pensar apenas en ello, pero fue lo primero que vio. Se le figuraban ya todos los caballeros que andaban por allí, don Víctor inclusive, criados vestidos de etiqueta; todos eran camareros, el único señor Mesía» (XXIV, 305).

Desde el inicio de la novela la elegancia y distinción caracterizan el vestir de Fermín. En las primeras menciones del Magistral, introducidas mediante la visión perspectivista de Celedonio (I, 96) y Bismarck (I, 101), el primero, con voz populachera concordante con los enemigos eclesiásticos de Fermín, hablará de «la fachenda que se me gasta», mientras Bismarck lo contemplará con ojos deslumbrados por el señorío y lujo de su vestir. En la otra referencia que encontramos en estas páginas iniciales (I, 99), mediante una sustitución metonímica —en realidad una sinécdoque—, el manteo connotará el poder, la fuerza de dominio del Magistral: «el roce de la tela con la piedra producía un rumor silbante, como el de una voz apagada que impusiera silencio».

La relación con Ana hará que el Magistral reencuentre al «otro» Fermín que la influencia de la madre, el medio social y el deseo de ascenso social parecían haber suprimido. Las referencias a otras indumentarias nos descubren un complejo mundo interno del personaje, ignorado por quienes le rodean, que nos lleva hacia ese otro Fermín. Así al inicio del capítulo XI lo veremos, en su intimidad, con la ropa zurcida, «que pardeaba de puro vieja», la ropa que «los de fuera» no pueden ver (XI, 388-389). Páginas después, tras su contemplación en el espejo, «desnudo de medio cuerpo», mirando «con tristeza sus músculos de acero, de una fuerza inútil» (XI, 409-410), enfrentándose al yo físico que el sacerdocio le ha obligado a esconder, el acto de abrocharse el alzacuello le devolverá su personalidad apariencial y su fuerte cuerpo quedará oculto por «el manteo epiceno y la sotana flotante y escultural» (XI, 411). El ejemplo más representativo de esa relación entre indumentaria y personalidad, lo encontramos en el último capítulo, cuando, conocedor de las relaciones amorosas de Ana y Álvaro, torturado por los celos, sintiéndose marido ultrajado y vengador, viste su traje de cazador y al contemplarse en el espejo exclama: «Aquello ya era un hombre» (XXX, 499).

El manteo y, sobre todo, la sotana, se han convertido, mediante una sustitución de base metonímica, en emblema de Fermín de Pas, sacerdote magistral de la catedral de Vetusta, es decir, del Fermín que ahogó al otro Fermín, el joven fuerte y soñador de las montañas de Matalerejo, que la Regenta le empuja a recuperar. El «extrañamiento» o rechazo de la sotana corresponde a la añoranza o búsqueda de su yo natural. Esa sotana que había sido presentada, al hablar de su juventud, como deseada aspiración —«devoraba los libros y ansiaba lo mismo que para él quería su madre: el seminario, la sotana, que era la toga del hombre libre» (XV, 554)—, al encontrarse con Ana, empezará a ser vista como algo vergonzoso que enmascara su virilidad: «¿Pues no se había puesto a fijarse, porque iba con la cabeza gacha, en los manteos y sotanas de sus colegas, y en los suyos, y no estaba pensando que el traje talar era absurdo, que no parecían hombres, que había afeminamiento carnavalesco en aquella indumentaria...? (XV, 526). Rota su identificación con ella —que es una forma de dejar de identificarse con el «yo» que le ha sido impuesto— a partir del momento en que se reconoce enamorado de Ana, sentirá que se convierte en cárcel, prisión, prenda que le ahoga o le quema el cuerpo.[11] Sin embargo, Fermín terminará, al querer «vengar su honor» ultrajado por la «traición» de Ana, reconociendo que su fuerza reside en la sotana. Vuelve así a identificarse con su yo falso, su «yo impuesto».

En las primeras páginas de la novela hemos visto cómo el manteo sustituía al personaje, Fermín de Pas. En los capítulos siguientes será la sotana la que se establecerá como emblema del Fermín, magistral, es decir, como su representación simbólica, permitiendo así el juego, diferenciador y enfrentador, entre dos Fermines, el que pudo ser y el que es. Entre las menciones de esas dos prendas talares cabría establecer una posible diferencia, aunque a veces sean citadas las dos juntas: el manteo, prenda de calle, de paseo, manifiesta el esplendor de Fermín en su papel eclesiástico de magistral. Así, en el primer capítulo, cuando el narrador lo describe, tras bajar de la torre, envuelto en «haces de luz de muchos colores», recorriendo la catedral: «El manteo que el canónigo movía con un ritmo de pasos y suave contoneo iba tomando en sus anchos pliegues, al flotar casi al ras del pavimento, tornasoles de plumas de faisán, y otras veces parecía cola de pavo real; algunas franjas de luz trepaban hasta el rostro del Magistral y ora lo teñían con un verde pálido blanquecino, como de planta sombría, ora le daban viscosa apariencia de planta submarina, ora la palidez de un cadáver» (I, 118). Tornasoles de plumas de faisán, cola de pavo real, por un lado; por otro verde pálido blanquecino de planta som-

11. Recogemos una sola cita: al enterarse, por Petra, de la «traición» de Ana, con la frente apoyada en los cristales helados del balcón, piensa que «su madre al meterle por la cabeza una sotana le había hecho tan desgraciado, tan miserable, que él era en el mundo lo único digno de lástima. La idea vulgar y grosera de comparar al clérigo con el eunuco se le fue metiendo también por el cerebro con la humedad del cristal helado» (XXIX, 463-464).

bría, viscosa apariencia de planta submarina, palidez de cadáver; dos caras que cabría interpretar como la concretización sensorial de la dicotomía «Eros»-«Ecclesia», estudiada por el norteamericano M. Nimetz.[12] La connotación erótica del pavo real, reaparecerá en la simpatía identificadora de Álvaro Mesía por el pavo real disecado del despacho de Quintanar (XIX, 131), con el cual tropieza al despedirse de Ana, al final del capítulo XX, en un momento en que se siente fracasar en sus avances amorosos. También, en este caso, el «pavo real disecado» parece establecerse en emblema; aquí de un Don Juan, de muy escaso éxito como tal. A lo largo de la obra iremos encontrando otros ejemplos de cómo determinadas relaciones entre personajes y objetos, convierten a estos últimos en emblemas de los primeros. Al inicio del capítulo XVI es la misma Ana, se nos dice, quien ve como símbolos del universo, en realidad de «su» universo, los objetos que la rodean; y «el cigarro abandonado a la mitad por el hastío del fumador», emblema del marido, será interpretado por la propia Regenta: «el marido incapaz de fumar un puro entero y de querer por entero a una mujer»; la esposa, no querida por entero, se identificará también con el cigarro: «Ella era también como aquel cigarro, una cosa que no había servido para uno y que ya no podía servir para otro» (XVI, 10). ¡Qué diferencia de los cigarros ostentosamente fumados por Álvaro (XX, 172) o el médico Bermúdez (XXVII, 404 a 406).

La transformación imaginativa de la realidad, tantas veces realizada por Ana, provoca, a menudo, que objetos, que la rodean, transcendentalicen o amplíen su significado, adquiriendo representatividad significativa. La ya citada piel de tigre, la chimenea de campana del comedor de los Ozores, convertida ahora en «agujero de tristeza» (X, 368-369), o el grabado de una *Ilustración*, «La última flor», que la inmediata caída en brazos de Álvaro transfigura en «Carpe diem» (XXVIII, 439), son sólo algunos de los abundantes ejemplos de esas transformaciones, casi todas ellas resultado de la proyección de la intimidad emotiva de la protagonista sobre las cosas que la rodean. Hay que destacar uno de esos objetos, trascendentalizado y transformado en su proximidad a Ana, cuyo significado o carácter emblemático queda diluido en una inquietante ambigüedad: la talla de Jesús Nazareno de la capilla del Magistral, mencionada al principio (I, 119) y al final de la novela (XXX, 535), imagen de rostro de «anémico», expresando una idea fija y petrificada, inmóvil y eterna. En «*Clarín*» o *la herejía amorosa*, García Sarriá señala que compendia «la acusación feroz de "Clarín" contra el cristianismo de su tiempo», y el narrador nos dirá que Ana, momentos antes del intento fracasado de reencontrar en el confesio-

12. «'Eros' and 'Ecclesia' in Clarin's Vetusta», *Modern Language Notes*, LXXVI (1971), núm. 2, pp. 242-253.

nario al «hermano del alma», sentirá, ante aquel Jesús, que «parecía dominado por el espanto», «un terror extraño».

Las limitaciones de tiempo nos obligan a detenernos en este intento de estudio de un importante aspecto de la técnica descriptiva de Alas: el tratamiento y función de espacios y objetos. Conscientes de que nos hemos mantenido más cercanos al comentario y la anotación que a un auténtico análisis crítico, quisiéramos indicar algunos puntos que no han llegado a ser mencionados. No se ha hecho ninguna referencia al vestir de Ana ni al empleo y siempre presente mundo de los muebles y enseres.[13] Alas introduce a éstos en el texto con las mismas características que la indumentaria; su materia inerte se convierte también en voz muda que habla y explica a los personajes o su entorno familiar y social. Recordemos, como ejemplo de ello, los espejos utilizados, tal como señaló Frank Durand, para presentar la visión que el personaje tiene de sí mismo (Fermín en XI, 409, o Ana en XXIII, 283 y 286).[14] Y como una prueba más de la capacidad creativa de «Clarín» al proyectar los objetos hacia nuevos significados, surgidos de su relación con los seres humanos, y, a la vez crear correlaciones entre distintos momentos del relato: el «salón amarillo» de los Vegallana, introducido en el capítulo VIII, pero presente en otras páginas de la novela; el «salón claro» del obispo Fortunato, con las paredes de blanco brillante y los muebles forrados de damasco amarillo (XII, 438-439); el «salón sombrío» de doña Petronila, de damasco verde oscuro y papel gris y oro, con «el gato blanco, cada vez más gordo», frotando su lomo contra las faldas de Ana y el manteo de Fermín.

Por su tratamiento y función, los animales, e incluso determinadas plantas, pueden ser estudiadas junto a los objetos, formando parte, casi siempre, de la extensa galería de elementos «erotizados» por el contexto de que forman parte, o proyectando su propia connotación erótica sobre ese contexto. El gato de doña Petronila o la piel de tigre pertenecerían a esa «galería erótica», pero también el bizcocho, mojado en chocolate y comido por Fermín y Teresa, la criada (XXI, 231), o las dos prominencias pequeñas y redondas»

13. Tampoco hemos examinado la importancia que alcanzan, dentro del texto, los que podríamos llamar «pequeños espacios», enmarcados y enmarcadores, como el confesionario o los balcones. El análisis de la presencia y función de estos últimos en el resto exigiría un largo y detenido estudio. El primero, llamado «cajón sagrado» (XVI, 20) y «cajón sombrío» (XXX, 536), será rechazado por Fermín al mismo tiempo que rechaza la «sotana»: «Cuando don Fermín —escribe el narrador— se vio encerrado entre las cuatro tablas de su confesionario, se comparó al criminal metido en el cepo» (XVIII, 103). En esa misma página, el confesionario es denominado «armatoste» y «cajón de celosías».

14. Ana, después del fracasado intento de aproximación nocturna a Víctor, pasa de verse como Virgen de la Silla sin niño (283), a fantasma flotante (286).

del bajo relieve de la sillería del coro, representando las dos hijas de Lot «en un pasaje bíblico»,[15] acariciadas por el dedo del Magistral mientras piensa que Ana sueña en un hombre (XVI, 21). La provocación erótica alcanza una fuerza, casi nunca igualada en la novela, en la descripción de la conferencia de Fermín en la Santa Obra del Catecismo; allí contemplando a las catequistas, algunas de las cuales muestran «precoces turgencias», el Magistral «recordaba el botón de rosa que acababa de mascar» (XXI, 201), que no había sido más que un inútil sustituto de su auténtica apetencia (XXI, 197-198).[16] Cuando páginas más adelante, en este mismo capítulo, Ana se queja a su confesor de que nunca hable de sí mismo, metiéndole una rosa de Alejandría, muy grande, muy olorosa, por la boca y por los ojos» (XXI, 224), el recuerdo del botón de rosa transforma la situación, potenciando su ya inicial erotismo.

Llegados al final de esta charla, quisiera señalar que he intentado en ella estudiar el uso narrativo que «Clarín» hace de espacios y objetos, mostrando cómo, a partir de un modelo establecido por la narrativa realista decimonónica, nuestro autor tiende a personalizar su creación mediante la dual operación de eliminación selectiva y de establecimiento de relaciones significativas con los personajes, alcanzando incluso la creación emblemática. Espero que este trabajo haya servido para demostrar lo que ya sabíamos: que el examen de la técnica y formas narrativas de *La Regenta* nos muestra a su autor fiel a la tradición realista del siglo XIX, pero profundizando e intensificando hasta sus máximas posibilidades expresivas los procedimientos de aquella narrativa. Lección magistral de un determinado modelo de novela, la obra de Leopoldo Alas iniciaba su apertura hacia unos nuevos planteamientos narrativos, tanto temáticos como formales.

15. Se refiere a los últimos versículos del inaudito capítulo XIX del *Génesis*, texto antológico de la literatura sádico-erótica. Destruidas Sodoma y Gomorra, convertida en estatua de sal la mujer de Lot, refugiado éste con sus dos hijas en una cueva, la mayor propone a la menor: «Nuestro padre es viejo, y no queda varón en la tierra que entre a nosotras conforme a la costumbre de toda la tierra: Ven, demos a beber vino a nuestro padre, y durmamos con él, y conservaremos de nuestro padre generación» (Versículos 31 y 32).

16. «El Magistral arrancó un botón de rosa, con miedo de ser visto; sintió placer de niño con el contacto fresco del rocío que cubría aquel huevecillo del rosal; como no olía a nada más que a juventud y frescura, los sentidos no aplacaban sus deseos, que eran ansias de morder, de gozar con el gusto, de escrudiñar misterios naturales, debajo de aquellas capas de raso...»; «cuando el botón ya no tuvo más que las arrugadas e informes (hojas) de dentro, don Fermín se lo metió en la boca y mordió con apetito extraño, con una voluptuosidad refinada de que él no se daba cuenta».

CONEXIONES TEMÁTICAS Y ESTILÍSTICAS ENTRE EL LIBRO *PIPÁ* Y *LA REGENTA* DE «CLARÍN»

Carolyn RICHMOND
Universidad de Nueva York

A finales del año 1884, mientras espera la aparición en Barcelona del primer tomo de *La Regenta*, Leopoldo Alas entra en negociaciones epistolares con los editores madrileños Fernando Fe y Manuel Fernández Lasanta para la publicación de otras obras suyas —escritas ya y todavía por escribir—.[1] En seguida les ofrece un «libro de novelas» —seis en total— cuyo original mandará certificado el 3 de noviembre. A pesar de la prisa que se percibe en las cartas del autor a sus editores, Leopoldo Alas tendría que esperar más de un año para ver publicada esa primera colección de narraciones suyas, que aparecería, por fin, ampliada con tres relatos más, a comienzos de 1886.[2]

Como es sabido, los nueve cuentos o novelas cortas del volumen *Pipá* no son los primeros que salieron de la pluma de nuestro autor. Durante la segunda mitad de la década de 1870 éste había publicado en la prensa del día unas cuantas narraciones, algunas de las cuales incorporaría más adelante a su libro *Solos de «Clarín»* (1881). Es posible que si no reunió la mayor parte de estos textos en volumen fuera por no estar completamente satisfecho de ellos; lo cierto es que muchos de los relatos publicados a finales de los años

1. Estas cartas de Alas, auténtica mina de información, fueron publicadas, con notas extensas, por Josette Blanquat y Jean-François Botrel en 1981 bajo el título de *Clarín y sus editores. 65 cartas inéditas de Leopoldo Alas a Fernando Fe y Manuel Fernández Lasanta (1884-1893)* (Rennes, Université de Haute Bretagne).

2. Utilizo aquí la única edición moderna de *Pipá*, preparada por Antonio Ramos Gascón (Madrid, Cátedra, 1979). Incluyo tres de los textos *(Un documento, Amor' è furbo, Mi entierro)*, con análisis y notas, en mi reciente antología de cuentos clarinianos titulada *Treinta relatos* (Madrid, Espasa-Calpe, 1983).

setenta y comienzos de los ochenta —incluidos o no en *Solos*— preludian, como los de *Pipá*, a *La Regenta*.

Cuando vemos en una obra lo que hay en ella de *anticipación* de otra es fácil caer en la tentación de dar por sentada la superioridad artística de la que ha sido *anticipada*, sobre todo si se trata de una obra tan reconocida como la que estamos festejando estos días. «Conexiones temáticas y estilísticas entre el libro *Pipá* y *La Regenta* de "Clarín"» es el título que he dado a estas observaciones mías, y puesto que la gran novela fue escrita después de los cuentos, es obvio que éstos constituyen su precedente. Pero ello no implica un juicio de valor acerca de su calidad estética. Los relatos de *Pipá* (así como los anteriores) pertenecen al género del cuento, y sólo desde esta perspectiva deben ser juzgados: los hay excelentes, y los hay menos buenos. Recordemos que no son, ni pretenden ser, novelas (ni tampoco *La Regenta*, a pesar de su extensión, se encuentra libre de defectos).

He decidido concentrarme aquí en el volumen *Pipá* por dos razones principales: primero, es una obra madura, cuyas piezas, diversas entre sí, configuran una fuerte unidad estructural que confirma la sustantividad artística del libro. En ninguna otra colección de relatos o de ensayos parece haber superado Leopoldo Alas tanto como aquí su tendencia a la heterogeneidad. Aunque escritos por separado, y no con vistas a su ulterior integración en un volumen, los cuentos de *Pipá* se complementan entre sí, quizá por haber sido redactados en una época de paz y felicidad relativas en la vida del autor —la época que corresponde a su noviazgo y matrimonio con Onofre García Argüelles—. El joven Leopoldo Alas, todavía sin sentirse atormentado por los dolores intestinales y crisis nerviosas que empezarán a manifestarse en forma aguda a mediados de la década de 1880, está en la cumbre de sus facultades creadoras. En ese período de euforia comienza a escribir —y llegamos aquí a la otra razón por la cual he querido estudiar el libro *Pipá*— su primera novela larga. *La Regenta* no surgió en un vacío, a pesar de que muchos de los críticos siguen tratándola como si fuese el único texto de «Clarín»... Los relatos de *Pipá* representan un paso fundamental entre los cuentos clarinianos de finales de la décara anterior y *La Regenta*. Al analizar su relación con la novela veremos no sólo la interdependencia que une a ambas obras, sino también el desarrollo artístico del autor.

Cronología y ordenación del libro «Pipá»

Las cartas de Leopoldo Alas a sus editores facilitan una reconstrucción de la cronología y distribución artística de *Pipá*, sobre todo en relación con su publicación como libro. Estas cartas, escritas a lo largo de más de un año, dejan ver la impaciencia que sentía Alas por la aparición del volumen. Quiere sobre todo que el público lector sepa que estaba escrito antes que la novela; sin duda fue eso lo que le movió a precisar tras de cada narración la ciudad y el año en que la terminó —algo que no haría en ninguna otra colección suya—. Tal preocupación por fechar el libro aparece en una carta de finales de 1885 donde, hablando del contenido, dice: «Este libro no lleva prólogo ni nada: únicamente el año en que lo hice para que se vea que todo es anterior a *La Regenta*». En efecto, todos los cuentos menos el que da título al volumen son fechados por el autor entre 1882 y 1884. Recientes investigaciones permiten establecer, además, para la mayor parte de ellos la fecha, posterior a la consignada en el libro, de su publicación en la prensa del día. El volumen parece haber sido compuesto sobre estas versiones impresas enviadas a la editorial por Alas, quien haría cualquier cambio en las pruebas.

Según consta en su carta del 27 de octubre de 1884, «Clarín» había pensado originalmente en una colección de «seis obritas» en la que *Zurita* había de figurar en último lugar. «Creo que bastarán —escribe—, pero si falta más original, irá más». Promete enviar, junto con los textos, «una página que llevará el título de la obra». Estas observaciones del autor sugieren que ya tenía pensada la ordenación del volumen; indican, también, que es consciente de ciertos problemas relacionados con el mundo editorial en cuanto negocio. Dos meses después, el 31 de diciembre, reitera cuál debe ser su título: «El título ya he dicho cuál es en la parte que le mandé: *Pipá* en letras mayores y después los títulos de los otros trabajos en letra menor. Así suelen hacer en París, y así me gusta». En ese momento los editores tienen entre manos todo el material original menos *Zurita,* que deben recoger del *Almanaque de la Ilustración.* El 20 de abril de 1885 pregunta Alas: «¿Y las novelitas? ¿Podrá Ud. publicarlas allá para el otoño? No deje de recoger *Zurita*...». Mientras tanto aparecen el primero y segundo tomos de *La Regenta,* y esttá para salir en Fernando Fe ...*Sermón perdido.* El 5 de octubre, Alas se queja del aplazamiento de la publicación de este libro de crítica, pues «no conviene que un mismo autor dé muchas obras a un tiempo y tardando mucho en salir las que Ud. tiene mías no puedo yo despachar las que tengo preparadas y esto lastima mis intereses». Tras algunas observaciones sobre el asunto, añade: «¿Y *Pipá*? Piensa Ud. retrasarlo mucho?». No sabemos cuál fue la contestación de Fernández Lasanta (la otra cara de esta correspondencia aún no se ha publicado), pero se puede adivinar a través de la siguiente carta (sin fecha, seguramente del mes de noviembre). «Me alegro de que Ud. esté dispuesto a dar cuanto antes a la estampa *Pipá* —escribe Alas—. Yo creía que bastarían los seis trabajos consabidos *(Pipá, Mi entierros, Amor' è furbo, Un documento, Las dos cajas* y *Zurita)* porque suponía que se publicarían con letra mayor y más margen que *Sermón*. Todavía opino que así debe ser... De todos modos, ahí... van nada menos que tres cuentos más, y largos dos de ellos; a saber *Avecilla, Bustamante, El hombre de los estrenos*... Ya ve Ud. que sin pedir más dinero le entrego mucho más original». Queda aclarado aquí el contenido y ordenación de la versión primitiva de *Pipá*. En respuesta al pedido que Fernández Lasanta le hiciera de más materiales le manda tres textos no sin hacer una pequeña alusión económica. En las «advertencias» «Clarín», siempre interesado en el aspecto icónico del libro, establece la que será la ordenación final de los relatos: «Insisto en que el libro se llame *Pipá* y enseguida se añadan los nombres de las otras novelas o lo que son en letra menor, pero bastante grande todavía. Así, por ejemplo:

PIPÁ
Amor' è furbo — Mi entierro — Un documento — Avecilla
El hombre de los estrenos — Las Dos cajas
Bustamante — Zurita

El orden de los cuentos ése; pero sobre todo *Pipá* el primero y *Zurita* el último». En su carta del 29 de noviembre de 1885 se ve que está corrigiendo pruebas. Quiere que esté terminado «para enero, si puede ser, a guisa de libro *d'étrennes*». En efecto, se publicará, en 1886.

Autor y narrador

Antes de examinar la organización interna del libro, tanto en su versión primitiva como en la final, conviene aclarar el orden en que fueron escritos los nueve relatos, relacionándolos en la medida posible con las circunstancias vitales del autor así como con otras narraciones suyas no incluidas en el volumen. La más antigua de todas, *Pipá*, podría haberse redactado antes de los cuentos recogidos en *Solos* a juzgar por la fecha de publicación de éstos en la prensa. Está relacionada en particular con uno de ellos —*El diablo en Semana Santa*— que es una especie de semilla para *La Regenta*.[3] Durante la década de 1870, Leopoldo Alas estuvo mucho tiempo en Madrid estudiando, doctorándose en Derecho y colaborando en la prensa. Aunque escribiría algún que otro relato de ficción, lo que

3. Analizo esta relación, así como la que existe entre la novela y *El doctor Pértinax* y *Mi entierro*, en «Gérmenes de *La Regenta* en tres cuentos de Clarín», *Argumentos*, n.º 63-64 (1984), pp. 14-19. Véase también mi comentario y notas a *El diablo en Semana Santa* en: Leopoldo Alas, «Clarín», *Treinta relatos*.

le da fama son sus punzantes artículos de crítica. Oposita a la cátedra de Economía Política de la Universidad de Salamanca en octubre de 1878, pero el ministro no le nombra. Hace frecuentes viajes a Asturias para pasar las vacaciones. En esa época conoce allí a Onofre, con quien no tardaría en casarse.[4] La novela corta *Pipá*, fechada «Oviedo, 1879», pudiera haber sido redactada durante una estancia suya en aquella ciudad, aun cuando el autor distancia temporalmente su actualidad de la materia tratada. Lo hace al comienzo, y al final. «Ya nadie se acuerda de él. Y sin embargo, tuvo un papel importante en la comedia humana, aunque sólo vivió doce años sobre el haz de la tierra». Con estas palabras empieza el narrador su relato, situándose en seguida como testigo de lo que va a contar: «Pipá, a no ser por mí, no tendría historiador». El último párrafo de la narración vuelve a subrayar este elemento histórico con palabras casi idénticas: «Hoy ya nadie se acuerda de Pipá más que yo —escribe—; y Celedonio ha ganado una beca en el seminario. Pronto cantará misa». Celedonio, personaje que ha aparecido ya antes en *El diablo en Semana Santa,* aparece como acólito varias veces en *La Regenta*; la acción de *Pipá* está colocada en un tiempo previo a dichas apariciones. En el *Folleto literario* IV, *Mis plagios* (1888),[5] Alas aclara un poco más el caso de *Pipá*: «*Pipá* está tomado del natural; vivió y murió en Oviedo; fue tal como yo lo pinto, aparte las necesarias alteraciones a que el arte obliga». Por mi parte, llamo la atención del lector sobre algunos comentarios del autor en la primera parte del relato donde se refiere a «los estudiantes de bachiller abajo» que compraban en la librería del señor Benito: es bastante probable que la época del relato refleje la de sus propios días estudiantiles en Oviedo, cuando él mismo tuviera más o menos la misma edad que el protagonista...

Por contraste, *Un documento*,[6] fechado «Madrid, junio 1882», no tiene ni una chispa de sentimentalismo. Sirviéndose otra vez de un narrador personalizado, «Clarín» nos ofrece aquí una maravillosa historia de amor, desengaño y venganza que representa en el desarrollo de su arte narrativo un salto enorme desde la novelita

4. Basándose en el contenido de una carta de Alas a su amigo José Quevedo, Francisco García Sarriá postula que empezaron las relaciones entre el autor y su futura esposa en el verano de 1877 (*Clarín o la herejía amorosa* [Madrid, Gredos, 1975], p. 49). En el capítulo X de *«Clarín» el provinciano universal* (Madrid, Espasa-Calpe, 1936) Juan Antonio Cabezas dice que los viajes de Alas a Oviedo aumentaron en frecuencia a partir de enero de 1879. La fecha de su matrimonio fue el 12 de julio de 1882.

5. Incluido en *Obras selectas* de Leopoldo Alas ,«Clarín», ed. Juan Antonio Cabezas, 2.ª edición (Madrid, Biblioteca Nueva, 1966), pp. 1235-1253.

6. Ofrezco un detallado estudio de esta narración en «*Un documento* (vivo, literario y crítico). Análisis de un cuento de Clarín», *Boletín del Instituto de Estudios Asturianos*, año XXXVI, n.º 105-106 (enero-agosto de 1983), pp. 367-384.

Pipá. Escrito durante una estancia de Alas, todavía soltero, en la corte, el cuento, también situado en Madrid, tiene, seguramente, bastantes elementos autobiográficos más o menos fantaseados (sobre todo en cuanto al protagonista, el escritor Fernando Flores), pero aquí también interpone Leopoldo Alas entre la época de su acción —comienzos de los años 1870— y la de su redacción una distancia temporal, algo que le permitirá mirar a sus personajes desde una perspectiva irónica.

En julio de 1882, Leopoldo Alas es nombrado Catedrático de Economía de la Universidad de Zaragoza y a finales del mes siguiente se casa con Onofre. Tras el viaje de novios irá a Zaragoza, donde permanece entre el 20 de septiembre y el 24 de noviembre. Vivirá allí con su joven esposa en una pensión.[7] Durante estos dos meses parece haber escrito tres relatos, fechados todos ellos «Zaragoza, 1882»: *Amor' è furbo, Mi entierro* y *Avecilla.* A diferencia de *Pipá,* ninguno de ellos está situado en el sitio donde se redactó. Es imposible saber en qué orden se escribieron. La acción de *Avecilla* —uno de los tres textos añadidos por «Clarín» cuando Fernández Lasanta le pidió más materiales— está en la línea del cuadro de costumbres. Lo que le interesa sobre todo al autor es el retrato psicológico y estilístico del protagonista, el humilde escribiente, marido y padre don Casto Avecilla, cuya odisea teatral en la noche madrileña es contada otra vez por un narrador personalizado quien dirige sus comentarios al lector, animándole a ser «observador». La grotesca búsqueda de este personaje a la vez patético y ridículo por las calles de la capital refleja sin duda escenas presenciadas allí por el propio autor. Hay, además, tres toques curiosos que establecen una especie de eslabón entre el relato y las circunstancias de su redacción. El primero es un detalle al parecer insignificante pero sobre el cual creo que vale la pena llamar la atención: la *culpa* —o si se quiere, la *inspiración*— del «heroico arranque de valor» de don Casto, o sea, de su decisión de llevar a su familia al teatro, ha sido una copa de vino tomada en su despacho: «aquel día un compañero aragonés habíale dado a probar un Valdiñón que de Zaragoza le enviaron los suyos, y don Casto, que no solía probarlo, con una sola copa se había puesto muy contento, y hasta la tinta la veía de color de rosa». El segundo detalle sugiere otra posible fuente de inspiración así como una fecha aproximada para el relato. Al introducir a doña Petra, la mujer del protagonista, el narrador revela el secreto deseo que tiene esta dama de ver otra vez las figuras de cera: «Aunque ella oculte el deseo de que hablo —dice—, porque sabe que a su marido le parece indigno

7. Estos detalles, y otros más adelante, referentes a la época zaragozana del autor vienen de Simone Saillard, «Documents pour une biographie. Le dossier universitaire de Clarín à Saragosse», *Les Langues Néo-Latines,* n.° 164 (abril 1963), pp. 3-27, así como de la biografía de Cabezas.

de la esposa de un Avecilla, bien recuerda don Casto el placer intenso que experimentó Petra en Zaragoza durante las ferias de la Pilarica, contemplando la exposición de figuras de movimiento de Mr. Brunetière». Quién sabe si este recuerdo de Avecilla no corresponde a una experiencia vivida por el propio Leopoldo Alas con su joven esposa durante las ferias de la Virgen del Pilar en Zaragoza. Experiencia tal pudiera haber suscitado en el autor el recuerdo de una feria que años antes había organizado el ayuntamiento de Madrid en el Prado y a la que debió de haber asistido. En tal caso «Clarín» habría escrito *Avecilla* después del 12 de octubre, fecha de la fiesta de la Virgen del Pilar. Un tercer detalle —otro recuerdo compartido por los dos esposos— también sugiere una experiencia real del autor —quizá con su mujer— en Zaragoza. Se trata de la comedia *El pelo de la dehesa de* Bretón de los Herreros que había aburrido a doña Petra hasta el punto de hacer que el matrimonio abandonara la sala antes del cuarto acto: «cuando una es pobre —explica ella— y se divierte pocas veces, quiere divertirse de veras. Mira tú, que para ver no más que una sala y un señor de pueblo, una especie de baturro... y precisamente en Zaragoza... ya ves, eso es muy aburrido». Esa actitud algo burlona de Leopoldo Alas hacia lo aragonés —recuérdese que el protagonista de la comedia *El pelo de la dehesa* es también de Aragón— se verá también en el personaje de don Víctor Quintanar en *La Regenta*.

Los otros dos textos escritos durante la estancia otoñal de Leopoldo Alas en Zaragoza son verdaderos *cuentos*. La alegre inmoralidad de *Amor' è furbo* es tan inusitada que sospecho se relaciona con la felicidad de que el recién casado autor estaría gozando en aquella época. Para presentar este intrincado juego de ficción y realidad, teatro y vida, Alas ha alejado la acción, situándola en Italia en una época remota (principios del siglo XVIII), lo cual parece haberle liberado de los constreñimientos de la sociedad contemporánea suya. Aparte de eso, esta obrita revela los conocimientos culturales del autor, su amor al mundo músico-teatral y cuanto había aprendido de Cervantes.

El otro cuento fechado «Zaragoza, 1882» es también inusual dentro de la producción del autor. *Mi entierro,* subtitulado *Discurso de un loco,* parece a primera vista una historia tan rara que ha sido durante años sometida a interpretaciones más bien disparatadas. Narrado por el protagonista en primera persona y situado en un Madrid lluvioso, es, en el fondo, un sueño de borrachera en que realidad y fantasía se juntan y se mezclan de un modo también cervantino. Las localizaciones madrileñas así como algunos detalles políticos reflejan la estancia de «Clarín» en la capital durante la década de 1870. Aparece allí, también, un sereno asturiano.

Entre el 24 de diciembre de 1882 y el 10 de febrero del año siguiente Leopoldo Alas, acompañado de su esposa, hace un viaje a

Andalucía como corresponsal del periódico *El Día.* (También don Víctor Quintanar llevará a su joven esposa a Granada, donde va destinado como Presidente de Sala.) Vuelven a Zaragoza para el segundo semestre. Según Juan Antonio Cabezas, Onofre sufrió allí ese invierno un aborto. A mediados de julio, Leopoldo Alas se hace cargo de la cátedra de Derecho Romano en la Universidad de Oviedo, después de haber pasado una temporada en la capital donde, al parecer, escribió *Las dos cajas*, fechada «Madrid, junio de 1883». Tanto el contenido de este cuento como el gran contraste entre él y los dos anteriores deben reflejar, en parte, algunas de sus antes mencionadas circunstancias vitales. Vuelve a aparecer aquí la voz de un narrador personalizado. Vuelve a aparecer, también, la nota tierna, sentimental, que suena a veces en *Pipá.* Se trata de nuevo de un personaje incomprendido por la sociedad, y de la muerte de un niño, combinado en este caso con una historia de adulterio. He podido identificar la fuente literaria de *Las dos cajas* en un relato del escrito y musicólogo barcelonés Joaquín Marsillach.[8] «Clarín» transforma el relato de este escritor en una obra muy personal cuyo protagonista —un pobre soñador y dedicado padre de familia— anticipa hasta cierto punto al Bonifacio Reyes de *Su único hijo.* Es curioso cómo el cuento refleja también algo de las personales vivencias del autor: escrito en Madrid en la primavera de 1883, el argumento empieza en la capital muchos años antes, cuando Ventura Rodríguez era todavía un niño prodigio. El mundo musical de la corte, sobre todo por cuanto se refiere a la crítica, describe el ambiente que allí conocería «Clarín» en los años setenta. También puede sentirse una nota autobiográfica cuando sale el protagonista de Madrid para «recorrer Andalucía y Castilla, Cataluña y Aragón» (IV). Aunque no se identifica «aquella ciudad noble y leal», la «heroica ciudad» donde tiene lugar la acción propiamente dicha, el hecho de que Aragón figura al final de la citada lista sugiere a Zaragoza. Es bastante probable que Leopoldo Alas asistiera a conciertos como los descritos por él en algún café zaragozano mientras vivía en aquella ciudad.

De los tres relatos fechados «Oviedo, 1884», que saldrían de la pluma de «Clarín» durante la segunda mitad de ese año, dos se acercan más bien al género del cuadro de costumbres y fueron agregados por él al volumen en preparación cuando le pidió Fernández Lasanta más material. Ambos son retratos de tipos; tienen lugar en Madrid y recuerdan el ambiente de la capital cuando vivía allí el jjoven Alas. *El hombre de los estrenos* encuentra un antecedente en el retrato del amigo provinciano a quien el narrador lleva al teatro en *Un lunático (Solos de «Clarín»).* En *El hombre de los*

8. Véase mi estudio «*Las dos cajas* de Clarín y otras dos de Marsillach: Una fuente literaria desconocida», *Hispanic Review*, vol. 52, n.º 4 (1984).

estrenos, «Clarín», escribiendo en primera persona a la manera de Larra, apenas procura disfrazarse; en efecto, ofrece allí un autorretrato de gran interés. Como ya era «doctor en Derecho civil y canónico» se supone que la acción debe situarse después de junio de 1878. Aparece la vida de fonda madrileña, el «estómago un poco averiado» de Alas, el *Bilis-Club*, la Cervecería Escocesa y, sobre todo, el ambiente teatral. El pobre conquense aficionado a los estrenos, don Remigio Comella, que acaba enloqueciendo, anticipa de cierto modo a don Víctor Quintanar.

Bustamante presenta una situación parecida: llega a la corte otro provinciano —esta vez andaluz— con pretensiones literarias y amigo de un «autorcillo satírico» llamado Rueda (aquí el autor, aunque se hace presente él mismo, narra en tercera persona). Las aventuras del protagonista, Miguel Paleólogo Bustamante, que recuerda a otro provinciano recién llegado a Madrid con un nombre parecido en *Los señores de Casabierta (Solos de «Clarín»)*, permiten al autor ofrecerle a sus lectores un delicioso cuadro satírico del mundillo literario de la Restauración. Especialmente graciosa es la escena en el Suizo Nuevo y la comida, con borracheras, en el Inglés. *Bustamante* es una especie de farsa tragicómica que anticipa en parte a *Su único hijo* y da alguna idea de cómo hubiera podido ser la trilogía de novelas madrileñas ideada por «Clarín», que nunca llevó a cabo.

El único *cuento* propiamente dicho escrito por Alas en esta época es el último del volumen, *Zurita*, donde el retrato se transforma en ficción activa. Lo que en realidad se nos ofrece aquí es la historia intelectual y sentimental de una vida, la de Aquiles Zurita, desde su juventud hasta después de su muerte. Este personaje patético, insignificante y ridículo es tratado por «Clarín» con una ironía no desprovista de simpatía —actitud que recuerda la del narrador hacia el protagonista de *Su único hijo*—. Y como sería el caso en esta novela, el narrador de *Zurita* interpreta para el lector los pensamientos de su personaje. Esta narración recoge —ficcionalizadas— muchas experiencias del joven Leopoldo Alas en Madrid, sobre todo las relacionadas con el krausismo, la Universidad y el Ateneo.

En *Mis plagios* revela Alas las fuentes históricas de su relato: «Tomélo todo de lo que vi y de lo que añadí imaginando y componiendo. Mi Aquiles Zurita es un caballero tan honrado como sencillo, que vive, y no lejos de mí y no puedo nombrarle por mil razones... El profesor de mi cuento —se refiere aquí a uno que aparece en la primera escena— existió también, y el chiste, o lo que sea, de "lo que es conocimiento en Valencia", es rigurosamente histórico».

Otros detalles refuerzan la sensación de historicidad: cuando Zurita tenía unos veintitrés años «un caballero acaudalado se lo llevó a Oviedo en calidad de ayo de sus hijos, y allí pudo cursar la carrera de Notariado». ¿Por qué nos da Alas, de paso, esta información sin importancia para el relato? ¿Habría conocido él, de joven en Oviedo, a un tipo semejante, tutor, quizá, de algún amigo suyo? Lo cierto es que Aquiles Zurita, el «eterno José», vuelve al norte cuando, a los cuarenta años, gana «una cátedra de Psicología, Lógica y Ética, en el Instituto de Lugarucos, pueblo de pesca, donde un americano pródigo había fundado aquel centro de enseñanza para los hijos de los marineros que quisieran ser pilotos». Cabe, también, que sea el mismo «antiguo catedrático de psicología, lógica y ética, gran partidario de la escuela escocesa y de los embutidos caseros» (V), que, en una época anterior, ayudaba a doña Anuncia, la tía de Ana Ozores, a regatear en el mercado. El problema de la inspiración artística es sumamente misterioso.

Disposición artística del libro «Pipá»

Hemos repasado el orden cronológico en que escribió «Clarín» los nueve relatos de *Pipá*, conjeturando algunas correspondencias entre ellos y las circunstancias vitales del autor. Hemos visto, también, que dicho orden no corresponde exactamente a la ordenación final del volumen. Según atestiguan sus cartas a Fernando Fe y Manuel Fernández Lasanta, Leopoldo Alas había concebido, desde el comienzo, un libro encabezado por *Pipá* y con *Zurita* en último lugar. Parece bastante probable que pensara poner las otras cuatro narraciones de la versión primitiva en el que sería su orden actual: *Amor' è furbo, Mi entierro* (en una carta aparece éste antes de aquél), *Un documento* y *Las dos cajas*. Esta organización le otorga al libro original una fuerte estructura interna que no se encuentra en otras colecciones del autor. No conocemos los criterios con que Leopoldo Alas dispuso sus materiales, pero no hay duda de que los seis cuentos del volumen *Pipá* se interrelacionan artísticamente al mismo tiempo que ofrecen un interesante reflejo del proceso creador. Veamos en qué consiste.

Para empezar, es un libro circular: *Pipá* y *Zurita*, las únicas novelas cortas del volumen, tienen aproximadamente la misma extensión. Divididas las dos en siete partes o capitulillos, dan la impresión —confirmado por el autor mismo en *Mis plagios*— de querer presentar personajes *históricos* revividos por la pluma de un narrador que los ha inmortalizado para la posteridad. Dicha sensación está reforzada por el hecho de que en ambos casos ha escogido como título el nombre de sus respectivos protagonistas. Tanto Pipá como Aquiles Zurita son personajes insignificantes con propensión a la embriaguez. La acción de *Pipá* tiene lugar en una ciudad que recuerda a Oviedo, probablemente hacia el final de la década de 1860 o comienzos de la siguiente; la de *Zurita*, también escrito en Oviedo pero cinco años más tarde, en 1884, acaba en un pueblo de pesca del norte —recuérdese que el personaje también había pasado, años atrás, algún tiempo en Oviedo—. Si Zurita responde en efecto al mismo modelo que el «antiguo catedrático de psicología, lógica y ética» mencionado en *La Regenta,* Leopoldo Alas lo habría conocido hacia la misma época que a Pipá. Es bastante posible que Alas decidiera abrir y terminar su libro con retratos ficcionalizados de dos personajes reales conocidos por él de joven en Asturias. El niño Pipá no sale de allí; Aquiles Zurita, en cambio, vivirá muchos años en la corte, y también en otros sitios, antes de ganar su cátedra en Lugarucos. La probable fijación emocional del autor a Asturias que esos relatos revelan me parece que puede ser el punto de acceso al mundo de *La Regenta.*

Ninguno de los cuentos intermedios tiene lugar, en cambio, en un sitio que recuerde a Asturias; ofrecen, más bien, un reflejo artístico de las experiencias de Leopoldo Alas durante un período que pasó fuera de la patria chica. Son cuatro relatos de amor y desengaño con una progresión de tonalidades que también se relacionan con el comienzo y el final. El amor en *Pipá* es todavía infantil. De la inocencia pasamos en seguida a *Amor' è furbo,* con su adulterio libre y desenfadado, donde, sin embargo, también existe amor verdadero. La segunda fantasía amorosa —*Mi entierro*— trata el adulterio con una ironía menos alegre por tocar el tema de la locura. Está situado en Madrid, donde tiene lugar también la acción de *Un documento,* una especie de educación amorosa cuya moraleja, aunque irónica, adquiere una gran importancia. Finalmente, en *Las dos cajas* tenemos una historia sentimental que acaba tristemente en una ciudad de provincias. De su protagonista, que renuncia a su mujer, se pasa al célibe Zurita.

Creo que esta unidad y creciente tensión temática se diluyó cuando «Clarín» accedió a aumentar el número de originales, ampliando así el volumen. Los tres relatos intercalados, que tienen lugar casi exclusivamente en la corte, son, como ya se indicó, más bien retratos de ciertos tipos de individuos dentro de la tradición del costumbrismo. Más que composiciones, son estudios. La creación en ellos de un ambiente social fue, sin duda, una buena preparación para el amplio mundo de *La Regenta.* En su tono se parecen a *Zurita.* Dos de ellos están estrechamente relacionados, pues fueron concebidos como las primeras partes de una serie que empezó a publicar «Clarín» en *La Ilustración Ibérica* bajo el título de *Los transeúntes.* «*Avecilla I*» fue el subtítulo de dicha serie cuando se publicó en 1883, y en 1884 apareció «*Los transeúntes* * *II. Bustamante*», con el asterisco llamando la atención del lector sobre *Avecilla.* Ambos son retratos de burgueses que acaban paseándose por las calles de Madrid. *El hombre de los estrenos* es aún más próximo a un artículo de costumbres. Ninguno trata el tema del amor.

«Clarín» decidió incorporarlos al volumen hacia su final, después de *Un documento*. Me parece un acierto el haber separado entre sí a los dos *transeúntes* con otra obra de tipo costumbrista (*El hombre de los estrenos*) junto con una de tipo puramente imaginativo (*Las dos cajas*). También hay una alternación de tonos: entre el patetismo grotesco de *Avecilla* y el sentimental de *Las dos cajas* se encuentra el humor satírico de *El hombre de los estrenos* y de *Bustamente*, preparándonos así para una combinación de tonos en *Zurita*. Las intercalaciones no llegan a suprimir la unidad del libro.

Relación de «Pipá» con «La Regenta»

En nuestro estudio del volumen *Pipá* hemos mencionado de paso algunos ejemplos de elementos encontrados allí que anticipan a *La Regenta*. Ahora vamos a concentrarnos en dicha relación para ver cómo ciertos aspectos de esta novela están esbozados ya en los cuentos. En nuestra discusión, que pretende únicamente abrir caminos para futuros críticos, examinaremos la intercorrespondencia entre ambas obras desde el punto de vista de técnica narrativa, personajes, temas y algunos motivos recurrentes. Los relatos de *Pipá* constituyeron, como se verá, una excelente preparación para *La Regenta*.

Se ha señalado en la mayor parte de los cuentos la presencia de un narrador personalizado. En realidad, sólo está ausente en dos narraciones. *Amor' è furbo*, cuya acción se sitúa en un pasado lejano, y *Mi entierro*, supuestamente narrado en primera persona por el protagonista. Los demás relatos tienen lugar, como éste, en la época contemporánea del autor, cuya relación con sus personajes varía según el texto. En *Los transeúntes* el narrador no interviene directamente en la acción; se percibe en ellos, sin embargo, el mismo tipo de estrecho entendimiento entre el narrador y su público lector, algo que viene de la relación entre el autor y el lector del artículo periodístico de costumbres. Antes de describir el pobre tocado de la hija de Avecilla, por ejemplo, se dirige al que lee: «Lector —escribe allí—, si eres observador y, además, tienes un poco de corazón, alguna vez te habrá enternecido espectáculo semejante». En el otro, donde habla de «nuestro Bustamante», pide una tal colaboración del lector. Tanto en esos dos como en otros relatos se nos hace tomar conciencia del proceso narrativo: «Iban delante su mujer y su hija Pepita, y él quedábase atrás», leemos en *Avecilla*, «*como ya dije dos veces*» [bastardillas mías]. «Y aquí me permitiré una digresión...» se lee en *Bustamante*; «como iba diciendo...», en *Las dos cajas*; «para abreviar (que no es ésta la historia de doña Engracia, sino la de Zurita)», en el cuento de este nombre; y el tercer capítulo de *Pipá* empieza así: «Dejábamos a Pipá, cuando interrumpí mi relato...», y acaba con «Dejemos a los parroquianos de Santa María entregados a sus conjeturas, comentando el escándalo, y sigamos a nuestro pillete». En este cuento el narrador aclara su papel de traductor frente al personaje, quien le necesita: «Y ahora advierto —escribe en la primera parte— que éstas y otras muchas cosas que pensaba Pipá las pensaba sin palabras, porque no conocía las correspondientes del idioma, ni le hacían falta para sus conceptos y juicios». Ocurre algo semejante en la segunda parte de la otra *historia* del libro, donde leemos: «Estas reflexiones no son de Zurita». Y en *Un documento* el narrador *traduce* lo que ya ha traducido, a su modo, otro personaje con quien se identifica: «Todo este discurso, que yo atribuyo a los ojos de Cristina, lo había leído en ellos el joven escritor, periodista y novelista, Fernando Flores». La presencia del narrador se siente también en *La Regenta,* pero de un modo menos obvio, pues predomina ahí una intención de objetividad. A mí me interesa mucho la impersonalidad que parece haber buscado «Clarín» en esta novela, sobre todo cuando se piensa que en toda la extensa sociedad vetustense no hay ningún personaje fácilmente identificable con el autor, como en el caso del antes mencionado Fernando Flores. (Falta por completo en la obra el ambiente universitario de la ciudad inspiradora.) Yo veo a Leopoldo Alas, que empieza su novela apenas llegado a Oviedo, donde se establece a vivir como miembro permanente de aquella comunidad tras años de largas ausencias, básicamente en la actitud de un testigo-observador que, al redactar su novela, hace un enorme esfuerzo para mantenerse aparte. En efecto, su punto de vista en la obra es simultáneamente desde encima y desde dentro. Anticipando, quizá, la reacción que algunos ovetenses habían de tener al publicarse *La Regenta,* me parece que hizo todo lo posible al escribir la novela para autoeliminarse creando un narrador aparentemente neutro. A mí me gusta imaginar que se ha colocado disimuladamente en el cuadro como aquel retrato de El Greco que nos mira fijamente desde el grupo de caballeros en *El entierro del Conde de Orgaz;* sería entonces el catedrático innominado, al que menciona de paso en el capítulo VI, y que juega siempre al dominó con tres amigos suyos en el Casino, a donde le llegarían los chismes de la ciudad. En cuanto al narrador como traductor o intérprete de su personaje, este recurso será utilizado varias veces por el «historiador» de Bonifacio Reyes en *Su único hijo* (I, XI, XIV). En esta última novela, como en muchos de los cuentos de *Pipá,* la irónica identificación del narrador con un protagonista a quien de alguna manera compadece no permite el tono de impersonalidad que le separa de sus personajes en *La Regenta.*

Varios aspectos estructurales de esta novela larga están anticipados en el volumen *Pipá. La Regenta* es una obra circular: empieza y acaba una tarde, después del coro, en que sopla el viento Sur, cuando Ana Ozores entra en la capilla en busca del Magistral, quien, por diferentes razones, no la confiesa. Hemos observado en el libro de cuentos cierta circularidad con la relación entre los relatos *Pipá* y *Zurita.* Asimismo el final de uno y otro cuento recuerda en algún modo su comienzo: en *Pipá* se vuelve a la idea del olvido general acerca del personaje y el papel de historiador que asume el narrador, y *Zurita* termina, como comienza, con una repetición del nombre del protagonista. Pero es en el relato *Un documento,* que de tantas maneras anticipa *La Regenta,* donde utiliza «Clarín», con gran éxito artístico, una estructura circular, acabando la novelita, de igual modo que la empezó, en el tocador de la duquesa del Triunfo, quien ha dado, al final como al principio, «orden terminante de no recibir a nadie».

También el ritmo de la acción en la novela es anticipado por el de muchos de los relatos. *La Regenta* comienza con varias escenas en el presente, pero pronto introduce «Clarín», a veces a través de los recuerdos de sus personajes, en otras ocasiones por el punto de vista del narrador, escenas del pasado, información de fondo y descripciones que enriquecen el entendimiento del lector. La primera mitad del libro abarca sólo tres días. El ritmo de la acción de la segunda mitad de la novela —un total de tres años— es cada vez más rápido, acabando con una serie de acontecimientos de un fuerte dramatismo encadenados entre sí. A lo largo de la novela cabe notar la existencia de escenas en que personajes individuales o en grupos pasean por las calles o en el campo, recurso favorito del autor.

El segundo final —la escena en la Catedral —sirve, en realidad, como una especie de posdata a la obra total. Leopoldo Alas había utilizado todos estos elementos de composición en los relatos de *Pipá,* muchos de los cuales empiezan con una escena, pasando luego a un *flashback* para retomar la acción en tiempo presente. La segunda parte de *Pipá* es una digresión sobre las creencias religiosas y filosóficas del protagonista, tras la cual se regresa al argumento, en una tarde y noche, que termina, dramáticamente, con la muerte de Pipá en la taberna. Lo que le da unidad a la acción es el largo paseo del joven protagonista, que tenía el vicio de la «*flanerie*», por las calles de la ciudad. Su entierro, narrado en la séptima parte, sirve de posdata. Algo parecido pasa en *Zurita,* que empieza cuando el protagonista, a los treinta años, está asistiendo a una clase en Madrid. La segunda parte nos da información de fondo, tras la cual se narra el resto de la historia de su vida, que consiste en una serie de desengaños filosóficos y huidas amorosas. La escena de borrachera con que se termina es representativa, no específica, subrayando así lo representativo del personaje. La séptima parte, en que se recuerda a Zurita, sirve de *postcriptum.*

Los otros *cuentos* propiamente dichos presentan elementos estructurales parecidos. *Un documento* empieza en un momento del presente seguido de descripciones de los antecedentes de ambos personajes para pasar a un viernes del mes de mayo cuando los dos se miran en el circo Price. Las consecuencias de esta larga escena —eje de la composición— están narradas casi sumariamente; la seducción y abandono de la duquesa son muy rápidas. Hay dos posdatas: la reacción de la duquesa y la del amante. Aunque no comienza en el presente para retroceder luego al pasado, la primera mitad de la acción de *Las dos cajas* es lenta —una descripción de la vida del protagonista desde su niñez hasta el nacimiento de su hijo y la salida de la familia de Madrid—, mientras que la segunda mitad se desarrolla en poco tiempo en una ciudad provinciana, acabando con el melodramático concierto cuando Ventura se da cuenta de la infidelidad de su mujer. Como en *La Règenta,* se resumen a continuación las consecuencias de ese primer clímax, añadiendo al final, otra: el entierro del violín. *Amor' è furbo* empieza con una descripción de los protagonistas para entrar luego en la acción y pasar directamente a la escena principal y climática: la del matrimonio secreto. La posdata informativa del narrador es el único lugar donde se deja percibir el moralismo de «Clarín». *Mi entierro* narra una serie de incidentes que tienen lugar una noche y en el día siguiente. Su composición es más bien lineal —tiene que imaginarse el lector un punto de partida en el presente— e incluye, al principio y al final, dos paseos por las calles. En el primero de éstos puede verse una anticipación del paseo, en el capítulo XV de *La Regenta,* de don Santos Barinaga, personaje que debe bastante a este relato. Tiene asimismo una secuencia que cuenta lo que pasó al día siguiente del entierro.

La estructura de los tres textos de tono costumbrista es también lineal. Aunque contiene una breve pausa al comienzo —cuando el protagonista toma la copa de vino zaragozano— para describir a éste, en la mayor parte del argumento de *Avecilla* se narran las aventuras del *transeúnte* con su familia, andando por las calles de Madrid. La posdata cuenta la deshonra de la hija años después. *Bustamante* —la historia de otro *transeúnte*— responde a una organización parecida: breve introducción del personaje, su llegada a Madrid, digresión del narrador acerca del personaje, y las andanzas de éste una noche en la ciudad. Una supuesta cita de *La Correspondencia* y del diario de Bustamante nos informan, a *posteriori* de las consecuencias de su disparate. *El hombre de los estrenos* se abre con una escena donde se relata el primer encuentro del narrador con el protagonista, seguida de un resumen de las posteriores relaciones entre ambos, una escena —a fuerza de ejemplo— del comportamiento de Comella en un estreno, otro resumen del desarrollo de su extraña afición, varios encuentros que tuvo con el narrador y, finalmente, su fracaso como autor de teatro. En una breve apostilla nos informa de que fue así como Remigio Comella «se volvió loco».

Leopoldo Alas se sirve de una gran variedad de técnicas narrativas en *La Regenta* para crear, desde una multiplicidad de perspectivas, una intensa sensación de *mundo* así como una variedad de tonos que van desde lo serio hasta lo irónico y paródico. Junto con la narración en tercera persona y el diálogo, filtra también materia a través de la conciencia de ciertos personajes, especialmente Ana Ozores y Fermín de Pas, algo que había hecho con éxito antes en *Un documento* y *Amor' è furbo.* También introduce en *La Regenta* el punto de vista de la prensa con citas del diario local, *El Lábaro.* En varios de los relatos de *Pipá* —como *Las dos cajas, El hombre de los estrenos* y *Bustamante*— aparecen asimismo citas de la prensa. El tratamiento paródico de los periódicos en estos dos últimos anticipa sobre todo algo de *La Regenta.* El uso de cartas y un diario en esta novela recuerda momentos en *Un documento* y en *Bustamante,* y los muchos discursos —la mayor parte de ellos pronunciados en estado de embriaguez— que se encuentran en las páginas de la novela recuerdan semejantes escenas oratorias de *Mi entierro, Bustamante* y *Zurita.* Uno de los recursos de perspectivismo más desarrollados y mejor logrados en *La Regenta* se relaciona, no con la palabra, sino con la vista. A lo largo de la novela, que empieza, como se recordará, con el Magistral mirando Vetusta a través de su catalejo desde la torre de la Catedral, los personajes observan y se observan, espían y se espían: sus miradas atraviesan el espacio como flechas, desde arriba hacia abajo, desde abajo hacia arriba, etcétera. Este juego de ojos, catalejos y gemelos, tan fundamental en la novela, se encuentra dado ya en las miradas de la duquesa del Triunfo y Fernando Flores en el interior del circo en *Un documento.*[9]

En los cuentos anteriores a *La Regenta* Leopoldo Alas estaba experimentando con una diversidad de recursos de que se serviría después para analizar la realidad exterior e interna. *Un documento,* por ejemplo, responde a la técnica del naturalismo según lo entendía el autor y pondría en práctica en *La Regenta.* En *Avecilla, El hombre de los estrenos* y *Bustamante* dominan lo paródico y lo grotesco, tonos utilizados en el tratamiento de ciertos personajes secundarios de la novela. La compenetración en ésta de vida y teatro está examinada desde varios ángulos, no sólo en los antes mencionados relatos sino también —de un modo mucho más complejo— en *Amor' è furbo,* narración de gran importancia también para

9. En la nota 71, p. 51 de *Clarín o la herejía amorosa,* llama la atención García Sarriá sobre las «catástrofes extremas» desencadenadas por «una simple mirada» en *Las dos cajas.*

Su único hijo.[10] Otra nota importante de algunos cuentos es el *pathos*, que va acompañado en ellos por diversos grados de ironía. La ternura del narrador hacia su protagonista en *Pipá*, por ejemplo, no le impide presentar los defectos del pillo. El retrato de Ventura Rodríguez en *Las dos cajas*, en cambio, tiende mucho más a lo abiertamente sentimental. Tanto dicho personaje como Zurita —tratado éste con una sabrosa ironía— anticipan de cierto modo al Bonifacio Reyes de *Su único hijo*. La ternura, característica de bastantes relatos clarinianos posteriores a *La Regenta*, brilla en la novela larga por su ausencia, aunque sí puede verse en ella una cierta —compasiva— identificación espiritual del narrador con Ana Ozores.

También la presentación en *La Regenta* del mundo interior así como la fantasía de ciertos personajes tiene sus raíces en los cuentos. Cabe señalar, primero, que tanto en esta novela como en *Su único hijo* son importantísimos los momentos de recogimiento interno que sendas protagonistas experimentan en la cama, algo anticipado ya en *Un documento*. Pero si la solitaria intimidad del lecho crea un escenario idóneo para el autoanálisis, es allí, también, donde puede vagar libremente la fantasía antes de dormirse uno, y donde se sueña. En *La Regenta* el acto de acostarse encierra, a menudo, una intensa voluptuosidad, sobre todo en el caso de Ana. Otros personajes también están retratados en su intimidad al acostarse. Hay, por ejemplo, la extraordinaria escena en el capítulo I cuando don Saturnino Bermúdez se duerme pensando en la Regenta y en otras hermosas damas. U otra, en el XX, donde don Pompeyo Guimarán, al meterse en la cama, borracho, siente que ésta se convierte en un barco. El subconsciente está presentado también a través de sueños que reflejan de alguna manera la realidad. Ana tiene unas pesadillas infernales en el capítulo XIX, dignas del análisis freudiano —también hay sueños grotescos en *Su único hijo*— y Guimarán experimentan una al final del capítulo XXII, cuando regresa, los pies mojados y con fiebre, del entierro de su amigo Barinaga, soñándose a sí mismo transformado en el muro roto del cementerio civil. «Clarín» había investigado ya ciertos aspectos de la fantasía en los cuentos. Presenta el mundo en *Pipá*, por ejemplo, a través de los ojos del pillo, «muy dado a fantasías», y al final de *Avecilla* el protagonista, que a su regreso de haber visto, y tocado, a la mujer gorda, se había ido a la cama con la corbata puesta por no saber quitársela, «soñó que le llevaban al patíbulo, ... y que por el camino había tendidas mujeres gordas, entre cuyas piernas mal cubiertas tenía que pasar don Casto, pisando carne por todos lados...». Pero es sobre todo en *Mi entierro* donde examina «Clarín»

10. Estudio esta relación en «La ópera como enlace entre dos obras de Clarín: *Amor' è furbo* y *Su único hijo*», *Insula*, n.° 377 (abril 1978), p. 3.

en toda su complejidad el mundo de la fantasía y de los sueños. La transformación allí de personajes en piezas de ajedrez tendrá su eco en *La Regenta*, donde en varias ocasiones se compara a alguien con una de ellas. Como he procurado mostrar en otro lugar, el sueño de *Mi entierro* y otro en *El doctor Pértinax (Solos de «Clarín»)* anticipan escenas específicas y a dos personajes de *La Regenta*.

Hemos señalado que unos cuantos personajes de *La Regenta* tienen sus antecedentes en los cuentos del volumen *Pipá*, o bien en otras narraciones suyas de esa época como el referido *El doctor Pértinax* o *El diablo en Semana Santa*. En algunos casos —como éste o el relato *Pipá*— se trata de personajes que de un modo identificable vuelven a aparecer en la novela larga. Otras veces aparecen en los cuentos las semillas parciales de personajes de *La Regenta*. Ocurre también —como en el caso del catedrático Zurita— que se ven en la novela leves *sugestiones* de personajes desarrollados antes en algún texto corto. Hasta en los detalles más insignificantes se perciben conexiones. Por ejemplo, la institutriz de la niña Irene en *Pipá* quien, como el aya de Ana, le dice en inglés: «*Improper*». Aparecen primero en los relatos tipos o grupos que tendrán su eco en la novela larga, como las beatas de *Pipá* o la gente joven, con sus pretensiones, que recuerdan a los jóvenes madrileños de *Bustamante*. Aparte de lo dicho arriba, sin embargo, es difícil encontrar en el volumen *Pipá* antecedentes para los tres protagonistas de la novela larga. Parece que el núcleo sugerido en *El diablo en Semana Santa* quedó como tal hasta el momento de concebir *La Regenta*. Quizá donde pueden vislumbrarse un poco sea en *Un documento*, que tiene, en vez de lo que ocurre entre don Álvaro y Ana, una «Doña Juana» experimentada y una inocente víctima masculina. No hay en la colección, sin embargo, ningún personaje que anuncie en complejidad y fuerza al Magistral. Como personaje literario don Álvaro Mesía nunca supera lo plano (doy una posible explicación de esto en mi artículo «Gérmenes de *La Regenta* en tres cuentos de "Clarín"»). ¿Cuál es el caso, entonces, del personaje de Ana Ozores? En los cuentos de *Pipá* las mujeres suelen ser o seductoras y adúlteras —Cristina en *Un documento*, Gaité en *Amor' è furbo*, la esposa del *muerto* en *Mi entierro*, las que persiguen al protagonista de *Zurita*—; o bien, como en el caso de la marquesa de Híjar en *Pipá*, están idealizadas. O sea, la dicotomía tradicional entre Eva y la Virgen. A veces una mujer *buena* cae en la tentación y comete un pecado, como ocurre en *Las dos cajas*. Entre todos estos personajes femeninos clarinianos no cabe duda de que las *malas* suelen ser las más interesantes, como ocurre, también, con las de *La Regenta*. ¿Qué relación hay entre estas mujeres y Ana Ozores? Con ella ha querido crear Leopoldo Alas, a mi parecer, un personaje femenino complejo. De *mala* no tiene nada —lo único que hay en común entre ella y la duquesa del Triunfo son sus despistadas lecturas y vaivenes entre el misticismo y la carne—. Ana es a la vez pura y tentadora (se la compara en varias ocasiones a la *Virgen de la Silla* de Rafael y la *Venus del Nilo*). No es madre (a menudo piensa para sí que si tuviera un hijo no se sentiría tan aburrida y sola, ni tampoco se sentiría tentada —tema éste de otras narraciones clarinianas más tardías—), pero su antecedente directo —la jueza de *El diablo en Semana Santa*— lo era, y eso no impidió que sintiera en cierto momento el deseo de pecar. También lo era la esposa adúltera de Ventura en *Las dos cajas*. Sola como ésta, Ana Ozores, tentadora involuntaria de los hombres por su belleza, acabará ella misma cediendo a la tentación. Para juzgar hasta qué punto logró «Clarín» crear en su figura un personaje realmente complejo habría que examinarla en comparación con el atormentado De Pas, o hasta con el escritor Fernando Flores en *Un documento*. Pero ése es un problema al que volveré en otra ocasión.

El tema de *La Regenta,* el adulterio, es anticipado en los seis cuentos propiamente dichos de *Pipá,* donde se presenta desde una gran diversidad de enfoques. En el relato que da título al libro aparece sólo de un modo incidental. Pipá, él mismo «hi de tal», sabía que la señora Sofía, esposa de don Benito el librero, «era ardentísima partidaria... del cuerpo de carabineros» y que su marido era celoso. En realidad es ésta otra manifestación del sabio cornudo que aparece con frecuencia en los cuentos tempranos de «Clarín». El adulterio, sutilmente sugerido, entre la mujer de Ventura y un alférez (otro militar) en *Las dos cajas* es también casi incidental dentro del argumento total; desempeña, sin embargo, un papel decisivo en el desarrollo de éste, pues le vedará al marido engañado cualquier posible felicidad después de la muerte del hijo. La infidelidad de la «casta esposa» está relacionada con la creciente sensación de la muerte en el relato, donde le parecía a ella desde hacía años «el contacto de aquel dolor mudo —el de su esposo—, el contacto de la muerte». En *Mi entierro* el marido engañado se da cuenta del adulterio de su mujer con un amigo de él cuando está *muerto,* o sea, cuando se convierte en el cadáver del relato. El tono empleado aquí, como en *Amor' è furbo,* es sumamente irónico. El eje de este último cuento es el adulterio aceptado por los personajes como un modo de vida normal, algo que pasaría también con los de la compañía de ópera de *Su único hijo.* En *La Regentat* el adulterio es un juego sexual aceptado y practicado por gran parte de la sociedad vetustense. Su *escenario* más importante es el palacio de los Vegallana. La actitud del narrador frente a estos excesos eróticos conlleva, en cambio, un elemento de juicio moral ausente por completo en el alegre relato. *Un documento* presenta el adulterio también bajo criterios críticos. Aquí es la mujer casada, con años de experiencia amorosa ya, quien seduce *espiritualmente* al ingenuo joven que, a su vez, acaba siendo para con ella «atrevido, brutal, grosero». Aunque esta situación no se reproduce en *La Regenta*, se manifestará en los protagonistas de ella una tensión sexual parecida a la que se da entre los protagonistas del relato. La dicotomía entre el cuerpo y el espíritu, eje de *El diablo en semana Santa*, será en la novela fundamental. Finalmente en *Zurita* examina Alas el adulterio como deseo sexual no consumado. Son tres las mujeres que procuran seducir al tímido filósofo: dos patronas de posadas, ambas viudas, y una beata casada. Con ésta casi, casi se atreve, pero acaba, como siempre, huyendo de la tentación. Este retrato del adulterio como deseo sexual reprimido anticipa en *La Regenta* al sabio don Saturnino Bermúdez, especialmente en sus flirteos con la viuda Obdulia Fandiño. Otros elementos relacionados con el adulterio que se dan en estos cuentos, tanto como en *Avecilla* y *Bustamante* —la impotencia, la frustración sexual, la voluptuosidad y la lascivia— impregnan también las páginas de la novela.

Se encuentran en el libro de *Pipá* una cantidad de temas secundarios o motivos recurrentes que se desarrollarán de alguna manera en *La Regenta*. El matrimonio, objeto de la pluma satírica de «Clarín» en numerosos cuentos tempranos así como en los relatos costumbristas del volumen en cuestión, también puede ser ocasión de risa en la novela larga. Pero lo que critica Alas en el de Ana Ozores y don Víctor Quintanar es, además de la diferencia de edad entre ellos, la falta de amor. Y la falta de hijos, resultado de la impotencia del marido. En cuentos como *Pipá* o *Las dos cajas* el autor idealizaba la maternidad o paternidad (actitud que reaparecerá en otros relatos más tardíos y en *Su único hijo*).

Uno de los grandes temas de *La Regenta*, y de toda la obra narrativa de nuestro autor, especialmente su segunda novela, es la influencia que sobre los personajes ejercen sus lecturas. La compenetración entre vida y literatura, tema de origen cervantino, se desarrolla principalmente en *La Regenta* con los personajes de Ana y Quintanar, matrimonio sumamente lector. Quizá por sentirse *necesitado* como crítico y catedrático Leopoldo Alas, para quien la literatura que leía llegaba a formar parte de su propia vida, solía tener muy poca paciencia para con las capacidades intelectuales del lector ordinario, sobre todo si era del sexo femenino. De la duquesa del Triunfo, cuyas lecturas filosóficas y místicas la han llevado a querer practicar con Fernando un «romanticismo místico-erótico de abstinencia sexual, piensa éste: «Si Cristina hubiese tenido un verdadero director espiritual, ¿no hubiera buscado salvación por mejor camino?». A Ana Ozores, otra disparatada lectora, tampoco la ayuda su director espiritual... Sintiéndose dividido entre sus lecturas filosóficas, que no entiende, y sus instintos carnales —dicotomía parecida a la de Cristina y de Ana—, Aquiles Zurita resiste a éstos y opta por la «abstención, virtud, pureza» predicadas por aquéllas. Asimismo don Víctor Quintanar prefiere la fantasía de sus lecturas del siglo de oro a la vida real.

Como es sabido, el tiempo en *La Regenta* se organiza a base del calendario de la Iglesia. También el cuento *Pipá,* cuya acción se desarrolla la noche del domingo de Carnaval, está lleno de referencias religiosas que sugieren una interpretación simbólica demónico-celestial. *Las dos cajas,* cuya escena culminante tiene lugar una noche de Semana Santa, invita también a una comparación entre Ventura y Jesucristo. El concierto sacro de esa noche anticipa al concierto de *Su único hijo* donde la música desempeña un papel algo semejante al que tiene en el cuento (el subteniente, como Bonis, había tocado la flauta). En *Pipá* tiene igualmente importancia la música, que era para el pillete «el dios dulce». En dicho relato se recuerda la música de la misa de Gloria, el día de Pascua de Resurrección, escena que replica la misa de *El diablo en Semana Santa;* ambas preludian ciertas escenas de *La Regenta,* sobre todo la misa del gallo (XXIII). Aunque mueren en *La Regenta* varios personajes, el entierro de don Santos Barinaga es el único descrito detalladamente. Esta escena se anticipa en *Pipá, Las dos cajas* y —sobre todo— *Mi entierro,* cuentos que terminan todos en el cementerio. En algunas de sus crisis nerviosas Ana Ozores teme volverse loca. La locura aparece al final de *Las dos cajas* y *El hombre de los estrenos* así como en *Mi entierro.*

Para terminar quisiera llamar la atención sobre otros tres motivos de esta novela larga que se encuentran ya en los cuentos de *Pipá.* El primero es el temor al ridículo de que padecen personajes como De Pas y Mesía y cuyo antecedente está en la misma aprensión de Fernando Flores en *Un documento* («Clarín» crea muchos personajes ridículos en sí, pero sólo unos cuantos conscientes de su ridiculez). Otro es el de la borrachera, constante en la obra de Leopoldo Alas.[11] En el primer tomo de sus memorias póstumas, Adolfo Posada dejó dicho claramente lo que sólo podía sospecharse a través de la lectura de Clarín: que Alas tenía bastante experiencia personal de la embriaguez.[12] *La Regenta* está llena de escenas de borrachera (banquetes, comidas, el padre del Magistral, etcétera) cuyos precedentes se encuentran en el volumen *Pipá* y en muchos relatos anteriores. Los protagonistas de las tres narraciones costumbristas beben —a veces en exceso—, el protagonista de *Pipá* tiene ese vicio, *Amor'è furbo* termina en una animada fiesta, Aquiles Zurita era famoso por sus borracheras, y *Mi entierro* es el sueño de un borracho. El último motivo es el del heroísmo, desarrollado

11. Véase mi edición de *Treinta relatos,* p. 223, n. 12.
12. *Fragmentos de mis memorias* (Oviedo, Servicio de Publicaciones de la Universidad, 1983), p. 224.

irónicamente a lo largo de *La Regenta.*[13] También hace «Clarín» alusiones irónicas a lo heroico en *Pipá* y *Avecilla* —se compara a estos personajes con César...—, y el protagonista de *Zurita* está descrito como lo contrario a un Aquiles.

Conclusión

Con esto, pongo término a esta larga excursión. Según anuncié al comienzo, el propósito de mi estudio en este momento de general celebración de *La Regenta* no ha sido otro que el de establecer algunas conexiones temáticas y estilísticas existentes entre la obra capital de Leopoldo Alas y su previa colección de cuentos agrupados bajo el título de *Pipá,* destacando los antecedentes y preludios de las técnicas ahí empleadas tanto como la semejanza de estímulos y probables modelos reales con las narraciones incluidas en dicho volumen, sin que mis precisiones impliquen valoración alguna acerca de la calidad de cada una de las piezas en sí misma, en relación con las demás, o en comparación con la obra magna de su autor. Señalo el peligro de que, así como el *Quijote* oscurece en la opinión pública el resto de la producción cervantina, *La Regenta* sea también exaltada en el aislamiento con detrimento de las demás obras narrativas de «Clarín». Lo que he querido subrayar es que la gran novela no surgió en el vacío, sino que debe ser incluida dentro de un proceso creativo amplio donde ocupa su lugar propio, proceso creativo cuyo conocimiento ayudará a entenderla mejor.

13. He estudiado este aspecto de *La Regenta* en «El heroísmo irónico de Vetusta», *Los Cuadernos del Norte,* año V, n.º 23 (enero-febrero 1984), pp. 82-86.

14. Este trabajo, leído el día 23 de marzo de 1984 en el Simposio sobre «Clarín» y su obra en el Centenario de *La Regenta* organizado por la Universidad de Barcelona, se ha preparado con el apoyo económico del Comité Conjunto Hispano-Norteamericano para Asuntos Educativos y Culturales.

FORTUNATO Y FRIGILIS EN *LA REGENTA*

JOHN RUTHERFORD
Universidad de Oxford

En 1952, con motivo del centenario del nacimiento de Leopoldo Alas, se publicaron en la revista *Archivum* varios trabajos importantes, entre ellos dos que han ejercido y siguen ejerciendo una profunda y merecida influencia en los estudios clarinianos, y que contribuyeron en gran medida al tardío reconocimiento de «Clarín» como novelista de primera categoría. Me refiero a «Exaltación de lo vital en *La Regenta*» de Mariano Baquero Goyanes,[1] y a «Notas a *La Regenta*» de Emilio Alarcos Llorach.[2] Baquero Goyanes, de acuerdo con Albert Brent, llamó a *La Regenta* novela de la frustración, del fracaso, diciendo que «el fracaso se produce, continuadamente, en la casi totalidad de los personajes vetustenses, porque éstos han vuelto la espalda a la verdadera vida, sobreponiendo a su auténtica personalidad otra fingida».[3] Baquero Goyanes se preguntó: «¿No se salva nadie en la novela de la condena de Alas? ¿No hay un ser lo suficientemente puro en esa tan fustigada Vetusta, como para merecer el cariño que Alas dispensó a *Pipá*, a *Manín de Pepa-José* a *Doña Berta*?»[4] Ya había dicho muy acertadamente el autor del trabajo que «los personajes secundarios de *La Regenta* son siempre claves importantes con las que llegar al conocimiento de los personajes esenciales»,[5] y su contestación a la

1. *Archivum*, II (1952), 189-216. Recogido en M. Baquero Goyanes, *Prosistas españoles contemporáneos* (Madrid, 1956), 33-173; y en J. M.ª Martnez Cachero (ed.), *Leopoldo Alas «Clarín»* (Madrid, 1978), 157-178.
2. *Archivum*, II (1952), 141-150. Recogido en E. Alarcos Llorach, *Ensayos y estudios literarios* (Madrid, 1976); y en S. Beser (ed.), *Clarín y «La Regenta»* (Barcelona, 1982), 225-245.
3. Martínez Cachero, *Op. cit.*, 167.
4. *Op. cit.*, 169.
5. *Op. cit.*, 163.

pregunta que se había hecho fue positiva: hay dos personajes puros, que son el obispo Fortunato Camoirán, «la encarnación del vitalismo clariniano en el mundo religioso de Vetusta»,[6] y Tomás Crespo, Frígilis, que «es algo así como la tesis o la moraleja hecha carne, incorporada a un ser novelesco que representa la voz de la naturaleza, pura y sencilla, en el turbio mundo vetustense».[7] Y al final de «Notas a *La Regenta*», Alarcos Llorach hizo un análisis agudo y detallado del carácter de Frígilis y de su trayectoria en la novela, para llegar a una conclusión semejante: «resulta una enseñanza clara, fuera o no consciente en "Clarín": sólo en la alegría, bondad y sencillez de la Naturaleza puede encontrarse el sosiego».[8]

De estas interpretaciones se ha hecho eco repetidas veces la crítica de *La Regenta*. En un trabajo publicado en 1962, Eduard Gramberg se declaró de acuerdo con los dos críticos españoles, pero añadió un detalle: «Lo positivo, aunque mucho menos frecuente, tampoco ofrece dificultades de interpretación. La bondad evangélica del obispo Camoirán, la rectitud moral de Crespo, el "descubrimiento" de Dios en la figura de Guimarán son manifestaciones bien definidas de la ideología clariniana.»[9] En mi pequeña guía crítica para lectores ingleses de *La Regenta*, publicada en 1974, estuve de acuerdo con Baquero Goyanes en cuanto a Fortunato Camoirán, y con Gramberg en cuanto a Pompeyo Guimarán, aunque manifesté alguna ligera duda acerca de Frígilis.[10] Pero la primera significativa nota discordante fue introducida por Juan Oleza en 1976, en su libro de inteligente y profundo análisis ideológico *La novela del XIX: del parto a la crisis de una ideología*. De acuerdo con la crítica clariniana en general, Oleza llama a Fortunato y Frígilis «personajes puros» que representan un vitalismo sano; pero no cree que sean personajes absolutamente positivos, porque su situarse al margen de la sociedad es una pureza egoísta y dañina para los demás. Frígilis, señala Oleza, tiene su buena parte de responsabilidad en la caída de Ana, aún más cuando la ve venir y no se mueve para evitarla; cuando por fin la ayuda es demasiado tarde. Fortunato, dejándose dominar por doña Paula y don Fermín, permite los abusos de éstos. Oleza llega a la conclusión de que «positivo, realmente positivo, sólo hay dos cosas en Vetusta: un individuo, Benítez, representante de la ciencia asumida con honestidad; y una clase social, la obrera» (Alarcos ya había mencionado a Benítez).[11]

6. *Op. cit.*, p. 172.
7. *Op. cit.*, 173.
8. Beser, *Op. cit.*, 245.
9. *Hispania*, XLV (1962), 194-199. Recogido en Martínez Cachero, *Op. cit.*, 204-211.
10. John Rutherford, *Leopoldo Alas, «La Regenta»* (Londres, 1974).
11. Juan Oleza, *La novela del XIX: del parto a la crisis de una ideología* (Valencia, 1976), 208-209 y 213.

Las opiniones expresadas en el número de *Cuadernos del Norte* dedicado a «Clarín» y publicado hace tres años resumen la situación actual de la crítica, que parece haber olvidado la importante objeción de Oleza. Vidal Peña dice que «en *La Regenta,* como en «Clarín» en general, el escepticismo de fondo ... cuenta con una especie de relleno positivo ... a su pura negatividad... La expresión más notable de ese "relleno" aparentemente positivo acaso venga dada, en *La Regenta,* por personajes como Frígilis o el obispo Camoirán. Ambos pueden (y suelen) insertarse en la famosa cuestión de la preferencia de "Clarín" por lo *natural* frente a lo *artificial,* tan a menudo destacada por la crítica».[12] Gonzalo Sobejano se muestra más reservado, señalando que aunque lo propio de Alas es otra cosa, «se ha propuesto a alguno o algunos de los personajes secundarios de *La Regenta* como portavoces discretos del verdadero pensamiento de su autor, y es verdad que Alas participaba del amor a la naturaleza y de la comprensión tolerante de Frígilis, del cristianismo generoso y sincero del obispo Camoirán, y con seguridad aplaudía la observación serena y respetuosa del médico Benítez, y simpatizaba con el pueblo que ama sencillamente, naturalmente, sin refracciones ni exquisiteces».[13] En el mismo número de *Cuadernos del Norte,* Elizabeth Sánchez escribe acerca de «la inclusión de la novela de dos parciales (imperfectas) pero complementadas encarnaciones de un ideal de realización: Frígilis y Camoirán, los únicos personajes que permanecen puros, debido precisamente a su profunda humanidad y espontánea reacción ante la realidad».[14]

Más recientemente todavía, Sergio Beser ha considerado tales lecturas de los personajes secundarios, para llegar a la conclusión de que «pueden discutirse estas interpretaciones de Fortunato o la clase obrera» y que no hay que ver a Benítez y a Crespo como portadores de una tesis explícita, porque «el papel marginal de ambos dentro de la obra, el carácter profesional de la presencia del médico en el relato, los rasgos cómicos que acompañan a Frígilis y su grave error cometido al olvidarse de la fuerza de lo natural, difuminan y esconden la posible lectura de estos personajes como corporificación de una tesis».[15] Por mi parte, tengo las mismas dudas que Gonzalo Sobejano, Juan Oleza y Sergio Beser, y aun iría bastante más lejos. Pero yo creo que los elementos que son demasiado marginales como para contar seriamente son Benítez, Guimarán y el pueblo obrero, aparte de otras objeciones que se puedan hacer contra su interpretación como portadores de una tesis: la arrogan-

12. *Los Cuadernos del Norte,* II, 7 (mayo-junio 1981), 40.
13. *Loc. cit.,* 26.
14. *Loc. cit.,* 35.
15. Beser, *Op. cit.,* 88.

cia de Benítez, la enfermedad de Guimarán, la inconsciencia del pueblo obrero. Por lo tanto, aquí me limitaré a considerar las interpretaciones originales de Baquero Goyanes y Alarcos Llorach.

Ya en sus primeros artículos estos eminentes hispanistas reconocieron que Fortunato y Frígilis no se nos presentan como personajes perfectos. Dice Baquero Goyanes que «"Clarín" trata con suave ironía —que no excluye un gran cariño— la figura del obispo, y se compadece de la debilidad de su carácter, explotado por el provisor y su madre», y que «la simpatía con que Alas distingue a Frígilis no excluye cierta ironía que le lleva a no silenciar los defectos de este personaje.» [16] Y Alarcos comenta acerca de Frígilis: «No falta algún detalle ridículo en su etopeya (como en todos los demás personajes): el intento de injertar gallos ingleses».[17] En este punto también la crítica ha estado de acuerdo: la opinión casi unánime es que estos personajes puros tienen sus imperfecciones. Quizá cabría comentar aquí que un personaje imperfecto no puede ser un personaje puro, por obvias razones de semántica. Y me parece que éste es el punto crucial del problema. La indudable ironía con que Fortunato y Frígilis nos son presentados ¿es una ironía suave, benévola, comprensiva, compasiva, que —a diferencia de los procesos irónicos normales de *La Regenta*— nos acerca emocionalmente a estos personajes y nos hace olvidar todo serio juicio moral que se pudiera hacer sobre sus defectos? ¿O son Fortunato y Frígilis, por el contrario, simplemente como los demás personajes, tratados con la misma ironía penetrante y distanciadora? Será conveniente examinar con algún detalle la manera en que el narrador nos presenta a Frígilis y Fortunato.

La primera mención de Frígilis (durante la descripción en el primer capítulo de Saturnino Bermúdez, ese autorretrato del novelista tan extraordinario por poco halagüeño), dice así: «En su traje pulcro y negro de los pies a la cabeza se veía algo que Frígilis, personaje darwinista que encontraremos más adelante, llamaba adaptación a la sotana, la influencia del medio, etc.; es decir, que si don Saturnino fuera tan atrevido que se decidiera a engendrar un Bermúdez, éste saldría ya diácono por lo menos, según Frígilis».[18] Un darwinista: desde el mismo principio el narrador nos dice que Frígilis no es un simple amante de la naturaleza, gracias a lo cual se aísla de la sociedad moderna y su artificialidad, sino un hombre que mira a la naturaleza desde un punto de vista específicamente decimonónica, científica y materialista. Y el texto de la novela nos confirma repetidas veces esta primera impresión de Frígilis como

16. Martínez Cachero, *Op. cit.*, 169 y 173.
17. Beser, *Op. cit.*, 244.
18. Leopoldo Alas «Clarín», *La Regenta* (edición de Gonzalo Sobejano, Madrid, 1981), I, 121-122.

un personaje tan inmerso, a su propia manera muy particular, en el materialismo y la artificialidad de sus tiempos como cualquier otro. El análisis que hace Frígilis de las tendencias clericales de Saturnino muestra cómo el darwinismo que profesa reduce la humanidad al nivel de la vida animal y vegetal. Pero no vayamos a pensar, guiados por el tono deliciosamente humorístico de dicho análisis, que el darwinismo de Frígilis no es más que una fuente de chistes. En otros pasajes más serios vemos, por ejemplo, cómo su misma «comprensión tolerante» no es, en realidad, ni muy comprensiva ni muy tolerante, puesto que no es más que una consecuencia lógica del mismo darwinismo deshumanizante: «Frígilis despreciaba la opinión de sus paisanos y compadecía su pobreza de espíritu. «La humanidad era mala pero no tenía la culpa ella. El *oidium* consumía la uva, el *pintón* dañaba el maíz, las patatas tenían su peste, vacas y cerdos la suya; el vetustense tenía la envidia, su oidium, la ignorancia, su pintón, ¿qué culpa tenía él?" Frígilis disculpaba todos los extravíos, perdonaba todos los pecados, huía del contagio y procuraba librar de él a los pocos a quien quería.» [19] El diagnóstico que más tarde hace Frígilis de la religiosidad de Ana va por el mismo camino torpemente materialista del típico científico del siglo diecinueve: «Aquello de Ana también era una enfermedad, y grave, sólo que él no sabía clasificarla. Era como si tratándose de un árbol, empezara a echar flores, y más flores, gastando en esto toda la savia; y se quedara delgado, delgado, y cada vez más florido; después se secaban las raíces, el tronco, las ramas y los ramos, y las flores cada vez más hermosas, venían al suelo con la leña seca; y en el suelo ... en el suelo ... si no había un milagro, se marchitaban, se pudrían, se hacían lodo como todo lo demás. Así era la enfermedad de Anita. En cuanto al contagio, que debía de haberlo habido, él lo atribuía al Magistral». El materialismo de Frígilis implícitamente niega la existencia del alma, de todo lo espiritual e ideal.[20] No me parece probable que esta novela quiera recomendar tal filosofía.

En la práctica Frígilis tampoco se conforma con observar y amar la naturaleza. Todo lo contrario: lo somete una y otra vez a experimentos científicos o, más bien, absurdamente seudocientíficos. Es decir, la desnaturaliza. Su gran orgullo es el haber aclimatado el *Eucalyptus globulus* en Vetusta; [21] otra de sus hazañas es la invención «de una singularísima especie de pensamientos monocro-

19. II, 87.

20. II, 210. En cierta conversación con Víctor (I, 239), Frígilis habla del alma de Ana y de sus «tesoros espirituales». Pero mediante la casi inevitable comparación con los árboles, deja claro que para él «alma» y «espíritu» significan simplemente «salud física».

21. I, 369, 370, 371; II, 122, 151, 532.

mos»; [22] injerta árboles y hasta gallos ingleses en gallos españoles, como recuerda Ana: «¿Y quién era Frígilis? Un loco; simpático años atrás, pero ahora completamente *ido*, intratable; un hombre que tenía la manía de la aclimatación, que todo lo quería armonizar, mezclar y confundir, que injertaba perales en manzanos y creía que todo era uno y lo mismo, y pretendía que el caso era "adaptarse al medio". Un hombre que había llegado en su orgía de disparates a injertar gallos ingleses en gallos españoles: ¡lo había visto ella! Unos pobrecitos animales con la cresta despedazada, y encima, sujeto con trapos un muñón de carne cruda, sanguinolenta ¡qué asco! Aquel Herodes era el Pílades de su marido».[23] Los gallos son bastante más que un mero y aislado «detalle ridículo»: entran a formar parte de todo un panorama bastante sombrío.

Vista en este contexto, la descripción aparentemente positiva de este personaje en el capítulo XIX, en la que Alarcos hace hincapié, se vuelve bastante intencionada e irónica, con una ironía por lo demás no muy suave. Notemos que el pasaje representa no tanto la opinión del narrador objetivo como —con el empleo del estilo indirecto libre— la de Ana, que en estos momentos se siente profundamente optimista: «Crespo, satisfecho, tranquilo, apacible, en voz baja, como respetando el primer sueño del campo, su ídolo, dejaba caer sus palabras como un rocío en el alma de Ana, que entonces comprendía aquella adoración tranquila, aquel culto poético, nada romántico, que consagraba Frígilis a la naturaleza, sin llamarla así, por supuesto. Nada de *grandes síntesis*, de cuadros disolventes, de filosofía panteística; pormenores, historia de los pájaros, de las plantas, de las nubes, de los astros; la experiencia de la vida natural llena de lecciones de una observación riquísima. El amor de Frígilis a la naturaleza era más de marido que de amante, y más de madre que de otra cosa.» [24] Esto, como dije, representa la visión de Ana en un momento de gran benevolencia; no es una descripción objetiva del narrador. Creo que este pasaje contiene una fuerte ironía implícita que invita al lector a observar el abismo que hay entre este Frígilis que Ana está viendo y el Frígilis real, el que injerta no sólo árboles sino gallos; y a notar, por ejemplo, que el amor de una madre que día tras día mutila a sus hijos es un amor un tanto siniestro. Si recordamos, además, que la palabra «experiencia» puede significar no sólo «conocimiento adquirido con la edad, el uso o la práctica» sino también «experimento científico», la aparentemente inocente frase «la experiencia de la vida natural llena de lecciones de una observación riquísima» adquiere resonancias ambiguas. En comparación con el darwinismo experimental de Frígilis, la filoso-

22. II, 80-81.
23. I, 375. Véase también II, 111.
24. II, 136.

fía krausista de las «grandes síntesis» y los «cuadros disolventes», rechazada por él, es, por lo menos, inofensiva. En otro momento menos feliz Ana ve a Frígilis de otra manera muy distinta y quizá más ajustada a la realidad: «no era más que una máquina agrícola, unas tijeras, una segadora mecánica, ¡a quién no embrutecía la vida de Vetusta!»[25]

Efectivamente, Frígilis no se libra en ningún momento de la influencia corruptora de la ciudad. Su hábitat no es el campo abierto, sino los jardines de Vetusta: la naturaleza urbanizada, es decir domada, contrahecha, desnaturalizada. Cuando sale de la ciudad no suele hacerlo para hundirse en la contemplación de los inefables misterios naturales sino para matar todo bicho viviente, en sus expediciones de caza con don Víctor Quintanar, sobre las que el narrador ironiza mordazmente con sus incongruas alusiones a las poesías de Garcilaso y con su enumeración a la vez exhaustiva y rítmicamente poética de las víctimas: «Frígilis prefería mojarse a campo raso, y arrastraba consigo a Quintanar lejos de Vetusta, cerca del mar, a las praderas y marismas solitarias de Palomares y Roca Tajada, donde fatigaban el monte y la llanura, persiguiendo perdices y chochas en lo espeso de los altozanos nemorosos; y en las planicies escuetas, melancólicos y quejumbrosos alcaravanes, nubes de estorninos, tordos de agua, patos marinos, y bandadas oscuras de peguetas diligentes.»[26] La descripción irónicamente poética de estas matanzas sigue en la alusión calderoniana (yuxtapuesta para más ironía con una humilde expresión familiar) del regreso a Vetusta de estos valientes cazadores, «cargados de ramilletes de pluma y como sopa en vino».[27] Y para rematar la ironía, el narrador nos dice que la devoción de Frígilis «a la caza, a la vida del aire libre, en el campo, en la soledad triste y dulce, era profunda, sin rival: Quintanar compartía aquella afición con su amor a las farsas del escenario».[28] La caza, entonces, es otra farsa más, sólo que representada en el campo: puerilidad tan estúpida como tantas otras a las que Frígilis arrastra al pobre de Quintanar, por ejemplo la intensa rivalidad acerca de cuál cantaría primero, el jilguero de Frígilis o el canario de Quintanar;[29] o acerca de cuál de ellos mató a la única perdiz conseguida en cierta cacería; o acerca de quién perfeccionaría primero una trampa para coger zorros sin matarlos, con la idea de que así corregidos no habrían de volver a querer matar gallinas.[31] Pero éstas y otras puerilidades parecidas a las que Frígilis

25. II, 97.
26. II, 83-84.
27. II, 84.
28. II, 84.
29. II, 82.
30. II, 114-115.
31. I, 373 y 386.

arrastra a Quintanar son insignificantes al lado de la de haberlo casado con Ana Ozores: otro bárbaro y absurdo injerto de sustancias incompatibles —injerto de lo viejo en lo joven— que crea una unión tan antinatural y tan destinada a resultar en el rechazo catastrófico como el injerto de gallos ingleses en gallos españoles.

Dudo, pues, que la ironía con que es tratado Frígilis sea tan suave y comprensiva, y llego a la conclusión de que este personaje no se diferencia mayormente de los otros habitantes de Vetusta. Se considera a sí mismo muy superior a los demás pero en realidad sólo lo es de manera superficial; y la ironía clariniana nos invita a penetrar bajo esta superficie. Su mismo apodo (casi nunca se le llama Tomás Crespo) es un constante recuerdo de que él, tan convencido de que todos los demás son frágiles (y de que ni siquiera saben pronunciar el adjetivo que los califica), es tan frágil como cualquier otro. Como otros personajes tiene cualidades dignas de admiración indudablemente, pero dista bastante de ser la moraleja hecha carne. Sólo a sus propios ojos ocupa un lugar privilegiado y superior al de los demás. Ana es como un árbol, piensa Frígilis con cierta altivez, como hemos visto; pero él, para los demás, también es precisamente eso, un árbol: «árbol inteligente», «encina venerable»,[32] «árbol secular».[33] Las posibilidades humanas de este árbol son muy limitadas, pues a pesar de la protección tardía que ofrece a Ana después de la catástrofe (catástrofe en gran parte causada por él), «llegó un día en que ya no le bastó vegetar al lado de Frígilis, viéndole sembrar y plantar en la huerta y oyendo sus apologías del Eucaliptus».[34] El filósofo materialista que se niega alma y espíritu se deshumaniza hasta tal extremo que se convierte en uno más de los dichosos árboles que tanto le obsesionan. Y, después de todo, los árboles no hacen otra cosa más que vegetar.

En el capítulo XII de *La Regenta* llegamos, acompañados por don Fermín de Pas, al *salón claro* del obispo Fortunato Camoirán, salón que —notémoslo bien— es un reflejo exacto de sus gustos y de su personalidad, pues «dejaba al Provisor gobernar la diócesis a su antojo; pero en su salón no había que tocar».[35] Beser nos ha explicado la importancia de los objetos como reflejos de los personajes. Aparentemente este salón es algo así como un paraíso terrenal, un oasis de sana alegría en medio del desierto de Vetusta: «Las paredes pintadas de blanco brillante, con medias cañas a cuadros doradas y estrechas, reflejaban los torrentes de luz que entraban por los balcones abiertos de par en par a toda aquella alegría. Los mue-

32. II, 137.
33. II, 435.
34. II, 532. Véase también II, 483.
35. I, 439.

bles forrados de damasco amarillo, barnizados de blanco también, de un lujo anticuado, bonachón y simpático, reían a carcajadas, con sus contorsiones de madera retorcida, ora en curvas panzudas, ora en columnas salomónicas. Los brazos de las butacas parecían puestos en jarras, los pies de las consolas hacían piruetas».[36] Claro que es una habitación muy apropiada para un «santo alegre»; sobre todo si hacemos caso omiso de su exceso de sensualismo y de lujo. Pero al lector atento esta descripción del *salón claro* le traerá a la memoria aquella otra del capítulo VIII, del *salón amarillo* de la Marquesa de Vegallana, semejanza bastante incongruente e irónica tratándose de dos personajes aparentemente tan contrapuestos. Recordemos que el salón amarillo, como el salón claro, es una exteriorización de los gustos y de la personalidad de su dueña, la Marquesa, que a los muebles «les había hecho sufrir varios cambios, aunque siempre sobre la base del *amarillo,* cubriéndolos con *damasco,* primero, con seda brochada después, y últimamente con raso basteado, "capitoné" que ella decía, en almohadillas muy abultadas y menudas, que a don Saturnino se le antojaban impúdicas».[37] En este salón hay un «sofá de *panza anchísima y turgente* con sus botones ocultos entre el raso, como pistilos de rosas amarillas»; [38] don Álvaro Mesía ve el salón con ojos acariciadores, porque «cada mueble le contaba una historia en íntimo secreto; en la seriedad de *las sillas panzudas* y de los sillones solemnes con *sus brazos de ídolos orientales,* encontraba una garantía del eterno silencio que les recomendaba. Parecía decirle *la madera de fino barniz blanco*: "No temas; no hablará nadie una palabra"».[39] Entre los dos salones hay una estrecha correspondencia de casi todos los detalles, correspondencia subrayada con las primeras palabras del capítulo XIII, pocas páginas después de la descripción del salón del obispo: «El sol entraba en el salón amarillo y en el gabinete de la Marquesa por los anchos balcones abiertos de par en par; estaba invitado también»,[40] palabras que repiten parcialmente la presentación del salón claro. Habrá que mirar un poco más de cerca a este obispo.

A la descripción de su salón sigue una rápida mención de sus gustos artísticos: «De las paredes del Norte y Sur pendían sendos cuadros de Cenceño, pero retocados con colores chillones que daban gloria».[41] A Cenceño ya lo conocemos: es el pintor «vetustense del siglo diecisiete, sólo conocido de los especialistas en antigüe-

36. I, 439.
37. I, 306. Lo subrayado es mío.
38. I, 307. Lo subrayado es mío.
39. I, 312. Lo subrayado es mío.
40. I, 478.
41. I, 439.

dades de Vetusta y su provincia»[42] cuyo cuadro todo negro es contemplado durante largo rato en el primer capítulo de la novela por Saturnino Bermúdez y los sufridos señores de Palomares. A la Marquesa de Vegallana tampoco le gustan los cuadros negros de Cenceño, pero en vez de retocarlos los ha mandado al segundo piso.[43] Sigue la descripción de los cuadros del obispo de esta manera: «los otros muros los adornaban grandes grabados ingleses con marco de ébano. Allí estaban Judit, Ester, Dalila y Rebeca en los momentos críticos de su respectiva historia».[44] Pero ¿qué hacen aquí estas heroínas traidoras y terroríficas del antiguo testamento, llevando a cabo acciones tan poco cristianas y tan llenas de contenido sexual, en estos lugares dominantes del salón de un inocente obispo devoto de la Virgen y amante de la paz? Lo que hacen es encerrarle desde el primer momento en que aparece en la novela en un marco intensamente irónico, y no de una ironía indulgente, sino tan dura y casi tan negra como ese ébano de los marcos de los cuadros de Judit y compañía. Estos *momentos críticos* fueron escenas predilectas de los pintores del barroco italiano. El incomparable Barbieri, o sea, *el Guercino* fue el único, sin embargo, que pintó cada uno de estos cuatro momentos críticos, y quizá «Clarín» aquí estaba recordando unos grabados hechos a imitación del Guercino por el conocido grabador inglés del siglo dieciocho Robert Strange. Pero ¡vaya momentos, y vaya historias! Rebeca incita a Jacob para que engañe a su padre Isaac, viejo y ciego, haciéndole creer que es su hijo Esaú y consiguiendo así fraudulentamente la bendición paterna. Dalila, agente secreta de los filisteos, seduce a Sansón para que éste le revele que su fuerza reside en su cabello, con lo cual ella se lo corta, para que los filisteos lo cojan y cieguen, y él muera aplastado entre las ruinas del templo. Ester engaña al rey persa Asuero, casándose con él sin mencionar el pequeño detalle de que es judía, para poder volverle contra su gran visir Amán, perseguidor de judíos, y persuadirle a ejecutar a Amán y a muchísimos otros, no todos culpables. Judit engaña al general asirio y también perseguidor de judíos, Holofernes, haciéndole creer que está a punto de seducirla, emborrachándolo y cortándole la cabeza. En suma: la mujer fuerte emplea sus encantos para engañar al hombre débil, con consecuencias desastrosas para él. Resumen casi exacto de lo que sucede en la novela, con una diferencia muy significativa. A Camoirán le encanta que las mujeres lo dominen, y así permite gozoso que doña Paula lo engañe, con resultados desastrosos no para él —es Fortunato, afortunado— sino para toda la diócesis. Y él, rodeado a diario por estos ejemplos gráficos de los resultados catastróficos de

42. I, 129.
43. I, 306.
44. I, 439.

este tipo de abdicación, permanece felizmente ciego a todo ello. Hasta su devoción a la Virgen puede parecer ahora bastante menos inocente, como sugiere en efecto el texto de la novela, que sigue así: «Un Cristo crucificado de marfil, delante de un espejo, que lo retrataba por la espalda, miraba sin quitarle ojo a su Santa Madre de mármol, de doble tamaño que él, colocada sobre la consola de enfrente».[45] Notemos la continuación irónicamente desarrollada del tema de la dominación del hombre por la mujer, en el contraste entre el marfil y el mármol, en el tamaño de la madre, en la posición expuesta, vulnerable, del hijo delante del espejo, y en la mirada de éste, al parecer eternamente temeroso de una reprimenda feroz de su madre. Casi me atrevería a sugerir que en esta presentación del obispo hay muchas resonancias que podríamos llamar pre-freudianas. Cuidado: no digo aquí «pre-freudianas» en el sentido de que la presentación de Fortunato sea una proyección de íntimos problemas psicológicos del propio Alas. Yo no sé si lo es o no, ni creo que nadie lo pueda saber. Y aunque pudiera saberse, tal conocimiento no añadiría nada a un estudio literario de la novela de «Clarín», porque no contribuiría en absoluto a una explicación de por qué *La Regenta* es una novela de primera importancia no sólo en la literatura española del XIX sino en la universal de todos los tiempos, mientras que hay millones de novelas escritas por autores afligidos por tantos o más problemas psicológicos, novelas que nadie lee, porque son malas. Mencioné aquí a Freud sólo para sugerir que Alas, en su presentación del obispo, como en muchos otros sitios de *La Regenta*, hace sondeos en la psique humana muy parecidos a los que había de hacer Freud años más tarde.

Tal introducción profunda y maliciosamente irónica no recomienda, creo, una lectura indulgente del obispo. Señala, por el contrario, y desde el principio, que a su manera el obispo es tan responsable —Juan Oleza ya lo dijo en su libro— como Frígilis de los catastróficos sucesos de la novela, por su pasividad egoísta y su preocupación excesiva acerca de su propia comodidad espiritual, que lo lleva a desatender sus deberes y a dejarlos en manos de Fermín de Pas. El narrador también ironiza, penetrantemente, sobre la comodidad de su vida: «Nunca se le había aparecido la Reina del Cielo, pero consuelos se los daba a manos llenas; y el espíritu se lo inundaba de luz y de una alegría que no podían oscurecer ni turbar todas las desdichas del mundo, al menos las que él había padecido».[46] La introducción del obispo termina de esta manera: «Así era el buen Fortunato Camoirán, prelado de la diócesis exenta de Vetusta»: [47] es decir, obispo de una diócesis que no tenía obispo:

45. I, 439.
46. I, 441.
47. I, 454.

personaje inexistente, nulidad. No: el narrador no presenta la debilidad de Fortunato como un pequeño defecto insignificante y perdonable; ni mucho menos —como algunos han creído— la presenta paradójicamente como un tipo de fortaleza, la única manera de poder combatir la influencia de una sociedad perversa. El comportamiento de Camoirán no ofrece soluciones serias a los problemas que esta novela plantea. La abdicación no se nos ofrece en ningún momento como un ideal.

Tal impresión se ve reforzada en las dos ocasiones en que Fermín de Pas compara a Fortunato con Bienvenu Myriel, el obispo de *Los Miserables*. Con motivo de los zapatos remendados de Fortunato, «Esto es absurdo —decía De Pas—. ¿Quiere usted ser el Obispo de *Los Miserables*, un Obispo de libro prohibido?».[48] Y más tarde, a raíz de los endebles intentos de Fortunato por conseguir permiso de su provisor para visitar al moribundo Santos Barinaga, «¡Bueno! ¡Bueno! *Los Miserables*, siempre la comedia... La escena del Convencional, ¿no es eso?».[49] El lector cuidadoso aceptará esta doble invitación a hacer su propia comparación, a facilitar a los dos textos un libre juego entre sí, y se dará cuenta de los múltiples y significativos puntos de contacto que hay entre estos dos obispos. Tienen, indudablemente, mucho en común. Ambos son humildes, sinceros, frugales, caritativos y felices. Pero después se notan las diferencias: Myriel es fuerte, práctico, activo, valiente, inteligente; y Camoirán es todo lo contrario. En cuanto es nombrado obispo, Myriel va a vivir al hospital, con un mínimo de muebles, para que los enfermos puedan ocupar el palacio, porque tienen más necesidad de sus habitaciones espaciosas; Camoirán, como hemos visto, sigue tan contento en su enorme palacio en medio del lujo barroco y sensual del salón claro, rodeado por sus familiares y demás parásitos. Myriel toma medidas directas, prácticas y detalladas para asegurar que 14.000 de los 15.000 francos que gana serán para los necesitados; Camoirán lo deja todo en manos de doña Paula, de modo que el único resultado de toda su frugalidad es enriquecerla a ella. Este contraste nos recuerda que el ser poco práctico y el mantenerse remoto de las realidades de la vida no son y nunca fueron virtudes cristianas. Myriel va personalmente a pedir limosna; Camoirán nunca pone el pie en la calle, dejando que De Pas lo ponga y la pida y la guarde para sí. Los sermones de Myriel se refieren a las necesidades y los problemas de sus oyentes; los de Fortunato, por muy apasionados y hermosos que sean —y desde luego son muy superiores a los de sus colegas— sólo reflejan sus propios intereses, que nada tienen que ver con los de su público, y por eso sólo provocan bostezos y hasta eructos entre

48. I, 442.
49. II, 259.

ellos. Myriel salva a muchos pecadores, sobre todo al aparentemente perdido Jean Valjean; Camoirán no salva a nadie. Myriel va a visitar al convencional moribundo, a pesar de todas las objeciones que se le hacen (no consigue nada tan melodramático y poco probable como una conversión, pero sí un diálogo de gran provecho para los dos); Camoirán se queda en palacio, en las garras de sus subalternos, y el moribundo Santos Barinaga se queda sin obispo. Myriel es asequible para todos, sobre todo para los pobres; Camoirán, a pesar de todas sus buenas intenciones, es casi inasequible, y es totalmente inasequible para los pobres. En fin, Camoirán, como tantos otros personajes de la novela, intenta imitar un modelo literario y como los otros lo hace muy mal; y el contraste entre modelo e imitación pone de relieve la insuficiencia de la imitación. Hasta hay un contraste significativo en los nombres: el francés es activamente *bienvenido* por otros, gracias a la maravillosa obra cristiana que hace en el mundo, mientras que el español es un mero y pasivo *afortunado*, feliz en su cómodo aislamiento de los desastres causados en el mundo por su incuria. Y esta felicidad no lo convierte en un personaje admirable: también son felices Mesía, doña Paula y Petra, porque consiguen todo lo que quieren.

De modo que la superioridad de Fortunato con respeto a los otros personajes de *La Regenta* es, como hemos visto que sucede también con Frígilis, sólo aparente, y desaparece si prestamos la debida atención a la ironía del texto. Otro detalle más: se ha hablado mucho de la deshumanización que sufren los personajes de *La Regenta,* mediante comparaciones con animales: De Pas es un león, Celedonio es un sapo, etc., etc. Pues en este respeto Fortunato Camoirán tampoco se diferencia de los demás. Es una liebre asustada [50] para quien la religión cristiana es más una evasión que otra cosa. Recordemos que después de su entrevista con Visitación y Olvido Páez, que De Pas no había autorizado y que le había puesto furioso, el obispo «se puso en salvo, encerrándose en el oratorio, para evitar explicaciones».[51]

En conclusión, quiero referirme otra vez más al citado trabajo de Baquero Goyanes para decir con él que «las novelas más densas, humana y artísticamente, son aquellas que admiten varias interpretaciones, aquellas de las que cabe extraer más de una tesis, incluso, a veces, tesis contradictorias» [52] y también para decir con él que «mi interpretación no pretende ser única ni decisiva».[53] *La Re-*

50. I, 459.
51. I, 458.
52. Martínez Cachero, *Op. cit.*, 158.
53. *Op. cit.*, 159.

genta es, sin lugar a dudas, una novela densa y abierta a múltiples interpretaciones. Mucho de lo que he comentado acerca de Fortunato y Frígilis se basa en lo dicho en la novela no por el narrador objetivo sino por otros personajes, que evidentemente no son, muchas veces, fuentes demasiado fidedignas. En muchas ocasiones el lector incluso no puede saber a ciencia cierta quién habla —narrador o personaje— gracias a la radical ambigüedad del estilo indirecto libre o *estilo latente,* como lo llamaba Alas con un término a la vez más conciso y más expresivo, recurso estilístico que empleó con tanta maestría y sutileza. Esto de por sí asegura que por mucho que se discuta y se explique *La Regenta,* «siempre habrá un último escondrijo inalcanzable»,[54] como dice Baquero Goyanes acerca de *Le rouge et le noir.* Lo que he intentado hacer no ha sido rechazar la lectura propuesta por Baquero Goyanes y Alarcos Llorach, sino más bien enriquecerla. En efecto, como estos críticos señalaron, hay mucho que admirar en Fortunato y Frígilis, pero es una simplificación excesiva verlos como personajes puros y positivos. Todos los personajes, sin excepciones, se ven envueltos en la lucha entre el espíritu y la materia, la poesía y la prosa, lo natural y lo artificial: es una lucha de la que nadie en el mundo de *La Regenta* se salva. La existencia en esta novela de personajes que solucionarán los problemas de la vida simplemente huyendo de ellos habría sido un grave defecto desde un punto de vista no sólo ideológico, como señaló Juan Oleza, sino también estético y ético, pues habría minado su intenso y profundo espíritu dialéctico. Pero no: el siempre irónico e inteligente «Clarín» no iba a permitir soluciones simplistas y antidialécticas, por lo menos en su obra maestra, *La Regenta.*

54. *Op. cit.,* 158.

55. Agradezco a mis amigos Eunice Martín y José Luis Giménez-Frontín, su generosa ayuda durante la preparación de este trabajo.

APUNTES PARA UN ESTUDIO DE LA DIÉGESIS EN *LA REGENTA*

Claudio GUILLÉN
Universidad de Harvard

La significación de una novela de primerísimo orden como *La Regenta*, ¿depende acaso de su argumento? Lo que les sucede o deja de suceder a los personajes, o al desenlace de su historia, ¿es realmente lo que nos enriquece y estimula? Un adulterio más, incluso para un lector de 1884, ¿qué importa al mundo?

Alas, el crítico, lo tenía muy claro. Alas concedía no poca importancia a la acción, según se infiere de su negativa estimación de la «colección de paisajes» en que consistía, según él, *El sabor de la tierruca*, de Pereda. «*Los tres mosqueteros* ha dejado de ser el modelo de novelas. Pero otra cosa es que en un libro que quiere ser novela, no suceda absolutamente nada de particular.» [1] Además, está demostrado que la acción, sin duda indispensable, puede ser muy sencilla:

> No hay que confundir la sencillez de la acción, ni la naturalidad de la composición, que huye de la simetría que el idealismo pide, con la carencia de toda acción, con la falta de análisis y experimentación. Así, por ejemplo, las novelas de Flaubert, de Zola, de los Goncourt, son de acción sencilla, pero *El sabor de la tierruca* no la tiene.[2]

Otro tanto puede decirse de *La Regenta*, tanto por la sencillez de su argumento como por la naturalidad de una composición cuyo dinamismo supera la armonía que «el idealismo pide». Uno de los aspectos principales de este dinamismo, o sea, de las transforma-

1. «El sabor de la tierruca. Novela de don José M. Pereda», en Clarín, *Obra olvidada*, ed. A. Ramos-Gascón, Madrid, 1973, p. 39.
2. *Ibid.*, p. 42.

ciones que admite la técnica narrativa a lo largo del relato,[3] es la postergación de la acción, que se hace más rápida y decisiva durante la segunda parte de la novela. Emilio Alarcos Llorach, en un ensayo ya clásico, ha subrayado una articulación fundamental en *La Regenta*, que acopla dos segmentos diferentes: la primera parte (capítulos I-XV) y la segunda (XVI-XXV). Si en la segunda se vuelve esencial la fábula, o cuento, o hilo narrativo, en la primera, tan morosa cronológicamente, puesto que se ciñe a tres días, ocupa un amplio espacio la presentación del mundo ficticio en que residen y viven los personajes de la novela.[4] Pues bien, esta conjunción, que es también disyunción, ¿se nos aparece como meramente sucesiva? Acaso no lo sea; y entonces el mundo representado constituiría un plano —lo que la actual narratología denomina diégesis— muy significativo desde la primera frase de *La Regenta* hasta la última. El encuentro del entorno con el personaje, en que radica precisamente el argumento, se verificará también en el entramado mismo de la narración, de sus niveles y procedimientos, como asimismo en la experiencia de la lectura. El diálogo entre mundo y acción tendría muy variadas características y manifestaciones, lo mismo para el personaje que para el narrador y el lector. Me limitaré, en lo que sigue, a algunos componentes o momentos de este gran diálogo inacabado.

Diégesis llama Gérard Genette, apelando a un término platónico, «l'univers spatio-temporel désigné par le récit».[5] Se trata de una parte de lo que el novelista lleva a cabo, según esta definición, o del resultado del relato. Alarcos, más ampliamente, encierra este universo espacio-temporal en su definición de la novela: «el objeto "novela" consiste en la representación por medio exclusivamente de la lengua de un complejo espacio-temporal de contenido humano».[6] Asimismo Stephen Gilman escribe que las mejores novelas del siglo XIX son «calculated constructions of worlds in miniature».[7] Nos hallamos ante algo construido, algo que se va construyendo, calculadamente, es decir, ante un complejo que no surge de golpe y sopetón apenas abrimos las páginas del libro, sino que vamos conociendo poco a poco. No reconocemos un entorno ya existente o familiar sino vamos conociendo un mundo nuevo, especial, *sui*

3. *Dynamisierung*, o dinamización, llama Franz K. Stanzel este aspecto de la novela en su *Theorie der Erzählung*, Gotinga, 1979, pp. 69 ss.

4. Véase E. Alarcos Llorach, «Notas a *La Regenta*», *Archivum*, Oviedo, II, 1952, 141-160; reed. en sus *Ensayos y estudios literarios*, Madrid, 1976; y en *Clarín y la «Regenta»*, ed. S. Beser, Barcelona, 1982, 225-245.

5. G. Genette, «Discours du récit», en *Figures III*, París, 1972, 62-282.

6. Alarcos Llorach, *art. cit.*, en *Clarín y la «Regenta»*, p. 228.

7. S. Gilman, *Galdós and the Art of the European Novel: 1867-1887*, Princeton, 1981, p. 42.

generis, peculiar producto de unas palabras. He ahí la paradoja. «La heroica ciudad dormía la siesta», nos dice el narrador, y suponemos que la aludida ciudad existe antes de saber a ciencia fija cuál es, o cómo es, o desde luego qué sucesos interesantes han tenido lugar en ella. El lector supone y el escritor pone, o habrá de poner, con arreglo a esa especie de promesa, de contrato amistoso, de opción de compra, que a ambos une por medio de la lectura.

Esta parcialidad y aparición progresiva de lo que no es sino uno de los elementos de una construcción verbal es lo que la crítica viene denotando mediante conceptos de estratificación. Para la aprehensión de la poesía el propio Alarcos ha distinguido entre cuatro planos o «ritmos» diferentes; [8] y otros críticos eminentes, como Osip Brik, Roman Jakobson, Dámaso Alonso y Francisco García Lorca, han recurrido a variados términos —estratos, secuencias, series, niveles, etc.— para analizar pluralidades similares. Tratándose de artes dramáticas, huelga explicar que la representación teatral es, como escribe J. M. Díez Borque, un «despilfarro semiológico»,[9] abierto a una multitud de signos —palabras, espacios, luces, objetos, cuerpos— variopintos y sin embargo reunidos y concertados por el autor y el director. Cuando pasamos de un género a otro, o de un cauce de comunicación a otro, es evidente que los estratos no son siempre los mismos; pero lo que sí persiste y se reitera es la estratificación como estructura de estructuras, como principio básico de ordenación de ese fenómeno polimórfico que llamamos literatura.

Así, pues, la diégesis es, según Genette, el universo espaciotemporal designado por el nivel que él denomina relato. Se recordará que Genette, en su admirable *Discours du récit,* pone de relieve los tres estratos que configuran el arte de narrar: el «relato» *(récit),* o discurso narrativo mismo; la «historia», o concatenación sucesiva de acontecimientos, y la «narración», o acto de narrar. Ninguno de estos estratos coincide del todo con el de la diégesis, que podemos, a mi entender, comparar a los demás en la medida en que su construcción es también sucesiva y temporal. La diégesis es un mundo cuya existencia la lectura novelesca postula desde un principio, pero cuya naturaleza va siendo evocada paulatinamente por el estrato verbalmente más completo, que es el *récit* o discurso narrativo. De éste se desprende poco a poco un «discurso de las cosas»: la manifestación progresiva de todo cuanto significan y sugieren los objetos, espacios, movimientos y otras interrelaciones que componen el mundo singular de la novela.

8. Alarcos Llorach, «Secuencia sintáctica y secuencia rítmica», en *Ensayos y estudios literarios,* p. 238.

9. J. M. Díez Borque, «Aproximación semiológica a la 'escena' del... Siglo de Oro», en Díez Borque y L. García Lorenzo, *Semiología del teatro,* Barcelona, 1975, p. 57.

Es provechoso al respecto releer un libro famoso, *Das literarische Kunstwerk* (Halle, 1931), de Roman Ingarden, que destacó y procuró aclarar, con mayor empeño que ningún otro teórico anterior, la variedad de niveles propios del arte literario. El capítulo tercero aplica procedimientos fenomenológicos de pensamiento al análisis de la obra literaria concebida como creación pluriestratificada *(mehrsichtiges Gebilde)*. Cada estrato desempeña, según Ingarden, un papel diferente. Vale decir que la obra literaria es polifónica; y que sus elementos son heterogéneos. En lo esencial los niveles son cuatro: el de los sonidos o materia fónica *(Wortlaute)*; el de las unidades de sentido *(Bedeutungseinheiten)*; el de los aspectos y secuencias de aspectos *(Ansichten und Ansicht-Kontinuen und-Reihen)*; y por último, el de las objetividades representadas y sus destinos *(die Schicht der dargestellten Gegenständlichkeiten und ihrer Schicksale)*.[10]

Junto a su percepción de la heterogeneidad y polimorfismo de la obra de arte verbal, conviene recoger lo que piensa Ingarden acerca de la especial naturaleza del nivel compuesto por objetos u objetividades. El nivel de las cosas es un conjunto unificado, limitado e incompleto. Es lícito subrayar su integridad y atribuirle un término unificador como nivel o estrato, y bautizarlo con un solo nombre como Vetusta, porque sus elementos ocupan un espacio singular, «una esfera uniforme del Ser» *(einheitliche Seinssphäre)*.[11] Las cosas seleccionadas por el narrador entran en ese espacio porque tienen que estar ahí, como si fueran necesarias, y de tal forma guardan relación con las demás, contribuyendo a estructurar una misma esfera, un mismo «mundo». No son materiales, por supuesto, pero tampoco ideales; sino representaciones, más bien, que aspiran a volverse reales mediante la experiencia de la lectura. Las cosas connotan, en segundo lugar, un mundo limitado, reducido, que excluye, silencia o suprime infinitos otros objetos posibles; lo cual contribuye sin duda a que se nos aparezca como tal mundo unificado. Sabemos —comenta Ingarden— que hay más espacio porque la continuidad es característica del espacio en general; [12] pero en realidad nada se nos dice acerca de todo cuanto hay más allá de las fronteras del mundo representado en determinada novela. Y si se supone, o de paso se menciona, que más allá de ese espacio ficticio existe una ciudad llamada Hamburgo, o una capital llamada Madrid, o enteros países europeos o americanos, no por ello deja de haber solución de continuidad cualitativa entre la esfera ficticia, selecta, significativa, en que moran los

10. Véase la edición, ligeramente ampliada, de Román Ingarden, *Das literarische Kunstwerk*, 2.ª ed., Tubinga, 1960, p. 26.

11. *Ibid.*, p. 230.

12. *Ibid.*, p. 236.

personajes novelescos y los lugares reales que el lector conoce. Esta disparidad es incuestionable cuando el mundo representado es tan reducido como una ciudad de provincia y lleva un nombre inventado —singular e unificador, pero ficticio— como Vetusta; que nada tiene que ver con el Madrid del lector y no digamos con el de Galdós. Pues nos hallamos, por último, según venimos advirtiendo —estas tres características del espacio diegético son indivisibles y se necesitan mutuamente—, ante un mundo incompleto; incluso, tratándose de un espacio urbano, ante una ciudad tan fragmentada como Vetusta, de la que no vemos sino muy escasos sectores, como la Catedral, el barrio aristocrático, el Casino, alguna casa individual, el paseo, la salida al campo. Vetusta existe ficticiamente, sí, como totalidad; pero dentro de ella hay que distinguir entre aquello que el narrador describe, o un personaje como Fermín de Pas percibe, y todo cuanto el lector sólo puede imaginarse como dotado de las mismas cualidades que el resto, tal como lo definen unas pocas cosas o dimensiones estructurales. Ingarden tiene el mérito de poner de relieve —cuarenta años antes que Wolfgang Iser— la presencia de lagunas e indeterminaciones (*Lücken* y *Unbestimmtheitsstellen*),[13] en el nivel de las objetividades. Esta discontinuidad efectiva del nivel diegético pide la colaboración del lector de manera muy particular. No es lo mismo interrogarse acerca de la acción —¿qué sucederá más adelante?— que suplir las lagunas de incontables descripciones. Pues son numerosísimas las ocasiones en que el narrador se ciñe a nombrar una cosa, por ejemplo, una mesa. El ejemplo que elige Ingarden es el de un cuento que empieza con la frase «Un viejo estaba sentado junto a una mesa», lo cual deja claro que el objeto en cuestión es una mesa y no una silla; pero no si está hecho de madera o de hierro, si tiene tres patas o cuatro, etc. Nos encontramos ante un objeto puramente intencional y no determinado *(nicht bestimmt)*.[14] Supongamos que nada más se dice acerca de la mesa, pero sí se describe con empeño la luz que una lámpara arroja sobre la escena. Lo dicho compensará lo no dicho; y los objetos elegidos, esmeradamente determinados, contribuirán de modo decisivo, más allá del sitio que de hecho ocupan, a caracterizar y llenar de sentido el conjunto del espacio diegético.

La diégesis es como un plano o un nivel. Estos términos aluden también a lo que la diégesis tiene de proceso realizado en el tiempo. La palabra en el tiempo, más que ninguna, es la narrativa. Todo queda temporalizado por el arte del narrador. Los tres estratos

13. *Ibid.*, pp. 261 ss.
14. *Ibid.*, p. 264.

de Genette —relato, historia, narración— se entreveran y transforman recíprocamente, a fin de modelar y recrear el tiempo. No es concebible en una novela un acontecimiento absolutamente aislado, del todo inocente ante el transcurso del tiempo. El suceso, desde el momento en que pertenece al cuento, ocurre «después de», o «antes de», o «repetidamente», o «habitualmente», o «una sola vez», o «por primera vez», etc. Tanto es así que separar la temporalidad de la narratividad parece imposible. Pero claro, no lo olvidemos, en una novela no todo es narración. En el *Quijote* no todo es narración, ni en un romance fronterizo del siglo XV, ni en el *Orlando furioso*, ni en *Faust*. Si el suceso no puede eludir la temporalización, ¿qué le pasa a la descripción? A propósito de las pausas en la novela —verdaderas suspensiones del tictac del tiempo—, señala Genette que no todas son descripciones; ni todas las descripciones son pausas. Así en Proust, cuyos pasajes descriptivos, espléndidos y fundamentales en la *Recherche*, coinciden con el ejercicio de la sensibilidad del héroe. Mirar, admirar, penetrar la corteza de lo visible, es también vivir, es también una forma de actividad.[15] Se temporaliza la descripción si es el protagonista quien describe. Pero hemos de notar que el transcurso del tiempo no siempre se interrumpe si quien describe es un narrador que no participa en la acción. Es el caso de *La Regenta*. Y ello desde la primera página.

El arranque de la novela no consiste en un relato que comience a designar un espacio diegético, sino en la introducción y caracterización de un espacio diegético destinado a contener la historia. Una buena parte del primer capítulo ofrece una visión panorámica de la ciudad, tal como la percibe personalmente un «punto de vista»: el del Magistral, Fermín de Pas. «Don Fermín contemplaba la ciudad.» Las palabras son las del narrador; pero quien contempla e interpreta es uno de los protagonistas de la novela. Con anterioridad habían aparecido las primeras personas, que son auténticos comparsas de ínfima categoría: Bismarck y Celedonio, campaneros de la Catedral. Desde lo alto del campanario, las miradas de los dos pilluelos prefiguran la dimensión vertical de la morosa contemplación a la que poco después se entregará el Magistral: «aquella altura se les subía a la cabeza a los pilluelos y les inspiraba un profundo desprecio de las cosas terrenas». «Clarín» pasa de lo menor a lo mayor, de lo pequeño a lo vasto, del detalle al conjunto. Es lo que también se advierte en las descripciones. Las primeras frases de *La Regenta* nos introduce sin más tardar a Vetusta, sin descuidar lo pequeño (cap. I):

> La heroica ciudad dormía la siesta. El viento sur, caliente y perezoso, empujaba las nubes blanquecinas que rasgan al correr ha-

15. Véase Genette, pp. 128-129, 134.

cia el norte. En las calles, no había más ruido que el rumor estridente de los remolinos de polvo, trapos, pajas y papeles, que iban de arroyo en arroyo, de acera en acera, de esquina en esquina, revolando y persiguiéndose, como mariposas que se buscan y huyen y que el aire envuelve en sus pliegues invisibles. Cual turba de pilluelos, aquellas migajas de la basura, aquellas sobras de todo, se juntaban en un montón, parábanse como dormidas un momento y brincaban de nuevo sobresaltadas, dispersándose, trepando unas por las paredes hasta los cristales temblorosos de los faroles, otras hasta los cristales temblorosos de los faroles, otras hasta los carteles de papel mal pegados a las esquinas, y había pluma que llegaba a un tercer piso, y arenilla que se incrustaba para días, o para años, en la vidriera de un escaparate, agarrada a un plomo.

El viento, menos perezoso que las personas, no duerme la siesta. Las cosas se mueven y agitan todas. El narrador mismo —pues no hay todavía punto de vista de personaje— describe no el aspecto estático de unas cosas sino el movimiento. Abundan los verbos, casi todos activos, o que implican actividad y por tanto temporalidad. Humildísimos, minúsculos, los objetos, como en la novela picaresca, aparecen animados, personificados, simbolizados. La materia y el espíritu —ahora desde la materia, y de las más sencillas— se nos aparecen ya como indivisibles. Las cosas aspiran a subir, trepar, ascender. Pocos protagonistas de la novela, veremos luego, compartirán esta querencia, este afán de superar, en vertical ascenso, la inercia de la materia sola. Todo lo demás, en la ciudad adormecida, será mediocridad o hipocresía. Como los pájaros —cuyo interés apuntaré más adelante—, los papeles, los trapos, las migajas se elevan, revolotean, vuelan, si bien efímeramente; salvo la casi incorpórea arenilla, agarrada a un escaparate «para días, o para años». El mundo presentado, en suma, es inseparable de la temporalidad. No hay pausa ni quietud, sino diégesis dinámica.

El tiempo de las cosas, el tiempo de los personajes y el tiempo de la Historia, ¿cómo se compaginan? Acabamos de ver que desde las primeras frases el lector se encuentra encauzado en un proceso temporal; y que éste da cabida a los que podrían denominarse diferentes ritmos o subprocesos. El viento, las nubes, los objetos se desplazan, mientras los habitantes duermen la siesta. La temporalidad tiene sus protagonistas y sus marginados. Anticipemos que el tiempo de la naturaleza y el de ciertas personas irá de mano con el discurso de la Historia. Frígilis será un darwinista, que sitúa a los animales en la evolución de las especies. Ana Ozores es la hija de un romántico, del que escribe «Clarín»: «amaba la literatura con ardor y era, por entonces, todo lo romántico que se necesitaba ser para conspirar con progresistas. Lo que pudiera haber de falso y de contradictorio en el carácter de don Carlos era obra de su tiempo» (cap. IV). Ana Ozores es la heredera de un romántico; y en qué puede consistir su posrromanticismo o el de su época es algo que el lector tiene que dilucidar. Al Casino de Vetusta y a su temporalidad reiterada, cíclica, transhistórica —la temporalidad del Costumbrismo— llega, es verdad, el *Times* de Londres, pero por desgracia, su único lector no sabe inglés. Lo que sí afecta a ciertos socios del Casino es ese simulacro epidérmico del tiempo histórico que se llama la moda: «empezaba entonces el llamado género flamenco a ser de buen tono en ciertos barrios del arte y en algunas sociedades», según sabe Joaquín Orgaz, joven médico recién regresado de Madrid: «no era tonto, pero la esclavitud de la moda le hacía parecer más adocenado de lo que acaso fuera. Si en Madrid era uno de tantos, en Vetusta no podía temer a más de cinco o seis rivales importadores de semejantes maneras» (cap. VI). A poco más se reducen las vinculaciones de la ficticia ciudad de provincia a la capital histórica de la nación.

Sin duda el marco del relato es el devenir histórico; pero éste, como un río que corre alrededor de una isla, deja de lado a la mayor parte de los habitantes de Vetusta. En *Galdós and the Art of the European Novel: 1867-1887* (Princeton, 1981), dedica Stephen Gilman los primeros capítulos del libro a poner de relieve las estrechas relaciones que existen durante el siglo XIX entre la conciencia histórica y el auge de la novela. El novelista es muchas veces quien une las formas de la biografía individual a las de la narración historiográfica; la cual tiende a centrarse, como en los *Episodios nacionales*, en la trayectoria de una nación. Confluyen la experiencia personal —del personaje o del lector—, la conciencia nacional y la creación narrativa. Tenemos la *Fontana de Oro* y los *Episodios*. Pero el gran escritor muy pronto comprende que esta compenetración, buscada y desarrollada por él, no es de hecho lo que acontece en aquellas ciudades y regiones de provincias que son como bastiones antitemporales, fortalezas contra las cuales se rompen los oleajes del devenir contemporáneo. De ahí *Doña Perfecta*. Y de ahí también Vetusta, el espacio inventado por una inteligencia cuya inquietud histórica se transparenta tanto en su obra de creación como en su quehacer de crítico.

Muestra Sergio Beser, que la teoría de la novela naturalista, pongamos por caso, no es para «Clarín» una concepción absoluta o un artículo de fe, sino una forma de analizar, de experimentar y de actuar que él juzga adecuada a determinado momento del desenvolvimiento de la literatura española. He ahí la piedra de toque de la auténtica inteligencia histórica del siglo XIX: el sentir el presente como Historia. Escribe «Clarín» en 1882, en el ensayo «Del naturalismo»: «[el naturalismo] no nace ni de metafísicas ni de negaciones de metafísicas, ajenas al arte, sino del histórico desenvolvimiento de la literatura, sin más filosofía que la que lleva en sus entrañas, en sí mismo».[16] Y también, recurriendo a métodos de pensamiento muy próximos a los dialécticos:

> Lo que se dice es, que ha llegado el momento en que el arte necesita, por sus propias leyes de vida, y por la de su relación a la actividad social toda, ser experimentalista, históricamente. No se olvide esta confesión del naturalismo: es una escuela histórica, que en absoluto sólo se opone al exclusivismo idealista; las obras de éste las admite como buenas, pero no como las únicas buenas para siempre, ni como las oportunas en este tiempo. Dice el naturalismo que el objeto real no necesita, al pasar a la expresión artística, sufrir más transformaciones que las que esencialmente ha de traer todo remedo humano de realidad exterior.[17]

Lo cual pide una extrema sensibilidad y capacidad de aprehensión, por parte del artista, del momento actual, en contraposición con los anteriores; y lo mismo en el ámbito social que en el literario. Esto lo escribe «Clarín» dos años antes de publicarse *La Regenta*, donde la percepción del cambio social e ideológico encierra el intento de caracterización de aquellos espacios que se mantienen ajenos a él. La apartada y solitaria Ana Ozores, que va y vive a contracorriente, adquiere así una curiosa contemporaneidad. Galdós mismo, al leer, enormemente fascinado, *La Regenta*, vio en su heroína a un emblema nacional. El carácter de Ana y su perdición final insinuarían, según él, «una relación sutil, simbólica con la historia de nuestra nación».[18]

Tengamos en cuenta, además, sin suponer una exagerada equivalencia entre las ideas del crítico y su comportamiento como creador (ha habido cierta tendencia a subestimar las narraciones de nuestro autor, a mi juicio, y a sobreestimar su crítica), la concepción dinámica que «Clarín» gustaba de expresar de la naturaleza de las cosas. Resume Sergio Beser de esta forma lo pensado por «Clarín» en su crítica de *La familia de León Roch:* «["Clarín"] declara que la "finalidad", la "tendencia" no la coloca Pérez Galdós sino que existe en la realidad misma; es así como sitúa esta corriente narrativa dentro del realismo, base teórica de todo su pensamiento estético».[19] Se trata de las ventajas e inconvenientes de la llamada «novela tendenciosa». «Clarín» rechaza el didacticismo, las disertaciones ajenas al arte, mas no la captación de las relaciones significativas que existen entre las cosas, sean de «finalidad» u «otras de razón»:

16. «Del naturalismo», en L. Alas, *Teoría y crítica de la novela española,* ed. de Sergio Beser, Barcelona, 1972, p. 119.
17. *Ibid.*, p. 120.
18. Cit. por S. Gilman, p. 80.
19. S. Beser, *Teoría y crítica...*, p. 90.

> Las novelas contemporáneas del señor Pérez Galdós son tendenciosas, sí, pero no se *plantea en ellas tal o cual problema social,* como suele decir la gacetilla, sino que como son copia artística de la realidad, es decir, copia hecha con reflexión, no de pedazos inconexos, sino de relaciones que abarcan una finalidad, sin la cual no serían bellas, encierran profunda enseñanza, ni más ni menos, como en la realidad misma que también la encierra, para el que sabe ver, para el que encuentra la relación de finalidad y otras de razón entre los sucesos y los sucesos, los objetos y los objetos.[20]

Queda bien claro que el gran novelista no es quien imita tal o cual suceso, o tal o cual objeto (o diríamos ahora con nuestro vocabulario: quien imita determinada historia, o determinada diégesis —quiero decir, espacio susceptible de convertirse en diégesis), sino quien descubre las relaciones existentes entre los elementos inconexos de la vida. La inteligencia creadora es de índole estructural— o digamos sencillamente formal, por no distanciarnos demasiado de «Clarín», que aplica este adjetivo a la realidad. Tengo presente otra vez el ensayo «Del naturalismo», donde repetidamente se formula esta idea absolutamente básica para la comprensión del tema de las presentes páginas. «Clarín» pide un arte que aspire a captar la «vida total», lo cual vale decir las relaciones totalizadoras, las formas abarcadoras del conjunto. Es imposible reproducir todos los objetos del mundo, o todos los sucesos que en él acontecen. No basta con el análisis psicológico, o documentado, de un solo carácter o una sola existencia individual —el llamado «documento humano»—, ni es suficiente tampoco «notar la relación que media entre el individuo y el mundo que le rodea». La novela totalizadora ha de basarse en las formas que unen los pedazos aparente o previamente inconexos, revelando no sólo unas materias narrables sino su morfología. El novelista es quien sabe ver esta coherencia más profunda y más vasta:

> Saber copiar el mundo tal cual es en formas, en movimiento; saber imitar la probable combinación de accidentes ordinarios; saber copiar la solidaridad en que existen en la realidad los acontecimientos, los seres y sus obras, es lo esencial y primero.[21]

Ya vimos, en nuestra primera aproximación al arranque de *La Regenta,* su dinamismo diegético: la primacía del movimiento. Hoy, un siglo exactamente después de la primera publicación en Barcelona de *La Regenta,* que apasiona cada año más a sus lectores, nos resultan extraños algunos conceptos del crítico, no del novelista. El intento de «copiar» la realidad, o de imitar combinaciones «probables» —otras veces dice «verosímiles»—, conserva un sorprendente

20. «La familia de León Roch», en *Teoría y crítica...,* p. 98.
21. «Del naturalismo», en *Teoría y crítica...,* p. 142.

sabor neoclásico; y la «realidad» en cuestión no se nos aparece como una maciza presencia que está ahí, sino como un resultado, en gran parte, del quehacer de pensadores y artistas como «Clarín». Pero la intuición del crítico, libre de resabios y viejos preceptos, sí es certera y sumamente sugestiva cuando lo que descubre y pone de relieve en un mundo «en formas, en movimiento»: una morfología dinámica de la vida y de la novela. Tan sólo esta búsqueda puede ser totalizadora y verdadera, repite «Clarín», «porque es una manera irreemplazable de formar conocimiento y conciencia total del mundo bajo un aspecto especial de totalidad y de sustantividad, que no puede darnos el estudio científico...»[22] El camino que abre tales posibilidades es una ordenación formal, puesto que la materia misma no es reproducible. El naturalista más fiel a la experiencia no puede hacer «que el material que él maneja sea idénticamente de la misma materia que copia; la imitación no está en la materia, sino en la forma».[23]

En ciertas ocasiones prefiere decir, más acertadamente desde un punto de vista moderno, que lo que el novelista imita es no la realidad sino la vida. Con esa finalidad es imprescindible captar unas «formas» y un «movimiento». De tal índole fue el logro de Balzac:

> Lo que admira en Balzac, sobre todo, aún más que sus profundos estudios de carácter, es esta imitación perfecta de lo que podría llamarse la morfología de la vida. Para esta primera necesidad del arte de novelar, según la exigencia del naturalismo, se requieren dos facultades principales: la de saber ver y copiar, y la de saber componer, conforme requiere esta manera de entender el arte.[24]

Los apuntes del presente artículo no son sino una contribución al futuro estudio de la morfología de *La Regenta.*

Volvamos un momento al arranque de la novela. Ya anoté su forma, que era la verticalidad; y su movimiento, que era ascensional. Ascienden trapos, papeles, migajas, o sea cosas insignificantes y pequeñas, que vuelan como si fueran pájaros, como si no fueran mera materia inerte. El narrador interpreta los objetos. Esta interpretación de la materia se reitera a lo largo de la novela; como, sin más tardar, en el párrafo segundo, dedicado a la catedral y a su tan alta y airosa torre. El narrador elogia la esbeltez moderada de la torre, que carece de afectación —a diferencia de las «más flacas que esbeltas, amaneradas como señoritas cursis que se aprietan demasiado el corsé» —y no es ni demasiado fina o incorpórea— su aguja no

22. *Ibid.*, p. 143.
23. *Ibid.*, p. 121.
24. *Ibid.*, p. 142.

«se quiebra de sutil» —ni demasiado pesada. Es materia, pero tan admirable que sugiere o implica espíritu. «Era maciza sin perder nada de su espiritual grandeza». Lo que ordena este párrafo segundo, como el primero, es la verticalidad y el movimiento ascensional; pero hay algo que queda explícitamente añadido: la significación de tal marco es la posible espiritualidad de la materia.

El prodigioso capítulo primero es una presentación, una introducción narrativa de insólita riqueza —difícil sería imaginarse un resumen más completo del escenario de toda una novela, o donde se citen más nombres y describen más lugares o esbocen más temas del fundamental importancia para todo cuanto sigue —y sin embargo el lector no se siente un solo segundo perdido. Hay profusión de vida, pero perfectamente dominada por las dimensiones descriptivas e interpretativas que desde un principio estructuran y jerarquizan ese abundante mundo ficticio. Casi todos los nombres y apellidos se mencionan ya: Vegallanas, Ozores, Carraspiques; los Páez, don Frutos Redondo. Se divisa desde lejos el billar del Casino, institución que luego se merecerá todo un capítulo. Aparece toda la ciudad, con sus diferentes barrios y clases sociales, pero también el campo; y hasta la montaña. Uno de los campaneros mira por el catalejo del Magistral y ve «perfectamente a la Regenta, una guapísima señora, pasearse, leyendo un libro, por su muerta...» Es más, hay un personaje enamorado de la Regenta sin que ella lo advierta; pero no es aún Fermín de Pas, sino Saturnino Bermúdez. Y no hay apenas problema o asunto que no quepa ya introducirse. «Clarín» nos habla sin dilación alguna de los ensueños de la niñez visionaria (por ahora la de Fermín de Pas); de la energía que otorga la voluntad; del falso misticismo (el de Bermúdez) y otros equívocos de la religión, confundida con el prestigio del predicador o los desahogos de escandalosas hijas de confesión; de la sexualidad reprimida de los unos (Bermúdez) y el erotismo vulgarísimo de los otros (Obdulia); de los odios y rivalidades que dividen al Cabildo; y de todo cuanto es artificio, hipocresía, afectación, engaño mediocre y rutinario, triste componenda o sucedáneo, ambigüedad de la persona retorcida; cómo por ejemplo los rizos de Obdulia, «de un rubio, sucio, metálico, artificial»; o Celedonio, que «se movía y gesticulaba como hembra desfachatada, sirena de cuartel»; o Bermúdez, cuya más elegante indumentaria se veía inmediatamente convertida por él en sotana, pues «no era clérigo, sino anfibio»; o la barbilla del Magistral, que daba al rostro «expresión de prudencia de la que toca en cobarde hipocresía y anuncia frío y calculador egoísmo»; o incluso la inautenticidad de la cultura que no lo es, como los tétricos cuadros del pintor Cenceño y la altisonante retórica trasnochada de la prosa del erudito local, Saturnino Bermúdez. Todo ello, y bastante más, en un solo capítulo. «Clarín» abre todo el compás, desde el audaz talento del Magistral hasta la tontería inofensiva de Bermúdez; y en lo que toca al lenguaje, desde la verborrea arcaizante a la que acabo de aludir hasta el recato que exigen los «cien matices» de un campo cuyo cultivo intenso producía «en la tierra tonos de colores sin nombre exacto», al igual que el reconocimiento de nuestra ignorancia de la interioridad de las personas, por ejemplo, la dificultad de descifrar el rostro del Magistral, «todo expresión, aunque escrito en griego...» Esta última dificultad, la de penetrar en la intimidad de la vida interior, es lo que afrontará el narrador más adelante por medio del llamado estilo indirecto libre, más próximo a esa vida, a veces incoherente, que el soliloquio tradicional.

Dominan y estructuran esta profusión, decía, unas dimensiones interpretativas y descriptivas. Entre las interpretativas descuella la metáfora (en su sentido más amplio, que incluye el símil), lo cual exigiría un análisis aparte: metáforas dinámicas, reiteradas, acumulativas, que pasan de un capítulo a otro. Ya vimos que el objeto constante de interpretación es la materia. Así, ya en el segundo párrafo, la materia de la torre de la catedral, convertida en persona, en trepador, en trapecista de circo: «como haz de músculos y nervios, la piedra, enroscándose en la piedra, trepada a la altura, haciendo equilibrios de acróbata en el aire...» Pero lo que toca subrayar aquí es aquello que se describe y cuyo posible sentido depende en primera instancia de su coherencia literal, lo suficientemente insistida como para integrarse en espacios diegéticos. Y salta a la vista que lo que llena, caracteriza, forma o transforma esos espacios es la luz; la luz, claro está, con todos sus matices: sombras, claroscuros y penumbras. La luz, indivisible del tiempo, no es nunca algo abstracto. Si hay luces o sombras, es que estamos en el tiempo y se desarrolla el relato. De las calles de la Encimada, el barrio noble de Vetusta, donde reside la Regenta, sí se dice que «eran estrechas, tortuosas, húmedas, sin sol»; como también cabe decir de los edificios de la ciudad en general que su piedra está «ennegrecida» por las lluvias. Pero la acción empieza cuando el Magistral desciende del campanario y pasea por las naves y capillas de la catedral; y con la acción, se definen mejor las luces y las sombras, cuyas combinaciones retratan tan bien el ámbito del templo. Penetran en éste destellos del mundo exterior: «por las altas ventanas y por los rosetones del arco toral y de los laterales entraban haces de luz de muchos colores que remedaban pedazos del iris dentro de las naves». Pero lo que prevalece es la sombra. Las capillas, cerca de los confesonarios, están «sumidas en las sombras». La «más oscura» es la capilla del norte, donde está el confesionario del Magistral, «sumido en tinieblas». De Pas se dirige a la sacristía, donde Bermúdez, Obdulia Fandiño y unos provincianos miran, sin poderlos ver, unos cuadros negruzcos: «La luz entraba por ventanas estrechas abiertas en la bóveda y a las pinturas llegaba muy torcida y menguada. El cuadro que miraban estaba casi en la sombra y parecía una gran mancha de negro mate». Y de ahí en adelante el escenario del capítulo primero de la novela no hará —como la novela entera, en resumidas cuentas— sino ensombrecerse. Las tinieblas aumentan hasta el final, que es la oscuridad total. La comitiva ha entrado en la capilla del Panteón, «ancha, oscura, fría...» Dentro de una cripta y del otro lado de un sepulcro «la oscuridad era absoluta». Ahí se aventuran todos. «No se hizo la luz.» Bermúdez, «patrocinado por las tinieblas», se atreve a coger la mano de Obdulia mientras pronuncia su perorata. Las palabras finales del capítulo insisten una vez en este aspecto descriptivo; pues Obdulia felicita a Bermúdez «con un apretón de manos, en la sombra».

Pero este primer capítulo, tan pletórico de detalles, tan explícito temáticamente, tan concertado diegéticamente, se limita a insinuar cierto elemento de la historia. Es como si fuera un secreto todavía, o una semilla plantada para el futuro. ¿Por qué sube el Magistral a lo alto de la torre de la catedral? Se nos explica que, como buen montañés, tenía la pasión de las alturas. Pero narrativamente, ese día preciso, Fermín de Pas aspiraba a convertirse en el confesor de la Regenta. Al acabarse su observación de la ciudad desde el campanario, nos dice el narrador: «más de media hora empleó el Magistral en su observatorio aquella tarde. Cansado de mirar, o no pudiendo ver lo que buscaba allá, hacia la Plaza Nueva, a donde constantemente volvía el catalejo, separóse de la ventana...» Poco antes supimos que el palacio de los Ozores y su huerta, llamada el Parque de los Ozores, se encontraba «en la rinconada de la Plaza Nueva». Lo que buscaba allá Fermín de Pas era la imagen de la Regenta. La diégesis, es evidente, se adelanta a la historia.

Las dimensiones de la diégesis consienten múltiples posibilidades; y sus direcciones son reversibles. La historia, que se reduce a un argumento, acaba por tomar un solo rumbo, por asumir una sola forma unilineal. No así los rasgos y cualidades de la diégesis, que son plurales. Puede predominar la sombra, pero también la luz, como las combinaciones de las dos y sus muchos matices intermedios. Sobresale numerosísimas veces la verticalidad; pero ésta encauza impulsos, vectores o movimientos opuestos. Reléase el comienzo del capítulo XVIII:

> Las nubes pardas, opacas, anchas como estepas, venían del oeste, tropezaban con las crestas de Corfín, se desgarraban y deshechas en agua, caían sobre Vetusta, unas en diagonales vertiginosas, como latigazos furibundos, como castigo bíblico; otras cachazudas, tranquilas, en delgados hilos verticales... La tierra fungosa se descarnaba como los huesos de Job; sobre la sierra se dejaba arrastrar por el viento perezoso, la niebla lenta y desmayada, semejante a un penacho de pluma gris...

El agua no sólo desciende, en vertical o en diagonal, sino cae, se precipita; y de tal suerte la descripción pasa inmediatamente a ser interpretación, ejercicio metafórico. El narrador, desde lejos, es quien acentúa lo negativo de la caída, como si fuera una lluvia de fuego, un castigo bíblico, una prueba comparable a las padecidas por Job. Vuelve a levantarse el viento «perezoso» de la segunda frase del capítulo primero;[25] pero —estamos en marzo— ahora sabemos que lo propio de los habitantes de Vetusta es una terrible mediocridad, que a todos inunda, sumerge, vence, como la monotonía de una lluvia implacable. El narrador traslada al espacio envolvente de la ciudad ficticia, en este momento, el «tedio desesperante» que sienten sus habitantes más sensibles. Una vez más es la materia misma el blanco de la interpretación (cap. XVIII):

> La tristeza resignada, fatal, de la piedra que la gota eterna horada, era la expresión muda del valle y del monte; la naturaleza muerta parecía esperar que el agua disolviera su cuerpo inerte, inútil. La torre de la catedral aparecía a lo lejos, entre la cerrazón, como un mástil sumergido. La desolación del campo era resignada, poética en su dolor silencioso; pero la tristeza de la ciudad negruzca, donde la humedad sucia rezumaba por tejados y paredes agrietadas, parecía mezquina, repugnante, chillona, como canturria de pobre de solemnidad. Molestaba; no inspiraba melancolía, sino un tedio desesperado.

La naturaleza se nos aparece ahora como materia muerta, inerte, desprovista de movimiento y de sentido. Los avatares de la diégesis —sometida también a la temporalidad, según decíamos— son esencialmente los de la materia.

Esta morfología en tensión no sólo estructura un mundo si no tiende a proponer valores virtuales. Así como los elementos fónicos de la obra de arte verbal —volviendo a Ingarden— tienen sentido y designan objetos, y los objetos van construyendo un mundo diegético, este mundo a su vez implica una gama de valoraciones. Lo que el narrador edifica firmemente en la primera parte de la novela es lo mismo la diégesis que sus posibles coordenadas de valoración. De esta manera el lector está preparado para la aceleración narrativa de la sección final y, sobre todo, para su interpretación al interior de las coordenadas establecidas por los capítulos anteriores.

Hemos apuntado que el narrador mismo es quien insinúa estas coordenadas, tratándose de visiones de conjunto o descripciones panorámicas, como las que abren los capítulos I y XVIII, con sus verticales de dirección opuesta. La diégesis no es objeto solamente de los «puntos de vista» de los personajes. Pero es evidente la incli-

25. Véase Alarcos Llorach, *art. cit.*, p. 232.

nación al recato, a la impersonalidad flaubertiana, por parte del narrador. Así, el novelista entrega y atribuye la tarea de valoración, en primer término, a los personajes principales. Cuando Ana recobra la salud y el buen humor, en la quinta del Vivero (cap. XXVII), su estimación de la lluvia resulta ser más personal y original que la del narrador:

> Llueve, son las cinco de la tarde y ha llovido todo el día. *In illo tempore*, me tendría yo por desgraciada sin más que esto. Pensaría en la pequeñez —y la humedad— de las cosas humanas, en el gran aburrimiento universal, etc., etc... Y ahora encuentro natural y hasta muy divertido que llueva... Mañana el sol sacará lustre a toda esta verdura mojada.

Gonzalo Sobejano, en su comentario del capítulo XVI, acentúa el valor simbólico de muchos pormenores, lo que él denomina la «esencia simbólica» del texto. «Aparecen en el texto» —escribe— «ciertas entidades imaginarias que representan aquello que con su nombre se enuncia y, al mismo tiempo, aluden a algo común y más general. Esas entidades son la lluvia, el invierno, las campanas, los objetos que yacían sobre la mesa, el periódico con sus frases hechas y lugares comunes, y la gente en la plaza con sus vestidos de disanto y sus adornos fúnebres».[26] Efectivamente, así sucede; es decir, nos encontramos ante un suceso, una ocurrencia, la de Ana, que es quien valora estas cosas, hasta llegar a simbolizarlas (capítulo XVI):

> Sobre el platillo de la taza yacía medio puro apagado, cuya ceniza formaba repugnante amasijo impregnado del café frío derramado. Todo esto miraba la Regenta con pena, como si fuesen ruinas de un mundo. La insignificancia de aquellos objetos que contemplaba le partía el alma; se le figuraba que eran símbolo del universo, que era así, ceniza, rialdad, un cigarro abandonado a la mitad por el hastío del fumador. Además, pensaba en el marido incapaz de fumar un puro entero y de querer por entero a una mujer.

Estamos a principios de noviembre; es el día de Todos los Santos. Todo —las campanas, los adornos fúnebres, el artículo católico del periódico, firmado por Trifón Cármenes— sugiere la muerte, según pone de relieve Sobejano. La ceniza y el café forman un amasijo que repugna ¿a quién?, a la Regenta, claro está, cuyo punto de vista gobierna estas páginas. El comienzo del capítulo —«Con Octubre muere en Vetusta el buen tiempo»— había propuesto una descripción general del ambiente —el lluvioso mes de noviembre—

26. G. Sobejano, «La inadaptada (Leopoldo Alas: "La Regenta", capítulo XVI)», en *El comentario de textos*, ed. A. Amorós, Madrid, 1980, p. 158.

y también, como casi siempre, una valoración, que corría a cargo del narrador. Pero esta amplia interpretación del espacio diegético era plural, gracias a la cervantina táctica de dar cabida a las opiniones de variados grupos de personas: «unos protestan todos los años...; otros, más filósofos, se consuelan pensando que a las muchas lluvias se debe la fertilidad y la hermosura...», etc. El enfoque interpretativo se hace luego, por mediación de la Regenta, más preciso, individual, limitado; y asimismo más original, pues ella suele discrepar o alejarse de los pareceres y tópicos prevalecientes. El universo todo es «ceniza». La idea, en el fondo, es cristiana, como la Regenta misma; pero lo insólito es pensarla y sentirla de veras, con tal autenticidad. El valor de los objetos que la rodean es la insignificancia; pero ésta, vivida con semejante intensidad, es todo menos una carencia de sentido.

La temporalidad cíclica, iterativa del conjunto de la ciudad —costumbrismo desprovisto de originalidad creadora— se encarna una y otra vez en la figura del día festivo o el aniversario colectivo: día de San Francisco (caps. 11-15), día de Difuntos (cap. XVI), Navidad (cap. XXIII, Carnaval (cap. XXIV), Viernes Santo (capítulo XXVI), etc. Pero a ese nivel general y previsible, comparable al de las estaciones, se añade la temporalidad personal, lineal, de quienes experimentan un destino propio: ante todo Fermín de Pas y la Regenta. Así, volviendo al capítulo XVI y la mezcla de café y ceniza que contempla asqueada Ana, la muerte será el tema de todos, más o menos superficialmente, aquel día de Difuntos; pero lo que siente Ana, lo que ve en aquella ceniza, es la insuficiencia vital de los vivos, la muerte en la vida misma.

Ocurre con esta valoración de las cosas lo mismo que con la interpretación de la interioridad psíquica de los personajes: el enfoque se desliza insensiblemente a lo largo de una línea que incluye muchos puntos intermedios entre dos extremos, la iniciativa del narrador (tratándose de vida interior: su presentación omnisciente de ésta) y la del personaje (el soliloquio tradicional), entre los cuales sobresale el procedimiento mixto llamado estilo indirecto libre, o «monólogo narrado».[27] Las disparidades son móviles, borrosas. La descripción/valoración que acabamos de examinar —«se le figuraban que eran símbolo del universo, que era así, ceniza, frialdad..., etc.»— es algo, en el plano de la diégesis, comparable al monólogo narrado, o estilo indirecto libre, con motivo de la interioridad pura; y podría quizás denominarse «descripción narrada». Entre los casos más móviles podríamos citar las descripciones de aquellos objetos que no son blanco de ningún punto de vista concreto, sino manifiestan una compenetración generalizada con las personas que los utilizan y conviven con ellos. El cap. VIII, que re-

27. Véase Dorrit Cohn, *Transparent Minds*, Princeton, 1978.

trata la casa de los marqueses de Vegallana, procura sencillamente caracterizar los valores morales e inmorales de determinado grupo y clase social por medio del entorno físico en que residen. No hace falta definir el origen del erotismo que tan claramente connotan los muebles de los Vegallana (cap. VIII):

> casi todos servían para acostarse: sillas largas, mecedoras, marquesitas, confidentes, taburetes, toda era conjuración de la pereza; en entrando allí daban tentaciones de echarse a la larga. El sofá, de panza anchísima y turgente con sus botones ocultos entre el raso, como pistillos de rosas amarillas, era una muda anacreóntica, acompañada con los olores excitantes de las cien esencias que la marquesa arrojaba a todos los vientos.

Otro tanto sucede cuando el lector contempla por primera vez los muebles del señor Obispo, que manifiestan a la perfección el gusto de Su Ilustrísima (cap. XII):

> Los muebles, forrados de damasco amarillo, barnizados de blanco también, de un lujo anticuado, bonachón y simpático, reían a carcajadas, con sus contorsiones de madera retorcida, ora en curvas panzudas, ora en columnas salomónicas. Los brazos de las butacas parecían puestos en jarras, los pies de las consolas hacían piruetas.

Quien observa y compara en ese momento es evidentemente el narrador, ya que el Magistral visita al Obispo, don Fortunato, de pésimo humor; y además queda explicado que la decoración del palacio era asunto suyo: don Fortunato «dejaba al Provisor gobernar la diócesis a su antojo; pero en su salón no había de tocar». En esto se apoyaría la voz narrativa si fuera necesario justificar su intervención. Pero no creo que lo sea; y no se trata sino de una sencilla confirmación de lo adecuado de estos objetos, como en Balzac, a las personas que viven con ellas. Esta metonimia ético-visual a lo Balzac no debe confundirse con la perspectiva descriptiva, con la forma de modelar la diégesis, que en esta ocasión nos concierne.

La descripción de los muebles del Obispo pertenece a la misma categoría que la de la torre de la Catedral, al principio de la novela: no es lo que un personaje ve en determinado momento, sino lo que el narrador generalmente sabe. No hay motivo para darnos a conocer el interior del palacio episcopal hasta el instante del capítulo XII en que el Magistral entra en él; pero no se comunica al lector más que lo que el narrador ya sabía o podía saber. La descripción en este caso no es parte de la acción, porque es algo que no le pasa a nadie.

Son tres, ante todo, las perspectivas descriptivas: la del narrador, muy dueño de saber cuanto se le antoje, y a quien le corresponden normalmente los panoramas vastos y sintéticos —por ejemplo, si releemos el capítulo IX, cuando Ana y su criada Petra pasean por el campo y llegan hasta la fuente de Mari-Pepa (cap. IX):

> El camino era estrecho, pero igual y firme; a los lados se extendían prados de hierba alta y espesa y campos de hortaliza. Huertas y prados los riegan las aguas de la ciudad y son más fértiles que toda la campiña.

Se nos ha proporcionado una información preliminar. Un poco más adelante la descripción del lugar podría adscribirse lo mismo al narrador que a Ana y Petra:

> La orla de álamos que se veía desde lejos servía como de muralla para hacer el lugar más escondido y darle sombra a la hora de ponerse el sol; por oriente se levantaba una loma que daba abrigo al apacible retiro formado por la naturaleza en torno al manantial.

Es una visión panorámica; que podría ser del narrador, por panorámica, pero también de los personajes, por lo que tiene de visión, de algo «que se veía». No nos encontramos por ahora ante una interpretación de índole individual. Nuestra segunda categoría no deja lugar a dudas, que es la descripción monológica, como por ejemplo el siguiente soliloquio de Ana:

> «Estos animalitos —pensó— sienten, quieren y hasta hacen reflexiones... Ese pajarillo ha tenido una idea de repente; se ha cansado de esta sombra y se ha ido a buscar luz, calor, espacio.»

Y son frecuentes, en tercer lugar, las descripciones narradas; como ésta, que se incorpora al punto de vista de Ana, sin que hagan falta comillas:

> Contemplaba las laderas de la montaña iluminada como por luces de bengala, y casi entre sueños oía a su lado el murmullo discreto del manantial y de la corriente que se precipitaba a refrescar los prados.

La descripción monológica es, claro está, la que encierra el grado mayor de valoración.

El narrador presenta y comienza a interpretar amplios espacios diegéticos cuyas virtualidades son plurales, para que más adelante el personaje profundice y penetre en sus componentes y dimensiones. Este proceso de profundización lleva implícita la inminencia constante de la metáfora. Acabamos de apuntar que junto a la fuente de Mari-Pepa la Regenta ve un pajarillo que se echa a volar y comprende que el animalito se ha cansado, según ella, de la «sombra»; y se ha ido a «buscar luz, calor, espacio». Es el tránsito mismo de lo literal a lo figurativo. Me parece, volviendo hacia atrás, que este proceso se había realizado ya conforme pasábamos de las descripciones del capítulo I a las metaforizaciones del capítulo III. El comienzo de la novela nos había ofrecido una imagen extensa de Vetusta, sometida a las ambiciones del Magistral; y el reducido ámbito del capítulo tercero había hecho posibles unas exploraciones en profundidad, de carácter intuitivo y metafórico. Ana Ozores está sola en su alcoba; ninguna mirada ajena penetra en la habitación; las cosas están ahí, tienen consistencia, rodean a la Regenta; pero hay algunas que adquieren especial sentido para ella. Ante todo la luz. Ana abre las sábanas de la cama y se deja «caer de bruces sobre aquella blandura suave con los brazos tendidos», sensación que le incita a recordar —como en otra época al héroe de Proust— las noches en que de niña se acostaba sola; y «su pena de niña, la injusticia de acostarla sin sueño, sin cuentos sin caricias, sin luz, la sublevaba todavía y le inspiraba una dulcísima lástima de sí misma». La luz, concreta al principio del capítulo, meramente contigua, se torna metáfora. «Como nadie la consolaba al dormirse llorando, acababa por buscar consuelo en sí misma, contándose cuentos llenos de luz y de caricias». Aparecen unidos ya la luz y los pájaros, pues Ana canturreaba

Estaba la pájara pinta
a la sombra de un verde limón...

Y las metáforas lumínicas se multiplicarán a lo largo del relato. Ya vimos que la luz, cruce del aire con el tiempo, se presta al arte temporalizado de «Clarín»; y que el primer capítulo había destacado, de paso, las «sombras» y «tinieblas» de la catedral. Lo mismo puede decirse del capítulo final, con la diferencia de que las sombras triunfan. La escena de la confesión fallida de Ana es una escena nocturna. Han transcurrido dos años; y —nos indica Frank Durand [28]— estamos, como al comienzo de la novela, otra vez en octubre. En octubre, en la catedral y al anochecer. «La escasa claridad que llegaba de la nave y los destellos amarillentos y misteriosos de la lámpara de la capilla» (cap. XXX) ceden el paso paulatinamente a una oscuridad más profunda. «Ya era tarde. La catedral estaba sola. Allí dentro ya empezaba la noche.» Ana tan sólo vislumbra «a la luz de la lámpara» la figura negra y formidable del Magistral; y ha de caer desmayada. «La catedral estaba sola. Las sombras de los pilares y de las bóvedas se iban juntando y dejaban

28. Véase F. Durand, «Structural Unity in Leopoldo Alas' *La Regenta*», *Hispanic Review*, XXXI, 1963, 324-335.

el templo en tinieblas.» Convergen la noche y la caída corpórea. Ana se desploma, cae «de bruces» sobre el frío mármol del templo en penumbra. Nada más lejano de los momentos en que la luz era toda movimiento, cambio, esperanza, imaginación, amor; y Ana caía «de bruces sobre aquella blandura suave» (cap. III) de las sábanas, rememorando «cuentos llenos de luz y de caricias».

Adviértase que no sólo el argumento puede ni debe ser significativo. Es concebible ser feliz en la oquedad de un mundo inerte, trivial, sin interés alguno— es más, esto es lo conseguido por tanta novela sentimental, mediocre y rosa. En *La Regenta* le importa al lector averiguar si los objetos y seres que pueblan el mundo ficticio de Vetusta, en apariencia reiterativo y trivial, pueden llegar a adquirir sentido y razón de ser. He aquí el reto fundamental al que hace frente el arte descriptivo de «Clarín». No basta con que el espacio diegético sea el escenario de la acción. Y según venimos apuntando, la vindicación de ese espacio es un proceso gradual e intrínseco, contenido por sus dimensiones propias, valorado sobre la marcha sea por el narrador mismo, sea por los personajes de sensibilidad superior.

Este esfuerzo valorativo es tarea humana, no divina. Está —por mucho que algunos vivan como si se plegasen a la voluntad de un Dios existente— en manos de hombres y mujeres, tal vez capaces de asignar sentido y calidad al ámbito limitado, finito en que se encuentran. Es quehacer arduo, precario, sin duda, que Ana Ozores sólo en ciertos instantes, alentada por el amor, lleva hasta cierto grado de plenitud (cap. XXI):

> Cada día encontraba la Regenta mayor consistencia en la idea de las cosas finitas; ya no le costaba tanto trabajo reconocer su realidad; volvían los seres materiales a tener para ella la poesía inefable del dibujo; la plasticidad de los cuerpos era una especie de bienestar de la materia, una prueba de la solidez del universo; y Ana se sentía bien en medio de la vida.

Pues ante las cosas finitas, la tentativa de valoración no puede descansar ni en la mera aceptación de una materia inerte, ni en el aislamiento de la conciencia y la pura interioridad. Escribe «Clarín» en *Apolo en Pafos,* por mediación de Clío, que parece ser en ese texto su musa predilecta:

> Llegará un día en que será un crimen de lesa metafísica el pretender que pueda haber superior belleza a la de la realidad; la realidad es lo infinito, y las combinaciones de cualidades a que lo infinito pueda dar existencia, ofrecen superiores bellezas a cuanto quepa que sueñe la fantasía o inspire el deseo.[29]

29. Clarín, *Apolo en Pafos*, Madrid, 1897, p. 91.

Ahora bien, tratándose de espacios no histórico-reales sino ficticios, o diegéticos, ¿cabe también juzgarlos infinitos?

La vindicación que se lleva a cabo en *La Regenta* deja atrás —Frances Weber y Joan Rutherford lo han puesto bien claro [30]— el dualismo cristiano del espíritu y la materia, cruelmente escindidos, y sus hiperbólicas secuelas románticas; como también el materialismo burdo de ciertos positivistas del momento. Las posturas que hallamos al respecto en *La Regenta* son muy variadas. Nos hallamos ante una auténtica novela, reacia, como subraya Francesc Weber, a la abstracción; y también, yo agregaría, a las actitudes demasiado estables por cuanto son ajenas al desenvolvimiento temporal, sinuoso, desconcertante de unas existencias singulares. Los avatares de la materia son los de esas existencias, según ya quedó anotado, y de sus cambiantes tentativas de valoración. Va surgiendo todo un espectro de matices, en que cada punto parece móvil y fugaz. Ana Ozores, la Regenta, lectora apasionada de libros y de cosas, poetisa en ciernes, inquieta, inteligente (a diferencia de Emma Bovary), es, con Fermín de Pas, quien más veces expresa la repugnancia ante la materia vacía de sentido, no sin volver *—qu u pulvis es—* a los orígenes cristianos de su sensibilidad: «Miró su cuerpo y le pareció tierra» (cap. XVIII). O también: «a veces se me figura que soy por dentro un montón de arena que se desmorona» (íd.). Otro tanto siente el Magistral, achacándolo a los demás: «¡había Infierno! Era así... La podredumbre de la materia para los espíritus podridos» (cap. XIX). Lo que demuestra definitivamente la superioridad de los dos personajes es su capacidad de amor, que eleva y transfigura las cosas. «Ahora» —según Fermín de Pas— «la dicha presente; aquella que gozaba en una mañana de mayo cerca de junio, contento de vivir, amigo del campo, de los pájaros...» (cap. XXI). Y «amor a todos los hombres» —según Ana—» y a todas las criaturas..., a las aves, a los brutos, a las hierbas del campo..., a los gusanos de la tierra...» (cap. XXIII). Es ella a quien se le antoja «envidiar a los animales, a las plantas, a las piedras» (capítulo V). Pues Ana está sola; y su sed de sentido supone un prurito, un esfuerzo de elevación. No así Frígilis, que se siente integrado, digamos, horizontalmente, a la naturaleza: «a un árbol la salud ha de entrarle por las raíces..., pues es lo mismo el alma» (capítulo V). Pero la caza y el campo no son una salida, una solución suficiente para todos. Es inútil —confirma Francesc Weber— toda «reducción de la complejidad humana...» [31] «Clarín» no sólo reconoce esta complejidad, no sólo la presenta narrativamente; «Cla-

30. Véanse Frances W. Weber, «The Dynamics of Motif in Leopoldo Alas' *La Regenta*», *Romanic Review*, LVIII, 1966, 188-199; reed. en S. Beser, *Teoría y crítica...*; y John Rutherford, *Leopoldo Alas. La Regenta,* Londres, 1979.

31. Véase F. Weber, en *Teoría y crítica...*, p. 135.

rín» nos muestra su capacidad de interrogación de las cosas, de evaluación del mundo en que viven los personajes más complejos. Así, a la Regenta no le bastaría la integración horizontal y bucólica de Frígilis. Ana es de los seres que dialogan con la naturaleza, sin confundirse con ella.

Dediquemos un último apunte a uno de los habitantes más significativos de este espacio diegético: los pájaros.

El más ingrávido, ascendente, elevado, incorpóreo de los seres materiales: el pájaro. Sí, todo en el aire de *La Reyenta* es pájaro. Ya anotamos que para Fermín de Pas y Ana Ozores el signo de la felicidad es sentirse amigos de los pájaros. Pues las aves, en primer lugar, como la luz o la torre de la catedral, existen, son, aparecen en la novela. Algunas hay de mal agüero: los murciélagos de «alas diabólicas» que molestan al Magistral durante su paseo (cap. XIV); o las bandadas de cuervos que se alejan hacia el mar, «como náufragos de la niebla, silenciosa a ratos, y a ratos lamentándose con graznar lúgubre que llegaba a la tierra apagado, como una queja subterránea» (cap. XIX). Recuérdense los cuatro tordos muertos por don Víctor Quintanar, cazador y ornitólogo. Y sobre todo los enjaulados, rivales triunfantes de su esposa, entre los cuales descuella el tordo que clava su mirada incrédula en don Víctor (capítulo III):

> El tordo estaba enhiesto sobre un travesaño, *con los hombros encogidos*; pero no dormía. Sus ojos se fijaron de un modo impertinente en los de su amo y no quiso reconocerle. Toda la noche se hubiera estado el animalejo mira que te mirarás, con aire de desafío.

Hay otros que, enjaulados, son sin embargo alegres y cantarines, como los del Obispo, don Fortunato Camoirán, que adorna sus balcones con

> jaulas pobres, pero alegres, en que saltaban y alborotaban aturdiendo al mundo jilgueros y canarios, que en honor de la verdad parecían locos.
>
> —Gracias que no llevo mis pájaros a la catedral para que canten el Gloria cuando celebro de pontifical. Cuando yo era párroco de las Veguellinas, jilgueros y alondras y hasta pardales cantaban y silbaban en el coro y era una delicia oírlos (cap. XII).

¿Pájaros en el coro de aquella catedral tan sombría? Cierto que don Fortunato «era un santo alegre...»

Hay aves de vuelo alto y majestuoso, como las águilas y los milanos admirados con intenso placer por el Magistral, para quien «llegar a lo más alto era un placer voluptuoso»; y cuyo manteo de anchos pliegues semejaba «tornasoles de plumas de faisán, y otras veces parecía cola de pavo real» (cap. I). Y recordemos el momento en que Ana Ozores escribe ella misma estas líneas: «puedo reír, llorar, cantar, hablar con Dios, con los pájaros, con la sangre sana y fresca que siento correr dentro de mí. Empecemos por un himno. Hagamos versos en prosa» (cap. XXVII). Es cuando Ana, equilibrada, feliz, dispuesta a sentir y componer himnos a la vida, está en la quinta, en el campo, a media legua de la ciudad, y describe en su diario el palomar que es como un «serrallo» donde las parejas se juntan «por costumbre», hasta que

> de repente el macho, supongo que sería el macho, tiene una idea, un remordimiento, *improvisa* una pasión *que está muy lejos de sentir*, y besa a la hembra, y hace la rueda, y canta el *racutucua* y se eriza de plumas... ¡Racionales palomas!

Los pasajes más sugestivos, por lo que toca a la diégesis, están otra vez en los primeros capítulos de la novela, principalmente el capítulo IX, en que Ana también se acerca a la naturaleza. Ya comenzamos a comentar aquel paseo, episodio bucólico que evoca paseos infantiles, como el que condujo a un arrobo místico —una luz sobrenatural atravesó sus párpados, una zarza pareció moverse y «con los ojos abiertos al milagro, vio un pájaro obscuro saliendo de un matorral y pasar sobre su frente». Ahora la mujer madura tropieza de repente con una nevatilla (cap. IX):

> Una nevatilla (en Vetusta *lavanodera*) picoteaba el suelo y brincaba a los pies de Ana, sin miedo, fiada en la agilidad de sus alas; daba vueltas, barría el polvo con la cola, se acercaba al agua, bebía, de un salto llegaba al seto, se escondía un momento entre las ramas bajas de la zarzamora; por pura casualidad volvía a aparecer, siempre alegre, pizpireta; quedó inmóvil un instante, como si deliberase; y de repente, como asustada, por aprensión, sin el menor motivo, tendió el vuelo, recto y rápido al principio, ondulante y pausado después, y se perdió en la atmósfera, que el sol oblicuo teñía de púrpura. Ana siguió el vuelo de la *lavandera* con la mirada mientras pudo.

No cabe acentuar más la movilidad, la inquietud, la velocísima espontaneidad del pájaro siempre libre y dispuesto a emprender el vuelo. Y ya vimos que Ana acto seguido valora positivamente los actos del animalillo que «se ha ido a buscar luz, calor, espacio». Las distintas dimensiones y metáforas van, por acumulación, convergiendo poco a poco. Unos minutos después aparece un gorrión que, como el tordo de Quintanar, mira de hito en hito al ser humano:

> Un gorrión con un grano de trigo en el pico se puso enfrente de Ana y se atrevió a mirarla con insolencia. La dama se acordó del Arcipreste.

Lo cual desencadena una larga meditación de Ana, de índole moral:

> «¡Qué feliz sería aquel Magistral, anegado en luz de alegría virtuosa, llena el alma de pájaros que le cantaban como coros de ángeles dentro del corazón!...
>
> Ese pajarillo no tiene alma y vuela con alas de pluma, yo tengo espíritu y volaré con las alas invisibles del corazón, cruzando el ambiente puro, radiante de la virtud.»

Pero el tiempo no perdona. Todo es tiempo, cambio, movimiento —es decir, vida— en el espacio ficticio de la novela. Anochece. «Todo quedó en la sombra... La sombra y el frío fueron repentinos. Un coro estridente de ranas despidió al sol desde un charco del prado vecino.» Y quien clava ahora su mirada desafiante en la Regenta es un sapo:

> Un sapo en cuclillas miraba a la Regenta, encaramado en una raíz gruesa, que salía de la tierra como una garra. Lo tenía a un palmo de su vestido. Ana dio un grito, tuvo mucho miedo. Se le figuró que aquel sapo había estado oyéndola pensar y se burlaba de sus ilusiones.
>
> —¡Petra! ¡Petra!
>
> La doncella no respondía. El sapo la miraba con una impertinencia que le daba asco y un pavor tonto.

Entre el sapo y el pájaro cabe la diégesis de *La Regenta*, o entre los diálogos implícitos que con ellos entablan los personajes y lectores de la novela. Todos éstos recuerdan, por supuesto, que la última palabra es «sapo»: «había creído sentir sobre la boca el vientre viscoso y frío de un sapo». En el bestiario simbólico cristiano los sapos no son animales amables. El sapo es «emblema de la fealdad terrorífica del mal», explica Gonzalo Sobejano, refiriéndose al que atormentó a Santa Teresa.[32] Existe una polaridad moral, sí, entre aves y batracios. Pero también una oposición ontológica, diríamos, entre la materia reconciliada consigo misma y la que conduce a la desesperación y al asco y al sentimiento de la nada, simbolizada por una fría viscosidad que anuncia a Sartre, por el «cuerpo viscoso y frío» (cap. XXV), el beso final «viscoso y frío» (cap. XXX) del sapo condenado a la horizontalidad, y que el arte del narrador asocia, al acabarse la novela, al frío, la noche y la caída física de la Regenta. Pues son otras las voces que al propio tiempo se oyen: las sombras y las luces, las elevaciones y las caídas, como las tristes y definitivas que Petra, desde su léxico, compendia en el penúltimo capítulo XIX:

32. Véase G. Sobejano, Introducción a L. Alas, *La Regenta*, Madrid, Ed. Castalia, 1981, p. 46.

> Se le figuró ver que caía la Regenta y se aplastaba, que caía el Magistral y se aplastaba, que caía don Víctor y se convertía en tortilla, que el mismo don Álvaro rodaba por el suelo hecho añicos.

Luces, calores, elevaciones, pájaros. Sombras, fríos, caídas, sapos. Todo ello, envuelto en la temporalidad, no se reduce a una mera oposición moral, no es en absoluto simplificable. De ahí, a mi entender, el papel relevante de los pájaros, tan libres, disponibles y abiertos lo mismo simbólica que literalmente, en el ámbito diegético de Vetusta. En esa vastísima finitud sin Dios, los pájaros pueden representar muchas cosas porque sus movimientos no tienen límites; y por eso sentimos que reflejan, en toda su amplitud posible, ligera, imaginativa, los avatares de la materia que, unida al espíritu, confía en sí misma y cuenta consigo misma para ser. Los pájaros atraviesan todo el espacio de *La Regenta,* como si denunciasen esa «solidaridad» entre los seres, esas formas en movimiento, que tanto le importaban a «Clarín».

La morfología de un mundo de ficción es mucho más compleja que la historia, por fuerza limitada, que en ese mundo se desarrolla. El argumento es único, relativamente sencillo, y tiene que terminar de una u otra manera; pero por ello precisamente se nos aparece como contingente. La acción final —la caída de *La Regenta*— simplifica la novela, la heroína y los espacios en que viven. No digo que las luces, las elevaciones y los pájaros sean más expresivos en nuestra memoria que la noche y la desesperación de la materia que se desploma y anula. Sí pienso que las dimensiones de la diégesis, todas juntas, nos dan, mejor que el argumento, que el resultado del duelo de don Víctor y Álvaro Mesía, que la crueldad del Magistral y la desgracia de Ana, la sensación más completa de esa inagotable, móvil, misteriosa «morfología de la vida» que era para «Clarín», al parecer, el objeto de la novela; y que sin duda el narrador de *La Regenta* supo atribuir, como una intuición que lucha por aclararse a sí misma, a la protagonista y al esfuerzo de su sensibilidad por penetrar (cap. XIX).

> en la respuesta aguda de una aldeana o un zafio gañán, en los episodios de la vida del corral, en los grupos de las nubes, en la melancolía de una mula cansada y cubierta de polvo, en la sombra de un árbol, en los reflejos de un charco, y sobre todo en el ritmo recóndito de los fenómenos, divisibles a lo infinito, sucediéndose, coincidiendo, formando la trama dramática del tiempo con una armonía superior a nuestras facultades perceptivas, que más se adivina que de ella se da testimonio.

La diégesis es lo que contiene y sugiere las múltiples interrelaciones entre los objetos y los seres, más o menos visibles, y ese «ritmo recóndito de los fenómenos» que intuye Ana; y que cada lector a su vez procura descifrar, más allá de los acontecimientos, como una música secreta. Releer *La Regenta* es querer quizá responder, por cuenta propia, a la interrogación silenciosa del pajarillo que, con un grano de trigo en el pico, fijaba sus ojos en Ana.

POESIA Y PROSA EN *LA REGENTA*

GONZALO SOBEJANO
Universidad de Pennsylvania

La dualidad verso-prosa prepara pero no determina la oposición poesía-prosa. La prepara porque el verso fue siempre cauce de expresión creativa libre, y la prosa vehículo de comunicación informativa necesaria. Pero no la determina puesto que hay verso prosaico y hay prosa poética. Importa aquí menos, por tanto, la diferencia formal que la oposición estética y ética.

Tal oposición viene de muy lejos, pero nadie, ni siquiera el autor del *Quijote*, la definió con los términos «poesía» y «prosa», «poético y prosaico». Hasta los tiempos de Moratín, «prosaico» significa «prosístico», lo relativo a la prosa como forma del discurso, lo escrito en prosa. Cuando las palabras «prosa», «prosaico» y «prosaísmo» cobran una significación ampliamente ética es en el siglo XIX. En la composición de Espronceda «A la traslación de las cenizas de Napoleón» (acontecimiento cumplido el 15 de noviembre de 1840, reinando Luis Felipe), se lee:

> Miseria y avidez, dinero y prosa,
> En vil mercado convertido el mundo,
> Los arranques del alma generosa
> Poniendo a precio inmundo.
> . . . .
> Cuando la voz en ti ya no retumba,
> Vieja Europa, del héroe ni el profeta,
> Ni en ti refleja su encantada lumbre
> El audaz entusiasmo del poeta,
> Yerta tu alma y sordos tus oídos
> Con prosaico afanar en tu miseria,
> Arrastrando en el lodo tu materia,
> Sólo abiertos al lucro tus sentidos,
> ¿Quién te despertará? [1]

1. José de Espronceda, *Poesías*, ed. de J. Moreno Villa, Madrid, Espasa-Calpe, 1952, pp. 137-138.

Manuel Bretón de los Herreros, en su sátira «La manía de viajar», de 1845, notifica así a un amigo su alejamiento de la poesía:

Mi numen no es ya *Apolo*; es el *Estado*;
Y aunque lo rija el que escribió el *Edipo*,
El *Estado* es prosaico aquí y en Asia
Y yo de su influencia participo.[2]

No es cosa de acumular ejemplos, más frecuentes conforme el siglo progresa, pero testimonio muy significativo lo aporta Bécquer. En sus *Cartas desde mi celda* (1864), escribe algo que Góngora, Quevedo o Gracián hubieran llamado desengaño y un romántico desilusión, pero que él designa de distinto modo. Sucede con ciertos pueblecitos pintorescos, dice, «lo que con otras muchas cosas del mundo, en que todo es cuestión de la distancia a que se miran, y la mayor parte de las veces, cuando se llega a ellos,, la poesía se convierte en prosa».[3] Y en otra carta de la misma serie: «el prosaico rasero de la civilización va igualándolo todo».[4]

Por lo que atañe a «prosaísmo», lo usa, por ejemplo, Galdós en este pasaje de *Lo prohibido* (1884-85): «La viva imaginación de Eloísa trajo al altar de Cupido expresiones que no encajaban bien entre las medias palabras del amor, y prosaísmos que no se entreveraban bien con las rosas».[5] Sería demasiado fácil alegar textos de Galdós, pero añadiré sólo dos, anteriores desde luego a *La Regenta*. En *La desheredada* (1881), observando que las dotes de cierto conquistador de mujeres eran más de guerrillero que de general, dice muy hegelianamente: «Viene esto de la índole de los tiempos, que repugnan la epopeya. No pueden sustraerse los amores a esta ley general del siglo prosaico».[6] Y al final de *El doctor Centeno* (1883), don José Ido del Sagrario pronuncia solemnemente estas palabras que resumen el destino del romántico Alejandro Miquis: «Mal terrible es ser *hombre-poema* en esta edad prosaica. El mundo elimina y echa de sí a los que no le sirven. Nada tan funesto como la vocación de ruiseñor en una familia de castores».[7]

Puede notarse que Espronceda siente la prosa en la economía que impone al hombre el interés material, Bretón en la política que regula su vida comunitaria, Bécquer en los resultados anticulturales

2. Manuel Bretón de los Herreros, *Obras escogidas*, t. II, París, Baudry, 1853, p. 409b.
3. Gustavo Adolfo Bécquer, *Desde mi celda* [1864], Buenos Aires, Espasa-Calpe, 1948, p. 44.
4. *Desde mi celda*, p. 63.
5. Benito Pérez Galdós, *Lo prohibido*, ed. de J. Fernández Montesinos, Madrid, Castalia, 1971, p. 199.
6. Galdós, *Obras completas*, ed. de F. C. Sáinz de Robles, t. IV, Madrid, Aguilar, 5.ª ed., 1964, p. 1038b.
7. Galdós, *Obras completas*, t. IV, p. 1448a.

de la civilización, y Galdós en el utilitarismo de las relaciones humanas. Frente a todo esto, la poesía sería desinterés, libertad, autenticidad, grandeza.

Nadie con más profundidad que Hegel describió la oposición entre poesía y prosa. En términos principalmente estéticos, la poesía no es, según él, pensamiento lógico (demasiado interdependiente) ni pensamiento común (demasiado accidental e insignificante); no es historia (necesidad; desacuerdo posible entre la voluntad y los principios; particularidad) ni es oratoria (conformidad a un fin práctico; necesidad). La poesía es unidad viva, orgánica y libre; acuerdo entre lo individual y lo general; íntimo enlace de la acción con el fin y de lo real con la verdad interna; realización pura de lo bello eximida de todo lo relativo, accidental y arbitrario; fe en el mundo imaginado por el poeta; forma viva; lenguaje que, más allá de la justeza y la claridad, sabe evocar la imagen sensible de su objeto.

Pero donde Hegel precisa mejor el conflicto entre la prosa y la poesía es en sus muy memorables reflexiones sobre la épica antigua y la moderna novela. Comprimiendo mucho su exposición, prosa sería para Hegel esto: un estado del mundo en el que una ética codificada por el Derecho y las leyes positivas, una política estatal reglamentada por principios y leyes obligatorias (constitución, administración, policía, etc.), una economía de trabajo dividido y enajenación creciente, y una vida social de organización burguesa se imponen al individuo, que no se siente genuinamente vinculado a toda esa realidad. En la novela moderna, nacida a raíz de este cambio, una de las colisiones más comunes y que mejor convienen al nuevo género es «el conflicto entre la poesía del corazón y la prosa opuesta de las relaciones sociales y del azar de las circunstancias exteriores».[8]

Hegel da paso, a través de Vischer, a la conocida teoría de la novela de Lukács, con sus tres tipos: la novela del idealismo abstracto, la del romanticismo de la desilusión y la de la conciliación.[9] Para Flaubert la desilusión era mucho más poética que la ilusión.[10] Y es

8. G. W. F. Hegel, *Vorlesungen über die Aesthetik*, t. III (*Sämtliche Werke*, Stuttgart, Fr. Frommans Verlag, 1928), p. 395: «der Konflikt zwischen der Poesie des Herzens und der entgegenstehenden Prosa der Verhältnisse, so wie dem Zufalle äusserer Umstände». Véase: Manfred Züfle, *Prosa der Welt, Die Sprache Hegels*, Einsiedeln, Johannes Verlag (s. a.), pp. 303-304.

9. Jürgen Schramke, en *Zur Theorie des modernen Romans* (Munich, C. H. Beck, 1974, p. 53), después de eludir a la relación de Lukács a Hegel y citar el texto de éste transcrito en nuestra nota 8, observa: «Der Hegel-Schüler Vischer drückt dies noch deutlicher aus und kommt dabei der Lukácsschen Terminologie nahe: "Es folgt aus dem Obigen, dass hier, im Conflicte dieser *innern Lebendigkeit* mit der *Härte der äussern Welt*, das eigentliche Thema des Romans liegt"».

10. Hablando de Flaubert, dice Harry Levin en *The Gates of Horn, A*

la novela de la desilusión la que engendra la novela de nuestro siglo: en ésta el individuo no lucha con su mundo para llevar adelante un ideal (ilusión), ni renuncia a luchar con su mundo por saber que su sino es padecerlo (desilusión); ha dejado de creer en la consistencia del mundo y sólo cree en la creatividad de su propia conciencia.[11]

Pero vengamos a *La Regenta,* el modelo español primero y mejor del romanticismo de la desilusión. El conflicto poesía-prosa es fundamental en esta novela, como lo es en toda la obra y en la personalidad íntima de su autor.

Lo apuntado hasta aquí hace patentes varios niveles de oposición: el puramente formal del discurso en verso frente al discurso en prosa; el estético: poesía como belleza y prosa como necesidad. Cabe además el nivel degradatorio: poesía como idealismo impotente o ridículo (romanticismo, cursilería) y prosa como realismo impotente o ridículo (positivismo, vulgaridad). Todo esto aparece y sobresale en *La Regenta,* cuyo núcleo germinal no es otro que el desacuerdo exacerbado entre la poesía del corazón (el autor, Ana Ozores, Fermín de Pas) y la prosa de las relaciones ordinarias (Vetusta, concentrado reflejo del mundo de la época). Este conflicto se desenlaza con la derrota efectiva de Ana y de Fermín infligida a ambos por Vetusta y con la victoria irónica o indirecta consistente en la inconmovible inadaptación del autor y de sus criaturas predilectas al mundo degradado que Vetusta encarna.

Poesía y prosa, desde luego, no contienden dentro de la novela con la nítida distinción con que puede parecer que se oponen bien y mal, sol y sombra, blanco y negro. Hay choques, pero también gradaciones, confusiones, degradaciones. La conciencia poética, aunque se sepa de antemano derrotada y tienda a refugiarse en sí misma, no abandona del todo la lucha ni menos el esfuerzo. La conciencia prosaica puede llegar a creerse, con alguna razón o sin ninguna, poética. El narrador compagina de principio a fin lo poético y lo prosaico, desde la frase inicial «La heroica ciudad dormía la siesta» (siesta con viento Sur) hasta el momento último: el beso inmundo del acólito afeminado sobre los labios de la hermosa mujer desmayada al pie del altar. En el estilo prosístico de Clarín actúa la dualidad: en contraste con hermosísimas cimas de prosa poética, insólita en otros novelistas de su tiempo, zonas de prosa prosaica que tal vez puedan explicarse como resultado de la infusión del narrador en la conciencia de determinados personajes.

Study of Five French Realits (Nueva York, Oxford University Press, 1966, p. 246): «The fact that his native habitat had been a hospital, in all actuality, sanctioned his later efforts to attain a clinical view. This did not entail a rejection of poetry, since he maintained that disillusion was a hundred times more poetic than illusion».

11. J. Schramke, *ob. cit.,* pp. 54-55.

1. POESÍA

Poesía, poema, poético son términos que aparecen con frecuencia en la novela, pronunciados o atribuidos.

En Ana Ozores la poesía es vocación estética, religiosa y amorosa; voluntad de salvación de sí misma y del mundo. De niña fantaseaba milagros y vuelos imposibles, se creía con alas, y a los seis años había hecho de sus tristezas de huérfana y de fragmentos de cuentos un poema. Del campo volvía con material para su poema, ese poema que mucho más tarde, a los veintisiete años, hubiera podido contar. La idea del libro fue para ella una revelación y sus lecturas e imaginaciones iban dando al poema formas concretas. El narrador advierte que la poesía épica alienta en la infancia de los pueblos y de los hombres y que muchas de las más tiernas imaginaciones de Ana eran de navegación y aventura. Años después, la adolescente se recrea en el arte antiguo y las fábulas griegas, halla en su ensueño de la vida de San Agustín otro canto de su poema, lee a Fray Luis de León y San Juan de la Cruz admirando el sentir y el decir de estos líricos, consagra versos a la Virgen, se exalta, proyecta convaleciente poemas, novelas, dramas y poesías sueltas, y sólo se aparta de la literatura al ver condenada por Vetusta su vocación.

Ya casada, recuerda la Regenta sus ensueños en Loreto, sus ansias de volar con las alas invisibles del corazón, llega a transfigurar poéticamente su paseo vespertino por el Boulevard y, comprendiendo que el amor es lo único que vale la pena de vivir, lo busca en la religión: en las «promesas de luz y de poesía, de vida importante, empleada en algo bueno, grande y digno de lo que ella sentía dentro de sí, como siendo el fondo del alma» (I, 491).[12] Ve en la vida devota que su confesor le recomienda una vida «llena de ocupaciones nobles, poéticas, que exigían esfuerzos, sacrificios, pero que por lo mismo daban dignidad y grandeza a la existencia muerta, animal, insoportable que Vetusta le ofreciera hasta el día» (I, 492).

Con el tedio de la tarde de Todos los Santos, esa Vetusta letárgica hace presentes a Ana Ozores la vergüenza y la duda acerca de la piedad lírica de su adolescencia; pero esa misma noche, viendo el drama romántico de Zorrilla, absorberá con embeleso «la poesía del tiempo», se le revelará en el tercer acto de la obra la «poesía apasionada» y experimentará un efecto de «magia poética» contemplando el amor como en ese drama queda figurado. Movida siempre por el mismo impulso de elevación, encuentra al día siguiente, en los proyectos del confesor, renovado anhelo de volar, «de vivir para algo más que para vegetar como otras» (II, 70) y se entrega

12. Todas las cifras entre paréntesis a continuación de los textos citados señalan el tomo en romanos y la página en arábigos de: Leopoldo Alas, «Clarín», *La Regenta*, ed. de Gonzalo Sobejano, Madrid, Castalia, 1982, 2 vols.

a la frecuentación de la iglesia guiada por igual voluntad de entusiasmo: «no quiero la virtud si no es pura poesía y la poesía de la virtud parece prosa al que no es virtuoso», dice a Fermín de Pas (II, 107).

El vaivén se va acentuando. Desviada del templo y atraída hacia el campo, se le revelaba la naturaleza como poeta y pintor; pero más tarde, imitando a Santa Teresa, su modelo, Ana se da por entero al amor divino, a la inmóvil evidencia de Dios. Cuando recupera la percepción de la realidad, todos los seres materiales vuelven a tener para ella «la poesía inefable del dibujo», transmitiéndole una sensación de Dios no solitaria, sino coral (II, 213). Así es como en Nochebuena llega a sentir la fusión de templo y naturaleza bajo un olor místico de «poesía inefable» y a comprender la grandeza del cristianismo, religión «dulce y poética que comenzaba en una cuna y acababa en una cruz» (II, 276). Busca más tarde en el hogar otra grandeza («la casa tenía también su poesía», II, 326) y, aunque por el momento se le escapa, intenta recobrarla tiempo después en el Vivero, en aquellos días de paz y de salud que pasa junto a su marido evocando de nuevo a Fray Luis y su noche serena, gozando de olvido y calma, apreciando la belleza de lo que más odiaba (la lluvia), decidida a escribir «versos en prosa» (II, 381), impregnada de un panteísmo vago que le hacía ver todo «nuevo, mejor más elegante, más poético», incluso al animado Quintanar: «No hay alma que no tenga su poesía en el fondo» (II, 391).

Vence finalmente la atracción sensual tendida por Álvaro Mesía, a quien Ana quiere ver en seguida como otro hermano del alma, transformando la tentación que la había hecho vivir el infierno como podredumbre de la materia, en un «caer al cielo» (II, 423). Y aun después de la caída en el segundo infierno de la soledad, pervive en Ana la ilusión quimérica de que el amor de su confesor fuese «amor de las almas», «cariño», «puro afecto», «amistad».

Interpretar como histerismo todo lo apuntado, sería no entender la novela. Su protagonista es, sí, un temperamento apasionado, pero sobre todo un carácter movido por vocación a buscar la poesía —como belleza y como amor divino y humano— entre la fealdad, la mentira y el mal. Poesía es esfuerzo por hallar el valor de los valores. No es Ana una poetisa ridícula, ni una beata hipócrita, ni una adúltera más, ni una loca. Su comportamiento es poético, como su vocación, y esto queda tan claro en la novela como claro queda que su poeticidad merece admiración en la medida en que se acendra en lucha íntima con la prosa del mundo que la rodea.

Algo semejante ocurre a Fermín de Pas, aunque con menos pureza. Las juveniles ambiciones de Fermín, evocadas desde la torre de la catedral, configuran también para él «un poema heroico» (I, 106). También él ha vivido de sueños, aunque el tiempo y la influencia materna los haya ido haciendo menos idealistas. La «poética narración» de Renan sobre Pedro de Dacia y Cristina de Stommeln inspira su amor a Ana Ozores (I, 408). No sabía el Magistral dar a los fieles la impresión de la epopeya cristiana, había llegado a menospreciar el amor como cosa de novelistas y poetas; pero, enamorado ya de Ana, lamenta no haber mirado más a las estrellas desde que era canónigo, y en ese amor nuevo reconoce un «misticismo apasionado, poético» (II, 204). Llamar a esto «lujuria» o interpretar la sublimación de esta pasión como otro caso de «histerismo», sería igualmente no entender lo que en la novela se plantea, que no es la determinación fisiológica del sentimiento amoroso, sino su inextricable complejidad vital y moral.

En valor poético no hay en la novela de «Clarín» ningún personaje equiparable a la Regenta y el Magistral. Con todo, Fortunato Camoirán, el Obispo, es un alma sencilla que sabe convertir el púlpito en «un pebetero de poesía religiosa», su elocuencia es «sublime», y su virtud, su palabra y su devoción a la Virgen le parecen a Fermín, avergonzado, «poéticas», «nobles», «espirituales» (I, 443-60). Y el narrador acompaña a Ana, siempre; a Fermín, casi siempre; a Fortunato, con más ternura que compenetración. El ejemplo más claro de la actitud acorde del narrador está en lo que dice sobre las reacciones de Ana Ozores mirando y escuchando el cuarto acto del *Tenorio*: «Estos versos que ha querido hacer ridículos y vulgares, manchándolos con su baba, la necedad prosaica, pasándolos mil y mil veces por sus labios viscosos como vientre de sapo, sonaron en los oídos de Ana aquella noche como frase sublime de un amor inocente y puro que se entrega con la fe en el objeto amado, natural en todo gran amor» (II, 51-52).

Es notable que Frígilis, personaje en quien suele verse un portavoz del autor, no aparezca dotado de atributos «poéticos». El narrador le llama «filósofo de la naturaleza» (II, 87) y lo retrata en estrecha relación sugestiva con el olor del monte y la frescura del campo (II, 113). Sólo en una ocasión se aplica a él, a través de Ana Ozores, el calificativo «poético», pero con curiosa restricción: cuando Frígilis hablaba a Ana, ésta «comprendía aquella adoración tranquila, aquel culto poético, nada romántico, que consagraba Frígilis a la naturaleza, sin llamarla así, por supuesto» (II, 136). Frígilis adoraba, pues, la naturaleza, pero sin romanticismo, y no la llamaba naturaleza, como los románticos hacían.

Personificación de la prosa del mundo menos poetizable (la jurídica), don Víctor Quintanar es un apasionado de la poesía dramática del siglo XVII, pero él mismo sabe que no es poeta, y el narrador le titula «espadachín lírico» (I, 182). Para la escena prefiere las quintillas a la prosa. Aunque al final compruebe en su dolor el abismo que media entre las barrocas venganzas de honor y su inclinación natural al perdón y al olvido (y esto es lo más poético en el Regente), para él la poesía se reduce a una vocación teatral anacrónica y malograda. A esta poeticidad insuficiente se parece mucho la del Arcipreste don Cayetano Ripamilán, prendado de la bucólica, de la mujer como sujeto poético y de los tiernos versos de Villegas. Bermúdez, el arqueólogo, aunque no es poeta, está enamorado con acendrado idealismo sentimental de la Regenta y de otras damas casadas con quienes en sueños celebra coloquios en que todo era «espiritualismo», y Trifón Cármenes, poeta aunque malo, ha tenido también el buen gusto de enamorarse de la Regenta, como el británico Míster Brooke que regaló a Ana la piel de tigre y le había jurado, si no le correspondía, ahorcarse en el Generalife «junto a las fuentes de eterna poesía y voluptuosa frescura» (I, 370).

No falsifican estos sujetos su sentimiento «poético», raquítico sin duda pero veraz. Lo falsifican, en cambio, Paquito Vegallana, que encuentra «alambicado y poético» saborear con Obdulia Fandiño memorias de su aventura pretérita (I, 327), y Álvaro Mesía, que, materialista declarado, simula ante Paquito la paciencia de un estudiante tímido que ama platónicamente (I, 295). Pero el narrador, que no vacila en usar «poesía» y «poético» hablando de Ana o de Fermín, reserva para Mesía términos tales como «idealismo» y «amor platónico» (II, 423, 436), irónicamente reveladores de la mendacidad. Más problemáticos son «romanticismo» y «romántico».

2. ROMANTICISMO Y CURSILERIA

Hay un romanticismo histórico, extinguido ya cuando la acción primaria de la novela tiene lugar, y un romanticismo esencial o eterno que puede equivaler a poesía.

Vivieron el romanticismo histórico don Carlos Ozores, conspirador progresista, y su hermana doña Anuncia, que en su juventud había tenido «unos amores románticos rabiosos» (I, 219). Quintanar tampoco fue inmune al morbo, pues sentía haber llegado a viejo sin conocer «cuál era su destino en la tierra», según decía «usando el lenguaje del tiempo romántico, del que le quedaban algunos resabios» (II, 85), e incluso en la hora de su desgracia conyugal, llega a experimentar una indignación «contrahecha por las lecturas románticas» (II, 474). Antirromántico riguroso es, por su parte, Ripamilán, cuyos gustos pertenecen a época anterior; por eso ama el género pastoril, adscribe los versos de Ana a una escuela romántico-religiosa que empalagaba y su vocación mística al influjo de los dramas de monjitas y trovadores (I, 232, 236) y se siente irritado por el estilo romántico con que Fortunato ensalzaba a María (I, 441).

Más jóvenes son Trifón, Saturno y Olvido Páez, pero los tres se manifiestan ligados de algún modo al romanticismo. Trifón Cármenes, al morir tuberculosa la hija de Carraspique, escribe en el periódico que «voló al cielo un ángel más», en estilo «que seguía siendo romántico, contra los consejos de don Cayetano» (II, 238). En su grotesco encogimiento, Saturno se da a imaginar aventuras románticas, de amores en París (I, 126). Olvido, la hija del americano de la Colonia, se inventa «un tormento muy romántico y muy divertido»: creer que nadie podrá amarla sino por su dinero y proclamar que el amor no era su lote (I, 473). En estas formas tan fútiles como tardías se prolongaba en la angosta Vetusta el romanticismo histórico.

Los únicos personajes en quienes lo romántico esencial aparece como poesía son Fortunato, Fermín y Ana. El buen prelado dedica un «culto romántico a la Virgen» que el narrador expone con perceptible simpatía (I, 460). Fermín de Pas parece poco romántico en su manera de pensar y de conducirse exteriormente, pero se aviene a hablar a su hermana del alma en un lenguaje de «vaguedad romántica» (II, 94) y, enamorado ya de ella con un amor que no acierta a nombrar, reconoce en sí y en Ana dos «almas enamoradas de lo Infinito» (II, 206). Y lo son ambos, sobre todo ella, romántica en casi todos sus atributos: cavilosa, mística, callada, «una desterrada que no tenía patria adonde volver» (I, 369), «ensimismada» (I, 78), «embriagada de sueño y música y fantasía» (II, 282), «exaltada» (II, 404), menospreciadora del vulgo (II, 424). «¡Como era tan romántica! Hasta una cosa... como ésa, tuvo que salirle a ella así... a cañonazos, para que se enterase todo el mundo», exclama después de la consumación la envidiosa Obdulia (II, 525).

Pero la relación de Ana Ozores con el romanticismo, tanto esencial como histórico, no es de adhesión sin crítica. Si a veces los deberes que se había impuesto se le aparecían «como poética misión que explicaba el porqué de la vida», otras veces se llamaba a sí misma «loca, romántica, necia» (I, 172-173). Al expresar sus indefinibles anhelos al confesor teme que ello suene a «romanticismo necio, vulgar» (II, 71), y cuando sufre nueva tentación a raíz de la ausencia de Mesía, piensa que dejar paso a lo prohibido después de tanta piedad que ella creyera profunda sería «romanticismo del género más ridículo y repugnante» (II, 219). «En todas las combinaciones del amor romántico había dado la imaginación de Ana muchas veces» —aclara el narrador desde la mente de ésta— menos en la posibilidad de que la amara un canónigo (II, 323). Diríase, pues, que si para Ana Ozores la verdad es la poesía del corazón, el romanticismo es una tendencia a la que en ocasiones se deja ir, pero contra la cual se rebela porque le parece pobre, convencional o sujeta a las peores interpretaciones por parte de otros.

Estos «otros» son los vetustenses todos, y en particular su seductor y la amiga conjurada con él para arrastrarla hacia abajo. Alvaro sabe ser «escéptico, frío y prosaico por fuera, romántico y dulzón por dentro» en opinión de Paquito Vegallana (I, 298), encoger los hombros en un gesto que sus adoratrices juzgan «muy *byroniano*» (I, 329, «hacerse el interesante» (I, 363) e imaginarse ante la Regenta «como un enamorado de veinte años platónico y romántico» (I, 378), y en el palco, viendo el *Tenorio*, lamenta no poder arriesgar el ataque a la dama, porque, para agradarle, «se había hecho el romántico también, el espiritual, el místico» (II, 50). Tal es la mezcla de conceptos con la que Mesía enturbia su actividad de buscador de aventuras eróticas en las que todo vale, el romanticismo como la grosera violencia, según explica en la cena del Casino a sus atentos apóstoles (II, 175). En su carta a Ana, después del duelo, aún habla «con frases románticas e incorrectas (...) de la ceguera de su pasión» (II, 521).

Si Álvaro es seudorromántico cuando le conviene, Visitación, casada con un modesto empleado de Banco, es la encarnación del antirromanticismo:

> Nada más ridículo en Vetusta que el romanticismo. Y se llamaba romántico todo lo que no fuese vulgar, pedestre, prosaico, callejero. Visita era el papa de aquel dogma antirromántico. Mirar a la luna medio minuto seguido era romanticismo puro; contemplar en silencio la puesta del sol... ídem; respirar con delicia el ambiente embalsamado del campo a la hora de la brisa... ídem; decir algo de las estrellas... ídem; encontrar expresión amorosa en las miradas, sin necesidad de ponerse al habla... ídem; tener lástima de los niños pobres... ídem; comer poco... ¡oh! esto era el colmo del romanticismo. (II, 16).

Lo enumerado aquí lo hace Ana Ozores en diversos momentos de su historia: mira a la luna largamente con ojos velados por las lágrimas desde el balcón del gabinete que da al Parque (I, 370); contempla en silencio la puesta del sol respirando el ambiente del campo con delicia en la hondonada de los pinos cuando es adolescente y, muchos años después, en la Fuente de Mari-Pepa (I, 209, 339); admira las estrellas con Fray Luis de León en la noche de mayo en el Vivero (II, 372); descubre miradas como rayos de pasión cuando pasa con su doncella por el Boulevard (I, 352), y se enternece hasta llorar a causa del niño pobre pegado al escaparate de una confitería (, 354), del niño pobre al que da una peseta para que se compre un globo de goma (II, 69), del niño pobre que en la iglesia pide a su madre harapienta: «¡Madre, dame pan!» (II, 335). Ana teme, pues, con razón, que Visita la tache de romántica, aunque cuando se siente sana y alegre se despreocupa de ello. Frente a este romanticismo de la Regenta, «la del Banco» (como el narrador llama vengativamente a Visita), levanta su teoría del «pulvisés», según la cual todas las mujeres son de barro y es inadmisible que exista «la tonta, la literata, la mujer superior, la platónica» (II, 17). Y no es sólo Visita: son todos esos vetustenses que, por ejemplo, en el teatro se burlaban de los grandes ideales románticos que pasaban por la escena «mal vestidos, pero llenos de poesía» (II, 39); esos vetustenses que al fin, unánimemente, pueden echar sobre la Regenta barro y más barro.

Ocioso es decir que el narrador está al lado de Ana Ozores y contra Vetusta. Los testimonios son innumerables. Baste recordar cómo describe a Ana angustiada corriendo por los senderos del Parque «como si quisiera volar y torcer el curso del astro eternamente romántico» (I, 377) y con qué brío exclama desde la conciencia de ella, a propósito del cuarto acto de *Don Juan Tenorio*: «¡Si aquello era romanticismo, el romanticismo era eterno!» (II, 51).

Lo *poético* puede degradarse en lo *romántico* a veces. Lo poético y lo romántico pueden degradarse más aún, y sin remedio, en lo *cursi*, que en el presente contexto podría definirse como la aspiración a la poesía o al romanticismo por parte de una mentalidad inocentemente prosaica, lo que tiene como resultado un efecto de insuficiencia lastimosa (para parafrasear la definición de Tierno Galván: «Lo cursi aparece como la escasez del ser de algo respecto de su sentido»).[13]

Hay cosas cursis en Vetusta, como el reloj municipal de voz aguda, las vinagreras embarazosas del comedor del Casino o un sombrero clerical de ala corta; pero sobre todo maneras de comportamiento cursi de sujetos cursis como el tosco Ronzal que imita el atuendo de Mesía, los atildados clichés periodísticos o versificados de Trifón Cármenes o el seudorromanticismo dietético de Olvido Páez, que no come garbanzos.

Los que se estiman elegantes y modernos repudian diversas formas de cursilería. Joaquinito Orgaz sostenía en el Casino, decidido como estaba a acabar con los prejuicios de sus paisanos, que «era cursi aquel respeto y admiración que inspiraba la Regenta» (I, 269). Álvaro Mesía predica a sus comensales que en batallas de amor renunciar a una victoria que puede obtenerse con la fuerza es «ser un platónico del amor, un cursi» (II, 175). Las damas de la buena sociedad vetustense ocupan en el teatro palcos y plateas, dejando las butacas para «las cursis y alguna dama de aldea en tiempo de feria» (II, 32). Y la casquivana Obdulia opina que en Vetusta se escandalizan de ciertas libertades «las mismas que se las toman de tapadillo, entre sustos y miedos, sin gracia, del modo cursi como aquí se hace todo» (II, 34). Así asoman a través de las páginas de la novela estas y otras manifestaciones de mimetismo, afectación, ranciedad, suposición de modernidad, quiero y no puedo, o snobismo ensayado desde la insuficiencia.

El narrador es más piadoso. Hace ver la cursilería entreverada

13. Enrique Tierno Galván, «Aparición y desarrollo de nuevas perspectivas de valoración social en el siglo XIX: lo cursi», en su libro *Desde el espectáculo a la trivialización*, Madrid, Taurus, 1961, pp. 79-106; lo citado, en p. 99.

en el baile de carnaval del Casino, pero nota que, adelantado ya el baile, todos los celebrantes se humanizaban al calor de la fiesta: «Las cursis, si eran bonitas, ya no parecían cursis; ya no se pensaba en la *reina del baile*, en el *mejor traje*, en las joyas más ricas; la juventud buscaba a la juventud, algo de amor volaba por allí» (II, 303). Tan pronto como la verdad del sentimiento se impone, el narrador la exime del riesgo de ridiculez. Lo mismo hace con su protagonista, exenta siempre de toda sombra de cursilería. Fermín de Pas, que como quien mejor la ama es quien mejor la comprende, llega a proponerle, para moderar sus anhelos, la vida «aparentemente prosaica, y hasta cursi» de una beata (II, 72), pero de esa vida se aparta Ana en cuanto su conciencia le hace ver el peligro de la inercia, y entonces la abandona o la rebasa por medio de la exaltación. Y si alguien pone en la Regenta mácula de cursilería, se trata de esas gentes contra las que ella vive y ha vivido siempre. En el Vivero, reconquistada la salud, escribe su diario y sus cartas sin temor al ridículo: «Más ridículo sería abstenerme de escribir (...) sólo porque si lo supiera el *mundo* me llamaría cursilona, literata... o romántica, como dice Visita» (II, 380). En ese temple de ánimo se atreve a tocar el piano con el índice: «¡Qué cursi es esto según Obdulia...! ¡Una dama que no sabe tocar el piano más que con un dedo!» (II, 391).

3. PROSA

La prueba más grave y más fortificante para la poesía del corazón no es ser confundida con el romanticismo ni aun con la cursilería, sino tener que afirmarse en la prosa y contra la prosa. Y esto es prosa: inercia de ir siendo, dejarse vivir, no pensar en los otros como iguales sino como instrumentos, dar por hallado o por inhallable el sentido de la realidad y conformarse, vivir vida egoísta, indiferente, amnésica del origen y del fin; todo, dentro del ámbito burgués (y provincial) en el que gravitan las regulaciones económicas, sociales, cívicas y consuetudinarias, normas, códigos, obligaciones, intereses creados, la interdependencia, lo relativo, la materialidad, la necesidad.

Sería desbordante ejemplificar la presencia de la prosa y lo prosaico en las mil páginas de *Regenta*. He aquí una impresión —y sólo una impresión— de la compacta prosa que ahoga a los únicos dos personajes supravetustenses: Ana Ozores y Fermín de Pas (hay otros, extravetustenses: Fortunato, Frígilis, el médico Benítez).

Indianos, usureros, mercaderes de paños o de harinas. Aires de comisionista francés en el beneficiado don Custodio. Inmundicias de gato en la catedral. Difíciles digestiones de Saturno. Canónigos «con el aire aburrido de todo funcionario que desempeña cargos oficiales mecánicamente» (I, 137). Personas frías, secas y caprichosas criaban a Ana niña. Quintanar, con su bata, su gorro y su palmatoria, depositando un beso en la frente de su señora esposa. Anita huyendo de la «prosaica y necia persecución» del aya, que le enseña religión como geografía, coser o planchar. Comentarios del vulgo en torno a su aventura infantil con Germán. Preguntas y consejos del mediquillo grosero a la enferma. Las tías de Ana calculando las «proporciones», sacando a la sobrina a pública subasta, cotizándola, presentándola como «uno de los mejores embutidos» (I, 230). Ana definitivamente condenada a vivir entre necios.

En el «cuarto del crimen» del Casino, abogados, procuradores, escribanos, comerciantes, industriales, empleados, propietarios, reunidos a jugar. Café y copa a las tres en punto. Se condenaba al que se saliese de lo ordinario y se elogiaba al comedido. Comentar el estado del tiempo. Jugar al dominó. Hablar de Hacienda y de Economía Política; cualquier cosa menos disputar. Dote, anís del Mono, sudor de manos de Ronzal y odio a la plebe. Conversaciones repetidas a diario. Se apuesta una comilona de callos. Antes que nada, Álvaro se sentía un hombre político. En la maquinaria del turno político y las infuencias, el Marqués de Vegallana, cacique honorario de Vetusta, piensa que la desigualdad está en la sangre pero que los tejados de la ciudad, como en América, deben medirse por el mismo rasero (ya lo observaba Bécquer: el prosaico rasero de la civilización iba igualándolo todo). La moda en Vetusta es lo confortable y la libertad. Visitación, la del Banco, está convencida de que «sólo la moneda es riqueza»; había tenido su aventura con Mesía, pero la vida había interpuesto sus «prosaicos cuidados», y aquella loca se había convertido al «positivismo vulgar» en su papel de buena casada atenta a los «quehaceres domésticos» (I, 32). Necesitaba esta mujer toda su atención «para la prosa de la vida que era bien difícil»: el marido, los hijos, la plaza, los criados, el casero. Profundamente materialista, Álvaro Mesía opinaba que lo chic era la fe del carbonero y se veía a sí mismo como un compuesto de moléculas desposeído de toda creencia en la metafísica.

Si le quitaban la tentación —pensaba Ana— su virtud no tendría mérito: «sería prosa pura, una cosa vetustense, lo que ella más aborrecía» (I, 364). Mucho la fatigaba «la batalla de todos los días con el hastío, el ridículo, la prosa» (I, 381), y en esa batalla, buscando la libertad, le agarrota el brazo —el ala— el cepo o guillotina de don Víctor, ese hombre a quien los nervios le son tan antipáticos.

En apariencia Fermín de Pas cree sólo en la razón mecánica del a más b, pero en verdad el covachuelismo de su vicaría, la rutina canónico-burocrática, la monetaria codicia de su madre le asquean.

El colmo de la prosa se le hace losa de los sueños a Ana Ozores en la tarde primera de noviembre: charlas sobre el tiempo, ceniza de cigarro apagado sobre el café frío derramado, tan-tan de las

20

campanas, inepcias del periódico, lugares comunes, retórica fiambre: las ideas puras, confundidas con «la prosa y la falsedad y la maldad» (II, 12). De la estupidez vetustense libera a Ana el teatro romántico, cuyo escenario compara ella con el ambiente de su ciudad: «prosa, fealdad desnuda» (II, 46).

Si de un lado se ve Ana invitada a la vida beata con sus ocupaciones «pesadas, insustanciales, prosaicas», de otro tropieza a cada paso con el tedio doméstico resumido en don Víctor Quintanar: «Ese hombre y este pueblo me llenan la vida de prosa miserable», piensa Ana enferma (II, 96). La enfermedad pone ante ella y ante su marido la evidencia de aquel tedio y de esta prosa. Le mira el médico la lengua, le toma el pulso, manda aplicarle al sobaco un termómetro, cuenta los grados, dispone el tratamiento. Entristecido, y obligado a funciones de enfermero, considera Quitanar todo lo que pierde: la expedición con el Gobernador para inaugurar un ferrocarril económico, la partida de dominó con el ingeniero jefe, los paseos para hacer bien la digestión. Dentro de la casa se siente ahogado, preparando jaropes, vigilando a las criadas, siguiendo el proceso de la enfermedad, enfriando los caldos a soplos, pintando el cuerpo a su mujer con yodo, consultando reloj y termómetro, registrando medicinas y «demás pormenores íntimos» (II, 122).

En la Vetusta que recupera al ateo Guimarán para usarlo en la campaña anticlerical contra don Fermín, la prosa del mundo cunde en cadenas de tópicos que, naturalmente, pueden verse en forma aproximada en el *Dictionnaire des idées reçues* de Flaubert.[14] «No hay regla sin excepción», decía don Frutos; «La excepción confirma la regla», añadía Ronzal; «Y hay que distinguir entre la religión y sus ministros. Ellos son hombres como nosotros», agregaba un tercero (II, 147). En la cena del Casino en homenaje al ateo, parecidos estribillos: «Eso es la lucha por la existencia», dice Joaquinito Orgaz; «No hay más que materia», secunda Foja; «Fuerza y materia», añade Orgaz padre; «Materia... y pesetas», redondea Juanito Reseco. Todo esto, entre el humo de los cigarros, por sobre las migas de pan y las manchas de salsa y vino que decoran el mantel ya arrugado y sucio, «anfiteatro propio del cadáver del amor carnal» (II, 174).

En la Nochebuena catedralicia todo es profanación: dinero repartido a los pilletes, calorcillo humano de aquel montón de carne repleta, estrujones para Obdulia, empujones para Edelmira, pinchazos entre la juventud, «hacer el oso», «timarse», y el buen ateo Guimarán, a quien le habían dado un licor que le dejara el estómago como una perfumería, miraba a los feligreses como en un baile de candil o en una orgía. Esa misma noche, desazonada y decepciona-

14. Gustave Flaubert, *Bouvard et Pécuchet, Dictionnaire des idées reçues*, París, Garnier-Flammarion, 1966, pp. 351 («Exception») y 373 («Prêtres»).

da se azotará Ana el cuerpo con unos zorros y, sintiendo de nuevo lo ridículo de su situación, arrojará lejos de sí «las prosaicas disciplinas» (II, 286).

Alvaro Mesía calcula los pasos en su aventura con aquella señora «tan atrasada», lamentando que la campaña le coja un poco viejo (II, 313), y ya en plena aventura tratará de superar los «inconvenientes materiales» del caso y los «escrúpulos místicos» de aquella «adúltera primeriza» suscitando en Ana, cuando el galán averigua las veleidades de Quintanar con la criada y gestiona la despedida de ésta, la consiguiente repulsión: «todo aquello, de puro prosaico y bajo, era repugnante, pero ¿qué remedio?» (II, 448). Aquí Ana Ozores, tácitamente, vive la experiencia misma de Madame Bovary, cuya transgresión del código matrimonial la devuelve a las costumbres del código: «Emma retrouvait dans l'adultère toutes les platitudes du mariage» (III, vi).[15]

Hay sólo una parte de la historia —la temporada de Ana en el Vivero dedicada a recobrar la salud en contacto con la naturaleza— en que lo más prosaico aparece como susceptible de redención. Es cuando Ana descansa, goza, escribe y despeja de turbaciones y amarguras su conciencia. Entonces, hasta la costumbre de su marido de roncar cuando duerme le parece, no una desgracia que el destino le mandaba para ponerla a prueba, como antes, sino «achaque antiguo y digno de respeto» (II, 381). Ve con buenos ojos a la doncella que tan antipática le era; encuentra hermosa la lluvia; refrena la ironía porque ésta «siempre tiene algo de bilis», y en fin, siente el bienestar, el bien, la bondad. Pero no tarda en precipitarse su caída: se inicia ésta con la aparente capitulación de su virtud ante la sosegadora voluntad de abandonar los «propósitos quijotescos y excesivos» para ser «como todas» (II, 420); prosigue en el adulterio dentro de la propia casa; concluye en la catástrofe: duelo, muerte, ausencia, hundimiento en la soledad. En esta soledad postrera, sólo aliviada por la compasiva proximidad de Frígilis y el lento renacer del ansia de amor puro en Ana, todavía tendrá ésta que soportar el agobio de la prosa del mundo cuando consienta en aceptar (¿qué remedio?) «el dinero triste de la viudez» y firmar los recibos (II, 531) y cuando, saliendo vagamente de su desmayo, sienta en los labios el beso viscoso del acólito afeminado.

La prosa del mundo no deja tampoco de acosar al hermano mayor del alma, a Fermín de Pas: se ve hostilizado por la ciudad y dejado de la mano de Dios; cae en sórdidos desahogos con Teresina; se siente amortajado para el amor por la negra sotana; oye la explicación médica de la exaltación de su amada en forma de máxi-

15. Flaubert, *Madame Bovary*, III, vi (ed. de E. Mayniel, París, Garnier, 1964, p. 269). Véase: Tony Tanner, *Adultery in the Novel, Contract and Transgression*, Baltimore, The Johns Hopkins University Press, 1979, p. 367.

ma fisiológica («Ubi irritatio ibi fluxus»); compara el mundo a un «lodazal» cuando recuerda su enredo con Petra; finalmente, apela a la complicidad de esta misma criada para emprender la venganza que le condena.

4. POESÍA Y PROSA

Como explicaba Hegel, la novela no posee la unidad concorde entre individuo y mundo que poseía la epopeya. El mundo de la novela es el de la dualidad: el yo en discrepancia con el mundo. A la hora de *La Regenta,* la ilusión romántica ha pasado. Queda la desilusión: el yo, si aún lucha con el mundo, es por dentro y a solas, sabiéndose previamente derrotado. Lejos, el mundo se va haciendo más intratable. La conciencia, cada vez más desvalida, se satura de inmensas perspectivas interiores.

La dualidad poesía-prosa, considerada hasta aquí en cada uno de sus extremos, se ofrece muy a menudo, a lo largo de la novela, en yuxtaposición contrastada. El sentido último de la historia de Ana Ozores no es otro que el conflicto entre esta protagonista (la poesía) y su antagonista colectivo, Vetusta (la prosa).

En Vetusta la catedral es un mentidero, el casino un garito, el palacio un burdel, el centro un pudridero, la colonia una cursilería, el campo de los trabajadores un arrabal de pobreza, y la ciudad toda un aburridero. La «heroica» ciudad dormía la «siesta», la «muy noble» ciudad hacía la «digestión», la «romántica mole» de la catedral se erguía sobre esa ciudad «pequeña y negruzca» en cuyo centro se avecindaban «palacios» y «madrigueras» y en cuyos contornos las «chimeneas» de las fábricas parecían «parodias de las agujas de las iglesias». Ciudad donde las ideas grandes eran manoseadas, pisoteadas, convertidas en lodo, confundidas con la prosa, y donde la tristeza carecía de grandeza (II, 12, 14). Para las almas enamoradas de lo Infinito vivir en Vetusta la vida ordinaria de los demás era, en palabras de Fermín, «como encerrarse en un cuarto estrecho con un brasero» (II, 206).

En esta concurrencia constante de poesía y prosa que signa la novela se destacan dos personajes que representan la primacía de la prosa: Álvaro y Visitación. El tenorio vetustense veíase a sí mismo como «una máquina eléctrica de amor» (I, 358), consideraba el misticismo «una exaltación nerviosa» (II, 420), y a la vehemencia amorosa de Ana la llamaba para sí «hambre atrasada» (II, 449). En Visitación la dualidad se concentra en su obsesivo propósito de humillar a la amiga: «Quería ver aquel armiño en el lodo» (I, 328).

El duelo no lleva, en el caso de Fermín de Pas, al triunfo de la poesía sobre la prosa ni de ésta sobre aquella. Es un duelo en inapagable tensión. Contemplando la ciudad desde la torre, en la escena inicial, el canónigo contrasta sus pasados sueños de poder y sus ilusiones de infancia con la mezquina realidad presente. Su sentimiento religioso no le ennoblece: cuando lee «Y el Verbo se hizo carne» no ve a Dios Niño, sino las rojas letras en latín del Evangelio (I, 450), y en sus sermones recomienda la salvación como un negocio. Lo que le ennoblece es su amor humano, que le capacita, por ejemplo, para detestar la comercialización de objetos y problemas del culto y del sacerdocio «antes poéticos y puros» y sometidos ahora a la eterna cuestión del dinero (I, 468). No se librará, sin embargo, de su caída en «groseras aventuras» ni aun sintiéndose enamorado de la Regenta «por modo angélico» (II, 417), y su venganza última le reintegra al error y a la desgracia.

En otros personajes el contraste poesía-prosa se da a favor de la poesía. Prosaico principalmente, Quintanar comprende a la hora de la verdad la grandeza del perdón, la autenticidad del dolor, y esto ilumina su desastrado fin: él, que prefería el arma blanca porque «la pistola es del drama moderno, es prosaica» (I, 54) viene a morir «de un pistoletazo en la vejiga», según proclama a todos los vientos la escandalizada Vetusta.

La inclinación hacia el extremo «poesía» responde a un ideal ético de verdad en Fortunato y Frígilis. El narrador descubre la condición de Fortunato al explicar cómo había llegado a obispo: «En una época de nombramientos de intriga, de complacencias palaciegas, para aplacar las quejas de la opinión se buscó un santo a quien dar una mitra y se encontró al canónigo Camoirán» (I, 440). Y no por la santidad, sino por la salud, se aproxima Frígilis a la poesía: «Un alma buena no es más que un alma sana; la bondad nace de la salud», dice recomendando a Anita a la atención de su amigo el Regente (I, 239).

Es, por último, en este alma buena, e inicial y potencialmente sana, de Ana Ozores donde se contiene el mayor caudal de poesía en perpetua fricción con la prosa de Vetusta, primaria y continua causa de su enfermedad. Directamente desde su mirada y su voz, o indirectamente por la palabra de un narrador que la compadece, van sucediéndose a lo largo de la novela innúmeros contrastes: Grecia y un mísero entresuelo madrileño; niña inocente y hombre que la mira con ojos de cosechero; San Agustín y don Carlos Ozores bebiendo sidra con sus contertulios; el príncipe soñado y un caballero enfermo del hígado, tocado con sombrero de jipijapa; escritora y «Jorge Sandio»; poetisa, absurdo viviente; haber llorado de amor leyendo a San Juan de la Cruz, cosa de la edad crítica; Virgen de la Silla para unos, Bacante para alguien; fúnebres campanas, centauro en la plaza; espíritus supravetustenses, tedio de la ciudad; poesía del tiempo en el drama de Zorrilla y capas pardas, sombreros de copa, etc., en Vetusta; ansias de amor universal y cariño «suave, frío, prosaico, distraído de Quintanar» (II, 70); cuerpo de Ana, que a ella misma le parecía alma de tan íntimo como era; infierno en abstracto, infierno como podredumbre material; absorción en la evidencia de Dios y visión del esposo asomando «con su gorro de borla dorada» (II, 208); templo solitario, sentido como si fuera un teatro de día; distinción espiritual y vulgo estúpido...

Sometida a esta contienda interminable, Ana Ozores busca alguna forma de entusiasmo —estético, religioso, amoroso— a través de la tentación, es decir, a través de la proyección imaginaria del deseo. Constituye *La Regenta* un soberbio estudio de la tentación en muy varios aspectos y en diversas conciencias, pero sobre todo en la conciencia de la protagonista y también en la de su hermano del alma. Mientras los demás vegetan o, a lo sumo, apetecen, ellos dos desean, imaginan, crean, honda e insaciablemente tentados. Por eso, aun el placer corpóreo, que tan degradado aparece en otros personajes y en muchos momentos de la novela, queda redimido de prosaísmo por el narrador cuando Ana, tentada, lo imagina y, en su imaginación, lo siente. En la cena de carnaval, antes del baile, los pies de Ana y de Álvaro dialogan levemente bajo la mesa: «diálogo poético sin duda, a pesar de la piel de becerro, porque la intensidad de la sensación engrandecía la humildad prosaica del contacto» (II, 311). Y más adelante, escuchando las lacrimosas palabras de Mesía en su preparada declaración, siente Ana un placer que «era *puramente material,* pero su intensidad le hacía grandioso, sublime» (II, 426).

5. PROSA PROSAICA Y PROSA POÉTICA

El contraste entre poesía y prosa, señalado hasta aquí en la historia que la novela cuenta, se da también en el discurso narrativo, en la textura prosística de la obra. A ambos extremos del «estilo latente» practicado por «Clarín» («natural, sencillo, expresivo y modesto»),[16] pueden notarse momentos de prosa prosaica y momentos de prosa poética.

La prosa prosaica aparece cuando el narrador enfoca la narración desde la mentalidad de un personaje prosaico o se deja contagiar por ella en lo que él se refiere. «Don Víctor se sentó sobre la cama y *depositó* un beso paternal en la frente de su señora esposa. Ella le apretó la cabeza contra su pecho y derramó algunas lágrimas. Notadas que fueron las cuales por don Víctor exclamó éste», etc.; o, poco más tarde, observando Quintanar los encantos de la doncella: «dado que fueran encantos, que don Víctor no entraba en tales averiguaciones, por más que sin querer aventuró, para sus

16. *Leopoldo Alas: Teoría y crítica de la novela española,* ed. de Sergio Beser, Barcelona, Laia, 1972, p. 65 («Del estilo en la novela», 1882-1883).

adentros, la hipótesis de que las carnes debían de ser muy blancas, toda vez que la chica era rubia azafranada» (I, 175). Es el lenguaje, entre jurídicamente estirado y románticamente resabiado, del Magistrado honorable. Más prosaico parece el estilo con que el narrador resume la reacción de las tías de Anita ante lo que ha dejado su hermano al morir: «La quinta que ellas habían imaginado digna de un Ozores, aunque fuese extraviado, era una cosa de aldea muy pintada, pero sin valor, con una huerta de medianas utilidades. Y además estaba sujeta a una deuda que mal se podría enjugar con lo que ella valía. Estaba fresca Anita. Ni rico había sabido hacerse el infeliz ateo. ¡Perder el alma y el cuerpo, el cielo y la tierra! Negocio redondo. Pero, en fin, a lo hecho pecho» (I, 213). Es la forma de mimetizar desde la tercera persona el hablar de la primera, y de ello podrían aducirse centenares de ejemplos.

La prosa alentada por una voluntad de creación de belleza es en *La Regenta* mucho más frecuente de lo que parece, y nada extraordinario se descubre si se advierte que cuando con más eficacia se manifiesta es en aquellos momentos protagonizados por la conciencia de Fermín de Pas y de Ana Ozores y en relaciones o descripciones enfocadas desde ellos.

Para Fermín de Pas: contemplación de Vetusta desde la torre catedralicia (I, 98-109); a la salida del palacio episcopal, caminando absorto por las calles (I, 470-71); aguardando en la noche el regreso de los coches del Vivero (I, 535-37) y poco después en su balcón, contristado, cara a la corona (I, 560-62); leyendo con fruición de enamorado la carta de Ana, en el parque, una mañana de mayo (II, 192-98); iracundo tras la confesión de la doncella, planeando su venganza, escribiendo y rompiendo cartas, preso en su sotana (II, 463-65). La prosa se hace ahí poesía porque traduce fielmente la intimidad de la persona: su insatisfacción, sus celos, su vergüenza, la plenitud de su amor indefinible, el ápice de su fracaso y de su dolor.

Los momentos poéticos máximos de Ana Ozores son casi paralelos: el encuentro de la niña con las *Confesiones de San Agustín* (I, 202-204); Ana escribiendo poesías a la Virgen en la hondonada de los pinos y creyendo ruiseñor a un oscuro pájaro aciago (I, 208-210); recién confesada, meditando a solas en la Fuente de Mari-Pepa una tarde de octubre (I, 339-48); mirando desde el balcón la luna a través de sus lágrimas (I, 371); sueño del infierno (II, 122-128); recuerdos de las apacibles excursiones al monte en compañía de buenos amigos (II, 133-37); Ana intentando recuperar su devoción en el templo (II, 334); su eufórico diario en el Vivero (II, 392); su soledad última en la catedral (II, 534-37). Son momentos de revelación poética y religiosa, de recogimiento en la soledad y el dolor, trances de angustia y de gozo, crisis, epifanías, instantes álgidos.

Pero no es imprescindible que el foco del relato esté centrado en la conciencia de Fermín o de Ana. Por sí solo, el narrador alcanza otros momentos culminantes cuando se trasfunde en muy varias realidades intensas: cuando describe la comida en casa de los Marqueses el día de San Francisco, las lluvias en Vetusta, el dulce ambiente asfixiante de la morada de doña Petronila, el entierro de Barinaga, la procesión de Viernes Santo, la fiesta de San Pedro en el campo, la vuelta de la última excursión al Vivero a mediados de noviembre, el viaje de Quintanar y Frígilis a las marismas, la soledad final de los dos hermanos del alma. Toma el narrador en estas páginas una distancia emocionada que alza y ahonda la realidad, por humilde que sea, acompasándola al latido de un corazón compenetrado. Y a veces no se trata de páginas, sino de una frase, un símil, de un efecto sonoro, de unas pocas palabras, como en estas dispersas impresiones auditivas: ascendía Ana por el monte de los tomillares y, a cierta altura, «las olas no parecían sacudidas violentas de una fiera enjaulada, sino el ritmo de una canción sublime, vibraciones de placas sonoras, iguales, simétricas, que iban de Oriente a Occidente» (I, 209); detenidos en silencio Fermín y Petra, la mañana del día de San Pedro: «Detrás de la loma, y ya más cerca, estallaron cohetes de dinamita y en seguida la gaita y el tamboril de timbre tembloroso, apagadas las voces por la distancia, resonaron al través de la hojarasca del bosque» (II, 399); en el palacio de Vegallana, aquella última noche de noviembre, se oía el ruido de la servidumbre en la cocina, carcajadas, el runrún de una guitarra tañida con timidez, y «este rumor se mezclaba con otro más apagado, el que venía de la huerta, atravesaba los cristales de la estufa y llegaba al salón como murmullo de un barrio populoso lejano» (II, 441).

«Clarín» sabe, cuando quiere, cumplir el ideal de Flaubert: dar a la prosa el ritmo de verso (dejándola ser prosa, y muy prosa) y escribir de la vida ordinaria como se escribe la historia o la epopeya, sin desfigurar la materia.[17] Uno de los principales componentes de su estilo sería, según Laura Núñez, «una visión negativa, escéptica y amargamente desolada acerca de la naturaleza pervertida de la criatura humana (gusanos, putrefacción, materia), en patético contraste con un profundo anhelo de idealidad y perfección, que se disuelve en impotencia y angustia».[18]

Mucho hay de verdad en ese contraste, aunque el anhelo, más

17. «Vouloir donner à la prose le rhythme du vers (en la laissant prose et très prose), et écrire la vie ordinaire comme on écrit l'histoire on l'épopée, sans dénaturer le sujet» (Flaubert, *Correspondance*, III, 142-143). Véase lo que a este propósito expone Hugo Friedrich, *Die Klassiker des französischen Romans*, Leipzig, Bibliographisches Institut, 1930, pp. 147-148.

18. Laura Núñez de Villavicencio, *La creatividad en el estilo de Leopoldo Alas, «Clarín»*, Oviedo, Instituto de Estudios Asturianos, 1974, p. 280.

que de idealidad o perfección, es anhelo de poesía: de intensa verdad creada por esfuerzo constante.

En la oposición poesía-prosa se cifra, me parece, el sentido y la forma de *La Regenta* y de toda la obra de Leopoldo Alas. La actitud desde la que está vivida esta novela es la de quien persigue como fin la poesía del corazón en medio de la prosa de la vida ordinaria. En su mundo representado reconocemos que el valor es dinero y no valor, la igualación social programa o letra muerta, la política de turnos caciquismo, la ética un conjunto de reglas sin inherencia del sujeto, la religión sólo iglesia, la metafísica quimera, la estética antirromanticismo o seudorromanticismo, y el mundo prosa, la vida tedio, solitaria perplejidad el alma. La estructura misma de la novela, vaivén entre las tentaciones poética, mística y erótica, en pos del entusiasmo, refleja la perplejidad de la persona inadaptable. Y el lenguaje, con su oscilación de la materia al espíritu, de lo prosaico a lo poético, conmemora la escisión entre el mundo y el yo.

Toda la obra de «Clarín» apoya el testimonio de su mayor novela. Tempranamente, escribía a su amigo José Quevedo: «Desengáñate, Pepe, en este mundo (y quien dice éste dice cualquier otro) la poesía y la prosa se dan mezcladas, pero la poesía es el agua, se va hacia abajo, y la prosa el aceite, siempre queda encima».[19] Idea que vuelve a aparecer en un ensayo de *Solos*: «¡Qué diferente impresión la que produce el poema de Goethe (...) allá en la adolescencia, la edad triste, de la que causa al joven vigoroso de espíritu, que lucha contra los vanos sueños ,por un lado, y por otro, contra la invasora prosa de la vida vulgar y mezquina que nos asedia, y al fin casi siempre nos conquista!».[20] En el mismo libro se recoge el cuento «La mosca sabia», de 1880, donde figura esta sentencia, resaltada por Sergio Beser: «Poetizar la vida con elementos puramente interiores, propios, éste es el único consuelo para las miserias del mundo; no es gran consuelo, pero es el único».[21] Y, meses antes de comenzar a escribir *La Regenta,* en su epístola en verso a Menéndez Pelayo, confesaba al compañero su antiguo amor a la poesía y su vuelta forzada a «la prosa del mundo».[22]

19. Carta de Leopoldo Alas a José Quevedo, desde Madrid, 31 octubre ¿1876?, reproducida en: Francisco García Sarriá, *Clarín o la herejía amorosa,* Madrid, Gredos, 1975, p. 252.

20. *Solos,* 1881; ed. de Madrid, Alianza, 1971, p. 245 (Del ensayo «Un prólogo de Valera»).

21. Sergio Beser (ed.), *Clarín y «La Regenta»*, Barcelona, Ariel, noviembre 1982, pp. 37-38.

22. La epístola, publicada en ...*Sermón perdido* (1885), ha sido reproducida y comentada por Leonardo Romero Tobar en su estudio, «*Clarín,* catedrático de la Universidad de Zaragoza (El naturalismo y La Mano Negra)», en *Cinco estudios humanísticos,* para la Universidad de Zaragoza en su IV Centenario, Zaragoza, Caja de Ahorros de la Inmaculada, 1983, pp. 119-172.

La labor crítica de «Clarín» viene informada, como puede fácilmente reconocerse, por criterios estimativos de valor espiritualista: la interioridad, la grandeza y la poeticidad (frente al plasticismo y la perfección, y contra el prosaísmo). Ejemplos y pruebas serían innumerables. Basten unos indicios. En su folleto literario más destructivo, *Cánovas y su tiempo*, lleva al colmo su sátira cuando afirma que «el señor Cánovas es el hombre más prosaico del mundo»,[23] aserto que Juan Oleza parece rehabilitar para el seductor de Ana Ozores: «Mesía es el héroe prosaico. La quintaesencia del prosaísmo, el hombre que sabe sacar el máximo partido de todo lo que tiene entre las manos, sin comprometerse nunca».[24] Y poco más tarde, a propósito de algunas novelas de Daudet, escribiría Leopoldo Alas: «La esencia del realismo, aparte retóricas, está en esto: en sacarle la sustancia poética a la vida prosaica».[25] Por eso reprocharía a Emilia Pardo Bazán que entendiera el realismo como «la antítesis, no del *idealismo*, sino de la poesía»: «es una mujer completamente prosaica; creyó que el realismo era la prosa de la vida fielmente expresada, y de ahí el preferir para sus novelas la copia exacta del mundo... sin poesía».[26] Para el crítico, pues, como para el novelador, el realismo no era prosaísmo, sino manifestación de la poesía contra la prosa, de la poesía en la prosa, de la poesía de la prosa (a veces) y de la poesía en prosa.

El sustrato de la narrativa menor de Leopoldo Alas es también esa misma tensión. En sus relatos satíricos («Avecilla», «El hombre de los estrenos») descubre la prosa de la realidad decaída; en los líricos («Pipá», «El Señor», «Cambio de luz») exalta el valor de la realidad poética, más real que ninguna; en las narraciones de sondeo psicológico-moral ilumina la prosa que se esconde tras noble apariencia («Cristales», por ejemplo) y la poesía que anida en tan-

23. *Cánovas y su tiempo* (1887); cito por *Obras selectas* de Clarín, ed. de Juan Antonio Cabezas, Madrid, Biblioteca Nueva, 1947, p. 1278b.

24. Juan Oleza, *La novela del XIX*, Valencia, Bello, 1976, p. 207.

25. Clarín (Leopoldo Alas), *Mezclilla*, Madrid, F. Fe, 1889, p. 254.

26. Clarín (Leopoldo Alas), *Museum (Mi revista)*, Madrid, F. Fe, 1890, p. 79. Se refiere al crítico en este pasaje del séptimo de sus folletos literarios a la novela *Insolación*, donde ve «un episodio de amor vulgar, prosaico, es decir, de amor carnal no disfrazado de poesía, sino de galanteo pecaminoso y ordinario; es la pintura de la sensualidad más pedestre, y hasta pudiera decirse de una sensualidad gastada, superficial, anémica hasta de deseos, sosa y ñoña» (p. 80). En la condenación clariniana de la mera «prosa» opera una tendencia aprendida del krausismo: en 1877 escribía Urbano González Serrano que era preciso sobreponer a todo la personalidad, las más vivas impresiones, la emoción propia y las ideas «para embellecer la realidad, tan infiltrada de prosaico positivismo»; y Manuel de la Revilla, en 1879, disertando sobre el naturalismo, decía que éste, no satisfecho con los asuntos repugnantes, se obstinaba en «ser vulgar y prosaico en la forma», recurriendo al «grosero lenguaje del vulgo» (Juan López-Morillas, ed., *Kdausismo: Estética y Literatura*, Barcelona, Labor, 1973, pp. 204 y 182 respectivamente).

tas manifestaciones engañosamente prosaicas («Cuervo», «Boroña», «El Quin»).

Despreciaba Leopoldo Alas la prosa en verso, respetaba la prosa en prosa, admiraba la poesía en verso y adoraba la poesía en prosa; más aún, la poesía en acción, como queda simbolizado en el protagonista de uno de sus *Cuentos morales,* «El sustituto». Eleuterio Miranda no creía más que en la poesía íntima y en la prosa de la vida , y acuciado por ésta había accedido a escribir cierta oda para una solemnidad patriótica organizada por los regidores municipales que «le pedían que *cantase*», pero al comprender el triste destino de los soldados pobres que tenían que venderse como sustitutos para ir a la guerra en lugar de señoritos como él, rompió los versos e «hizo una paráfrasis en prosa, pero en prosa mejor que los versos rotos», resolviendo luego ir al frente y morir en el puesto de quien le había antes sustituido, porque al fin Miranda «era poeta» y «la mayor parte de los señoritos son prosistas».[27] Con razón ha ponderado Monroe Hafter la dimensión más ética que estética del concepto de prosa poética en «Clarín», recordando estas palabras preliminares del libro *Mezclilla,* de 1889: «Para mí, en llegando a los treinta, la vanidad menos antipática es la del hombre que cree haber sido en este mundo un poco poeta por dentro. Pero es claro que de estas cosas no se debe hablar al público, y menos en un libro que, mal me pese, han de llamar de crítica. Sólo advertiré que para ser poeta por dentro hay que procurar ser bueno por dentro y por fuera...» [28]

Ética y estética, sin embargo, celebran perfecta alianza en la obra de «Clarín», que amaba la poesía del corazón y la prosa como instrumento para darle forma tanto como aborrecía el prosaísmo de las relaciones ordinarias del moderno mundo enajenante y el verso como mera composición medida, rimada y declamada. Sentía así con vehemencia definitoria el conflicto entre la poesía en forma prosística y la prosa en forma versificada. Concreador del espiritualismo, Leopoldo Alas anuncia ya la crisis modernista que apartaría de la prosa la poesía, haciendo de ésta pura lírica.[29]

27. *Cuentos morales* (1896), Madrid, Alianza, 1973, p. 214.

28. Citado por Monroe Z. Hafter, «Heroism in Alas and Carlyle's *On Heroes*», *MLN,* 95 (1980), pp. 312-334; lo reproducido, en p. 330.

29. La literatura prosística se ve entonces invadida de lirismo. Sobre este proceso y, en general, sobre lo poético y lo prosaico en la época aludida hace reflexiones fecundas Rafael Gutiérrez Girardot, *Modernismo,* Barcelona, Montesinos, 1983. Tiene buenas razones quien considera a Clarín precursor del modernismo: «en cuanto que pretende enaltecer la obra literaria mediante un criterio de selección de su contenido y en cuanto que se esfuerza en dignificar la prosa confiriéndole categoría poética, el ideario de Clarín responde a una intención esteticista, que coincide con las tendencias idealistas finiseculares» (Fernando González Ollé, «Del naturalismo al modernismo: Los orígenes del poema en prosa y un desconocido artículo de Clarín», *Revista de Litera-*

La Regenta no es todavía la novela del artista refugiado en el arte, del poeta abroquelado en su poesía, pero abre camino a los que pronto —cercana aún la agonía del siglo— escribirían esas novelas protagonizadas por Fernando Ossorio, Antonio Azorín, Federico Urios o Alberto Díaz de Guzmán: pintores, escritores, poetas, conciencias atormentadas que crean y sufren. La novela primera de Leopoldo Alas —que Barcelona tuvo el privilegio de sacar a luz hace un siglo y que al cabo de un siglo puede leerse en perfecto inglés gracias al esfuerzo de John Rutherford— me parece más próxima en espíritu a las primeras de Azorín y Baroja, de Gabriel Miró y Ramón Pérez de Ayala, que a las novelas de Galdós, por «Clarín» tan tan admirado. Antes que mística y enamorada quiso Ana Ozores ser poeta, y lo fue a lo largo de toda su historia, sin versos apenas: en prosa, en acción íntima, imaginativa, rebelde. Menos valiente resulta, en cambio, la conducta de Bonifacio Reyes, protagonista de la segunda y última novela de Alas, al traspasar a su único hijo la parte más difícil (aunque parezca mentira) del oficio de vivir: «¡Oh! ¡En definitiva, en el mundo no había nada serio más que la poesía!»; «Pero eso para mi Antonio. Él será el poeta, el músico, el gran hombre, el genio... Yo, su padre. Yo a lo práctico, a lo positivo, a ganar dinero, a evitar la ruina de los Valcárcel y a restaurar la de los Reyes».[30] De ahí tenía que salir «una medianía».

No puede la poesía encomendarse a otro; no se puede legar por testamento. Hay que asumirla a todo riesgo, entre la prosa, en plena prosa; conocida, convencida y dominada cualquier forma de la prosa del mundo.

---

tura, XXV, 1964, pp. 49-67; y del mismo autor: «Prosa y verso en dos polémicas decimonónicas: Clarín contra Núñez de Arce y Campoamor contra Valera», *Boletín de la Biblioteca Menéndez Pelayo,* 39, 1963, pp. 208-227).

30. Leopoldo Alas, «Clarín», *Su único hijo* (1890), ed. de Carolyn Richmond, Madrid, Espasa-Calpe, 1979, p. 311.